Die schönsten Kreuzfahrten in Europa

Weltbild

Ciutadella ist die ehemalige Hauptstadt Menorcas – und heute eine schöne Hafenstadt.

Die schönsten Kreuzfahrten in Europa

Rorbuer – Ruderhütten – nennt man die kleinen Holzhäuschen, die häufig auf den Lofoten zu finden sind.

Über Jahrhunderte hinweg war die Seefahrt geprägt von Abenteuergeist und dem Wunsch, die Welt zu erkunden. Schrittweise entstanden durch das Bestreben der großen Seefahrernationen Tausch- und Handelsbeziehungen, per Schiff wurden die entlegensten Teile der Erde erreichbar. Auch heute noch fasziniert das Abenteuer, gleichzeitig sind Schiffsreisen eine entspannte und reizvolle Art zu reisen, verbinden sie doch das erholsame Leben an Bord mit dem Entdecken grandioser Landschaften, einzigartiger Naturdenkmäler und faszinierender Städte. Große Cruiseliner, aber auch kleinere Schiffe sind in unserer Zeit auf allen Meeren Europas unterwegs. Sie steuern die traditionsreichen Hafenstädte am Mittelmeer oder der Ostsee ebenso an wie die modernen Metropolen Westeuropas. In den Inselparadiesen der Kanaren oder der Balearen »hüpfen« sie von Insel zu Insel, und in der Arktis nehmen sie Fahrt auf ins ewige Eis.

Dieser Band stellt die schönsten Touren, Kreuzfahrtgebiete und -häfen in Europa vor und präsentiert mit spektakulären Farbfotografien die Schönheiten der Sehenswürdigkeiten. Texte zu Land und Leuten sowie Themenseiten über Zwischenstopps und Zielregionen führen zu den faszinierendsten Orten und helfen bei der Tourenauswahl und Planung einer Kreuzfahrt. Beschreibungen der verschiedenen Kreuzfahrtrouten machen das vorliegende Kreuzfahrthandbuch zu einem wertvollen Begleiter.

Unter vollen Segeln kreuzt das Segelschiff »Star Flyer« auf dem Mittelmeer.

Ein Kreuzfahrtschiff macht im türkischen Hafen Kuşadasi fest – Ausgangspunkt für Ausflüge nach Ephesus.

Celestyal Olympia
mpia

Blick vom Bug in die Takelage der »Royal Clipper«. Der Viermaster ist eines der größten Segelschiffe der Welt.

Das Städtchen Fira auf der griechischen Insel Santorin fasziniert Kreuzfahrtpassagiere durch seine einzigartige Lage am Kraterrand.

Verschiedene Pools sorgen auf den Kreuzfahrtschiffen für Erholung und Entspannung während der Fahrt.

Vor der Südküste von Ibiza ragt der Felsen Es Vedrá aus dem Mittelmeer.

Hamburg ist ein beliebter Start- und Zielhafen, vor allem bei Kreuzfahrten in den Norden Europas.

Noch heute ist die Arktis mit ihren bizarren Eis- und Schneelandschaften ein besonderes Kreuzfahrtziel.

Das kalte Nordpolarmeer ist außerordentlich fischreich, auch die gigantischen Buckelwale kann man hier beobachten.

Nordatlantik, Nordpolarmeer

Kreuzfahrten in der Nordpolarregion sind immer noch ein Abenteuer. Sie führen in eine eisige, fast menschenleere und doch faszinierend schöne Welt. Den Sommer über sind weite Gebiete fast 24 Stunden am Tag in das warme Licht der Mitternachtssonne getaucht. Am Polarkreis geht die Sonne einmal im Jahr einen Tag und eine Nacht nicht unter, am Nordpol verschwindet sie ein halbes Jahr nicht hinter dem Horizont. Während Expeditionen zum nördlichsten Punkt der Erde auch im Sommer nur mit Eisbrechern möglich sind, werden die Gewässer um Südgrönland und Spitzbergen von leichteren Kreuzfahrtschiffen angelaufen.

Island

Thingvellir-Nationalpark

Der 40 km östlich von Reykjavík gelegene Nationalpark (rechts), seit 2004 UNESCO-Welterbe, ist bei Island-Besuchern sehr beliebt. Das von Vulkanen umgebene Gebiet war Schauplatz wichtiger Ereignisse in der isländischen Geschichte und lässt zugleich die Folgen eines erdgeschichtlich bedeutsamen Vorgangs sichtbar werden. In der Almannagjá, der Allmännerschlucht, tagte von 930 bis zu seiner Auflösung durch die Dänen im Jahr 1798 das isländische Parlament Althing; und hier wurde 1944 die Republik Island ausgerufen. Die Schlucht gehört zu einem System von ki-

Über die 11 und 21 m hohen Fallstufen ergießt sich der Gullfoss.

Die meisten Kreuzfahrtschiffe auf Islandtour steuern die an der Südwestküste gelegene Hauptstadt des Inselstaates, Reykjavík, an. Mehr als 60 000 Passagiere gehen hier alljährlich an Land. Für große Schiffe wurde ein moderner Cruiseterminal mit einem umfassenden Serviceangebot nur etwa 4 km außerhalb des Stadtzentrums errichtet. Kleine Cruiseliner legen im alten Hafen im Herzen der Stadt an.

Land: Island
Fläche: 103 125 km²
Einwohner: 320 000
Sprache: Isländisch
Währung: Isländische Krone
Hauptreisezeit: Juni bis August
Zeitzone: UTC +/– 0

Island-Reisende werden durch die einzigartige, weithin unberührte Natur angelockt. Auf der »Insel aus Feuer und Eis« verschmelzen die vielfältigen Erscheinungsformen einer bis heute anhaltenen vulkanischen Aktivität mit Gletschern, Flüssen, Wasserfällen und Seen zu einem großartigen Landschaftsbild. Einige der spektakulären Naturwunder Islands können von Reykjavík aus während eines Tagesausflugs erreicht werden. Berühmt ist die **Golden Circle Tour**, die von Kreuzfahrt- und lokalen Veranstaltern angeboten wird. Sie führt von der Hauptstadt über den berühmten **Thingvellir-Nationalpark** und das Geysirgebiet **Haukadalur** zum **Gullfoss-Wasserfall**. Die Wassermassen des Gletscherflusses Hvítá stürzen hier über zwei fast im rechten Winkel zueinander stehende Kaskaden in eine 70 m tiefe Schlucht – ein wahres Naturschauspiel.

Das Geysirgebiet Haukadalur rund 10 km vor dem Wasserfall zählt zu den großen Attraktionen Islands und ist touristisch gut erschlossen. Befestigte Pfade führen durch das mit heißen Springquellen und Geysiren geradezu übersäte Gelände. **Strokkur**, der nach dem Versiegen des Stóri größte Geysir in Haukadalur, bläst regelmäßig eine bis zu 30 m hohe Dampffontäne in die Luft.

Auf der Halbinsel Reykjanes südlich von Reykjavík lockt vor allen Dingen die **Blaue Lagune** viele Touristen an. Der künstliche See wird über eine Geothermieanlage mit heißem salzhaltigen Wasser aus 2000 m Tiefe gespeist. Ein Bad in dem etwa 39° Celsius warmen Wasser ist auch im Winter ein Vergnügen. An dem See ist ein weitläufiger Wellnesspark entstanden. Auch **Reykjavík** ist einen Besuch wert. Die hübsche **Altstadt** wartet mit netten Geschäften und einer Reihe von Restaurants auf.

Die kochende Wassersäule des Strokkur (deutsch: »Butterfass«) wird bis zu 30 m hoch.

lometerlangen Spalten und Rissen, das das Auseinanderdriften der amerikanischen und der eurasischen Kontinentalplatte anzeigt. Wissenschaftler haben nachgewiesen, dass beide Platten in den letzten 10 000 Jahren

an dieser Stelle 70 m auseinander gedriftet sind. Bei einer Wanderung durch die Schlucht bewegt man sich auf zwei Kontinenten und stößt dabei auf die steinernen Überreste der altisländischen Kultur.

Spitzbergen

Bergbau auf Spitzbergen

Auf der Inselgruppe finden sich an einigen Stellen Ablagerungen von Steinkohle. Vorkommen auf Westspitzbergen sind in Schichten des älteren Tertiärs eingebettet. Die Erschließung der Gruben, der Abbau und der Abtransport der Kohle sind allerdings heute mit so hohen Kosten verbunden, dass sich dies kaum noch lohnt. Die ersten Anlagen entstanden 1916 am Kongsfjord. In den 1930er-Jahren wurden ertragreiche Vorkommen am Isfjord erschlossen. Die Sowjetunion und später Russland nutzen seitdem

Land: Norwegen
Fläche: 61 022 km^2 (Inselgruppe)
Einwohner: 2500
Sprache: Norwegisch
Währung: Norwegische Krone
Hauptreisezeit: Mai bis Juli
Zeitzone: UTC + 1

Obwohl ihre offizielle Bezeichnung »Svalbard« (kühle Küste) lautet, ist die etwa 1000 km vom Nordpol entfernte Inselgruppe im Arktischen Ozean in aller Welt unter dem Namen ihrer größten Insel »Spitzbergen« bekannt. Bis weit ins 19. Jh. hinein wagten sich nur Walfänger, Pelztierjäger und Polarforscher in die eisige Region vor. Erst mit der Entdeckung reicher Kohlevorkommen um 1900 begann eine dauerhafte Besiedlung der Inseln. Lange stritten sich verschiedene Nationen um das Gebiet. Im sogenannten Spitzbergenvertrag von 1925 wurde der ganze Archipel Norwegen zuerkannt. Auch nach dem Ende des Kohlebooms riss das Interesse nicht ab. Svalbard wurde ein Zentrum der Arktisforschung – und des Arktistourismus. Die ganze landschaftliche Vielfalt der Polarregion und ihre Flora und Fauna finden sich hier auf engstem Raum. Eine Kreuzfahrt entlang der zerklüfteten Küsten führt zu tief ins Land reichenden Fjorden und an vergletscherten Gebirgszügen, steilen Kliffs und blühenden Tundren vorbei. Unterwegs gehen die Cruiseliner an verschiedenen Haltepunkten vor Anker und bieten Landgänge mit kleinen Booten zu Seevögel- und Robbenkolonien an. Mit Glück lässt sich bei so einem Ausflug ein Polarfuchs oder sogar ein Eisbär beobachten.

⚓ **Longyearbyen** Die an der Westküste der Hauptinsel Spitzbergen gelegene Kapitale Svalbards bildet den Ausgangs- bzw. Endpunkt für Expeditionen durch den Archipel und ist zugleich ein beliebtes Ziel auf Kreuzfahrten in der Nordpolarregion. Der Hafen verfügt über gleich zwei Cruisepiers und ist mit dem Stadtzentrum durch einen Shuttle-Service verbunden. Longyearbyen wurde 1906 als Zechensiedlung gegründet und war bis in die 1970er-Jahre Zentrum des Kohleabbaus auf den Inseln. Als mit der Eröffnung des internationalen Flughafens im Jahr 1974 mehr und mehr Touristen nach Spitzbergen reisten, veränderte auch die Stadt ihr Gesicht. Es entstand eine moderne touristische Infrastruktur mit komfortablen Hotels, netten Restaurants, Kneipen und Geschäften. Heute erinnern vor allen Dingen die Grubenseilbahnen auf den die Stadt umgebenden Hängen an die große Zeit des Kohleabbaus. Wie alle Bauten, die den 1943 erfolgten Angriff durch deutsche Zerstörer überstanden haben, stehen sie heute unter Denkmalschutz. Das 🏛 **Svalbardmuseum** gewährt Einblicke in die 400-jährige Besiedlungsgeschichte der Inseln und lässt dabei die Zeiten der Walfänger, der Robben- und Pelztierjäger sowie des Bergbaus lebendig werden.
Die naturkundliche Abteilung informiert über die Meeres- und Landfauna Svalbards. Das 2008 eröffnete 🏛 **Airship Museum** wartet mit einer sehenswerten Ausstellung zu den Luftschiffexpeditionen von Roald Amundsen und Umberto Nobile auf. In Longyearbyens Svalbard Kirke sind Besucher herzlich willkommen und werden mit heißen Getränken bewirtet.

die im internationalen Recht festgelegte Möglichkeit der Kohleförderung bei Barentsburg (rechts: die Holzkirche). Zeitweilig war Barentsburg mit fast 2000 russischen und ukrainischen Einwohnern die größte

Siedlung Spitzbergens. Ein weiterer Standort des Kohlebergbaus am Isfjord war Pyramiden, das im Jahr 2000 aufgegeben wurde. Auch Norwegen richtete auf Spitzbergen ein Kohlebergwerk ein.

Walrosse können bis zu 80 m tief tauchen.

Nordwest-Spitzbergen-Nationalpark Die Naturwunder dieses Nationalparks im Nordwesten der Insel Spitzbergen sind recht leicht zugänglich und werden deshalb von fast allen Schiffen auf der Route angelaufen. Beliebt sind Ausflüge in die glitzernde Eiswelt des **Magdalenenfjords.** Das über 5 km breite Gewässer wird von mehreren Gletschern gespeist und ist daher mit Eisschollen übersät. Am Südufer des Fjords kann ein Walfängerfriedhof aus dem 17. Jh. besichtigt werden. Viele Cruiseliner ankern vor Ytre Norskøya, einem kleinen Eiland im äußersten Nordwesten Spitzbergens. Hier können die Überreste einer frühen Walfangstation besichtigt und Abertausende von Krabben- und Papageientauchern beobachtet werden. Am **Liefdefjord** an der Nordspitze Spitzbergens bietet der Monacogletscher, einer der größten Gletscher Europas, ein grandioses Naturschauspiel. Regelmäßig stürzen von seiner 5 km breiten und bis zu 40 m hohen Abbruchkante riesige Eisbrocken in den Fjord und treiben Richtung Meer. Die ebenfalls zum Nationalpark gehörende Insel Amsterdamøya wird von den Kreuzfahrtschiffen häufig für Tierbeobachtungen angesteuert. Abertausende von Seevögeln und Walrosse sowie Eisbären und Rentiere leben hier. Auch die Überreste der holländischen Walfängersiedlung Smeerenburg, die im 17. Jh. gegründet wurde, können besichtigt werden.

Nordaustlandet Die nordöstlich von Spitzbergen gelegene zweitgrößte Insel des Svalbard-Archipels wird vor allem von Expeditionsschiffen angesteuert. 80 Prozent der Fläche von Nordaustlandet sind unter den Eismassen riesiger Gletscher verborgen. Der **Vestfonna** im Westen umfasst eine Fläche von 2450 km^2, die bis zu 430 m dicke Eiskappe des Austfonna im Osten der Insel bedeckt sogar eine Fläche von 8450 km^2 und zählt damit zu den größten Gletschern der Welt. Nur die Nordküste, die wie Spitzbergen unter dem Einfluss von Ausläufern des warmen Golfstromes steht, ist im Sommer eisfrei. Hier gehen auch die Kreuzfahrtschiffe vor Anker und bieten ihren Passagieren Exkursionen mit dem Zodiac an. Der Küstenbereich wird von Seevögeln, Robben und Walrossen bevölkert. Eisbären und Polarfüchse jagen hier, und in der kargen Tundra sieht man Rentiere weiden.

Oben: »MS Expedition« vor Ny-Ålesund auf Spitzbergen.

Grönland

Wikingersiedlung Hvalsey

Die berühmte Ruinenstätte (links) liegt östlich von Qaqortoq im Innern einer geschützten

Land: Dänemark
Fläche: 2 166 086 km²
Einwohner: 55 000
Sprache: Grönländisch, Dänisch
Währung: Dänische Krone
Hauptreisezeit: Sommer
Zeitzone: UTC +/– 0 – UTC – 4

Eine Grönlandfahrt galt bis in die jüngste Zeit als Expedition an den Rand der Zivilisation. Für die meisten Menschen zählte die mit 2 166 086 km² größte Insel der Erde nicht zur bewohnbaren Welt. Mit ihrer touristischen Erschließung änderte sich das Bild: Quasi unter dem Eis tauchten eine artenreiche Tier- und Pflanzenwelt sowie eine einzigartige Kultur auf. Heute werden immer mehr Menschen von dem Mythos der Insel angelockt. Eine Fahrt entlang ihrer Küsten gilt als Reise in eine überwältigende Natur.

Nanortalik Die südlichste Siedlung Grönlands liegt auf einer Schäreninsel an der Mündung des 75 km langen Tasermuitfjords, an dessen Ende das Inlandeis beginnt. Der Ort selbst ist von sanft ansteigenden Hügeln umgeben. Im Hintergrund ragen die bis zu 2000 m hohen vergletscherten Granitberge des weitverzweigten Fjordsystems auf. Die Landschaft hier ist rauer als anderswo in Südgrönland. Trotz der im Allgemeinen nur spärlich wachsenden Vegetation: In einigen geschützten Tälern des Gebiets finden sich die einzigen größeren Birkenhölzer der Insel.
Nanortalik darf sich rühmen, das größte **Freilichtmuseum** Grönlands zu beherbergen. Das Ensemble historischer Bauten liegt nahe dem alten Hafen. Wer möchte, kann sich hier über das Alltagsleben der Grönländer im 19. und 20. Jh. sowie über die Wikingerzeit informieren. Im Westen der Siedlung erhebt sich der 559 m hohe Qaqaarssuasik, der einen atemberaubenden Ausblick auf den offenen Ozean und die wilde Bergwelt landeinwärts bietet.

Qaqortoq Mit seinen 3200 Einwohnern ist der Ort die größte Gemeinde Südgrönlands und kultureller Mittelpunkt der Region. Die meisten Einwohner sind in der Fischverarbeitenden Industrie oder einer Gerberei, die Felle zu qualitativ hochwertiger Kleidung verarbeitet, beschäftigt. Ein Gymnasium sowie eine Berufs- und eine Hochschule ziehen Schüler und Studenten aus ganz Grönland an. Der Name »Qaqortoq« bedeutet so viel wie »die Weiße«. Er erinnert an die zahlreichen Eisberge, die auch in den Sommermonaten in der Bucht treiben und die Hafeneinfahrt blockieren können. Gleich in der Nähe des Hafens lädt der Marktplatz mit dem einzigen, 1927 errichteten Springbrunnen der Insel und einigen historischen Gebäuden aus der Kolonialzeit zu einer Besichtigung ein. In der ehemaligen Schmiede, einem Gebäude aus dem Jahre 1871, informiert das örtliche Museum über die Geschichte der Inuit und der Wikinger.
Über die ganze Stadt verstreut sind die Skulpturen des Projektes »Mensch und Stein«, das Anfang der 1990er-Jahre von der grönländischen Künstlerin Aka Høegh ins Leben gerufen wurde und an dem Künstler aus ganz Skandinavien beteiligt waren. Qaqortoq ist Ausgangspunkt für Touren zu der berühmten **Wikingersiedlung Hvalsey**.

Nuuk Der am Eingang der gleichnamigen Bucht auf einer schmalen Halbinsel gelegene Ort ist mit rund 15 000 Einwohnern die größte Kommune und zugleich Hauptstadt der Insel. Nuuk präsentiert sich als ein architektonisch nicht immer gelungener Mix aus Tradition und Moderne. Südlich des Kolonialhafens wurden in den 1960er- und 70er-Jahren Wohnsilos angelegt, in denen Hunderte von Menschen auf engstem Raum zusammenleben sollten – in der Absicht, ihnen einen Zugang zu Krankenhäusern, Schulen und Arbeitsplätzen zu verschaffen. Die sozialen Probleme, die dadurch heraufbeschworen wurden, haben die Stadtplaner allerdings eines Besseren belehrt. Heute wird wieder in Anlehnung an die Tradition gebaut. Sehenswerte historische Gebäude befinden sich vor allem in der Nähe des Kolonialhafens im Westen der Stadt.
Fast ein Muss für jeden Nuuk-Besucher ist ein Bummel über den **Brædtet** – ein traditionsreicher Markt, auf dem die Fischer und Jäger der Umgebung Spezialitäten wie Robben- und Walfleisch anbieten.
In unmittelbarer Nähe des Kolonialhafens befindet sich auch das grönländische **Nationalmuseum**, das mit einer umfangreichen ständigen Ausstellung über die Geschichte der Insel und die Entwicklung der

Bucht des Eriksfjords. Die wikingerzeitliche Siedlung wurde wohl von einem Verwandten Eriks des Roten angelegt und bestand aus einem Langhaus sowie mehreren Gehöften. Von der Anlage sind nur die Grundmauern zu sehen. Die Ruinen der auf dem Areal um 1300 errichteten Kirche hingegen gehören zu den besterhaltenen der Groenlendingar-Zeit. Ganz im Innern des Eriksfjords liegen die Ruinen Brattahlíd – der Ort, an dem sich Erik der Rote 985 niederließ. Wie archäologische Funde belegen, gründete der berühmte Wikinger mit anderen isländischen Kolonisten an der Südküste Grönlands viele Siedlungen, die sich über 500 Jahre hielten, und erst im 15. Jh. verlieren sich die Spuren der grönländischen Wikinger. Historiker vermuten, dass das Ende der mittelalterlichen Warmzeit, also eine Kälteperiode für ihr Verschwinden verantwortlich war.

modernen Kunst auf Grönland informiert. Wer der Stadt entfliehen möchte, kann auf einem der zahlreich angebotenen Bootsausflüge die Umgebung erkunden oder sich mit einem Helikopter zum 100 km entfernten **Inlandeis** fliegen lassen.

Schmuck präsentieren sich die Häuser von Nuuk.

Sisimiut In der 6000 Einwohner zählenden Stadt 100 km nördlich des Polarkreises machen Cruiseliner recht häufig Station. Das liegt sicherlich nicht nur daran, dass das etwa 160 km weiter südlich gelegene Kangerlussuaq als Standort des internationalen Flughafens von Grönland zugleich Ausgangs- und Zielpunkt vieler Grönlandkreuzfahrten ist. Die Stadt selbst lockt mit einigen Sehenswürdigkeiten. Sie ist berühmt für ihre **kunsthandwerklichen Traditionen** und ein wahres Mekka für Souvenirjäger. Die Geschäfte bieten Arbeiten aus Speckstein, Knochen oder Perlen und hochwertige Fellkleidung an.

Auf der sogenannten **Zimmermannsinsel** am Hafen und im Stadtzentrum erinnern einige kolonialzeitliche Bauten an die Zeit, als Sisimiut ein Treffpunkt für Walfänger und Robbenjäger war, die hier ihre Trinkwasservorräte auffüllten. Auch im Stadtzentrum sind einige Kolonialbauten erhalten. Das sogenannte **Alte Haus** hinter der Berthelkirche wurde 1755 im norwegischen Bergen errichtet, danach sorgfältig zerlegt, nach Grönland transportiert und in Ukiivik wieder aufgebaut, bevor es 1764 seinen endgültigen Platz in Sisimiut erhielt. Heute beherbergt es ein Museum mit Fundstücken aus der Zeit der Saqqaq-Kultur. Die hellblau leuchtende **Berthelkirche** selbst wurde 1775 geweiht. Sie ist die älteste Holzkirche Grönlands. Viele Veranstalter bieten Bootsausflüge in die Umgebung Sisimiuts an.

Ilulissat Die mit ca. 5 000 Einwohnern drittgrößte Kommune Grönlands ist zugleich das touristische Zentrum der Insel. Größte Attraktion ist natürlich der südlich der Stadt in die Diskobucht mündende **Ilulissat-Eisfjord**, der jährlich Tausende von Touristen anzieht. Ilulissat selbst verfügt nicht nur über eine gut entwickelte touristische Infrastruktur mit Hotels, Restaurants und Geschäften, sondern wartet auch mit einigen historischen Sehenswürdigkeiten auf. Gleich am Hafen erinnern einige kolonialzeitliche Gebäude aus dem 18. Jh. an die Zeit, als die Stadt eine bedeutende Missionsstation und ein wichtiger Handelsplatz war. 1734 wurde sie von dem dänischen Kaufmann Jakob Severin gegründet und nach ihm **Jakobshavn** benannt. Heute beherbergt sie ein **Kunstmuseum** sowie verschiedene Sammlungen aus dem städtischen Museum.

Nordgrönland Obwohl die Häfen nur für kurze Zeit eisfrei sind, bieten Kreuzfahrtveranstalter auch Expeditionen in den hohen Norden Grönlands an. Die Aussicht, die Arktis pur und hautnah zu erleben, lockt immer mehr Abenteuer-Urlauber an.

Wichtiger Anlaufhafen ist **Upernavik**, der Hauptort des gleichnamigen Archipels, das sich über ein Gebiet so groß wie Großbritannien erstreckt und doch nur knapp 3 000 Einwohner zählt. Die Region, deren Name so viel wie »Frühlingsort« bedeutet, ist für ihre reiche Vegetation und für die Felsen, auf denen Tausende von Vögeln nisten, bekannt.

Der Ort darf sich außerdem rühmen, das nördlichste **Freilichtmuseum** der Welt zu beherbergen; es wurde Anfang der 1950er-Jahre von den beiden Dänen Lund-Drosvad und Knudsen gegründet. Nördlich der Stadt Upernavik treiben in dem gleichnamigen Fjord die größten Eisberge der Nordhalbkugel Richtung offenes Meer.

Oben links: Blick auf die sommerliche Küste Nordwestgrönlands. Oben rechts: Treibeis im Prins Christian Sund an der Südspitze Grönlands.

Wohl jeder Cruiseliner auf Grönlandfahrt steuert die Diskobucht rund 300 km nördlich des Polarkreises an. Die Passagiere werden von einer arktischen Bilderbuchlandschaft erwartet. Das Meer ist hier übersät von Eisplatten, die aus dem Ilulissat-Eisfjord in die Bucht treiben (rechts). Sie stammen von der Abbruchkante des Gletschers Sermeq Kujalleq 40 km weiter landeinwärts. An der Mündung des Fjords sorgt eine Unterwassermoräne dafür, dass sich die Ungetüme oft jahrelang stauen und eine riesige Eiswand bilden. Erst wenn sie auseinanderbrechen, treiben sie ins Meer. Der Sermeq Kujalleq ist mit einer Geschwindigkeit von über 25 m pro Tag der wohl schnellste und produktivste Gletscher der nördlichen Hemisphäre. An seiner Abbruchkante stürzen täglich Eismassen mit einem durchschnittlichen Gesamtgewicht von rund zehn Millionen Tonnen

ins Wasser. Seit in den 1990er-Jahren festgestellt wurde, dass sich der Rückzug der Gletscherkante beschleunigt, ist der Sermeq Kujalleq zu einem Symbol für den Klimawandel geworden. Gletscherzunge und Eisfjord sind seit 2004 UNESCO-Weltnaturerbe. Der Eqip Sermia im Norden der Diskobucht ist der weltweit wohl einzige kalbende Gletscher, vor dessen über 2 km breiter Abbruchkante Schiffe kreuzen.

Nordpol

Wettlauf zum Pol

Die Geschichte der Nordpolarexpeditionen ist lang und ereignisreich. Besessen von der Idee und dem Wunsch, den Nordpol als Erster zu erreichen, lieferten sich Forscher und Abenteurer einen intrigen- und dramenreichen Wettlauf. Dass Robert E. Peary (1856–1920) tatsächlich am 6. April 1909 mit Matthew A. Henson zuerst zum Nordpol gelangte, wird in der Wissenschaft stark angezweifelt (Bild rechts). Der Forscher Frederick Cook (1865–1940) reklamierte für sich, den Nordpol bereits ein Jahr zuvor betreten zu haben, was ebenfalls als wenig wahrscheinlich gilt. Belegt ist je-

Der Nordpol ist der nördlichste Punkt der Erde, an dem sich die Erdachse mit der Erdoberfläche schneidet. Er liegt nicht auf Festland, sondern im Arktischen bzw. Nordpolarmeer, das an die Nordränder von Nordamerika, Europa und Asien angrenzt und in der zirkumpolaren Region großteils (noch) von Eis bedeckt ist.

Obwohl im (fast) ewigen Eis gelegen, ist der Nordpol auch Ziel von Kreuzfahrten, und wohl eines der exotischsten. Möglich macht dies die russische Eisbrechertechnik.

Von Murmansk aus, dem eisfreien Hafen an der Barentssee auf der Kola-Halbinsel, startet im Juni und Juli der größte atomkraftgetriebene Eisbrecher der Welt zur zweiwöchigen Nordpolarfahrt. Die Route führt zunächst durch die eisfreien Gewässer der Barentssee. Nach etwa 1000 km, der Hälfte der Distanz, wird bei 80 Grad Nord die Packeisgrenze erreicht. Ab hier muss sich der Eisbrecherkoloss seinen Weg durch teils meterdickes Packeis pflügen. Begleitet vom Knirschen des gebrochenen Eises, türmen sich meterhohe Eismassen entlang der Bordwände des Schiffs auf. Das Reich des Packeises ist auch der Lebensraum der Eisbären, die sich hier – wenn man Glück hat – sichten lassen. Wegen der Klimaerwärmung schrumpft die Eisdecke des Nordpolarmeeres allerdings zusehends. Im September 2011 waren nur noch rund 4,2 Millionen km^2 von Eis bedeckt, was dem zweitniedrigsten Stand seit 1979 entspricht.

Nach fünf bis acht Tagen Fahrt zeigt der Kompass 90 Grad Nord an – der Nordpol ist erreicht! Er lässt sich unmittelbar vom Schiff aus betreten – ein unvergesslicher Augenblick: Wo es keine Zeit mehr zu geben scheint und vom 21. März bis 23. September die Mitternachtssonne nicht untergeht, fällt der Blick durch die weiße Eiswüste in alle Richtungen nach Süden!

Auf der Rückreise nach Murmansk gibt es einen Abstecher zum Franz-Joseph-Land. Per bordeigenem Hubschrauber setzt man auf den Archipel über, wo sich der nördlichste Landpunkt Eurasiens (Kap Fligely, Rudolf-Insel) befindet. Spektakuläre Felsklippen, Berge, Gletscherabbruchkanten, Geoden (bis zu drei Meter dicke Steinkugeln auf der Champ-Insel) sowie Eisbären, Walrosse und Seevögel lassen sich bewundern.

Im Sommer bricht die Eisdecke im Nordpolarmeer teilweise auf.

Ein faszinierendes Erlebnis ist ein Spaziergang am Nordpol vor dem mächtigen Eisbrecher »Yamal« (großes Bild).

doch, dass der Flug des Luftschiffs »Norge«, der von Umberto Nobile, Roald Amundsen und Lincoln Ellsworth im Mai 1926 durchgeführt wurde, über den geografischen Nordpol führte. 1958 kreuzte zum ersten

Mal das U-Boot »USS Nautilus« unterhalb der geschlossenen Eisdecke des geografischen Nordpols. Erstmals nachweislich betreten wurde er 1937 durch eine sowjetische Expedition unter Iwan Papanin.

Nordwest-passage

Der berühmte Seeweg im Nordpolarmeer

Am nächsten kamen dem nördlichsten Punkt der Erde zunächst jene mutigen Seefahrer, die sich ab dem 16. Jh. auf die Suche nach der Nordost- bzw. der Nordwestpasssage begaben, den Seewegen im Nordpolarmeer und seinen Randmeeren entlang der Nordküsten Europas und Asiens bzw. Amerikas. Pioniere der Seefahrt waren hier Sebastiano Caboto, John Davis, Martin Frobisher und Willem Barents. Später erkundeten englische und russische Seefahrer die Terra incognita aus Wasserstraßen, Flussmündungen und In-

Die Befahrung der Nordwestpassage, die schon manchen Seeleuten und Polarforschern zum Schicksal wurde, ist auch heute noch ein faszinierendes Abenteuer. Durch Treibeisfelder, zwischen Packeis und Eisbergen führt die legendäre Route im Norden Amerikas vom Atlantik zum Pazifik.

Pond Inlet Durch den schmalen Pond Inlet führt die Route zur gleichnamigen Siedlung im Norden der Baffin-Insel. Hier am Eclipse Sound wird zum ersten Mal auf der Reise kanadisches Territorium betreten. Die erst vor einigen Jahrzehnten gegründete Siedlung heißt in der Sprache der Inuit, die die überwiegende Mehrheit der rund 1300 Einwohner bilden, Mittimatalik. Für einige Jahre bestand hier am Anfang des 20. Jh. eine Walfangstation, die jedoch schon bald wieder aufgegeben wurde.

Trotz des unwirtlichen Klimas lebten in der Region um Pond Inlet schon vor mindestens vier Jahrtausenden Menschen. Archäologen konnten bei ihrer Forschungsarbeit Funde der Dorset- und der Thule-Kultur zuordnen. Ab dem Jahr 1929 bemühten sich Missionare der anglikanischen sowie der katholischen Kirche um die Verbreitung und Festigung christlicher Glaubenslehren.

Wie die meisten Orte der Arktis besteht Pond Inlet aus verstreut liegenden nüchternen Zweckbauten, von denen kein besonderer Reiz ausgeht. Umso eindrucksvoller aber ist die Lage der Siedlung, die von einer großartigen Bergkulisse überragt wird. Im Süden steigen die Berggipfel bis auf über 1500 m auf. Im Norden, auf der nicht minder steil aufragenden Nachbarinsel Bylot, werden Höhen von mehr als 2000 m erreicht. Hier liegt der Ursprung mehrerer Gletscher, die dem Meer gewaltige Eismassen zuführen.

Der Eclipse Sound und der zu ihm hinführende Pond Inlet, die Bylot-Insel von der Baffin-Insel trennen, sind auch im Sommer mit Treibeis und Eisbergen übersät. Faszinierend ist nicht nur der Anblick der arktischen Landschaft. Gebannt wird der Besucher auch von der unerwartet reichen Tierwelt in den Meeresarmen. Belugas, Narwale und gelegentlich sogar Grönlandwale sind hier zu beobachten. Auch Pottwale und Orcas wurden schon gesichtet. Hinzu kommen weitere Meeressäuger, vor allem Walrosse und verschiedene Robbenarten.

Die benachbarte Bylot-Insel ist als Vogelschutzgebiet bekannt. In die Hunderttausende geht die Zahl der Dickschnabellummen und Dreizehenmöwen, die auf den Klippen nisten. Fahrten zur Vogel- und Walbeobachtung können von Pond Inlet aus organisiert werden. Angeboten werden außerdem Bootstouren für Angler und im Frühjahr auch Fahrten mit Schneemobil und Hundeschlitten.

Das Nattinak Centre in Pond Inlet ist ein interessant gestaltetes Informationszentrum, in dem man profund über die Möglichkeiten des Naturerlebens im Vogelschutzgebiet und im **Sirmilik-Nationalpark** aufgeklärt wird.

Dundas Harbor An der felsigen Westküste von Bylot-Insel entlang führt die Route weiter durch den schmalen Navy Board Inlet nach Norden in den Lancaster Sound, den 80 km breiten Hauptzugangsweg zur Nordwestpassage. Mit einer Tiefe von über 1000 m ist dies der tiefste Abschnitt der gesamten Nordwestpassage, deren Meeresstraßen in der Regel nur Tiefen von weniger als 300 m aufweisen.

Nach kurzer Fahrt ist Dundas Harbor an der Südostküste der Devon-Insel auf nahezu 75 Grad nördlicher Breite erreicht. Bereits 1922 wurde hier ein Militärposten mit zwei Mann Besatzung begründet, um Kanadas Hoheitsrechte in der Arktis zu unterstreichen und eventuellen Ansprüchen der USA zuvorzukommen. Der Posten wurde zwar 1932 aufgegeben, doch besteht in der Frage der Hoheitsrechte in den arktischen Gewässern immer noch Uneinigkeit. Das Gebiet nördlich von Dundas Harbor steigt bis auf nahezu 1900 m an und ist völlig vergletschert. Die Küstenregion war bereits vor Jahrtausenden Lebensraum von Menschen, wie prähistorische Funde aus der Zeit der Dorset- und der Thule-Kultur belegt haben.

Dundas Harbor ist ein idealer Platz, um die arktische Tierwelt kennenzulernen. Walrosse und

seln im hohen Norden immer besser – wegen Packeis gelangten sie aber nie über 70 bis 80 Grad nördlicher Breite hinaus.
Erst Adolf Nordenskiöld bezwang 1878/79 erstmals die Nordostpassage, Roald Amundsen (links) gelang dies 1903 bis 1906 für die Nordwestpassage.
Als 1882/83 das Erste Internationale Poljahr ausgerufen wurde, errichteten viele europäische Länder und die USA Forschungsstationen in der Arktis.

Hundeschlittengespann in der arktischen Eiswüste.

Ein Ereignis für das ganze Dorf: Zerlegen eines Belugawales.

Seehunde an der Küste und an Land Moschusochsen gehören zu den eindrucksvollsten Fotomotiven. Mit den Eisbären, die gleichfalls hier leben, sollte man jedoch lieber keine allzu enge Bekanntschaft machen. An Land sind die plündernden Wanderer allerdings seltener zu sehen, denn ihre Beutezüge betreiben sie meist von den Eisschollen aus.

Beechey-Insel Die Insel wurde 1819 von dem Seefahrer William Edward Parry entdeckt und nach einem Offizier der Schiffsbesatzung benannt. Sie hat in der Geschichte der Erforschung der kanadischen Arktis eine wichtige Rolle gespielt. Im Jahr 1845 fand der Polarforscher John Franklin hier einen günstigen Platz für seine Schiffe zur Überwinterung. Als 1851 eine Suchexpedition bis hierher vorstieß, fand man zwar die durch Steine gekennzeichneten Gräber von drei Mitgliedern der Expedition, jedoch keinen Hinweis auf das Schicksal der übrigen Besatzung.
1980 wurden die sterblichen Überreste der drei Männer wissenschaftlich untersucht. Dabei stellte sich heraus, dass sie vermutlich an einer Bleivergiftung gestorben waren. Die mit Blei verlöteten Lebensmittelkonserven, von denen die Mannschaft monatelang gelebt hatte, waren wohl die Ursache der Vergiftung. Allerdings entdeckte man auch Anzeichen einer Lungenerkrankung, die gleichfalls zum Tode geführt haben könnte.
Im Jahr 1979 wurde Beechey-Insel zum historischen Ort der kanadischen Nordwestterritorien erklärt und gehört heute wie große Teile im Nordosten Kanadas zum 1999 geschaffenen Territorium Nunavut. Die Gräber der verstorbenen Seeleute sind bis heute ein interessanter Anziehungspunkt für Arktisreisende.

Resolute Der auf Cornwallis-Insel gelegene Ort gehört mit seinen rund 250 Einwohnern (überwiegend Inuit) zu den am weitesten nördlich gelegenen Siedlungsplätzen der Erde. Der Flughafen, der auch von großen Flugzeugen angeflogen werden kann, ist eines der wichtigsten Drehkreuze des Luftverkehrs in der kanadischen Arktis.
Resolute erinnert daran, welche Strapazen und Schicksale zu erleiden waren, bis die Nordwestpassage bezwungen war.

Umherziehender Eisbär auf der Suche nach Beute (oben).

Die Hurtigruten auf der maritimen »Reichsstraße 1« zählt zu den schönsten Seereisen der Erde. Hier steuert das Hurtigruten-Schiff »MS Polarlys« den Lofotenarchipel an.

Europäisches Nordmeer

Fjorde, Mitternachtssonne, das Nordkap und urbane Schönheiten wie Oslo, Bergen oder Trondheim: Eine Tour mit dem Schiff durch das Europäische Nordmeer verspricht vielfältige, faszinierende Eindrücke zu Wasser und zu Land. Hier ist Europa am einsamsten und ursprünglichsten, die Sonne scheint im Sommer ununterbrochen über die mächtigen Gletscher, tosende Wasserfälle stürzen Hunderte von Metern hinab in grandiose Fjorde. Auf den Spuren der Wikinger wird Vergangenheit gegenwärtig. In Bergen zeugt das ehemalige Kaufmannsviertel Bryggen vom einstigen Glanz der Hansestadt als Zentrum des gesamten nordischen Fischhandels.

Oslo

Edvard Munch

Fast jeder kennt sein Bild »Der Schrei«: Eine Figur mit vor Entsetzen aufgerissenem Mund und eingefallenen Wangen blickt am Betrachter vorbei. Die

Land: Norwegen
Einwohner: 599 000
Sprache: Norwegisch
Währung: Norwegische Krone
Hauptreisezeit: Mai bis September
Zeitzone: UTC + 1

Die Hauptstadt Norwegens liegt ca. 100 km vom offenen Meer entfernt am nördlichen Ende des malerischen Oslofjordes. Ihre besondere Attraktivität verdankt sie ihrer Lage in einer von dichten Wäldern, zahlreichen Seen und Stränden geprägten Naturlandschaft sowie ihrem Großstadtflair. Die Stadtgründung erfolgte im Jahre 1048 unter Harald III. 1299 machte König Håkon V. Oslo zur norwegischen Hauptstadt. Im Mittelalter entwickelte sich die Stadt zu einer der bedeutendsten Residenz- und Kaufmannsstädte in ganz Skandinavien. Oslo zählt heute zu den teuersten Städten der Welt und führt seit Jahren regelmäßig die Liste der Metropolen mit dem höchsten Preisniveau an. Die Stadt ist eine Wintersporthochburg. 1952 fanden hier die Olympischen Winterspiele statt. Die alljährlich auf dem Holmenkollen, einem Berg bei Oslo, ausgetragenen Skisprungwettbewerbe zählen ebenso wie die 2011 fertiggestellte Megaschanze zu den bedeutendsten der Welt. Von den Docks der Kreuzfahrtschiffe kann man die Sehenswürdigkeiten im Hafenbereich und das Stadtzentrum in wenigen Minuten gut zu Fuß erreichen.

Festung Akershus Zwischen den beiden Hafenbecken liegt auf einer Halbinsel die Festung Akershus. Ihre Ursprünge gehen auf das Jahr 1299 zurück. Zwischen 1593 und 1646 wurde sie letztmalig nach den Erfordernissen der militärischen Entwicklung umgebaut. Zu dieser Zeit wurde die mittelalterliche Burg im Zentrum der Anlage in ein Renaissanceschloss umgewandelt und dient seitdem auch als Residenz der norwegischen Könige.

Restauriertes historisches Schiff im Wikingerschiffsmuseum.

Aker Brygge Am Rand des westlichen Hafenbeckens stehen die modernen Glasbauten des Aker-Brygge-Viertels. Auf schwimmenden Plattformen und dem Kai sind hier Restaurants und Cafés entstanden, die mit Blick auf den Schiffsverkehr zum Verweilen einladen.

Opernhaus Vor den kopfseitigen Kais des östlichen Hafenbeckens erhebt sich das erst 2008 fertiggestellte moderne Opernhaus – ein spektakuläres Bauwerk aus Glas und Beton, das an einen Eisberg erinnern soll.

Museumsinsel Nach kurzer Fahrt mit dem Fährboot erreicht man die westlich des Hafens gelegene Museumsinsel **Bygdøy**. Das **Norsk Folkemuseum** bietet hier auf einem 14 ha großen Freigelände mit 155 Gebäuden aus allen Landesteilen, darunter die **Stabkirche von**

expressiv überhöhten grau-grünen und orange-roten Farbtöne sowie die gewundenen Linien verleihen dem existenziellen Grauen drastischen Ausdruck. Mit diesem Bild schuf der norwegische Maler Edvard Munch (1863–1944), ein Wegbereiter des Expressionismus, eine Ikone der modernen Kunst. »Der Schrei« war ebenso wie »Madonna« (links) oder »Vampir« Bestandteil eines 22-teiligen »Lebensfrieses«, mit dem er auf der Ausstellung der Berliner Secession 1902 Furore machte. In dem Zyklus verarbeitete Munch Grenzerfahrungen und Seelenzustände des Individuums im Fin de Siècle; wiederkehrende Motive waren Krankheit, Tod und unerfüllte Liebe. Auch Munchs grafisches Werk wurde wegweisend. Nach seiner Rückkehr nach Norwegen 1908 schuf er Porträts und Landschaftsbilder, aus denen das Düstere weitgehend verschwunden ist.

Gol, ein umfassendes Bild der norwegischen Kulturentwicklung. In der großen **Wikingerschiffshalle** sind die drei berühmtesten restaurierten Wikingerschiffe ausgestellt, darunter das mit typischen Ornamenten verzierte »Osebergschiff«. In der lichtdurchfluteten Halle des **Fram-Museums** erwartet den Besucher das Polarforschungsschiff »Fram«, ein aus Eichenholz gebauter Dreimastschoner, mit dem Fridtjof Nansen den Nordpol erreichen wollte und Roald Amundsen die Antarktis erforschte. Gegenüber liegt das **Kon-Tiki-Museum** mit dem aus Balsaholz gefertigten Floß, auf dem der Ethnologe Thor Heyerdahl mit fünf Gefährten das Abenteuer der Pazifiküberquerung von Peru nach Polynesien bestand. In einer Nachbarhalle ist die »Ra II« zu besichtigen. Mit diesem Papyrusboot, einem Nachbau alter ägyptischer Schiffe, brach Heyerdahl mit seiner Mannschaft 1970 von Marokko aus zu einer 58-tägigen Fahrt über den Atlantik bis nach Amerika auf, um zu beweisen, dass schon die alten Ägypter diese Strecke bewältigen konnten. Im **Norwegischen Seefahrtsmuseum** kann man sich abschließend über die Geschichte der Seefahrt in Norwegen von den Anfängen bis zur Gegenwart informieren.

Königliches Schloss Am Westrand des Stadtzentrums liegt inmitten der 22 ha großen Parkanlagen und nur ein Kilometer vom Hafen entfernt das im klassizistischen Stil erbaute Schloss. Die 100 m lange und fast 24 m breite Hauptfront weist im Mittelteil einen von Säulen getragenen offenen Vorbau auf. Rückwärtig schließen sich zwei 40 m lange und 14 m breite Seitenflügel an. Neben dem König nutzt der norwegische Staat als Eigentümer die 173 Räume für verschiedene repräsentative Zwecke.

Zentrum Entlang des breiten, in den Jahren 1830–1840 angelegten Prunkboulevards, der Karl Johans Gate, die vom Hauptbahnhof zum Schloss führt, reihen sich die wichtigsten Bauwerke der Altstadt. Es findet sich rechter Hand der 1697 eingeweihte **Dom**, der vor allem durch die 1500 m² bedeckende Gewölbemalerei im Innenraum beeindruckt. Folgt man dem Boulevard in Richtung des Schlosses, liegt auf der linken Seite das 1861 im neugotischen Stil errichtete monumentale **Storting**, in dem das Parlament Norwegens tagt. Schräg gegenüber sieht man das **Grand Hotel** aus dem 19. Jh. Es beherbergt ein originalgetreu ausgestattetes Café, in dem so bedeutende Künstlerpersönlichkeiten wie Henrik Ibsen, Knut Hamsun und Edvard Munch Stammgäste waren.
In der **Nationalgalerie** sind die Werke der bekanntesten Maler des Landes und der klassischen Moderne ausgestellt.
Das **Historische Museum** befindet sich in einem der schönsten Jugendstilbauten der Stadt. Das Rathaus liegt am Rande des Zentrums. In dem bemerkenswerten Gebäude im Bauhausstil findet alljährlich die Verleihung des Friedensnobelpreises statt. Das benachbarte **Nobel-Friedenszentrum** informiert über die Geschichte des Preises.
Munch-Museum Außerhalb des Zentrums, in östlicher Richtung, kann man das Museum besuchen, in dem die bekannten Werke des Malers Edvard Munch ausgestellt sind. Das Museum wurde 1994 zu Munchs 50. Todestag eingeweiht.

Links oben: Festung Akershus auf der Halbinsel Akersnes. Bildleiste von oben: Rathaus am Oslofjord; modernes Opernhaus; Storting, das norwegische Parlament.

Stavanger

Erdöl

Die Hafenstadt Stavanger ist die Erdöl- und Erdgaskapitale Norwegens. Der staatliche Ölkonzern Statoil und internationale Ölfirmen haben hier ihren Sitz,

Land: Norwegen
Einwohner: 125 000
Sprache: Norwegisch
Währung: Norwegische Krone
Hauptreisezeit:
Mai bis September
Zeitzone: UTC + 1

Stavanger ist die viertgrößte Stadt Norwegens. Sie erstreckt sich teils über Marschland, das unterhalb des Meeresspiegels liegt, teils über einige Inseln im Mündungsdelta des Figgjoelvaflusses am Ausgang des Lysefjordes.
Die Stadt wurde zwischen 1122 und 1125 als Bischofssitz gegründet. Über die Jahrhunderte beeinträchtigten schwere Seuchen wie Pest oder Typhus, aber auch Wirtschaftskrisen und verheerende Feuer ihre Entwicklung. Ein stetiger Aufschwung setzte erst im 18. Jh. durch den Ausbau des Hafens und der Fischereiwirtschaft ein. Durch die Ansiedlung von Konservenfabriken wurde Stavanger ein wichtiger Industriestandort. Nach der Entdeckung großer Erdöl- und Erdgasvorkommen vor der Küste Ende der 1960er-Jahre entwickelte sich die Stadt zum Zentrum der norwegischen Öl- und Gasindustrie. Dank ihrer Nähe zum landschaftlich reizvoll gelegenen Lysefjord ist sie aber auch ein beliebtes Kreuzfahrtziel.

Der romanische Innenraum des St.-Svithun-Doms in Stavanger.

Historisches Stadtzentrum Die Altstadt Stavangers erstreckt sich zu beiden Seiten der engen, in Nord-Süd-Richtung verlaufenden Hafenbucht. Das Viertel »Gamle Stavanger« im Westen der Bucht kann von der Anlegestelle für Kreuzfahrtschiffe in wenigen Gehminuten erreicht werden. Ein Bummel durch die engen, von weißen Holzhäusern aus dem 18. und 19. Jh. gesäumten Gassen ist ein unbedingtes Muss für jeden Stavanger-Besucher. In »Gamle Stavanger« befindet sich das weltweit einzige Konservenmuseum. Es ist in einem historischen Fabrikgebäude untergebracht und informiert über die lokale Konservenindustrie. Das Viertel auf der anderen Seite der Bucht lockt mit einem Ensemble farbenfroher historischer Holzhäuser. Hier befindet sich auch der ehemalige Aussichtsturm der Feuerwächter, in dem heute ein kleines Museum untergebracht ist.

Kathedrale Das Gotteshaus liegt umgeben von hohen Laubbäumen im Süden des Hafens am Ufer des Stadtsees. Der um das Jahr 1125 begonnene romanische Kirchenbau weist bereits gotische Stilelemente auf und ist ein Beispiel für die anglonormannische Bauweise, die die englischen Handwerker in Norwegen einführten. Stavangers Kathedrale zählt zu den wenigen mittelalterlichen Kirchenbauten Norwegens, die über die Jahrhunderte nicht verändert wurden.

Ölmuseum Hier wird die Geschichte der norwegischen Erdöl- und Erdgasförderung anschaulich dargestellt. Als Höhepunkt der Besichtigung erhält der Besucher auf einer begehbaren Mini-Bohrinsel einen Einblick in die Arbeitsbedingungen auf einer Hochsee-Bohrinsel.

Sola Diese kleine Nachbargemeinde Stavangers kann vom Hafen aus leicht mit dem Auto oder dem Bus erreicht werden. Ihr Strand zählt zu den längsten Norwegens und wurde von der »Sunday Times« sogar zum

und der nahe gelegene Flughafen Sola ist die Drehscheibe für den Verkehr zu den Ölbohrinseln vor der Küste. Mit der Eröffnung des Ekofisk-Felds rund 300 Kilometer vor der Küste begann 1971 die Offshore-Erdölförderung (links) im norwegischen Nordseesockel, ab 1977 ergänzt durch die Erdgasförderung. Das Fördern, die Produktion, aber auch Transport und Vermarktung von Öl und Naturgas wurden Norwegens bedeutendster Wirtschaftszweig und prägten insbesondere die Entwicklung und das Stadtbild von Stavanger. Das Ekofisk-Feld ist mit 29 Offshore-Installationen das größte Industriegebiet der Nordsee und ein Knotenpunkt für Rohrleitungen zum europäischen Kontinent. Von den ursprünglich vorhandenen 524,1 Millionen Tonnen Öl waren Anfang 2005 440 Millionen Tonnen gefördert; die Förderkonzessionen laufen bis 2028.

fünftschönsten Strand der Welt gekürt. Er wird durch niedrige, mit Strandhafer bewachsene Dünen vom Hinterland abgegrenzt und bietet sich als Ausflugsziel für alle an, die einen Tag mit Schwimmen, Sonnenbaden oder Kitesurfen verbringen wollen.

Lysefjord In Stavangers Hafen starten regelmäßig Ausflugsschiffe in diesen 40 km langen und bis zu 500 m tiefen Fjord. Die Fahrt führt an hohen und in vielen Bereichen senkrecht abfallenden glatten Steilwänden aus Granitgestein vorbei. Ihrer hellen Färbung verdankt der Fjord seinen Namen. Nach einem Viertel der Fahrstrecke taucht im Norden eine der berühmtesten Sehenswürdigkeiten Norwegens auf – der **Preikestolen** (»Predigtstuhl«). Volle 604 m über dem Fjord ragt die ca. 25 m² große Felsplattform aus den Steilwänden hervor. Sie ist ein beliebtes Ausflugsziel für Abenteuerlustige ohne Höhenangst. Ein Aufstieg dauert mehrere Stunden und lohnt sich sehr. Der Blick von der Felsenkanzel auf die Fjordlandschaft ist atemberaubend und wird von jährlich 100 000 Besuchern genossen. Am Ende des Fjordes liegt das bis zu 1100 m hohe **Plateau des Kjerag**, das geübte Wanderer über gesicherte Wege in drei bis vier Stunden erklimmen können. In seinem Westteil ist in einer tiefen Spalte ein 5 t schwerer Felsbrocken, der **Kjeragbolten**, einklemmt. Ganz Mutige wagen sich auf den schweren Brocken, von dem niemand weiß, wie er in den Felseinschnitt geraten ist, und posieren für Erinnerungsfotos.

Oben links: Denkmalgeschützte Altstadt von Stavanger. Rechts: Am Klemmblock fallen die Felswände fast senkrecht 1000 Meter zum Fjord hinab.

Von dem 25 m^2 großen, auf 604 m Höhe gelegenen und an drei Seiten senkrecht abfallenden Felsplateau Preikestolen schweift der Blick über den Lysefjord auf die Bergwelt der Ryfylkeheiene (unten).

Nur wirklich schwindelfreie Wagemutige sollten von dem in jeder Hinsicht spektakulären Standort die Aussicht genießen (links).

Bergen

Fischmarkt in Bergen

Der Marktplatz »Torget« am historischen Hansehafen Bryggen in Bergen ist der farbenprächtigste und berühmteste Fischmarkt Skandinaviens und das touristische Herz der Hansestadt. Hier gibt es frischen Fisch, Krebse, Krabben, Fischbrötchen, Elch- und Rentiersalami sowie Blumen, Saisongemüse, Kunsthandwerk und vieles mehr (rechts). Die Stände haben im Sommerhalbjahr täglich ab sieben Uhr morgens zwölf Stunden lang geöffnet. Am Rand des Marktplatzes befinden sich Restaurants und Cafés sowie die Talstation der Standseilbahn zum Aussichtsberg Fløyen, so-

Land: Norwegen
Einwohner: 260 000
Sprache: Norwegisch
Währung: Norwegische Krone
Hauptreisezeit:
Mai bis September
Zeitzone: UTC + 1

Nicht zuletzt dank ihrer unvergleichlichen Lage am Inneren Byfjord wird die zweitgrößte Stadt Norwegens auch »Königin der Fjorde« genannt. Von hier aus brechen alljährlich Hunderte von Schiffen zu Kreuzfahrten durch die norwegischen Fjorde auf. Der Hafen ist Start- und Endpunkt der berühmten Postschiffslinie Hurtigruten, die seit 1893 die Städte und Gemeinden entlang der norwegischen Küste bis hinauf nach Kirkenes verbindet. Bergen wurde 1070 gegründet und war lange Zeit die größte Stadt Norwegens. Zwischen 1217 und 1299 residierten hier sogar die norwegischen Könige. Bereits 1360 eröffnete in Bergen ein Kontor der Hanse. Dieses Bündnis entstand bereits im Hochmittelalter und endete mit der Entdeckung Amerikas im Jahr 1492, als sich der Handel nach Westen verlagerte. Seit dieser Zeit ist die Stadt mit ihrem Hafen eines der wichtigsten Handelszentren Skandinaviens.

Bryggen Der an der Nordostseite des Hafens gelegene älteste Teil Bergens geht auf hanseatische Kaufleute zurück, die hier im 14. Jh. Handelskontore eröffneten. Zwar wurde das Viertel über die Jahrhunderte mehrmals durch verheerende Feuer zerstört. Da die Bewohner ihre Häuser nach einem Brand immer originalgetreu wieder aufbauten, konnten die mittelalterlichen Bauformen bis heute im Wesentlichen konserviert werden. Als authentisches Zeugnis hanseatischer Baukunst steht Bryggen deshalb seit 1979 auf der UNESCO-Weltkulturerbeliste.
Eine Besichtigung ist ein Muss für jeden Bergen-Besucher. In viele der 280 schmucken, spitzgiebeligen Kontorhäuser sind Restaurants, kleine Geschäfte

Einige Fassaden zeigen bis heute Embleme der Handelshäuser.

oder Museen eingezogen. Das Hanseatische Museum etwa vermittelt in seinen Räumen, die im Stil der Zeit eingerichtet sind, einen Eindruck von der Lebensweise eines hanseatischen Kaufmanns im 14. Jh.

Die steinerne **Marienkirche** im Zentrum von Bryggen wurde bereits im 12. Jh. gebaut. Sie ist das älteste Gebäude Bergens und eine der besterhaltenen romanischen Kirchen Norwegens. Der Neubau des Bryggens Museum unweit der Kirche wurde an der Stelle errichtet, an der die Überreste einer Siedlung aus dem 12. Jh. gefunden wurden. Sie sind in den Räumen des Museums ausgestellt.

Festung Bergenhus Die Anfänge dieses an der Hafeneinfahrt gelegenen Gebäudekomplexes reichen bis in das 13. Jh. zurück. Nicht zuletzt um seinem Königtum angemessen Ausdruck verleihen zu können, ließ Håkon IV. Håkonsson (1204–1263) hier zwei repräsentative Hallen im Stil der englischen Gotik errichten. Eines der beiden Gebäude wurde während des Zweiten Weltkrieges zerstört, das andere, die Håkonshalle, wurde sorgfältig restauriert und kann besichtigt

dass man den berühmten Markt nach kurzer Zeit auch aus der Vogelperspektive betrachten kann. Fisch wird in zahlreichen Zubereitungen angeboten, die im deutschsprachigen Raum unbekannt sind, wie Fischpudding (fiskepudding) mit Krabbensoße, Fischklöße (fiskeboller), Heringspfannkuchen (sildepannekaker) oder Fischauflauf (fiskegrateng); und pochierter Kabeljau (avkokt torsk) fehlt ganz sicher auf keiner Speisekarte.

Das Wohnzimmer im Hanseatischen Museum in Bergen.

In Gamle Bergen gibt es alte Läden und Werkstätten.

werden. Auch der Rosenkranzturm wurde zuerst unter König Håkon errichtet, im 16. Jh. aber zu einem prachtvollen Renaissancepalast umgebaut.

Marktplatz und Domkirche St. Olav Dank des täglich stattfindenden Fisketorget ist der direkt am Vågen gelegene Marktplatz eine besondere Touristenattraktion. Hier werden aber nicht nur fangfrische Fischspezialitäten, sondern auch Blumen und allerlei Gemüse angeboten. Unweit des Marktplatzes ragt der mächtige Turm der Domkirche St. Olav in den Himmel empor. Das Langschiff des Gotteshauses wurde Ende des 12. Jh.s im romanischen Stil erbaut. Der gotische Chor und der untere Teil des Turmes stammen aus dem 13. Jh. In den folgenden Jahrhunderten kamen weitere Anbauten hinzu. Der Turm wurde erst im 17. Jh. fertiggestellt.

Bergens Kunstmeile Als Kulturmetropole beherbergt Bergen zahlreiche interessante Museen. Allein am Lille Lungegårdsvann, dem Stadtsee, befinden sich mehrere sehenswerte Gemäldegalerien. Das Bergen Kunstmuseum ist der skandinavischen Malerei vom 14. bis zum 21. Jh. gewidmet. In der benachbarten Bergen Kunsthall wird in wechselnden Ausstellungen zeitgenössische Kunst gezeigt. Die Sammlung Rasmus Meyers Samlinger kann u. a. mit Meisterwerken von Edvard Munch punkten.

Akvariet i Bergen Seit 1960 ist das Aquarium eine Attraktion für Groß und Klein. Es liegt an der Spitze der Halbinsel Nordnes und kann vom Hafen aus mit regelmäßig verkehrenden Fährbooten erreicht werden. Mit 70 Schaubecken ist dies eine der modernsten und größten Anlagen in Europa.

Gamle Bergen Dieses Freilichtmuseum lockt mit 40 historischen Holzhäusern, die einen lebendigen Eindruck vom Leben der Handwerker und einfachen Menschen, aber auch der reichen Kaufleute im Bergen des 18. Jh.s und 19. Jh.s vermitteln. Es liegt etwas außerhalb des Zentrums im Norden der Stadt, kann vom Marktplatz aus aber schnell mit dem Bus erreicht werden.

Großes Bild oben: An der natürlichen Hafenbucht Vågen in Bergen liegt das historische Hanseviertel Bryggen.

Der Aussichtsberg Fløyen bietet einen wunderschönen Blick auf Bergen (unten), die umgebenden Schären, Inseln und Fjorde. Er ist vom Stadtzentrum aus mit der Fløibahn gut erreichbar.

Die auf Pfählen im Wasser stehenden Holzhäuser in Bergen erinnern noch heute an die Anfangszeiten der Postschifffahrtslinie (links).

Hurtigruten

Die Flotte der Post- und Frachtschiffe

Im Sommer verkehren die Hurtigruten-Schiffe der ab dem Jahr 1993 gebauten neuen Generation. Sie wurde für den Kreuzfahrtverkehr konzipiert und bietet einen Komfort, von dem die Nachkriegsflotte weit entfernt war. Der Erfolg der neuen hat zum Bau noch luxuriöserer und größerer Schiffe geführt: Die neue »MS Finnmarken« (2002, rechts) hat acht Decks für 1000 Passagiere, die Schwesterschiffe »MS Trollfjord« und »MS Midtnatsol« (2002) haben neun Decks und etwa 650 Betten in gut 300 Kabinen. Von dieser

Land: Norwegen
Einwohner: 260 000
Sprache: Norwegisch
Währung: Norwegische Krone
Hauptreisezeit:
Mai bis September
Zeitzone: UTC + 1

Steile Fjorde, Mitternachtssonne, ewiges Eis: Die Hurtigruten von der Weltkulturerbe-Stadt Bergen längs der zerklüfteten norwegischen Westküste, durch die Lofoteninselgruppe und am Nordkap vorbei nach Kirkenes an der Barentssee zählen zu den schönsten Schiffsreisen der Erde.
Im Jahr 1893 wurde die »Schnellroute« als Fracht- und Postdienst gegründet, heute werden die Reisen mit den luxuriösen Schiffen meist als Kreuzfahrten angeboten – zwölf unvergessliche Tage dauert die hin und zurück 5200 Kilometer lange Reise, auf der an Mittsommer die Sonne nördlich des Polarkreises nicht untergeht.
Am 2. Juli 1893 startete der Kapitän Richard With aus Tromsø mit der DS Vesteraalen von Trondheim nach Hammerfest zur ersten Hurtigruten-Fahrt.
1898 folgte die Südverbindung nach Bergen, seit 1914 ist Kirkenes an der Barentssee der nördliche Wendepunkt. Die Hurtigruten nutzt die vom Golfstrom erwärmte, meist eisfreie See im Küstenbereich als ganzjährig befahrbare Verbindung zwischen West-, Mittel- und Nordnorwegen.
Im Winter bildeten die Hurtigruten lange Zeit das Rückgrat der norwegischen Verkehrsinfrastruktur, da das Landesinnere bis weit in das 20. Jh. hinein kaum durch Straßen und Eisenbahnen erschlossen war: Während die wenigen Wege im Winter unpassierbar waren, steuerten die für ihre Erfahrung und Zuverlässigkeit berühmten Hurtigruten-Kapitäne ihre »Postschiffe« auch durch Winterstürme und brachten Passagiere und Fracht pünktlich ans Ziel.
1962 benutzten fast 600 000 Passagiere die Postschiffe, 1988 waren es weniger als die Hälfte – die Ära der alten Postschiffe war vorbei, dafür begann das Zeitalter des Genussreisens: Bis heute hat sich die Zahl der Passagiere dank neuer, komfortabler Schiffe vervielfacht.

Abfahrtsterminal in Bergen ist der Nøstet-Kai. Die Kabinen sind in Bergen täglich ab 18.00 Uhr bezugsfertig, die Abfahrt variiert nach Jahreszeit:

Zeitraum	Abfahrt
01.01.–14.04.12	22.30 Uhr
15.04.–14.09.12	20.00 Uhr
15.09.–31.12.12	22.30 Uhr

In allen anderen Häfen erfolgt die Einschiffung direkt nach Anlegen des Schiffes, spätestens eine halbe Stunde vor der angegebenen Abfahrtszeit.

Auf ihrer Fahrt von Bergen nach Kirkenes laufen die Hurtigrutenschiffe die folgenden Häfen an: **Florø, Måløy, Torvik, Geiranger, Ålesund, Molde, Kristiansund, Trondheim, Rørvik, Brønnøysund, Sandnessjøen, Nesna, Ørnes, Bodø, Stamsund, Svolvær, Stokmarknes, Sortland, Risøyhamn, Harstad, Finnsnes, Tromsø, Skjervøy, Øksfjord, Hammerfest, Havøysund, Honningsvåg, Kjøllefjord, Mehamn, Berlevåg, Båtsfjord, Vardø, Vadsø, Kirkenes.**

Eine Hurtigruten-Kreuzfahrt kann durch Landausflüge ergänzt werden. Die unterschiedlich langen Ausflüge umfassen Museumsbesuche, Stadtbesichtigungen, den Abstecher zum Nordkap oder die Fahrt vom Geirangerfjord über den Trollstigen in die Jugendstilstadt Ålesund. Sie werden mit Bussen und kleineren Schiffen sowie jahreszeitlich mit Schneemobilen, Speedbooten oder Husky-Gespannen durchgeführt. Eventuelle Ausrüstung wie Thermohandschuhe, Spezialstiefel usw. werden gestellt.
Die Ausflüge werden meist in einer kürzeren und einer längeren Variante angeboten (Trondheim kompakt zwei Stunden oder Trondheim intensiv drei Stunden; Nordkap kompakt drei Stunden oder mit Frühstück und weiterführender Rundfahrt sechs Stunden). Bei der Länge spielen auch die Schneeverhältnisse eine Rolle; so dauert die Fahrt von Geiranger nach Ålesund siebeneinhalb Stunden, wenn der Trollstigen geöffnet hat, bei der bis in den Mai andauernden Wintersperrung des Trollstigen dauert sie nur viereinhalb Stunden. Das Angebot ist so vielfältig, dass es bei einer einzigen Fahrt nicht ausgeschöpft werden kann, bei Hin- und Rückfahrt lassen sich die Angebote variieren. Einige Veranstaltungen sind nur auf der nordgehenden, andere nur auf der südgehenden Route möglich.
Am Ende jedes Landausflugs geht es wieder an Bord des Schiffs, entweder im Hafen, in dem der Landausflug beginnt, oder im nächsten Hafen. Unter den mehr als zwei Dutzend angebotenen Landausflugsmöglichkeiten einige Beispiele:

Jugendstilstadt Ålesund: Stadtbesichtigung
Geiranger – Ålesund: Alterna-

Die »MS Finnmarken« verfügt über einen Meerwasserpool.

Auf einer Hurtigruten-Fahrt gibt es immer etwas zu entdecken.

vergleichsweise spartanisch ausgestatteten Nachkriegsflotte werden im Winter weiterhin die »MS Nordstjernen« (1956) und die »MS Lofoten« (1964) eingesetzt, während die alte »MS Finnmarken« derzeit als

Museumsschiff im sehenswerten Hurtigruten-Museum in Stokmarknes auf den Vesterålen in Nordnorwegen liegt. Die Schiffe der »mittleren Generation« haben die Hurtigruten inzwischen alle verlassen.

tive zur Schiffsrückfahrt von Geiranger nach Ålesund ist die Busfahrt über den Ørnevegen und den Trollstigen, zwei der berühmtesten Panorama-Serpentinerstraßen Skandinaviens.

Atlantikstraße: Busfahrt von Kristiansund über die Atlantikstraße, eine der ungeachtet ihrer Kürze sehenswertesten Nationalen Ferienstraßen Norwegens, nach Molde.

Krönungsstadt Trondheim: Stadtrundfahrt mit Besichtigung des Nidarosdoms oder Besuch des Freilichtmuseums Trøndelag.

Eiderenten auf Vega: Ausflug zur als Welterbe unter dem Schutz der UNESCO stehenden Inselgruppe Vega.

Gletscher Svartisen: Schiffsausflug zum zweitgrößten Gletscher Norwegens.

Gezeitenstrom Saltstraumen: Speedboot-Ausflug zu einem der stärksten Gezeitenströme der Erde.

Lofoten Wikingerfest: Das Wikingerfest ist eine von zahlreichen Ausflugsmöglichkeiten auf der Inselgruppe der Lofoten.

Seeadler-Safari: Bootsausflug im Trollfjord.

Eismeerstadt Tromsø: Stadtbesichtigung oder polarhistorischer Stadtrundgang oder Mitternachtskonzert in der Eismeerkathedrale.

Hundeschlittentour auf Kvaløya: Mit Kaffeepause in einem Samenzelt auf der Insel Kvaløya bei Tromsø (nicht auf der gleichnamigen Insel von Hammerfest).

Nordkap: Busausflug zum beliebten und traditionell als nördlichster Punkt Europas angesehenen Nordkapfelsen, mit Besuch des Nordkap-Postamts.

Vogelbeobachtung Gjesvær: Kombinierte Bus- und Bootsfahrt zum Vogelschutzgebiet Gjesværtappan von Honningsvåg aus; ornithologische Führung.

Samen und Rentiere: Folklore mit Kaffee im Samenzelt vor Rentierherde auf der Halbinsel Nordkinn in Finnmark.

Schneemobil nach Mehamn: Bus- und Schneescooter-Tour (Pkw-Führerschein Klasse B erforderlich) auf der Halbinsel Nordkinn in Finnmark.

Quad-Safari: Im Quad (Pkw-Führerschein Klasse B erforderlich) von Kirkenes bis hin zur russischen Grenze.

Die Strecke wird ganzjährig befahren. Die Kirschblüte in Hardanger, der Nationalfeiertag am 17. Mai und der volksfestartige Syvfjellsturen (Seven-Mountain-Walk) in Bergen Ende Mai signalisieren, dass in den unteren Lagen Südnorwegens der Frühling eingezogen ist. In den oberen Lagen ab 1000 m kann sich der Schnee bis weit in den Juli hinein halten. In der spätsommerlichen Nachsaison ab Mitte August fallen die wenigsten Niederschläge, auch die Mücken sind dann meistens verschwunden.

Malerisch ist der lichtintensive, farbenprächtige September, in dem in höheren Lagen nachts die Temperaturen oft unter 0 °C sinken und Schnee fallen kann. Endgültig überzuckert sind die Berge mit Schnee im Oktober, während sich dann in Küstenlagen ein goldener Spätherbst mit klarem, wunderbarem Licht erleben lässt. Danach werden die Tage rasch kürzer, die Zeit der Stürme und der winterlichen Lichterfeste beginnt: Weiß gekleidete »Lussibräute« wecken am 10. Dezember die Friedensnobelpreisträger zur Preisverleihung in Oslo; in der Nacht auf den 13. Dezember findet das eigentliche Lussifest statt, eines der schönsten Lichterfeste des Nordens. In den tiefsten Mittwinternächten wird das Lichter- und Friedensfest Jul gefeiert; in diesem Fest, das seinen alten Namen in ganz Skandinavien beibehalten hat, verbinden sich germanische Traditionen mit dem christlichen Fest »Weihnachten« und dem amerikanischen Marketingevent »Christmas«. Nach Jul werden die Tage wieder länger, und schon im eisklirrenden Februar sind sie so lang, dass man wieder Hundeschlittentouren unternehmen kann: Das Finnmarksløpet von Alta nach Kirkenes und zurück, das längste Hundeschlittenrennen Europas, findet alljährlich etwa Anfang März statt.

Im Hochsommer geht die Sonne ganz im Norden nicht unter: In der Nordland-Hauptstadt Bodø ist die Mitternachtssonne vom 4. Juni bis zum 8. Juli zu erleben, am Nordkap vom 13. Mai bis zum 29. Juli.

Blick auf die über Brücken erreichbare Inselstadt Tromsø (Bild oben).

Der Geirangerfjord ist ein Ausläufer des Sunnylvfjords, eines Nebenarms des Storfjords. Er erstreckt sich, rund 100 km von der Küste entfernt, über 15 km zwischen den bis 1400 m aufragenden Bergflanken eines eiszeitlichen Trogtales. Aufgrund seiner Lage in einer der schönsten Bergregionen Europas steht er mit dem Nærøyfjord auf der UNESCO-Welterbeliste. An den Hängen entlang des Fjords wechseln dichte Laubwälder mit blühenden Felsheiden und schroffen Lawinenfeldern ab. In den Gipfellagen prägen Hochalmen das Landschaftsbild. An vielen Stellen stürzen Wasserfälle wie etwa die berühmten »Sieben Schwestern«, der »Freier« oder der »Brautschleier« bis zu 300 m in die Tiefe (großes Bild). Hier und da tauchen auf schmalen Felsabsätzen stehende, verlassene, heute aber zumindest teils restauriere Gehöfte auf. Die

große Vielfalt der Landschaften bietet seltenen Säugetieren wie Bergrentieren, Elchen, Hirschen, Polarfüchsen, Luchsen, Ottern, Lemmingen und über 100 Vogelarten einen Lebensraum. Die Kreuzfahrtschiffe steuern das 250-Seelen-Dorf Geiranger am Ende des Fjordes an. Von dort führt eine Serpentinenstraße zu Aussichtspunkten wie Flydalsjuvet (rechts) oder dem 1500 m hoch gelegenen Felsplateau Dalsnibba.

Ålesund

Runde

Runde im Sørøyane-Archipel ist Norwegens südlichstes Vogeleiland und weithin bekannt als ornithologisches Paradies. In den Felswänden der 6,2 km^2 kleinen Insel (rechts) brüten alljährlich 500 000 bis 700 000 Seevögel vor der großartigen Kulisse der Sunnmørsalpen, darunter die mit 5000 Brutpaaren größte Kolonie an Eissturmvögeln Norwegens. Hauptbrutzeit ist Mai bis Juni, die Seeadler hingegen legen ihre Eier bereits im März ab. Weite Teile der Insel stehen unter Naturschutz und dürfen zwischen dem 15. März und dem 31. August nicht betreten werden.

Land: Norwegen
Einwohner: 40 000
Sprache: Norwegisch
Währung: Norwegische Krone
Hauptreisezeit: Mai bis September
Zeitzone: UTC + 1

Ålesund liegt 236 km nordöstlich von Bergen auf den durch Brücken verbundenen Inseln Nørvøy, Apsøy und Hessa an der Mündung des Storfjords in den Nordatlantik. Mit 428 Einwohnern pro km^2 weist die Stadt eine für norwegische Verhältnisse ungewöhnlich hohe Bevölkerungsdichte auf.
Die Stadt erhielt ihren Namen nach der Meerenge des Ålesunds zwischen den Inseln Nørvøy und Apsøy. Sie wurde Mitte des 15. Jh.s erstmals urkundlich als Niederlassung von Bergener Kaufleuten erwähnt. Die Verleihung der Stadtrechte erfolgte erst im Jahr 1848, als sich die Bevölkerungszahl durch den Ausbau des Hafens zum größten Fischereihafen Norwegens mit zahlreichen Verarbeitungsbetrieben rasch vergrößerte.
Heute ist Ålesund ein beliebtes Ziel für Kreuzfahrtschiffe auf Norwegentour. Die Stadt verdankt ihre besondere Attraktivität einem geschlossenen Ensemble von Jugendstilbauten sowie einer reizvollen landschaftlichen Umgebung.

Jugendstilviertel Das unweit des Hafens gelegene Zentrum von Ålesund wird von einem weltweit einzigartigen Ensemble von Jugendstilbauten geprägt. Die vielfach mit kunstvoll verzierten Erkern und Giebeln ausgestatteten Häuser wurden errichtet, nachdem in der Nacht zum 23. Januar 1904 die gesamte, aus Holzhäusern bestehende Innenstadt durch einen katastrophalen Brand zerstört worden war. Die mit dem Wiederaufbau beauftragten Architekten nutzten die Gelegenheit und schufen innerhalb von wenigen Jahren eine Idealstadt, die den damaligen Vorstellungen von Urbanität vollkommen entsprach. Hilfe für den Wiederaufbau kam aus aller Herren Länder, und an die Unterstützung aus Deutschland erinnern der Straßenname »Keiser Wilhelms Gate« und ein Gedenkstein für Wihelm II.

Stadtmuseum Das exzellent ausgestattete Jugendstilzentrum ist im Gebäude der ehemaligen Schwanenapotheke untergebracht. Multimediaprogramme machen hier mit der Geschichte der Stadt und ihrer berühmten Jugendstilarchitektur vertraut. Die Originalausstattung der Apotheke ist heute noch erhalten. Auf dem Vorplatz erinnert ein Denkmal an die Walfangtradition.

Das nahe gelegene **Aalesunds Museum** informiert nicht nur über die Stadtentwicklung, sondern auch über Seefahrt, Handwerk und Fischfang in der ganzen Region.

Trankocherei In dem über 100 Jahre alten Gebäude wurde früher das Walfett für die Weiterverarbeitung zu industriellen Schmierstoffen, Lampenölen, pharmazeutischen und kosmetischen Produkten aufbereitet. Heute ist hier ein Shoppingcenter mit Läden, die Antiquitäten,

Weitere Brutvögel sind Dreizehenmöwen, Trottellummen, Tordalken und Basstölpel. Das Leuchtfeuer von Runde erinnert an die Gefährlichkeit des Fahrwassers und an die vielen Schiffstragödien. Bis heute wer-

den historische Münzen aus den Wracks angeschwemmt, weswegen Runde viele Schatzsucher anlockt. 1972 entdeckten Taucher die 1725 gesunkene »Akerendam« und bargen 60 000 Gold- und Silbermünzen.

Kunst und Kitsch anbieten, untergebracht.

Stadtberg Aksla Zu Ålesunds höchster Erhebung gelangt man über eine Treppe aus 418 Stufen. Der Stadtberg gewährt einen weiten Ausblick über Ålesund und seine Umgebung. Im Südwesten ragen zahlreiche bewaldete Inseln aus dem blau schimmernden Meer, im Osten taucht das norwegische Festland mit den grandiosen schneebedeckten, hohen Bergkämmen der Sunnmørealpen auf, und weit im Norden verschmilzt das Meer mit dem Horizont.

Atlantik-See-Park Der in Tueneset ca. 3 km westlich von Ålesund gelegene Freizeitpark zählt zu den größten Salzwasseraquarien Nordeuropas.
Er wurde 1998 von König Harald V. eingeweiht. Hier wird auf beeindruckende Weise die Meeresfauna der norwegischen Küstengewässer präsentiert.
Die Hauptattraktion der Anlage ist ein vier Mio. l fassendes Becken, in dem sich große Bestände verschiedener Fischarten des Nordatlantiks tummeln. Zu der Anlage gehört ein 6000 m^2 großes Außengelände, das sich harmonisch in die Küstenregion einfügt, mit einem kleinen Badestrand und hübschen Spazierwegen.

Sunnmøre-Museum Eines der bekanntesten Freilichtmuseen Norwegens liegt nur 4 km vom Stadtzentrum Ålesunds entfernt. Auf einer Fläche von 120 ha können hier 50 Wohn- und Wirtschaftsgebäude vom Mittelalter bis zum frühen 20. Jh. besichtigt werden. Die Sammlungen des Museums umfassen zahlreiche Gegenstände der regionalen Kulturgeschichte von der älteren Steinzeit bis zum 14. Jh. In einer Bootshalle und am Museumskai werden zusätzlich originalgetreue Nachbildungen alter Bootstypen präsentiert.

Blick vom Hausberg Aksla über den Hafen und die Stadt.

Trondheim

Nidarosdom

Der Nidarosdom in Trondheim ist die größte gotische Kathedrale Skandinaviens und Krönungskirche der Könige von Norwegen. Errichtet wurde das Gotteshaus ab 1152 über der Olavsquelle und dem Sarkophag König Olavs des Heiligen. Ab 1186 folgte der gotische Langchor, ab 1248 die Westfassade mit einer prächtigen Fensterrose, und im Jahr 1320 war das reich ausgestattete Bauwerk vollendet (rechts). Berichte von Wunderheilungen ließen es zu einem der bedeutendsten Wallfahrtziele Nordeuropas werden. Nach der Reformation (1537) verschwanden die Pilgerströme, und der gewaltige Bau verfiel. Wäh-

Land: Norwegen
Einwohner: 170 000
Sprache: Norwegisch
Währung: Norwegische Krone
Hauptreisezeit:
Mai bis September
Zeitzone: UTC + 1

Das 70 km vom Meer entfernte, an dem gleichnamigen Fjord gelegene Trondheim ist die drittgrößte Stadt Norwegens. Sie wurde 997 durch König Olav I. Tryggvason gegründet und von ihm zu seiner Residenz- und Hauptstadt gemacht. 1152 wurde Trondheim Bischofssitz. Dank des günstig gelegenen Hafens entwickelte sich Trondheim zu einer wichtigen Wirtschafts- und Handelsmetropole. Durch den Anschluss an das Schienennetz der Eisenbahn gewann die Wirtschaft weiter an Schub.
Auch heute ist Trondheim ein wichtiger Unternehmensstandort. Von großer Bedeutung sind die technischen und naturwissenschaftlichen Universitäten, Hochschulen und Forschungsinstitute.
Seine Attraktivität als Kreuzfahrtziel verdankt Trondheim einigen historischen Sehenswürdigkeiten, in denen sich die überragende politische und sakrale Bedeutung der Stadt manifestiert.

Altstadt Das historische Viertel von Trondheim liegt auf der Halbinsel Öra und ist mit dem Festland durch eine sehenswerte Holzbrücke, die Gamla Bybrua, verbunden. Am alten Hafen fallen besonders die farbenfrohen, auf Pfählen errichteten Speicherhäuser ins Auge. Zahlreiche Restaurants und Cafés, von denen aus man das bunte Treiben der Boote beobachten kann, laden hier zum Verweilen ein. In der Altstadt geht es meist lebhaft zu. In der Hochsaison wird sie gern von den Touristen besucht.

Palast der Erzbischöfe Dieser südlich des Doms gelegene Prunkbau gilt als ältester steinerner Profanbau Norwegens. Seine Ursprünge gehen auf das Ende des 12. Jh.s zurück. Besonders sehenswert sind hier die Repräsentationsräume der Erzbischöfe, die erzbischöfliche Münzprägestätte, die ausgestellten Reichsinsignien mit den Kronjuwelen, eine Ausstellung mittelalterlicher Waffen und die größte Sammlung mittelalterlicher Steinskulpturen ganz Skandinaviens.

Stiftsgården Ein weiteres Juwel norwegischer Architektur ist das komplett aus Holz erbaute und mit 70 Zimmern großzügig ausgestattete Stiftsgården, das der norwegische König seit 1906 als offizielle Residenz nutzt. Das Ende des 18. Jh.s errichtete Palais wurde im Stil des Klassizismus mit Anklängen an das Rokoko gestaltet.

Festungsanlage Kristiansten Einen herrlichen Ausblick über die Stadt kann man von der 300 Jahre alten Festung Kristiansten genießen. Von den sternförmigen Wällen der Anlage überblickt man die gesamte, von einer schilfgesäumten Flussschleife der Nidelva und dem Kanalhafen umgebene Altstadt.

Munkholmen Die mitten im Trondheimfjord gelegene Insel

rend der norwegischen Nationalromantik begann 1869 die Rekonstruktion als »Nationalheiligtum«. 1906 wurde Haakon VII. im Nidarosdom zum ersten König des unabhängigen Norwegens gekrönt. Der alte Pilgerweg von Oslo über

das Dovrefjell zum Nidarosdom und weiter nach Stiklestad, wo Olav der Heilige 1030 erschlagen worden war, wurde 1997 wieder eröffnet. Er zählt zu den schönsten Fernwanderwegen Norwegens (643 km).

Im Abendlicht verbreiten die Häuserzeile am Wasser und die Boote eine idyllische Atmosphäre.

ist durch einen regelmäßigen Fährverkehr mit Trondheim verbunden. Die im 17. Jh. errichtete und im 19. Jh. wieder umgebaute Festung steht unter Denkmalschutz. Im Zweiten Weltkrieg bauten deutsche Truppen hier Flakstellungen auf. Einige Überreste sind noch vorhanden.

Großes Bild: Die Speicherhäuser der historischen Hafenanlage stehen auf Pfählen in der Nidelva.

Lofoten, Tromsø

Stockfisch

Mitte Januar steigt auf den Lofoten, einem Archipel aus rund 80 Inseln vor der Küste Nordnorwegens, nach mehrwöchiger Polarnacht erstmals wieder die Sonne über den Horizont. Das ist das Signal für den Beginn der Fangsaison für Tausende von Lofotfischern. Denn zur selben Zeit machen sich in der russischen Barentssee Millionen von Fischen – vorwiegend Kabeljau – auf den Weg zu ihren Laichplätzen rund um die Inselgruppe.
Die Fische werden auf den Lofoten fast ausnahmslos zu Stockfisch verarbeitet. Dazu werden sie geköpft und ausge-

Land: Norwegen
Fläche (Lofoten): 1227 km²
Einwohner:
Lofoten: 24 000
Tromsø: 68 000
Sprache: Norwegisch
Währung: Norwegische Krone
Hauptreisezeit: Mai bis September
Zeitzone: UCT + 1

Die norwegische Küstenregion nördlich des Polarkreises fasziniert nicht allein durch ihre überwältigende Natur. Auch der Schein der Mitternachtssonne, die das ganze Land in den kurzen Sommern über Tage und Wochen in ein magisches Licht taucht, zieht immer mehr Urlauber an und hat Nordnorwegen zu einem beliebten Kreuzfahrtziel gemacht. Auf den Lofoten geht die Sonne zwischen dem 28. Mai und dem 14. Juli nicht unter, in Tromsø ist es zwischen dem 20. Mai und dem 22. Juli ununterbrochen hell.

Lofoten Fast jeder Cruiseliner auf Nordnorwegen-Tour hat eine Passage durch das rund 150 km nördlich des Polarkreises beginnende Inselreich im Programm. Eine Fahrt entlang der Küsten und in die Fjorde ist ein unvergessliches Erlebnis. Die Lofoten präsentieren sich als ein Stück urtümliche, überwältigende Natur. Das Landschaftsbild wird von hoch aufragenden Gebirgskämmen mit einer artenreichen alpinen Flora geprägt. In den Tallagen finden sich vielfach bunt blühende, hauptsächlich von Schafen beweidete Gras- und Heidelandschaften, die von Sümpfen und Mooren durchsetzt sind. Dank verschiedener Aufforstungsmaßnahmen nimmt aber auch der Baumbestand wieder zu. Die zerklüfteten Küsten sind Heimat unzähliger Seevögel. In den Gewässern rund um die Inseln tummeln sich Delfine, Wale und andere Meeressäuger. Heute wie vor 100 Jahren leben die meisten Lofoten-Bewohner in malerischen, kleinen Fischerdörfern, die oft nichts als eine Ansammlung von auf Pfählen im Wasser errichteten Holzhütten sind, die aber dennoch den Inseln ihr unverwechselbares Gesicht verleihen.

⚓ **Svolvær** Die Lofoten sind durch Brücken miteinander verbunden und können von der Hauptstadt **Svolvær**, die zugleich Kreuzfahrthafen ist, über die Europastraße 10 erreicht werden. Die Kapitale der Lofoten präsentiert sich als hübscher kleiner Ort, dessen farbenfrohe Häuser einen auffälligen Kontrast zu dem Grau-Grün der Berge im Hintergrund bilden. In der Stadt befinden sich die Ateliers einiger bekannter norwegischer Maler und Bildhauer sowie ein Kriegsmuseum, das über die Auswirkungen des Zweiten Weltkriegs auf Norwegen und die Lofoten informiert. Auch ein Besuch der Kirche ist lohnenswert.

Hauptattraktion Svolværs dürfte aber die erst 2004 eröffnete **Magic Ice Gallery and Bar** sein. Eine Wunderwelt von Skulpturen und Installationen ganz aus Eis wartet hier auf den Gast. Auch die Drinks an der Bar werden in Gläsern aus Eis serviert.

⚓ **Tromsø** Obwohl die 400 km nördlich des Polarkreises gelegene Hauptstadt der Provinz Troms nur etwas mehr als 67 000 Einwohner zählt, ist sie mit einer Fläche von etwa 2500 km² die zweitgrößte Stadt

nommen, am Schwanz zusammengebunden und über ein Holzgerüst gelegt. Dort trocknen sie zwei bis drei Monate im Freien (links) bei Temperaturen knapp über dem Nullpunkt, anschließend noch einmal so lang in einer Halle. Sie verlieren dabei rund 80 Prozent ihres Körpergewichts – übrig bleibt ein naturreines Konzentrat aus Mineralstoffen und Protein, das als Stoccafisso vor allem nach Italien exportiert wird.

Aufgrund des Golfstroms sind die Wassertemperaturen im Hafen von Tromsø in der Regel mild.

Europas und dreimal so groß wie Berlin

Das Stadtgebiet umfasst große Wälder sowie einige der Küste vorgelagerte Inseln und ist vielerorts menschenleer. Dennoch gilt Tromsø als urbane Metropole und wird auch »Paris des Nordens« genannt. Das vielfältige kulturelle Leben der Stadt, die 1250 als Kirchenspiel gegründet wurde und die 1754 die Stadt- und Handelsrechte erhielt, wird von einer renommierten Universität, dem Polarforschungsinstitut sowie einem Theater und einem Kunstmuseum geprägt. Tromsø zählt zu den wenigen Städten Norwegens, die während des Zweiten Weltkriegs nicht zerstört wurden. Das historische Stadtzentrum wird deshalb immer noch von zweistöckigen, für die Region sehr typischen Holzhäusern geprägt.

🏛 Das ganz in Hafennähe im Seebrückenhaus untergebrachte **Polarmuseum** wird von der Universität Tromsø betrieben und will seine Besucher über die Geschichte der Polarforschung informieren. Die Nordpolexpeditionen Roald Amundsens und Fridtjof Nansens stehen im Mittelpunkt der Ausstellung. Im Süden des Stadtzentrums befindet sich das **Tromsø-Museum**, das mit sehenswerten Ausstellungen zur arktischen Fauna und Flora sowie zur Geschichte der Region glänzt. Ein Raum ist der Kultur der Samen gewidmet, die schon vor 7000 Jahren in Nordnorwegen siedelten. »Polaria – ein arktisches Erlebnis« – mit diesem Slogan wirbt das in der Nähe des Stadtzentrums gelegene **Polarium** um seine Besucher. Es ist in einem architektonisch außergewöhnlichen, ineinandergeschobenen Eisschollen nachempfundenen Gebäude untergebracht und informiert auf unterhaltsame Weise über die Ökosysteme der Polarregion. Ein unbedingtes Muss für jeden Tromsø-Besucher ist eine Stippvisite in der **Mack-Brauerei** südlich des Stadtzentrums. Bis zur Gründung der Nordkap Mikrobryggeri in Honningsvåg im Jahr 2000 durfte sich das traditionsreiche Unternehmen rühmen, die nördlichste Bierbrauerei Europas zu sein. Das hier gebraute Arctic Beer ist ausgesprochen schmackhaft und kann schon vormittags im hauseigenen Ausschank der Brauerei gekostet werden. Das neue Wahrzeichen Tromsøs wurde auf dem Festland errichtet und kann von Tromsøya aus über die Tromsø-Brücke erreicht werden: die ⛪ **Eismeerkathedrale**. Das 1965 errichtete Gotteshaus ist eine Touristenattraktion und besticht durch seine architektonisch markante, einem Zeltdach nachempfundene Konstruktion und ein die ganze Rückfront einnehmendes Glasmosaikfenster, das mit einer Größe von 140 m^2 das größte Kirchenfenster Europas ist.

Wer Tromsø und seine malerische Umgebung aus der Vogelperspektive betrachten möchte, kann mit einer Seilbahn den knapp 400 m hohen Storsteinen hinauffahren.

Die Talstation befindet sich südwestlich der Eismeerkathedrale. Die Sehenswürdigkeiten der Stadt können von den beiden Kreuzfahrtpiers gut mit öffentlichen Verkehrsmitteln erreicht werden.

Oben links: Blick auf die Lofoteninsel Flakstadøya. Rechts: Glasbild in der Eismeerkathedrale von Tromsø mit dem Titel »Die Wiederkehr Jesu«.

Die bis zu 100 Jahre alten Fischerhütten des Lofotendorfs Sakrisøy auf der Insel Moskenesøya stehen auf Pfählen im Wasser. Sie werden heute gern als Feriendomizile genutzt (großes Bild).

Einsam zieht ein Schiff der berühmten Hurtigruten-Flotte im Nusfjord nördlich von Sakrisøy seine Bahn (links).

Nordkap

Polarlicht: Feenschleier und göttliche Zeichen

In alten Beschreibungen wird das Polarlicht als eine überirdische, mystische Erscheinung aufgefasst und in Sagen oft als Feenschleier oder göttliches Zeichen gedeutet. Doch die Wissenschaft hat diese Erklärungsversuche längst entzaubert: Polarlicht ist eine durch Anregung von Sauerstoff- und Stickstoffmolekülen entstehende Leuchterscheinung am Nachthimmel in einer Höhe von 70 bis 500 Kilometern. Farbe und Aussehen variieren, und am häufigsten treten bandartige Strukturen sowie grüne und ro-

Als Nordkap wird die auf 71° 10' 21" nördlicher Breite liegende äußerste Felsklippe der norwegischen Insel Magerøya bezeichnet. Weil das bis zu 308 Metern steil aufragende monumentale Felsplateau nicht mehr zur europäischen Festlandmasse gehört, ist das weiter östlich gelegene Kap Kinnarodden auf der Halbinsel Nordkinn der nördlichste Punkt des Kontinents.

Die Kreuzfahrtschiffe auf Nordkaptour legen in Honningsvåg an der Südküste von Magerøya an. Seit der heute rund 3000 Einwohner zählende Ort 1998 die Stadtrechte erhielt, hat er Hammerfest in der Provinz Finnmark den Rang als nördlichste Stadt Europas abgelaufen.

Bis zur Entdeckung des Nordkaps durch den Tourismus waren Fischfang und -verarbeitung die Haupterwerbsquelle der Bewohner, heute sind sie fast alle auf die Feriengäste aus aller Welt eingestellt. Der Hafen von Honningsvåg ist der zweitgrößte Kreuzfahrthafen Norwegens. Den Sommer über gehen hier alljährlich 100 000 Passagiere von Bord. Die meisten zieht es natürlich zu dem nur 40 km weiter nördlich gelegenen Nordkap. Die Busfahrt über die Nordkapstraße führt durch eine karge, unvergleichliche Landschaft: Den Sommer über sieht man Tausende von Rentieren in der Tundra weiden.

Nordkapkreuzfahrten während der Zeit der Mitternachtssonne sind besonders beliebt. Zwischen dem 14. Mai und 29. Juli geht in den Regionen 500 km nördlich des Polarkreises die Sonne nicht unter. Land und Meer sind dann nachts in ein magisches Licht getaucht.

Honningsvåg präsentiert sich als lebendige kleine Stadt, in der den Sommer über fast immer Treiben herrscht. Gleich am Hafen informiert ein Museum über Geschichte und Kultur der Region. In dem gleichen Gebäude ist die Touristeninformation untergebracht. Sie bietet Ausflüge in die Umgebung an, z. B. zu den auf Magerøya lebenden Samen in Karasjok, einer Stadt nahe der finnischen Grenze, etwa 6 km vom Festland entfernt.

Knivskjellodden ist eigentlich Europas nördlichster Ausläufer.

308 m ragt das Nordkap aus dem Europäischen Nordmeer heraus. 1553 entdeckte der englische Seefahrer Richard Chancellor den Felsvorprung.

te Farbtöne auf (links). Das Polarlicht tritt als Nordlicht (Aurora borealis) und Südlicht (Aurora australis) vor allem nach starker Sonnenfleckentätigkeit auf, wenn die Teilchen des Sonnenwinds in den Polargebieten in das Erdmagnetfeld eintreten: Die Sauerstoffatome emittieren grünes und rotes Licht, die Stickstoffmoleküle schwächeres blaues und violettes Licht. Meistens sind Polarlichter im Winterhalbjahr zu beobachten.

Die Ostsee

Sie ist zwar klein und lediglich ein Binnenmeer, doch die Naturschönheiten an ihren Ufern und die kulturelle Vielfalt der Anrainerstaaten machen aus einer Schiffsreise durch die Gewässer der Ostsee ein unvergessliches Erlebnis. Wer schon einmal auf dem Seeweg nach Stockholm kam oder in St. Petersburg die »Weißen Nächte« erlebt hat, wird Sehnsucht nach mehr bekommen. Das sommerliche Vergnügen an den endlosen Sandstränden in den baltischen Staaten oder die historischen und kulturellen Höhepunkte in Kopenhagen, Danzig und Helsinki sorgen für eine abwechslungsreiche Reise. Auf engem Raum mischen sich unberührte Landschaften mit dem Charme pulsierender Städte.

Schnee und das winterliche Licht verleihen Stockholm gerade um die Weihnachtszeit eine besondere Atmosphäre.

Kopenhagen

Kleine Meerjungfrau

Jedes Kreuzfahrtschiff, das die Langelinie-Pier anläuft, muss an Kopenhagens weltbekanntem Wahrzeichen vorbei. Seit 1913 sitzt die 125 cm große Statue auf ihrem Felsblock (rechts) an der Uferpromenade und blickt traumverloren aufs Meer. Sie ist nach einem Märchen von Hans Christian Andersen benannt und wurde im Auftrag des Kunstmäzens und Bierbrauers

Land: Dänemark
Einwohner: 540 000
Sprache: Dänisch
Währung: Dänische Krone
Hauptreisezeit: Mai bis September
Zeitzone: UTC + 1

Die dänische Hauptstadt hat ein großes und vielseitiges kulturelles Angebot, und die Ausgeh- und Vergnügungsviertel sind weltberühmt. Insbesondere in den Sommermonaten spielt sich das Leben auf den Straßen, in den Parks und nicht zuletzt am Wasser ab.
Das im Westen und Norden von Wasser, den Kopenhagener Seen, eingefasste und im Osten an den Hafen grenzende historische Zentrum ist überschaubar. Es wartet mit einem Ensemble aus prächtigen Renaissance- und klassizistischen Repräsentationsbauten auf. Als Hotspot für Kreuzfahrten im Ostseeraum verfügt Kopenhagen gleich über zwei Terminals. An dem Langelinie-Pier gehen Schiffe, die in der Stadt einen Zwischenstopp einlegen, vor Anker. Zu Fuß ist die Innenstadt von hier aus in 15 min erreichbar. Der Freeport Terminal etwa 3 km außerhalb des Stadtzentrums wird fast nur als Start- und Zielhafen genutzt.

Strøget Kopenhagens berühmte Fußgängerzone zieht sich über fünf Straßen vom Rathausplatz bis zum Kongens Nytorv, dem Königlichen Neumarkt, hin. Ein Bummel über die Flaniermeile ist ein Muss für jeden Besucher, denn hier gibt es auf Schritt und Tritt etwas zu sehen und zu bestaunen.
Die Strøget wird von prachtvollen Renaissancebauten gesäumt. Überall locken interessante Geschäfte, Cafés und Restaurants, und auch Straßenmusikanten spielen auf. Außerdem liegen einige der Museen und sehenswerte Sakralbauten an der Route.
Blickfang am weitläufigen Rathausplatz ist natürlich das zwischen 1892 und 1905 errichtete **Rathaus**, das seinem Pendant im italienischen Siena nachempfunden wurde. Biegt man vom Rathausplatz in die Frederiksberggade, eines Teil der Strøget, ein, gelangt man nach wenigen Minuten zum **Gammeltorv** – einem der schönsten Plätze der Stadt und Treffpunkt junger Leute.
Nördlich des Platzes schließt sich das **»Lateinische Viertel«** mit dem in den 1830er-Jahren errichteten Hauptgebäude der Universität, der **St.-Petri-** und der **Liebfrauenkirche** an. Ein sehenswertes Baudenkmal Kopenhagens liegt ein Stück weiter nördlich in einer Nebenstraße der Strøget. Der **»Runde Turm«** wurde 1642 im Auftrag König Christians IV. als Observatorium direkt neben der Dreifaltigkeitskirche errichtet. Im Inneren führt ein spiralförmiger, stufenloser Aufgang zu einer Aussichtsplattform, die einen schönen Blick über Kopenhagen gewährt.
Am nordöstlichen Ende der Strøget wartet der **Kongens Nytorv** mit dem zwischen 1872 und 1874 im Neorenaissancestil errichteten Prunkbau des königlichen Theaters auf. Auch das im Osten gelegene **Palais Charlottenburg** aus dem Jahr 1683 ist sehenswert.

Tivoli Der hinter dem Rathausplatz gelegene Vergnügungspark ist das – neben der **kleinen Meerjungfrau** – wohl bekannteste Wahrzeichen Kopenhagens.
Seit nunmehr 170 Jahren locken Dutzende von Karussells und andere Fahrgeschäfte, Gaukler und Akrobaten die Besucher in den Tivoli. Mehrmals wöchentlich finden hier Konzerte statt. Die weitläufige Parklandschaft lädt außerdem zum Flanieren ein.
Eine chinesische Pagode und der Nachbau eines indischen Palastes setzen dem Park zusätzliche Glanzlichter auf. Der Tivoli ist in den Sommermonaten und in der Vorweihnachtszeit geöffnet.

Slotsholmen Auf dieser am Inderhavn gelegenen und nach drei Seiten durch einen schmalen Kanal vom übrigen Stadtgebiet getrennten Insel schlägt das politische Herz Dänemarks. Hier befindet sich **Schloss Christiansborg** – der Sitz des dänischen Parlaments, der Regierung und des Obersten Gerichtshofs. Über die Jahrhunderte wurde die einstige Königsresidenz, deren Anfänge auf das 12. Jh. zurückgehen, immer wieder durch Brände zerstört und anschließend neu aufgebaut.
Erst zu Beginn des 20. Jh.s erhielt sie ihre heutige Gestalt, nur die Schlosskirche stammt noch aus dem 19. Jh. Teile des Schlosses und die Ruinen der ersten Festung können besichtigt werden. Die Schlossinsel beherbergt nicht nur wichtige Regierungseinrichtungen, sondern auch einige interessante Museen wie das **Theatermuseum**, das **Königliche Kutschenmuseum** und das dem berühmten Bildhauer gewidmete **Thorvaldsen-Museum**. Sehenswert sind

Blick vom Tivoli auf das Kopenhagener Rathaus.

Die Börse und die Christiansborg liegen direkt nebeneinander.

Jacob Christian Jacobson von dem dänischen Bildhauer Edvard Eriksen geschaffen. Die Primaballerina Ellen Price soll ihm dabei Modell gestanden haben. Immer wieder wurde die Skulptur schwer beschädigt und 2003 sogar von ihrem Felsen gestürzt. Deshalb ist hier eine Kopie platziert. Das Original wird von den Erben Eriksens an einem geheimen Ort aufbewahrt und als Vorlage bei Restaurierungsarbeiten genutzt.

auch das **Zeughaus** und die **Börse** – beides prachtvolle Renaissancebauten aus der Zeit Christians IV. Das im Jahr 2000 eingeweinte neue Gebäude der **Königlichen Bibliothek** stellt einen ultramodernen architektonischen Kontrapunkt zu den historischen Bauwerken auf der Insel dar.

🏛 **Museen** Kopenhagen verfügt über eine facettenreiche Museumslandschaft und ist ein Dorado für Kunstliebhaber. Aus der Vielzahl der Sammlungen ragen die **Ny Carlsberg Glyptotek** und das **Nationalmuseum** besonders hervor. Beide liegen in der Nähe des Rathausplatzes und können bei einem Stadtbummel besichtigt werden. Die Ny Carlsberg Glyptotek zählt zu den bedeutendsten Museen für antike Kunst in ganz Skandinavien und beherbergt außerdem eine Sammlung von Meisterwerken des Impressionismus und der klassischen Moderne. Allein das imposante Gebäude aus den 1890er-Jahren, in dem das Museum residiert, lohnt einen Besuch.
In der Sammlung des Nationalmuseums, die in einem Rokokopalast untergebracht ist, spiegelt sich die ganze Geschichte der dänischen Kultur von der Bronzezeit bis in das 20. Jh. wider; Herzstück ist der berühmte Sonnenwagen von Trundholm.

Nyhavn Der Kanal im Norden des Stadtzentrums verbindet den Kongens Nytorv mit dem Hafen und zählt zu den touristischen Hauptattraktionen Kopenhagens. Die Front aus farbenfrohen alten Kontorhäusern im Norden des Nyhavn ist ein beliebtes Postkartenmotiv. Seit den 1980er-Jahren hat sich hier eine lebendige Kneipen- und Restaurantszene entwickelt. Die erstklassigen Lokale locken Gäste aus aller Welt an.
Auf halbem Wege zwischen Nyhavn und dem Kreuzfahrtpier Langelinie liegt 🏠 **Schloss Amalienborg** – die Residenz der dänischen Königin. Das Ensemble aus vier um einen achteckigen Platz gruppierten Palästen wird weltweit gern als eine besonders schöne Rokokoanlage gelobt. Ein Besuch ist nicht nur für Fans des Königshauses ein Muss.

Christianshavn Das Viertel auf der der Slotsholmen gegenüber liegenden Insel Amager zählt zu den urigsten von ganz Kopenhagen. Es wurde unter König Christian IV. ab 1619 nach dem Vorbild Amsterdams angelegt und mit einem Kanalsystem ausgestattet. Da es von Zerstörungen verschont blieb, sind Teile der historischen Bebauung erhalten.
Weltweit bekannt wurde Christianshavn durch die 1970 von Hippies gegründete »Freistadt Christiania«, in der alternative Lebensformen und -konzepte entwickelt und erprobt werden sollten. Obwohl die Christianiter immer wieder Angriffen seitens der Behörden ausgesetzt waren, ist ihre Kommune zu einer Institution mit eigenen Regeln und Gesetzen geworden. Mittlerweile zieht es nicht nur Aussteiger, sondern auch »ganz normale« Touristen auf einer Sightseeingtour hierher.

Der Neue Hafen, »Nyhavn«, hat sich im Laufe der Zeit zu einem quirligen Geschäftsviertel und einem Besuchermagneten entwickelt (Bild oben).

Stockholm

Mälaren

Der bis auf Stockholmer Gebiet reichende See ist der drittgrößte Schwedens und nicht nur ein wichtiges Trinkwasserreservoir, sondern auch ein beliebtes Aus-

Land: Schweden
Einwohner: 850 000
Sprache: Schwedisch
Währung: Schwedische Krone
Hauptreisezeit: Mai bis August
Zeitzone: UTC + 1

Nicht zuletzt wegen ihrer einmaligen Lage wird die schwedische Hauptstadt gern als schönste Stadt der Welt gerühmt. Sie liegt eingebettet zwischen dem Mälaren, einem sich über 115 km von Westen nach Osten hinziehenden Binnengewässer, und der Ostsee. Das »Venedig des Nordens« erstreckt sich über 14 Inseln und wird durch unzählige Eilande, die Schären, vom offenen Meer abgeschirmt.
Die Stadt ist reich an historischen Sehenswürdigkeiten und präsentiert sich doch als moderne, weltoffene Metropole. Unzählige Restaurants bieten Spezialitäten der internationalen Küche an und sorgen für ein großstädtisches Flair. Dutzende Museen sowie eine lebendige Musik- und Theaterszene haben Stockholm außerdem zu einem Mekka für Kunstliebhaber gemacht.

Gamla Stan Das Zentrum der schwedischen Kapitale hat sich längst in andere Stadtteile verlagert, nach wie vor aber ist die Altstadt auf der Insel Stadsholmen eine touristische Hauptattraktion. Das Gewirr der Straßen und Gassen lädt zum Bummeln ein. Das über die Jahrhunderte gewachsene Viertel wartet mit Gebäuden aus allen Epochen der Stadtgeschichte auf. In viele alte Gemäuer sind Cafés, Restaurants oder Galerien eingezogen.

Am Nordostende von Gamla Stan befindet sich das **Königliche Schloss** – mit seinen 608 Räumen einer der größten Paläste der Welt. Der Prachtbau wurde an der Stelle der durch ein Feuer zerstörten mittelalterlichen Königsresidenz in der ersten Hälfte des 18. Jh.s errichtet und gilt als hervorragendes Beispiel für die Architektur am Übergang vom Barock zum Rokoko. Der Palast wird vom schwedischen König, der heute auf **Schloss Drottningholm** residiert, nur noch selten genutzt. Viele Räume sind deshalb der Öffentlichkeit zugänglich gemacht worden. Auch die Schatzkammer und die Antikensammlung Gustavs III. können besichtigt werden. Ein besonderer Höhepunkt ist die täglich um 12 Uhr stattfindende Wachablösung auf dem Schlosshof. Unweit der königlichen Residenz befinden sich der **Dom** sowie die im 18. Jh. errichtete Börse, in der heute das **Nobelmuseum** untergebracht ist. Die sehenswerte Ausstellung informiert über Alfred Nobel sowie namhafte Preisträger.

Der Bau der **Deutschen Kirche** im Süden von Gamla Stan beherbergte ursprünglich eine Niederlassung der Hanse und wurde erst im 16. Jh. zu einem Gotteshaus umgebaut. Ihr Turm ist mit 96 m der höchste in der Altstadt. Auch das zwischen 1641 und 1674 errichtete Riddarhuset im Westen der königlichen Residenz ist sehenswert. Bis heute tagt hier alle drei Jahre die schwedische Ritterschaft. Der Prunkbau wartet mit einer barocken Innenausstattung auf.

Die **Insel Helgeandsholmen** im Norden von Stadsholmen beherbergt das imposante Gebäude des schwedischen Reichstages. Die zierlich anmutende Riddarholms-Kirche auf dem gleichnamigen Eiland im Westen von Stadsholmen war über die Jahrhunderte die Grabeskirche der schwedischen Könige. Der letzte Monarch, der hier bestattet wurde, war König Gustav V. (1858–1950). Die Västerlånggatan ist die Hauptgeschäftsstraße in Gamla Stan. Hier wie überall in der Altstadt ist an der Straßenführung seit dem 16. Jh. nicht viel verändert worden. Nur die Häuser, die die enge Gasse säumen, stammen aus dem 18. und 19. Jh. Heute sind hier zahlreiche Boutiquen, Souvenirshops, Kneipen und Restaurants eingezogen. An ih-

flugsziel. Die vielfältigen Wassersportmöglichkeiten locken jedes Wochenende Großstädter an. Viele besitzen hier ein Ferienhaus. Bis ins 10 Jh. war der Mälaren eine Ostseebucht. Erst im Verlauf einer allmählichen Landanhebung, die bereits mit dem Rückzug der Gletschermassen nach der letzten Eiszeit einsetzte und bis heute andauert, wurde er vom Meer getrennt. Heute ist er durch drei Schleusen mit der Ostsee verbunden. Trotz seiner Nähe zu der Metropole ist der Mälaren mit seinen bewaldeten Ufern ein Naturparadies. Drei der Inseln im See warten mit UNESCO-Welterbestätten auf: Das Barockschloss Drottningholm auf der Insel Lovön (links) wird heute von der schwedischen Königsfamilie bewohnt und kann besichtigt werden. Besuche der wikingerzeitlichen Handelsplätze Birka auf Björkö und Hovgården auf Adelsön lohnen sich ebenfalls.

Um das Wrack der »Vasa« herum wurde eine Ausstellung im Vasa-Museum konzipiert.

rem Südende zweigt die Mårten Trotzigs-Gränd von der Västerlånggatan ab – die mit einer Breite von nur 90 cm engste Gasse Stockholms.

Djurgården Die im Osten Stockholms gelegene Insel ist Teil des 1995 gegründeten Königlichen Nationalstadtparks, eines riesigen Schutzgebiets, das der Pflege des kulturellen wie des Naturerbes der Region gewidmet ist. Einige der bedeutendsten Museen Schwedens fanden hier eine Heimstatt. Das 1891 eingeweihte **Skansen** etwa wurde ein Vorbild für die Freilichtmuseen dieser Welt. Auf dem weitläufigen Museumsareal sind historische Gebäude des 19. Jh.s vom Bauernhof über Arbeitersiedlungen bis hin zum Handwerksbetrieb aus allen Teilen Schwedens ausgestellt. Aus Lappland wurde ein Lagerplatz der Samen mit Rentiergehege herbeigeschafft. Das **Vasa-Museum** ist nach dem berühmten 1628 auf seiner Jungfernfahrt gesunkenen und erst 1961 geborgenen Kriegsschiff benannt.
Der überaus aufwendig restaurierte Dreimaster kann in einer großen, eigens dafür gebauten Halle besichtigt werden. Kleine wie große Astrid-Lindgren-Fans dürfen überdies einen Besuch im **Junibacken** nicht versäumen. In dem Museum wurden Szenen aus den Büchern der berühmten Schriftstellerin nachgestellt.
Im Freizeitpark **Gröna Lund** bieten unzählige Karussells, Achterbahnen und andere Fahrgeschäfte ihr Dienste an.

Stadshuset Das Stockholmer Rathaus wurde zwischen 1911 und 1923 am Riddarholmen genau gegenüberliegenden südöstlichsten Zipfel der Insel Kungsholmen gebaut. In dem weithin sichtbaren Ziegelbau findet alljährlich ein großes Bankett zu Ehren der Nobelpreisträger statt. Einige Säle und Räume sind der Öffentlichkeit zugänglich.

Die Aussichtsplattform auf dem 106 m hohen Rathausturm gewährt einen wunderbaren Rundumblick über Stockholm, das Meer und den Mälaren.

Die Stockholmer Altstadt, hier von Westen aus gesehen, ist von Wasser umgeben (oben).

Helsinki

Jean Sibelius

Seine Sicht auf Musik formulierte Jean Sibelius in einem Brief aus dem Jahr 1905: »Musik ist für mich wie ein schönes Mosaik, das Gott zusammengefügt hat. Er nimmt alle Teile in seine Hand, wirft sie in die Welt, und wir müssen das Bild aus diesen Teilen erneut erschaffen.« Tatsächlich halten viele von Sibelius' Anhängern sein Schaffen für göttlich. Geboren wurde der be-

Land: Finnland
Einwohner: 590 000
Sprache: Finnisch
Währung: Euro
Hauptreisezeit: Mai bis August
Zeitzone: UTC + 2

Helsinki zählt zu den wichtigsten Kreuzfahrtzielen im Ostseeraum. Fast jeder Cruiseliner auf Tour in der Region hat einen Stopp in der finnischen Hauptstadt im Programm. In den Sommermonaten locken die hellen, warmen Nächte Besucher aus aller Welt an. Straßen und Plätze, Cafés und Kneipen sind dann fast rund um die Uhr bevölkert. Die überschaubar gebliebene Kapitale verfügt auch über allerlei architektonische Sehenswürdigkeiten. Im Zentrum erinnern neoklassizistische Prunkbauten aus dem frühen 19. Jh. an die Zeit, als Finnland als Großfürstentum Teil des Russischen Reiches war. In vielen Vierteln wird das Stadtbild von Jugendstilfassaden geprägt. Die Moderne ist vor allem mit den herausragenden Meisterwerken des berühmten Alvar Aalto vertreten.

City Als Ausgangspunkt für eine Stadterkundung bietet sich der am Fährhafen gelegene Kauppatori, der Marktplatz, an. Die wichtigsten Sehenswürdigkeiten Helsinkis liegen dicht beieinander und können von hier gut zu Fuß erreicht werden. Auf dem Kauppatori herrscht ganzjährig Betriebsamkeit. Hier kaufen die Hauptstädter frisches Obst und Gemüse, Fisch und Fleisch ein.
Die südlich des Platzes gelegene **Markthalle** aus dem Jahr 1888 wurde aufwendig restauriert. Auch heute sind die Stände noch nach Zünften geordnet. Ein kleines Stück nördlich des Kauppatori befindet sich der beeindruckende **Senatsplatz**, der im frühen 19. Jh. unter Zar Alexander I. angelegt wurde. Die repräsentativen Bauten, die ihn säumen, sollten den Status Helsinkis als neuer Hauptstadt des seit 1809 zum Zarenreich gehörenden finnischen Großfürstentums demonstrieren.

Dominiert wird der Platz von dem weithin sichtbaren Kuppelbau des **Doms**. Er wurde wie die anderen Gebäude auf dem Areal von dem preußischen Architekten Carl Ludwig Engel entworfen und ist ein Wahrzeichen Helsinkis. Den Sommer über finden auf dem Senatsplatz Konzerte statt. Die Domtreppen und das Denkmal Zar Alexanders II. in der Mitte des Platzes sind dann ein beliebter Treffpunkt für junge Leute. Vom Kauppatori aus führt die wohl eleganteste Geschäftsstraße Helsinkis, die **Pohjoiesesplanadi**, Richtung Westen. Sie wird von prächtigen Jugendstilbauten gesäumt. Die Geschäfte bieten Teures und Erlesenes an. Gleich an der Ecke Pohjoisesplanadi/Kauppatori steht der 1908 errichtete **Havis-Amanda-Brunnen**, den die Statue eines nackten Mädchens in aufreizender Pose schmückt. Im Westen der Halbinsel Katajanokka ragen die 13 Zwiebeltürme der 1868 eingeweihten **Uspenski-Kathedrale** in den Himmel empor.
Eine Besichtigung des orthodoxen Gotteshauses ist ein Muss für jeden Helsinki-Besucher.

Kamppi Das westlich des Hauptbahnhofs beginnende und noch zum Stadtzentrum gehörende Viertel ist nicht nur wegen seiner **Jugendstilbauten** einen Ausflug wert. Hier können einige herausragende Zeugnisse der modernen finnischen Baukunst bestaunt werden. Die in den 1970er-Jahren errichtete **Finlandia-Talo** etwa ist ein Meisterwerk des berühmten Architekten Alvar Aalto und wird als Kongresszentrum sowie als Konzerthalle genutzt. Ein Stück weiter südöstlich wurde Ende der 1960er-Jahre ein wohl weltweit einzigartiges Gotteshaus gebaut. Die Felsenkirche, **Temppeliaukion kirkko**, befindet sich in einer eigens zu diesem Zweck in den Fels gesprengten, nach oben offenen Höhle. Die Wände des kreisförmigen Saales sind »naturbelassen«, und das Dach wird von einer Kuppel aus Glas und Stahl gebildet.

Freunde moderner Plastik sollten eine Besichtigung des **Sibelius-Denkmals**, geschaffen zu Ehren des berühmten finnischen Komponisten, nicht versäumen. Das aus Stahlrohren bestehende und 1967 eingeweihte Monument der Künstle-

rühmteste Komponist Finnlands 1865, als es gar kein eigenständiges Finnland gab. Prägend für sein Schaffen waren die Studienaufenthalte in Berlin und Wien. Nach seiner Rückkehr in die Heimat verdiente Sibelius seinen Unterhalt als Musiklehrer. Ein Leben als Komponist war vorerst aus finanziellen Gründen undenkbar. Das änderte sich, als er eine Rente zugesprochen bekam. Die »Sinfonischen Dichtungen« und die sieben Sinfonien ragen bis heute heraus. Zu Beginn waren die spätromantischen Kompositionen noch der finnischen Mythenwelt und der Volksmusik verhaftet. Im Laufe der Arbeit entwickelte der Musiker seinen eigenen Stil. Das Land hat es dem 1957 Verstorbenen gedankt: Finnlands einzige Musikhochschule ist nach ihm benannt: die Sibelius-Akademie; und seit 1967 erinnert im Sibeliuspark ein Denkmal an den Komponisten (links).

rin Eila Hiltunen erinnert manche Betrachter an eine Orgel, andere an den finnischen Wald.

Weltbekannt ist das für die Spiele von 1952 errichtete **Olympia-Stadion**. Es verfügt über einen 72 m hohen Aussichtsturm, der einen fantastischen Blick über die finnische Hauptstadt gewährt.

Weithin sichtbar thront die orthodoxe Uspenski-Kathedrale auf einem Hügel in Helsinkis Zentrum.

Suomenlinna Diese gewaltige Festung im Hafen von Helsinki wurde von 1748 bis 1772 von den Schweden als Bastion gegen Expansionsgelüste des Zaren im Ostseeraum errichtet und nach dem Ende der schwedischen Herrschaft über Finnland von den Russen kontrolliert. Die ganze Anlage erstreckt sich über mehrere kleine Inseln und kann vom Kauppatori aus in 20 min mit der Fähre erreicht werden; idealerweise plant man einen halben Tag zur Besichtigung ein. Auf dem Gelände wurden Museen und Galerien eingerichtet und es gibt Cafés und Restaurants. Im Sommer ist Suomenlinna beliebtes Ausflugsziel. Die Festung steht seit 1991 auf der UNESCO-Liste des Weltkulturerbes.

Museen Helsinki verfügt über eine breite Museumslandschaft. Wer sich für die vom Jugendstil inspirierte finnische Malerei vom Anfang des 20 Jh. sinteressiert, darf einen Besuch in der **Nationalgalerie** nicht versäumen. Das **Nationalmuseum** informiert über die Geschichte Finnlands und wartet mit interessanten ethnologischen Ausstellungen auf. Auf der Insel **Seurasaari** wurde ein Freilichtmuseum mit typischen Bauernhöfen aus ganz Finnland eingerichtet.

Das Denkmal für Zar Alexander II. auf dem Senatsplatz vor dem Dom, dessen Grundstein im Jahr 1830 gelegt wurde (oben).

St. Petersburg

Peter der Große

Peter der Große (rechts ein zeitgenössisches Porträt um 1700) war der erste russische Zar, der ins Ausland reiste. Nicht nur zum Vergnügen, sondern vor allem um von den fortschrittlicheren Nationen zu lernen. Russland sollte den Anschluss an Europa finden; es war rückständig und verharrte noch im Mittelalter. Peter I. (Regentschaft 1682–1725) wurde zum großen

Land: Russland
Einwohner: 4,9 Mio.
Sprache: Russisch
Währung: Rubel
Hauptreisezeit: Mai bis August
Zeitzone: UTC + 4

Ein Aufenthalt in der Kapitale des Zarenreichs bildet sicherlich den Höhepunkt einer jeden Ostseekreuzfahrt. Obwohl die meisten Cruiseliner hier zwei oder sogar drei Tage vor Anker gehen, reicht die Zeit bei Weitem nicht aus, die Stadt erschöpfend zu erkunden. Die Fülle an herrschaftlichen Palais und prachtvollen Kirchen, an großzügig angelegten Parks und weitläufigen Plätzen ist einfach überwältigend.
St. Petersburg ist im Vergleich zu anderen Metropolen eine recht junge Stadt. Sie wurde erst 1703 von Zar Peter I., dem Großen, wie er auch genannt wurde, gegründet und von Anfang an planvoll angelegt. Offenbar wollte der Monarch mit der Verlegung der russischen Hauptstadt von der Moskwa an die Newa ein Zeichen setzen: Russlands »Fenster nach Europa« sollte St. Petersburg sein. Auch seine Nachfolger kamen diesem Bestreben weiter nach. Im 18. und 19. Jh. riefen Russlands Herrscher immer wieder die besten Architekten Europas herbei und beauftragten sie mit der Verschönerung der Hauptstadt. In nur wenigen Generationen wurde – allerdings unter Einsatz Tausender Menschenleben – ein Gesamtkunstwerk geschaffen, das auf der Welt seinesgleichen sucht. Bereits seit 1990 steht das historische Zentrum auf der UNESCO-Weltkulturerbeliste.

Peter-und-Paul-Festung
Die gigantische Anlage auf der Haseninsel in der Newa bildet den Kern des historischen Petersburg. Sie wurde unter Peter dem Großen während des Nordischen Kriegs als Trutzburg gegen die Schweden und als Kommandozentrale seines Imperiums angelegt. Der Tag des Baubeginns am 27. Mai 1703 gilt als Gründungstag der Stadt. Ab 1706 wurden die Holzbefestigungen und Erdwälle, aus denen die Festung ursprünglich errichtet worden war, durch bis zu 6 m breite und 12 m hohe Steinbauten ersetzt. Schon bald wurden sie als Gefängnis genutzt. Zu den Ersten, die hier einsaßen, gehörte Peters Sohn Alexei, zu den Letzten zählten Mitglieder der nach der Oktoberrevolution inhaftierten Kerenski-Regierung.
Den Mittelpunkt des weiten Festungsareals bildet die 1733 eingeweihte **Peter-und-Paul-Kathedrale**. Der schlanke Turm mit der überhohen Spitze ist ein Wahrzeichen der Newa-Metropole. In der Kathedrale sind – bis auf Peter II. – alle Angehörigen der Romanow-Dynastie beigesetzt. 1998 fanden hier auch der letzte Zar Nikolaus II. und seine Familie eine neue Ruhestätte.

Winterpalast mit Eremitage-Museum Die einst von der Zarin Elisabeth, der Tochter und Nachfolgerin Peters des Großen, in Auftrag gegebene Herrscherresidenz ist in jeder Hinsicht ein Prunkbau der Superlative. Sie zählt nicht nur zu den zu den größten Palästen der Welt, sondern beherbergt mit dem **Eremitage-Museum** die nach dem Louvre bedeutendste Kunstsammlung der Welt. Angefangen von Künstlern der italienischen Renaissance bis zu Klassikern der Moderne: Alles, was in der europäischen Kunstentwicklung Rang und Namen hat, ist

Klassizismus im Hafen von St. Petersburg.

Blick ins Innere der orthodoxen Kathedrale Peter und Paul.

mit mindestens einem Meisterwerk vertreten. Auch die prähistorische Sammlung, die Antikenabteilung und die Kollektion ostasiatischer und indischer Kunst gelten als weltweit einzigartig. Die Sammlung wurde von Katharina der Großen, die in ganz Westeuropa systematisch Kunstwerke aufkaufen ließ, begründet und auch von ihren Nachfolgern kontinuierlich erweitert. Nach der Oktoberrevolution kamen die privaten Sammlungen enteigneter russischer Adeliger hinzu.
Von den über drei Millionen Kunstobjekten, die sich heute im Besitz des Museums befinden, sind 60 000 ausgestellt. Angesichts dieser Fülle ist eine erschöpfende Besichtigung auch bei mehrtägigen St.-Petersburg-Aufenthalten nicht möglich. Empfehlenswert ist es deshalb, sich auf den Besuch einer Abteilung zu konzentrieren oder aber einfach nur die barocke Pracht der Schlossanlage auf sich wirken zu lassen. Allein die Sicht auf die opulente, durch Säulen und Kapitelle stark gegliederte Außenfassade des **Winterpalastes** ist überwältigend.

Nicht minder beeindruckend sind das **Eremitage-Theater**, die für Katharina die Große errichtete Alte Eremitage und nicht zuletzt die von Leo von Klenze, dem Hofarchitekten Ludwigs I., entworfene neue Eremitage – ein Meisterwerk des Klassizismus.

Newski-Prospekt Ein St.-Petersburg-Aufenthalt ohne einen Bummel über diesen legendä-

Modernisierer des Landes. Er reformierte die Wirtschaft, die Armee, die Regierung und die Kirche. Und er ließ eine neue Hauptstadt aus dem Nichts erbauen, »europäischer« als Moskau und mit Zugang zum

Meer: St. Petersburg. Die Errichtung einer völlig neuen Stadt an der Mündung der Newa in die Ostsee darf als sein ehrgeizigstes Projekt gelten: mitten im Nordischen Krieg und mit gewohnter Rücksichtslosigkeit.

Peter war ein tatkräftiger und aufgeschlossener Herrscher, aber kein »fürsorglicher König«. Die Steuerschraube wurde angezogen. Wer, wenn nicht das Volk, sollte den Glanz des neuen Russlands finanzieren?

ren Prachtboulevard, der zugleich Hauptverkehrsader der Stadt ist, bliebe unvollständig. Einst als eleganteste Flaniermeile Europas gerühmt, verfiel der Newski-Prospekt nach der Oktoberrevolution in einen Dornröschenschlaf. Mittlerweile ist einiges von dem alten Glanz zurückgekehrt. Viele der herrschaftlichen Palais und prachtvollen Kirchen entlang der Straße wurden restauriert. Eine Vielzahl von Theatern und Kinos, edlen Geschäften und Restaurants ziehen Tag und Nacht wieder Scharen von Menschen an.

St.-Isaak-Kathedrale Unter den vielen Sakralbauten St. Petersburgs ragt dieses Gotteshaus als das gewaltigste der Stadt hervor. In dem 97 m breiten und 111 m langen Prunkbau, der 1858 nach 40-jähriger Bauzeit eingeweiht wurde, haben 14 000 Menschen Platz. Die von 114 Granitsäulen getragene, vergoldete Kuppel ist die drittgößte in ihrer Art weltweit; es ist eine Aussichtsplattform angelegt, von der aus sich ein fantastischer Rundblick bietet.

Sommergarten und Palast Diese Anlage östlich des Marmorpalastes am Ufer der Newa gilt als schönster Park der Stadt. Er wurde bereits unter Peter dem Großen angelegt und bildet eine grüne Oase inmitten der Großstadt. Weitläufige, von Marmorstatuen gesäumte Alleen durchziehen das sehenswerte Gelände. Mehr einer vergleichsweise bescheidenen Villa als einem Palast gleicht die Sommerresidenz, die Peter der Große im Nordwesten des Parks errichten ließ.

Etwa 25 km südlich der Stadt lohnt das Weltkulturerbe Zarskoje Selo einen Besuch.

Rechts: Das prächtige Innere der St.-Isaak-Kathedrale.

Neben den Exponaten imponieren die prunkvollen Räumlichkeiten im Winterpalast; hier das Treppenhaus mit der Jordantreppe (unten). Sie stammt vom Hofarchitekten Bartolomeo Francesco Rastrelli.

Der Winterpalast mit seinem weitläufigen Platz und der fast 50 m hohen Alexandersäule im Vordergrund (links). Zwischen 1830 und 1834 errichtet, erinnert sie an den Sieg über Napoleon.

Die Einmaligkeit der Palastanlagen aus zaristischer Zeit veranlasste die UNESCO 1990 dazu, Zarskoje Selo zum Weltkulturerbe zu erklären. Seit 1937 heißt die 25 km südlich von St. Petersburg gelegene Stadt nun Puschkin. Doch ihr ursprünglicher Name – er bedeutet Zarendorf – wird ihr vollauf gerecht: Im Jahre 1717 gab Katharina I., Gemahlin von Peter dem Großen, ein vergleichsweise bescheidenes Schlösschen mit 16 Zimmern in Auftrag. Sie selbst war während ihrer kurzen Regentschaft 1725 bis 1727 nach dem Tod ihres Mannes häufig auf dem Anwesen. Das heute Katharinenpalast genannte Gebäude erfreute sich auch bei vielen nachkommenden Herrschern der folgenden zwei Jahrhunderte großer Beliebtheit. Nach den Zerstörungen des Zweiten Weltkriegs wurde es aufwendig originalgetreu rekonstruiert.

Zu Berühmtheit gelangte das nachgebildete, 2003 fertiggestellte Bernsteinzimmer (unten). Unweit des Katharinenpalasts befindet sich der Alexanderpalast, in dem der letzte Zar Nikolaus II. seinen Wohnsitz hatte.

Wer Schloss Versailles nahe Paris mag, der wird auch die Palastanlage Peterhof lieben. Zu Recht wird sie häufig mit ihrem französischen Vorbild verglichen. Rund 30 Kilomenter von St. Petersburg entfernt, schuf sich Zar Peter der Große von 1714 bis 1723 eine Residenz, mit deren Dimensionen er seinen Machtanspruch verdeutlichte. Im folgenden Jahrhundert ließen Peters Nachfolger den Bau immer wieder erweitern. Vor dem riesigen Gebäude erstreckt sich eine barocke Parkanlage mit gezirkelten Rasen- und Pflanzenflächen. Besonderes Augenmerk wurde auf die Wasserspiele mit Fontänen und Brunnen gelegt (unten: der Samson-Brunnen). Zwischen Anfang Juni und Mitte Juli erscheint die Anlage, aber auch die Metropole St. Petersburg in einem besonderen Licht, denn dann herrschen die Weißen Nächte: Da die Stadt auf dem

60. Breitengrad liegt, versinkt sie nachts nicht am Horizont, sondern ist von einer stimmungsvollen Dämmerung umhüllt, die die Menschen am Abend und nachts zum Flanieren und Feiern einlädt (links).

Tallinn, Riga, Klaipeda

Bernstein

Für Schmuckliebhaber ist Bernstein eine Besonderheit. Trotz seines Namens ist der Bernstein kein Stein, sondern ein fossiles Harz. Am bekanntesten ist der

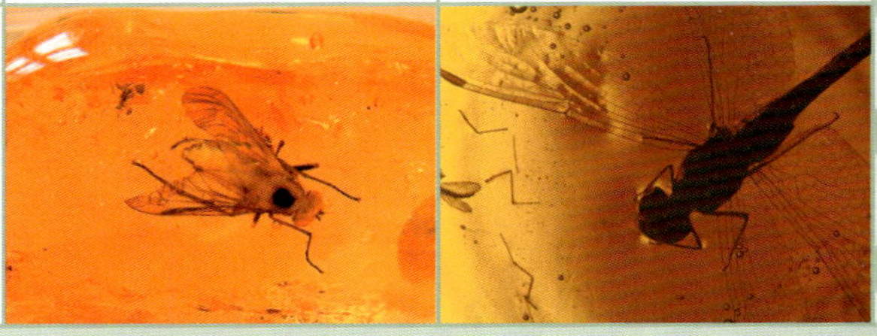

Von der einstigen Blütezeit Tallinns zeugen heute noch viele Kaufmannshäuser und Kirchen.

Tallinn

Land: Estland
Einwohner: 410 000
Sprache: Estnisch
Währung: Euro
Hauptreisezeit: Mai bis September
Zeitzone: UTC + 2

Riga

Land: Lettland
Einwohner: 710 000
Sprache: Lettisch
Währung: Lats
Hauptreisezeit: Mai bis September
Zeitzone: UTC + 2

Klaipeda

Land: Litauen
Einwohner: 185 000
Sprache: Litauisch
Währung: Litas
Hauptreisezeit: Mai bis September
Zeitzone: UTC + 2

Seit ihrer Unabhängigkeit haben sich die drei baltischen Länder zu beliebten Urlaubs- und Kreuzfahrtzielen entwickelt. Die fast taghellen, warmen Sommernächte, aber auch die Zeugnisse einer bewegten Geschichte locken jedes Jahr viele Touristen an.
In den historischen Zentren von Tallinn und Riga, die beide auf der UNESCO-Welterbeliste stehen, erinnern mittelalterliche und prachtvolle Renaissancebauten an die Zeit, als beide Städte Hochburgen des Deutschen Ordens und Mitglieder der Hanse waren.
Selbst die russischen Zaren, die zwischen 1710 und 1918 über weite Teile der Region herrschten, haben hier gebaut. Mit einer weiteren UNESCO-Welterbestätte wartet das litauische Klaipeda auf. Die Hafenstadt liegt direkt gegenüber der Nordspitze der Kurischen Nehrung und ist schon allein deshalb ein beliebtes Kreuzfahrtziel.

⚓ **Tallinn** Die nur 80 km südlich von Helsinki auf der gegenüberliegenden Seit des Finnischen Meerbusens gelegene Hauptstadt Estlands ist ein sehr beliebtes Kreuzfahrtziel im Ostseeraum. Hauptattraktion ist die von einer imposanten Mauer umgebene **historische Altstadt**, die nach dem Fall des Eisernen Vorhangs sorgfältig herausgeputzt wurde und seit 1997 auf der UNESCO-Weltkulturerbeliste steht. Sie gilt als einzigartiges Beispiel einer nordeuropäischen mittelalterlichen Metropole, die wie keine zweite den Reichtum, den die hanseatischen Kaufleute durch den Handel mit Pelz, Bernstein und Salzen erwirtschafteten, bezeugt.

Die Anfänge Tallinns gehen auf den dänischen König Waldemar zurück, der das Gebiet 1219 besetzte und auf dem heutigen Domberg an der Stelle einer estnischen Burg eine **Festung** samt **Domkirche** errichten ließ. Im Gefolge des später im Deutschen Orden aufgehenden Schwertbrüderordens, der Tallinn 1227 eroberte, siedelten sich unterhalb des Dombergs schwedische, dänische und deutsche Kaufleute an. Tallinn entwickelte sich zu einem bedeutenden Handelszentrum und wurde für mehr als zwei Jahrhunderte zu einem der wichtigsten Hansestützpunkte im Ostseeraum. Viele prächtige Bürger- und Gildehäuser sowie Sakralbauten stammen noch aus dieser Zeit.
Sehenswert sind besonders das spätgotische **Rathaus** und das **Haus der Schwarzhäupter** – ein Renaissancebau, in dem sich einst die unverheirateten Tallinner Kaufleute trafen. Der die Unterstadt im Westen überragende Domberg wird heute von Bauten aus der Zarenzeit dominiert.
Keine Geringere als Katharina die Große ließ das barocke **Schloss**, das heute Parlaments- und Regierungssitz ist, errichten. Die zwiebeltürmige **Alexander-Newski-Kathedrale** wurde unter Zar Nikolaus II. erbaut. Sie sollte der Russifizierung Estlands, das zu Beginn des 18. Jh.s von Peter dem Großen erobert

Baltische Bernstein der Ostseeregion. Während des Paläogens wuchs ein ausgedehnter »Bernsteinwald« aus Kiefern auf dem Gebiet des heutigen Schwedens und Finnlands. Vor rund 40 Mio. Jahren versanken die Bäume im sumpfigen Untergrund. Das steigende Meerwasser wusch das Harz aus. Eingelagert unter einer Sand- und Geröllschicht wandelte es sich schließlich zu Bernstein. Die Suche nach den honiggelben Klumpen wird schon lange nicht mehr dem Zufall überlassen, sondern im Tagebau betrieben. Für Hobbysucher bleiben nur selten Funde am Strand. Die schönsten Stücke des Rohmaterials werden zu Schmuck verarbeitet, der an der Ostseeküste angeboten wird. Ein spezielles Sammlerinteresse bilden die Inklusen (links). Dabei handelt es sich um kleine Tiere, die lebend vom klebrigen Harz umschlossen und konserviert wurden.

Das Schwarzhäupterhaus in Riga hat eine gotische Fassade.

worden war Ausdruck verleihen. Von der mittelalterlichen Festung sind Mauerreste und ein 45 m hoher Turm, der »**Lange Hermann**«, erhalten.
Die Anfänge der Domkirche **St. Marien** gehen auf das 13. Jh. zurück. Der heutige Bau stammt aus dem 15. Jh.
Alt-Tallinn lässt sich am besten zu Fuß erkunden, und der Spaziergang beginnt nur wenige Hundert Meter von dem Kreuzfahrtpier entfernt.

Außerhalb des historischen Zentrums der Stadt locken das **Barockschloss**, das Peter der Große für seine Gattin Katharina I. errichten ließ, sowie das **Estnische Freilichtmuseum** in Rocca al Mare, auf dessen Areal historische estnische Bauern- und Fischerdörfer ausgestellt sind.

Riga

Riga Die Hauptstadt Lettlands ist nicht nur größte Stadt des Baltikums, sondern auch kulturelles und wirtschaftliches Zentrum der ganzen Region. Seit ihren Anfängen im 13. Jh. spielt sie bereits eine wichtige Rolle als Drehkreuz im Ost-West-Verkehr.
Riga wurde 1201 von dem bremischen Bischof Albert von Bonhoeveden, dem »Vater« des Schwertritterordens, gegründet und entwickelte sich nach dem Beitritt zur Hanse 1282 zu einem bedeutenden Handelsplatz im Ostseeraum. Für mehr als 300 Jahre lenkten deutsche Kaufleute die Geschicke der Stadt und prägten ihre Kultur. Prachtvolle Bürger- und Gildehäuser sowie einige beeindruckende Sakralbauten im mittelalterlichen Stadtkern zeugen von dem Reichtum, den sie erwirtschafteten. Auch nachdem Lettland 1581 unter polnische, dann unter schwedische und ab 1710 unter russische Herrschaft geraten war, wurden die Stadt und das Land bis weit in das 19. Jh. von einer deutschen Oberschicht dominiert.
Im Zuge der Industrialisierung und der Entwicklung Rigas zu einem zentralen Hafen des Zarenreichs wurden gegen Ende des 19. Jh.s an der Stelle der alten Stadtbefestigung ein Park, der Stadtkanal und breite Boulevards angelegt. Im Norden dieser »neuen Stadt« entstand zu Beginn des 20. Jh.s unter der Federführung des russischen Architekten Michail Eisenstein Rigas weltbekanntes **Jugendstilviertel**. Die mit fantastischen Formen, Ornamenten und Figuren geschmückten Hausfassaden zählen zu den beeindruckendsten Hinterlassenschaften der Belle Époque.
Das Zentrum der Altstadt liegt nur 1 km, etwa 15 Gehminuten von dem Kreuzfahrtpier an der Daugava entfernt. Das Jugendstilviertel ist gut mit öffentlichen Verkehrsmitteln oder einem Taxi zu erreichen.

Klaipeda

Klaipeda Die Stadt liegt gegenüber der nördlichen Spitze der Kurischen Nehrung an der Mündung des Flusses Dange ins Haff. Bei älteren Menschen in Deutschland ist sie wohl besser unter dem Namen »Memel« bekannt.
Klaipeda gehörte von 1525 bis zum Ende des Ersten Weltkriegs – von kurzen Unterbrechungen abgesehen – zu Preußen und war während der napoleonischen Besetzung Berlins sogar Hauptstadt des Königreiches. Heute beherbergt es den wichtigsten Hafen Litauens und gilt als Tor des Landes zur Welt.
Obwohl die Stadt im Laufe ihrer Geschichte immer wieder durch Brände zerstört wurde, haben sich rund um den Theaterplatz einige historische Gebäude aus der Preußenzeit erhalten.
In einige der sorgfältig herausgeputzten Fachwerkhäuser und Speicher sind Galerien, Museen und Läden eingezogen. Hauptattraktion Klaipedas ist aber nicht die Altstadt, sondern die **Kurische Nehrung**, die seit dem Jahr 2000 auf der Liste des Weltnaturerbes steht.
Der zu Litauen gehörende nördliche Teil dieser eindrucksvollen und einzigartigen Dünenlandschaft kann von Klaipeda aus mit einer Fähre erreicht und per Auto oder auch mit dem Fahrrad erkundet werden.

Oben: Über die Daugava fällt der Blick auf die charakteristische, vieltürmige Silhouette der Altstadt von Riga.

Danzig

Gdingen, Zoppot

Einst waren sie schlicht Nachbarn, längst kennt jeder in Polen Gdingen (Gdynia) und Zoppot (Sopot) als Teile der mit Danzig zusammengewachse-

Land: Polen
Einwohner: 460 000
Sprache: Polnisch
Währung: Złoty
Hauptreisezeit: Mai bis Oktober
Zeitzone: UTC + 1

Die Ostseemetropole wird als Kreuzfahrtziel Jahr für Jahr von mehr Cruiselinern angesteuert. Die meisten Schiffe gehen im Hafen von Gdynia (Gdingen) gut 20 km nordwestlich von Gdańsk vor Anker. Zusammen mit dem Badeort Zoppot sind beide Städte zu der Metropolregion Trójmiasto, Dreistadt, zusammengewachsen und durch ein gemeinsames Nahverkehrssystem miteinander verbunden.
Das historische Zentrum von Gdańsk kann von dem Kreuzfahrtpier mit dem Taxi oder einem Shuttle-Bus erreicht werden. Die alte Hansestadt blickt auf eine wechselvolle Geschichte zurück.
Über die Jahrhunderte versuchten polnische und preußische Herrscher immer wieder Einfluss auf ihre Geschicke zu nehmen. Erst als sich Preußen, Russland und Österreich im Zuge der Zweiten Polnischen Teilung 1793 Polen-Litauen einverleibten, verlor Gdańsk seinen Status als weitgehend autonome Stadtrepublik und wurde Preußen zugesprochen. Zwischen den Weltkriegen war es als teilsouveräne Freie Stadt Danzig dem Schutz des Völkerbundes unterstellt; seit 1945 gehört es zu Polen. Im Zweiten Weltkrieg wurde Gdańsk fast völlig zerstört. Restauratoren bauten den Stadtkern anhand alter Pläne, Zeichnungen und Fotos wieder auf und heute strahlt das alte Gdańsk wieder.

Rechtstadt (Główne Miasto). Das eigentliche Zentrum des historischen Gdańsk verdankt seinen Namen nicht etwa seiner geografischen Lage, sondern der Tatsache, dass es zur Hansezeit von den hier ansässigen Kaufleuten weitgehend selbst verwaltet und regiert wurde.
Das Stadtbild wird von prächtigen, farbenfrohen Patrizierhäusern, in denen sie einst residierten, geprägt. In der Langgasse (Ul. Długa) stehen sie dicht an dicht. Die in eine Fußgängerzone umgewandelte Straße führt vom **Hohen Tor** (Brama Wyżyna) im Westen über den **Langen Markt** (Długi Targ) zum **Grünen Tor** (Brama Zielona) am Ufer der Mottlau (Mottawa) im Osten. Einst zogen Polens Könige über sie in die Stadt ein, heute wird sie von Straßenkünstlern, fliegenden Händlern und Touristen aus aller Welt bevölkert. Unzählige Cafés und Restaurants werben um Gäste.

Am Ende der Flaniermeile ragt der schlanke Turm des rechtstädtischen **Rathauses** (Ratusz Głównego Miasta) 81 m in den Himmel empor. Über die Jahrhunderte tagten in dem 1327 errichteten und mehrmals umgebauten Backsteinbau Gdańsks Stadtväter. Ihre prunkvollen Versammlungssäle – allen voran der Rote Saal mit seinen grandiosen Deckengemälden – sind eine Augenweide. In den oberen Stockwerken des Rathauses ist heute das **Stadtmuseum** untergebracht. Die Aussichtsplattform auf dem Turm bietet einen fantastischen Blick über die Stadt. Hinter dem Rathaus verbreitert sich die Langgasse zum Langen Markt – dem Mittelpunkt und eigentlichen Herzstück der Rechtstadt. Der lang gestreckte Platz wird gesäumt von prunkvollen Repräsentativbauten, die wie keine anderen Häuser der Stadt den einstigen Reichtum ihrer

Vor dem Artushof am Langen Markt steht der Neptunbrunnen.

nen »Dreistadt«. Dabei könnten Danzigs nördliche Nachbarn unterschiedlicher kaum sein, als sie sich heute zeigen: Gdingen ist aus einem Fischerdorf hervorgegangen und wurde erst ab den 1920er-Jahren zu einem bedeutenden Hafen ausgebaut. Entsprechend kommen dort Liebhaber von Schiffen und ausgedehnten Kaianlagen auf ihre Kosten.

Ganz anders Zoppot, das seit Beginn des 19. Jh.s als Kurort auf den Badetourismus setzt; als Seebad lockte es in seiner Blüte zwischen den beiden Weltkriegen viele reiche Europäer an. Heute gilt die Stadt mit ihren Villen im Jugendstil und einem kilometerlangen Sandstrand als Polens mondänes Seebad und Perle an der Ostsee. Das Vorzeigeobjekt der Stadtväter ist die weiße Mole aus Holz, die mit über 500 m zu den längsten Seebrücken an der gesamten Ostseeküste zählt (links).

Bürger bezeugen. Der **Artushof** (Dwór Artusa) etwa, früher ein Treffpunkt der hanseatischen Kaufmannschaft, beeindruckt durch seine mit Skulpturen und allegorischen Darstellungen kaufmännischer Tugenden reich geschmückte Außenfassade. Im Inneren des Gebäudes versetzt der riesige Versammlungssaal mit seiner gotischen Sternengewölbe-Decke die Besucher in Staunen.

Auch das dem Artushof benachbarte **Neue Schöffenhaus** und das sogenannte **Goldene Haus** sind sehenswert. Mehr einem Palast als einem gewöhnlichen Durchgang gleicht das in der zweiten Hälfte des 16. Jh.s errichtete »Grüne Tor«, das den Langen Markt im Osten begrenzt und zu den alten Kaianlagen am Ufer der Mottlau führt.

Einige Hundert Meter flussaufwärts befindet sich das berühmte **Krantor** (Żuraw) – ein viel fotografiertes Wahrzeichen Gdańsks. Einst wurden hier mittels einer Hebevorrichtung Schiffsladungen gelöscht. Heute ist in dem gegen Ende des Zweiten Weltkriegs abgebrannten und danach wieder aufgebauten Holzbau aus dem 15. Jh. ein 🏛 **Schifffahrtsmuseum** untergebracht.

Das mittelalterliche **Frauentor** (Brama Mariacka) zwischen Grünem Tor und Krantor bildet den Eingang zur malerischen **Frauengasse** (Ul. Mariacka), dem vielleicht schönsten Sträßchen der ganzen Stadt. Es wird von stattlichen Giebelhäusern mit sogenannten »Beischlägen« gesäumt. Diese terrassenartigen Vorbauten mit Freitreppe und reich verzierter Brüstung sollten die oberhalb des Straßenniveaus liegenden Hauseingänge vor Überschwemmungen schützen und sind typisch für die Region. In den einstigen Bürgerresidenzen sind heute Cafés, Kunstgalerien, Juwelierläden und Bernsteinateliers untergebracht.

Am östlichen Ende der Frauengasse zieht der wuchtige Bau von ⛪ **St. Marien** alle Blicke auf sich. Das Gotteshaus ist die größte Backsteinkirche der Welt und bietet mehr als 20 000 Gläubigen Platz. Es besticht durch seinen hellen, weiten Innenraum und den goldverzierten Hauptaltar von 1517. In einer Seitenkapelle hängt eine Kopie des berühmten Triptychons »Das Jüngste Gericht«, das der Brüggener Maler Hans Memling um 1472 schuf. Das Original wird nach seiner Rückführung aus der St. Petersburger Eremitage im Gdańsker Nationalmuseum aufbewahrt.

Altstadt (Stare Miasto) Das nördlich des Altstädtischen Grabens (Podwale Staromiejskie) beginnende historische Viertel der Handwerker und kleinen Leute kann weder mit schmucken Patrizierhäusern noch mit prachtvollen Repräsentativbauten aufwarten.

Allerdings locken das alte, 1595 im manieristischen Stil umgebaute **Rathaus** und die 1350 von Ordensrittern errichtete **Große Mühle**, die heute ein schickes Einkaufszentrum beherbergt, zahlreiche Besucher an. Die ⛪ **Brigittenkirche** von 1396 hat für die jüngere Geschichte eine besondere Bedeutung. Zu den Mitgliedern dieser Pfarrgemeinde zählten die Werftarbeiter um Lech Wałęsa, die 1980 aus Protest gegen das kommunistische Regime in Polen die Gewerkschaft Solidarność gründeten und so entscheidend zum Fall des Eisernen Vorhangs 1989 beitrugen.

Die berühmte Werft selbst liegt nordwestlich der Altstadt; sie wird von historisch Interessierten häufig besucht.

Nordöstlich des Stadtzentrums liegt die lang gestreckte Ostsee-Halbinsel Westerplatte, an der mit Angriffen des deutschen Panzerkreuzers »Schleswig-Holstein« auf das dort stationierte polnische Militär am 1. September 1939 der Zweite Weltkrieg begann.

Oben links: Abends lädt das Westufer der Mottlau zu einem Bummel zum Krantor ein. Oben rechts: Durchs Grüne Tor fällt der Blick auf das Rathaus.

Hansestadt Rostock, Hansestadt Lübeck, Kiel

Nord-Ostsee-Kanal

Nicht wenige Kreuzfahrtschiffe brechen von Hamburg oder Bremen zu einer Ostseekreuzfahrt auf und durchfahren auf ihrem Weg den Nord-Ostsee-Kanal, eine der am meisten befahrener künstlichen Wasserstraßen de Welt (rechts). Die Passage führ durch eine ländliche Idylle. Ar der Rendsburger Hochbrück wurde 1997 eine Anlage eingeweiht, die jedes vorbeiziehend

Land: Deutschland
Einwohner
Hansestadt Rostock: 200 000
Hansestadt Lübeck: 210 000
Kiel: 240 000
Sprache: Deutsch
Währung: Euro
Hauptreisezeit: April bis Oktober
Zeitzone: UTC + 1

Unter den deutschen Ostseehäfen, die von Kreuzfahrtschiffen angesteuert werden, nehmen Warnemünde und Travemünde einen herausragenden Platz ein. Dank ihrer Nähe zu zwei altehrwürdigen Hansestädten – Travemünde ist nämlich ein Stadtteil von Lübeck, Warnemünde gehört zu Rostock – haben auch internationale Cruiseliner die beiden traditionsreichen Seebäder im Programm.
Warnemünde bietet sich gut als Ausganspunkt für Tagesausflüge in das nahe gelegene Berlin an. Kiel hingegen wird fast ausschließlich als Start- und Zielhafen für Nordeuropa- und Ostseekreuzfahrten genutzt.

Warnemünde Das an der Mündung der Warnow in die Ostsee gelegene und zu Rostock gehörende Seebad hat sich zu einem der wichtigsten Kreuzfahrthäfen der Region entwickelt. In dem erst 2005 eingeweihten Cruiseterminal werden jedes Jahr mehr als 100 000 Passagiere begrüßt. Warnemünde ist heute wie zu Kaiser Wilhelms Zeiten eine beliebte Sommerfrische. Der breite, feinsandige Ostseestrand lockt alljährlich viele Urlauber an. Im Ortszentrum tragen die sorgfältig restaurierten alten Giebel- und Fachwerkhäuser entlang des Alten Stroms, eines seit 1903 vom Fluss getrennten Mündungsarms der Warnow, viel zur Attraktivität bei. Es ist noch nicht lange her, da wurden sie von Seeleuten bewohnt, und heute werden sie an Feriengäste vermietet. Der Alte Strom bietet Segelbooten, Fischkuttern und Ausflugsschiffen, die von hier aus zu einer Hafenrundfahrt starten, einen Ankerplatz.

Viele Passagiere der Kreuzfahrten nutzen den Landgang in Warnemünde zu einem Ausflug in das ca. 20 km weiter südlich gelegene historische Zentrum von **Rostock**. Trotz der Verwüstungen des Zweiten Weltkrieges ist die reiche Geschichte der Ostseemetropole, die zu den bedeutendsten Mitgliedern des Hansebundes zählte, hier allgegenwärtig. Nach wie vor wird das Stadtbild – besonders an der bereits zu DDR-Zeiten in eine Fußgängerzone umgewandelten Kröpeliner Straße – von Bauten der Backsteingotik sowie prächtigen Renaissance- und Barockhäusern geprägt. Auch Teile der zu einer Festung ausgebauten Stadtmauer haben sich erhalten.
Unter den vielen beeindruckenden Kirchen der Altstadt ragt die zwischen 1290 und 1450 errichtete mächtige **Marienkirche** – ein Hauptwerk der Backsteingotik – besonders hervor. Sehenswert sind auch das mittelalterliche **Rathaus** mit seiner vorgebauten Barockfassade sowie das 1870 im Neorenaissancestil neu errichtete Hauptgebäude der bereits 1419 gegründeten **Rostocker Universität**.

Travemünde An der Mündung der Trave in die Ostsee liegt das Seebad, das zu Lübeck gehört. Es zählt zu den großen deutschen Fährhäfen und gilt als Tor nach Skandinavien und in die baltischen Länder. Nicht zuletzt dank seiner Nähe zu der Hansemetropole, deren Altstadt seit 1987 auf der UNESCO-Welterbeliste steht, hat sich Travemünde selbst aber auch zu einem beliebten Kreuzfahrtziel entwickelt.

Travemünde ist nicht nur der Hafen der Hansestadt, sondern selbst als reizvolles Ostseebad bekannt. Illustre Feriengäste wie Fjodr Dostojewski, Richard Wagner oder Thomas Mann haben hier Urlaub gemacht. Beliebter Anziehungspunkt ist der rund 4,5 km lange und bis zu 100 m breite **Sandstrand** mit seiner großzügig angelegten Promenade. Er kann vom Cruiseterminal am Ostpreußenkai an der Trave zu Fuß erreicht werden. Der Weg führt über die Flaniermeilen Vorderreihe und Travepromenade den Fluss bis zur Mündung hinunter. Beide Uferstraßen werden von teils unter Denkmalschutz stehenden weißen Sommervillen, zahlreichen Cafés und Souvenirläden gesäumt. Auch der gleich hinter dem Ostpreußenkai beginnende alte Ortskern rund um die **Lorenzkirche** wartet mit einigen schmucken historischen Häusern auf und präsentiert sich ganzjährig als Ferienidyll. Unweit des Strandes residiert in einem Kurgebäude aus dem Jahr 1914 das **Casino** Travemünde.

Der kleine Cruiseterminal ist mit dem 20 km entfernten **Lübecker Stadtzentrum** durch regelmäßig verkehrende Linienbusse verbunden. Die Altstadt liegt auf einer von Trave und Wakenitz umflossenen, ungefähr 2 km² großen Insel und lässt sich leicht zu Fuß erkunden. Über 1000 historische Bauwerke stehen hier auf engstem Raum beieinander. Vor allen Dingen die schlanken, hohen Patrizierhäuser aus Backstein mit ihren typischen Stufengiebeln haben der Stadt ein unverwechselbares Gesicht verliehen. Sie erinnern an die Blütezeit der Hanse im 14. und 15. Jh., als Lübeck eine der

Schiff durch Dippen seiner Nationalflagge und Anstimmen der Nationalhymne begrüßt. Der Kanal beginnt in Brunsbüttel an der Elbmündung und führt über 100 km nach Kiel-Holtenau. Er ist 162 m breit und erreicht eine Tiefe von 11,2 m. Bis zu 235 m lange Schiffe können ihn passieren. Die Wasserstraße wurde im Jahr 1895 von Kaiser Wilhelm II. eingeweiht und nach ihm benannt. Seit 1948 heißt sie Nord-Ostsee-Kanal.

Oben: Von der Warnow aus hat man einen schönen Blick auf die Häuserzeilen am Stadthafen von Rostock. In der Bildmitte ragt St. Marien heraus.

Am Ufer der Trave reihen sich Häuser und St.-Lorenz-Kirche von Travemünde.

größten Städte Deutschlands und eine führende Wirtschaftsmacht im Ostseeraum war.

Lübecks weltbekanntes Wahrzeichen, das gegen Ende des 15. Jh.s errichtete **Holstentor**, ist – neben dem Burgtor – der einzige heute noch erhaltene Teil der alten Stadtbefestigung. In den mächtigen Bau ist mittlerweile das **stadtgeschichtliche Museum** eingezogen. Das 300 m östlich des Holstentors gelegene **Rathaus** beeindruckt durch seine türmchenbewehrten Zierfassaden. Es wurde um 1308 errichtet und in den folgenden Jahrhunderten immer wieder umgebaut. Noch heute residieren hier Lübecks Bürgerschaft und das Stadtoberhaupt. Im Rahmen einer Führung ist eine Besichtigung der Räume möglich.

Nördlich des Rathauses ragen die zwei Türme von **St. Marien** – eine der fünf Kirchen in der Lübecker Altstadt – 125 m hoch empor. Das um 1250 begonnene und erst 100 Jahre später fertiggestellte Gotteshaus wurde Vorbild für die Bauten der Backsteingotik. Bei seiner Errichtung wurde das erste Mal die gotische Formensprache auf das Ziegelmaterial übertragen. Gleich hinter der Marienkirche erinnert das **Buddenbrookhaus** an den Schriftsteller Thomas Mann, einen der berühmtesten Söhne der Stadt.

Im Norden der Altstadt wurden Gedenkstätten für zwei andere Nobelpreisträger eingerichtet: Das **Günter-Grass-Haus** informiert mit einer sehenswerten Ausstellung über das gesamte künstlerische Werk des in der Nähe von Lübeck lebenden Schriftstellers. Das **Willy-Brandt-Haus** ist dem in der Hansestadt geborenen Bundeskanzler und Friedensnobelpreisträger gewidmet. Ebenfalls im Norden der Altstadt befinden sich die **Jakobikirche**, das im 13. Jh. von Lübecker Kaufleuten für kranke, alte und bedürftige Bewohner errichtete **Heilig-Geist-Hospital** sowie das **Haus der Schiffergesellschaft**, das ab 1535 von Lübecker Kaufleuten als Versammlungshaus genutzt wurde und heute ein Restaurant birgt.

Zur Altstadt Lübecks gehören nicht nur die prachtvollen **Patrizierhäuser**, sondern auch die **Gängeviertel**, in denen die armen Bevölkerungsschichten über die Jahrhunderte auf engstem Raum zusammenleben mussten. Die einstigen Elendsquartiere wurden in den 1970er-Jahren sorgfältig herausgeputzt und zählen heute zu den ersten Adressen der Stadt.
Ein Spaziergang durch das Gewirr der Gassen, Durchgänge und Hinterhöfe lohnt sich auf jeden Fall.

Kiel Die schleswig-holsteinische Landeshauptstadt ist Start- und Endpunkt vieler Nordeuropa- und Ostseekreuzfahrten. Mit dem Ostseekai verfügt sie über einen modernen Cruiseterminal, der mitten in der Stadt in der Nähe des Hauptbahnhofs liegt. Nicht nur in der Woche der jährlich stattfindenden weltberühmten Segelregatta, sondern das ganze Jahr über scheint sich in Kiel alles ums Wasser zu drehen. Der Hafen ist bedeutender Wirtschaftsfaktor und touristische Attraktion, und das Ein- und Auslaufen der Skandinavien-Fähren und großen Cruiseliner lockt regelmäßig Schaulustige an. Auch die **»Gorch Fock«** ist, wenn sie im Marinehafen der Bundeswehr vor Anker liegt, ein Publikumsmagnet.

Die Kieler Innenstadt wird von modernen Zweckbauten und Einkaufszentren beherrscht. Allerdings lohnen das **Schifffahrtsmuseum** und die Schleusen des **Nord-Ostsee-Kanals** nördlich von Kiel einen Besuch.

Restaurierte Segelschiffe und Kaufmannshäuser zeugen im Lübecker Museumshafen von der einstigen Bedeutung der Hansestadt (unten).

Von links nach rechts: Holstentor, bekannt von den alten 50-DM-Scheinen, und Heilig-Geist-Hospital im Abendlicht.

Von IJmuiden an der südlichen Einfahrt des Nordseekanals kann man die Kreuzfahrtschiffe gut beobachten.

Nordsee und Britische Inseln

Kreuzfahrten in den Gewässern der Nordsee und rund um die Britischen Inseln haben ihren ganz eigenen Charme. Die Reise führt in eine facettenreiche Kulturlandschaft voller Historie, Geschichten, Fabeln und Mythen. Auf dem Kontinent faszinieren die traditionsreichen Hafen- und Handelsstädte Antwerpen, Brügge, Amsterdam, Rotterdam, Bremen und Hamburg. In Schottland kann man dem Ungeheuer von Loch Ness und in Cornwall dem sagenhaften König Artus nachspüren. Auf den Orkney-Inseln und in Irland warten Zeugnisse der uralten keltischen Kultur, in England historische Hafenstädte und eine Weltmetropole. Die herbe Schönheit der schottischen Highlands bildet einen reizvollen Kontrast zu den malerischen Gartenlandschaften im Süden Großbritanniens.

Freie und Hansestadt Hamburg

»Die sündigste Meile der Welt«

Die Reeperbahn im Herzen von St. Pauli gilt als die »sündigste Meile der Welt«. Ihren Namen verdankt sie den Reepschlägern, die hier noch bis um 1900 Schiffstaue drehten. Schon damals hatte sich ein ausgedehntes Amüsier- und Rotlichtviertel etabliert, geprägt von schweren Jungs und leichten Mädchen. Doch mit der viel besungenen Seefahrerromantik à la Hans Albers hat der Kiez nicht mehr viel zu tun. Sie wurde verdrängt von Kontakthöfen, Eroscentern oder Peepshows und verschwand endgültig, als das große Geschäft mit der käuflichen

Land: Deutschland
Einwohner: 1,8 Mio.
Sprache: Deutsch
Währung: Euro
Hauptreisezeit: Mai bis Oktober
Zeitzone: UTC + 1

In Hamburg starten und enden nicht nur zahlreiche Kreuzfahrten deutscher Anbieter. Die Hansestadt hat sich überdies zu einem beliebten Anlaufhafen für Schiffe internationaler Cruiselines entwickelt und verfügt mit dem erst im Juni 2011 eröffneten Cruise Center Altona und dem Cruise Center HafenCity über zwei moderne Terminals. Auch die Überseebrücke wird bis heute von kleineren Kreuzfahrtschiffen angesteuert. Hamburg zählt sicherlich zu den attraktivsten deutschen Großstädten. Seit jeher ist der Blick der Menschen hier in die Ferne gerichtet. »Deutschlands Tor zur Welt«, wie Hamburg auch genannt wird, ist eine kosmopolitische Stadt. Viele international bekannte Theater- und Musikbühnen sowie eine lebendige Kunstszene tragen das Ihre zur Weltstadt-Atmosphäre bei.

»AIDAluna« im Trockendock Elbe 17 von Blohm + Voss.

Rathaus Das weithin sichtbare Rathaus mitten im Zentrum ist bereits das sechste der Stadt. Während des Großen Brandes (1842) wurde das letzte zerstört. Erst 1886 war der Neubau mit Skulpturen und einer Neorenaissancefassade bezugsfertig. Über dem Eingangsportal stehen noch heute die mahnenden Worte in lateinischer Sprache: »Die Freiheit, die schwer errungen die Alten, möge die Nachwelt würdig erhalten.« 4000 Pfähle stützen den 70 m tiefen und 113 m breiten Bau.

Liebe im Sumpf von organisiertem Verbrechen, Bandenkriegen und Drogenhandel versank. Sobald das Rotlicht verblasste, erfuhr der Kiez seine kulturelle Renaissance. Auf der Reeperbahn, dem Spielbudenplatz und

der Großen Freiheit tauchten alternative Varietés, edle Klubs und stilvolle Szenebars zwischen Spielhöllen und Sexshops auf (links). Partyhungriges Szenevolk mischt sich heute unter die endlosen Besucherströme.

Im Gebäude gibt es 647 Räume, eingerichtet in den unterschiedlichsten Stilen. Der Festsaal beeindruckt durch seine riesigen Dimensionen und durch Gemälde, die die Stadtgeschichte eindrucksvoll illustrieren.

Jungfernstieg Um 1235 wurde die Straße erstmals als Mühlendamm errichtet. Mitte des 17. Jh.s wurde sie verbreitert, gepflastert und mit Bäumen verschönert. Seit 1684 trägt sie den Namen Jungfernstieg – als Promenade, die einst hauptsächlich von Damen zum Spazierengehen aufgesucht wurde. Nach aufwendiger Renovierung ist sie heute die schönste und repräsentativste Straße der Innenstadt mit noblen Geschäften und einem schönen Blick auf die Binnenalster.

St. Michaelis Die Hamburger nennen ihre bekannteste Kirche schlicht und einfach »Michel«. Der sehenswerte Barockbau wurde zwischen 1750 und 1762 erbaut. Kurz nach Fertigstellung des Gotteshauses übernahm Carl Philipp Emanuel Bach, der Sohn Johann Sebastians, hier die Musikdirektion. Nach Zerstörungen 1906 und im Zweiten Weltkrieg wurde der Michel jeweils umgehend wieder aufgebaut. Der 27 m hohe Innenraum ist mit geschwungenen Emporen und einer freitragenden Decke ausgestattet.
Der 132 Meter hohe Turm kann über 449 Stufen erklommen werden. Mit der größten Turmuhr Deutschlands prägt er die Silhouette der Stadt und ist ihr Wahrzeichen.

Speicherstadt Wer ahnt heute noch bei einem Gang durch die Speicherstadt mit ihren Backsteinfassaden, Kupferdächern und Türmchen mit Zinnen, dass sich hier Ende des 19. Jh.s ein dicht bevölkertes Altstadtviertel befand? Kurzerhand wurde es abgerissen, als Hamburg damals neue Flächen zur zollfreien Lagerung von Waren benötigte. Inzwischen hat das Gebiet den Status als Freihafen verloren, etliche Lagerhäuser wurden von den alteingesessenen Firmen aufgegeben. Einblicke in die Welt der exotischen Waren gewähren heute noch Speicherstadtmuseum, Deutsches Zollmuseum, Afghanisches Kunst- und Kulturmuseum und Gewürzmuseum.

Hafen Über 800 Jahre alt ist der Hafen. Die 1189 gewährte Zollfreiheit verschaffte der Stadt enorme Wettbewerbsvorteile. Im Zweiten Weltkrieg wurde der Hafen zu 80 Prozent zerstört. Nach der Sturmflut von 1962, bei der viele Deiche brachen und 315 Menschen ums Leben kamen, schützte man ihn durch Flutsicherungswerke. Heute laufen ihn jährlich weit mehr als 10 000 Schiffe an.
Seitdem in den 1960er-Jahren die ersten Container im Hamburger Hafen gelöscht wurden, hat sich sein Erscheinungsbild grundlegend verändert. Wo einst Kisten, Fässer, Ballen oder Säcke noch erahnen ließen, was hier umgeschlagen wurde, beherrschen heute Container die Szenerie. Mit Milliardeninvestitionen wurden neue Lagerflächen und Anlagen zum Löschen und Beladen der Schiffe geschaffen. Inzwischen gehört der Hafen zu den größten Containerhäfen der Welt – rund 10 Mio. Container werden hier jährlich umgeschlagen.

Oben links: Kreuzfahrtschiff »Queen Victoria« der Cunard-Reederei am Grasbrook-Terminal. Bildleiste von oben nach unten: Abendlicher Blick auf das Hamburger Rathaus; Lombardbrücke mit Binnenalster; St.-Katharinen-Kirche mit Speicherstadt; Hafen von Hamburg mit St.-Pauli-Landungsbrücken.

Bremerhaven, Hansestadt Bremen

Universum Science Center

250 Stationen auf 4000 m² Ausstellungsfläche: Das Universum Science Center Bremen ist etwas Besonderes. Die äußere Form des Gebäudes, die an eine große Muschel erinnert (rechts), wirkt futuristisch. Bei einem Rundgang durch das Wissenschafts-Erlebniszentrum werden die Besucher durch drei große Themenbereiche geleitet: Mensch, Erde und Kosmos. Das

Land: Deutschland
Einwohner:
Hansestadt Bremen: 550 000
Bremerhaven: 110 000
Sprache: Deutsch
Währung: Euro
Hauptreisezeit: Mai bis Oktober
Zeitzone: UTC + 1

Mit dem 2003 eingeweihten Cruise Center an der berühmten Columbuskaje verfügt Bremerhaven über einen hochmodernen Terminal und knüpft zugleich an die große Tradition der Oceanliner an. Bis in die 1960er-Jahre liefen von der Columbuskaje Linienschiffe zu Atlantiküberquerungen aus.

In Bremerhaven scheint sich fast alles um die Schifffahrt zu drehen. Das 2005 eingeweihte **Deutsche Auswandererhaus** informiert über das Schicksal der Emigranten, und auch das **Deutsche Schifffahrtsmuseum** ist sehenswert. Es dokumentiert die Geschichte der deutschen Kriegs- und Handelsmarine; zur Sammlung gehört auch eine Bremer Hansekogge aus dem Jahre 1380, die während Ausbaggerungsarbeiten gehoben wurde

Bremens Rolandstatue

Bremen Auch die 60 km weiter südlich gelegene Hansestadt Bremen lohnt einen Besuch. Das Stadtzentrum lässt sich gut während eines Stadtbummels erkunden. Die Hauptsehenswürdigkeiten stehen dicht gedrängt um den Marktplatz, der von **Rolandstatue** und **Rathaus** beherrscht wird. Der spätgotische Prachtbau erhielt zu Beginn des 17. Jh.s seine bis heute sichtbare Weserrenaissancefassade und steht seit 2004 zusammen mit dem steinernen Ritter auf UNESCO-Weltkulturerbeliste.
Innen beeindruckt die 45 m lange obere Rathaushalle, in der Schiffsmodelle von der Eichenholzdecke baumeln. Die sogenannte Güldenkammer wurde von keinem Geringeren als Heinrich Vogeler mit Ledertapeten sowie kostbaren Möbeln ausgestattet und gilt als Juwel des Jugendstils.
Die alten Gemäuer des Ratskellers, in dem man auch gut einkehren kann, wurden von Max Slevogt mit Fresken geschmückt, und der Eingang wird von den berühmten »Bremer Stadtmusikanten« bewacht.
Im Süden des Marktplatzes befindet sich der Dom **St. Petri** und unweit auch die **Liebfrauenkirche**. Die **Böttcherstraße** zwischen dem Marktplatz und dem Weserufer gilt als expressionistisches Gesamtkunstwerk. Die meisten Gebäude entlang dieser Gasse wurden in den 1920er-Jahren von den Architekten Eduard Scotland und Alfred Runge errichtet und beherbergen heute hübsche Galerien und Kunsthandwerksgeschäfte.

Der gotische Dom St. Petri und das Rathaus bilden die prächtige Kulisse um den Bremer Marktplatz herum (rechts).

Thema Mensch umfasst viele Aspekte von der Zeugung bis zu den Welten im menschlichen Gehirn. Das Thema Erde ist als Expedition zum Mittelpunkt der Erde aufbereitet. Man erlebt, wie Planeten entstehen, wie die Erde im Innersten und an der Oberfläche aussieht. Das Thema Kosmos schildert die unendlichen Weiten des Alls, mit den kleinsten Bausteinen der Materie, dem Sonnenlicht und den Kräften der Erde. Hier wackeln etwa die Wände, wenn der Simulator ein Erdbeben in Gang setzt. Bremens Universum ist ein Ort, an dem man in die Welt der Wunder unseres Lebens abtauchen und sie spielerisch erleben und studieren kann.

Amsterdam, Rotterdam

Keukenhof

Sowohl von Amsterdam als auch von Rotterdam lässt sich eines der berühmtesten Reiseziele der Niederlande schnell erreichen: der Blumenpark Keukenhof nahe der Stadt Lisse. Von Amsterdam beträgt die Entfernung etwa 40 km, knapp 60 km von Rotterdam. Seit über 60 Jahren präsentiert er wie kein anderer Park seinen Besuchern im Frühling den überwäl-

Land: Niederlande
Einwohner:
Amsterdam: 780 000
Rotterdam: 610 000
Sprache: Niederländisch
Währung: Euro
Hauptreisezeit: Mai bis September
Zeitzone: UTC + 1

Die niederländischen Metropolen verfügen nicht nur über große Handels-, sondern auch über bedeutende Kreuzfahrthäfen. Vor allem Schiffe auf dem Weg von bzw. nach Amerika oder nach Spanien und in das Mittelmeer legen hier an. Der Gegensatz zwischen den beiden Städten könnte größer nicht sein.
Rotterdam, im Zweiten Weltkrieg schwer zerstört und anschließend wieder aufgebaut, präsentiert kühne Beispiele moderner Architektur. Amsterdam hingegen wartet mit vielen architektonischen Zeugnissen einer reichen Geschichte auf. Die Altstadt mit ihrem Grachtengürtel lockt alljährlich unzählige Touristen an. Beide Metropolen sind für ihre weltoffene, multikulturelle Atmosphäre bekannt.

Alte Meister gibt es im Rijksmuseum zu besichtigen.

Amsterdam

Die Hauptstadt der Niederlande liegt – nur 60 km vom Regierungssitz Den Haag entfernt – an der Mündung der »Amstel« und des »IJ« in das »IJsselmeer«. Sie ist über den »Nordzeekanal« mit dem offenen Meer verbunden. Nicht nur dank ihrer günstigen Lage an einer der meistbefahrenen Wasserstraßen der Welt hat sie sich zu einem beliebten Kreuzfahrtziel entwickelt. Die Stadt selbst zählt sicherlich zu den außergewöhnlichen Metropolen Europas und zieht im Jahr mehr als 4 Mio. Touristen an. Das reiche kulturelle Erbe und die lebensfrohe Atmosphäre wirken auf Jung und Alt wie ein Magnet. Amsterdams einzigartiger und seit 2010 auf der UNESCO-Kulturerbeliste stehender Grachtengürtel ist berühmt. Das insgesamt 80 km umfassende und die Altstadt ringförmig durchziehende Netz aus Kanälen wurde im 17. Jh. angelegt und diente ursprünglich als Transportweg. Heute wird es vornehmlich von Ausflugsbooten und Jachten befahren. Eine **Grachtenfahrt** sollte sich kein Amsterdam-Besucher entgehen lassen.
Insgesamt 1400 Brücken überspannen die Kanäle und verbinden die Kopfsteinpflasterstraßen der **Altstadt**. Die prächtigen giebeligen Kaufmanns- und Speicherhäuser aus dem 16. bis 18. Jh., die sich hier befinden, zeugen noch heute von der einstigen Bedeutung Amsterdams als Zentrum des Welthandels. Wegen des sumpfigen Untergrundes ist die Stadt auf Holzpfählen gebaut.

Amsterdams moderner **Passenger Terminal** für Kreuzfahrtschiffe liegt nur wenige Hundert Meter vom Hauptbahnhof entfernt mitten in der Stadt. Die »Centraal Station«, ein prächtiges neugotisches Gebäude, bietet sich als Ausgangspunkt für Stadterkundungen idealerweise an.

Über den **Boulevard Damrak** gelangt man zum Dam, dem zentralen Platz der Metropole, der von imponierenden Groß-

tigenden Anblick von mehr als 7 Mio. Blüten (links). Der Keukenhof ist der größte Blumenzwiebelgarten der Welt und öffnet jährlich für etwa 800 000 Menschen seine Pforten. Das Meer an Tulpen, Hyazinthen und Narzissen ist einmalig. Einige Reiseführer lassen sich sogar zu der Aussage hinreißen, dass man ohne die Besichtigung des Keukenhofs und seiner prachtvollen Gartenanlagen mit Gewächshäusern die Niederlande nicht gesehen habe. Der Name Keukenhof entstand im 15. Jh., als das Gelände zum Besitz der Gräfin Jakoba von Bayern gehörte. Er bedeutet eigentlich »Küchengarten«. Auf den insgesamt 15 km langen Spazierwegen des Parks kann man die Kombination aus Natürlichkeit und wissenschaftlicher Präzision genießen. Im 16. Jh. aus der Türkei nach Holland kommend, wird die Tulpe bis heute hier angebaut.

bauten wie dem Königlichen Palast aus dem 17. Jh. oder der 1409 geweihten Nieuwe Kerk gesäumt wird. Die Straßen rund um den Dam sind ein Paradies für Shoppingfreunde. Hier befinden sich nicht nur große Kaufhäuser und die Dependancen internationaler Designer-Labels, sondern auch viele interessante kleine Geschäfte für all jene, die gern stöbern und ausgefallene Dinge lieben.
Amsterdam ist ein Mekka für Kunstliebhaber. Von den vielen Museen der Stadt sei hier nur das **Rijksmuseum** mit seiner weltberühmten Sammlung Alter Meister, allen voran Rembrandts »Nachtwache« genannt. Auch das **Van Gogh Museum** und das **Anne-Frank-Haus** sind ein unbedingtes Muss für jeden Amsterdam-Besucher.

Die Erasmusbrücke, eine Schrägseilbrücke, verbindet das Zentrum Rotterdams mit dem Kop van Zuid.

Rotterdam Die zweitgrößte Stadt der Niederlande liegt an der Mündung des Rheins in die Nordsee und ist Sitz des größten Hafens Europas. Sie zählt zu den bedeutenden wirtschaftlichen Zentren des Kontinents. Rotterdam wurde im Zweiten Weltkrieg erheblich zerstört und anschließend vollständig neu aufgebaut. Moderne Hochhausbauten prägen deshalb das Stadtbild. Besonders in Hafennähe sind einige avantgardistische Gebäude entstanden. Sie gelten als stolzes und weithin sichtbares Zeichen der enormen Wirtschaftskraft Rotterdams.
Die Kreuzfahrtschiffe legen direkt im Stadtzentrum unterhalb der Erasmusbrug (Erasmusbrücke), am **Holland-Amerika-Kai** an. Die Brücke wird von einem 139 m hohen Stahlpylon dominiert, der sie mit schräg geführten Stahlseilen hält. Aufgrund des leuchtend weißen Anstriches des Brückenträgers wird sie auch als »Der Schwan« bezeichnet. Nicht zu übersehen ist auch der 186 m hohe »Euromast«. Von der Aussichtsplattform dieses Turmes bietet sich ein großartiger Ausblick über den Hafen und die Stadt.
Auch die auf die Spitze gestellten kleinen Hauswürfel des Kijk-Kubus aus dem Jahr 1984 am Oude Haven und die der Golden Gate Bridge nachempfundene Willemsbrug sind sehenswert.
Eines der wenigen alten Bauwerke Rotterdams ist die von 1449 bis 1525 errichtete Laurenskerk, deren stabiles Mauerwerk den Bombenterror des Krieges fast unbeschadet überstanden hat.
Das Museum **Boijmans van Beuningen** wartet mit einer sehenswerten Sammlung von Meisterwerken der bildenden Kunst vom Mittelalter bis zur Moderne auf.

Großes Bild: Der Amstelkanal ist einer von ca. 200 Kanälen und Gräben in Amsterdam. Er wurde vom Architekten Hendrik Petrus Berlage entworfen.

Antwerpen, Brügge-Zeebrügge

Gent

Das kleine Land Belgien hat auffallend viele kulturelle Höhepunkte in seinen Städten zu bieten. Neben Antwerpen und Brügge gilt das nahe gelegene Gent als Geheimtipp (rechts). Besucher verbringen zu Unrecht wesentlich weniger Zeit in der Geburtsstadt Karls V. als im prätentiösen Antwerpen oder in der Museumsstadt Brügge. Gents uralte Häuser, Handels-

Land: Belgien
Einwohner:
Antwerpen: 480 000
Brügge-Zeebrügge: 115 000
Sprache:
Niederländisch, Französisch
Währung: Euro
Hauptreisezeit: Mai bis September
Zeitzone: UTC + 1

Landgänge in Belgien sind Exkursionen in die Geschichte: Brügges oft besungene Altstadt erinnert an die Blütezeit der Metropole, die ab dem 13. bis ins 15. Jh. Sitz des wichtigsten ausländischen Hansekontors und Zentrum einer florierenden Tuchproduktion war. Als die Stadt mit der Versandung des Zwin den direkten Zugang zum Meer verlor, musste sie ihre Rolle als führender Handelsplatz der Region an Antwerpen abgeben. Der Aufstieg der Schelde-Stadt Antwerpen, die im 16. Jh. die reichste Stadt Europas war, wird durch prachtvolle Renaissancebauten dokumentiert.

Antwerpens spätgotisches Rathaus steht am Grote Markt.

Antwerpen Die zweitgrößte Stadt Belgiens beherbergt den nach Rotterdam bedeutendsten Seehafen Europas. Dank seiner günstigen Lage entwickelte sich Antwerpen schon im Spätmittelalter zu einem der führenden Handels- und Finanzzentren Europas. Die prächtigen Bürgerhäuser des historischen Zentrums zeugen noch heute von dem Reichtum, den Antwerpener Kaufleute in dieser Zeit durch den Tuchhandel erwirtschafteten.

Die **Altstadt** wartet nicht nur mit mittelalterlichen Baudenkmälern, sondern auch mit Kleinoden aus der Zeit der Renaissance und des Barock auf. Ihren Mittelpunkt bildet der **Grote Markt**, der von prunkvollen Zunfthäusern aus dem 16. und 17. Jh. gesäumt wird. Das zwischen 1561 und 1565 errichtete **Rathaus** an der Westseite des Platzes gilt als ein herausragendes Beispiel der Renaissancearchitektur.

Die gotische **Liebfrauenkathedrale** aus dem 14. Jh. steht als Meisterwerk brabantischer Baukunst seit 1999 auf der UNESCO-Weltkulturerbeliste. In der Kirche können vier Gemälde von Peter Paul Rubens bestaunt werden. Der berühmte Barockmaler verbrachte fast sein ganzes Leben in Antwerpen. In sei-

kontore, Kirchen, Paläste, Kanäle mit Brücken und viele Museen demonstrieren eindrucksvoll die lange Geschichte der Stadt und ihren Kunstsinn. Die gut erhaltenen mittelalterlichen Bauwerke vereinen sich mit Bauten aus Barock, Gotik und Jugendstil. Seit 1998 gehört die Stadt zum Weltkulturerbe der UNESCO. Ein Besuch der Kathedrale St. Bavo (Sint Baafs) ist ein Muss, da sie einen der größten Kunstschätze der Welt birgt: den Genter Altar mit dem Polyptychon »Mystisches Lamm« (Anbetung des Lammes Gottes), geschaffen im Jahr 1432 von Jan van Eyck und seinem Bruder Hubert. Das Altarbild ist ein Meisterwerk altflämischer Malerei.

nem Haus, einem um das Jahr 1610 im Renaissancestil errichteten herrschaftlichen Palais, ist heute ein Museum, das 🏛 **Rubenshuis**, untergebracht.

Auch das **jüdische Viertel** lohnt einen Besuch. Viele orthodoxe Juden, die an ihrer traditionellen Kleidung zu erkennen sind, leben hier. Ihre Vorfahren wurden im 16. und 17. Jh. von der Iberischen Halbinsel vertrieben und bauten in Antwerpen den Diamantenhandel auf. Noch heute ist Antwerpen ein Zentrum der Diamantverarbeitung. An der Diamantenmeile »Pelikaanstraat« residieren zahlreiche Juweliergeschäfte und Diamantenschleifereien. Die Altstadt Antwerpens kann von der Kreuzfahrtpier zu Fuß erreicht werden.

⚓ Brügge-Zeebrügge

Der Hafen an der belgischen Nordseeküste wird von Kreuzfahrtschiffen als Ausgangspunkt für Ausflüge in das nahe Brügge angelaufen. Das historische Zentrum der Hauptstadt Westflanderns gilt als architektonisches Kleinod, das in Europa seinesgleichen sucht. Die Pracht der mittelalterlichen Bürgerhäuser, Kirchen und Klöster hat Dichter wie Rainer Maria Rilke inspiriert und versetzt noch heute jeden Besucher in Staunen.
Seit dem Jahr 2000 steht Brügges Altstadt zusammen mit dem Beginenhof auf der UNESCO-Weltkulturerbeliste. Unter den vielen Sehenswürdigkeiten und Kunstschätzen Brügges ragt eine Madonna des berühmten Michelangelo hervor. Sie befindet sich in der ⛪ **Liebfrauenkathedrale** und war ursprünglich für den Dom von Siena bestimmt. Flämische Kaufleute erwarben dieses großartige Kunstwerk und schenkten es der Brüggener Kirche. Die von

Marktplatz von Brügge mit dem Stadhuis.

einer Wallanlage umgebene Altstadt lässt sich gut zu Fuß erkunden. Sie wird ganzjährig von Touristen aus aller Welt besucht. Zahlreiche Cafés und Restaurants laden hier zum Verweilen und Entspannen ein.

Eine andere Möglichkeit, Brügge kennenzulernen, bietet eine **Grachtenfahrt**. Die Anlegestellen der Ausflugsboote finden sich über die ganze Stadt verstreut. Eine Tour dauert ungefähr 45 min.

Oben links: Die Liebfrauenkathedrale dominiert die Innenstadt von Antwerpen. Brügges stolzes Symbol ist der Belfried der Tuchhalle (oben rechts).

Liverpool, Falmouth, Plymouth, Southampton

»The fab four«, die Beatles und der Britpop

In Liverpool fing alles an (rechts: Mathew Street, Wall of Fame mit John-Lennon-Figur): Im Zweiten Weltkrieg trafen dort die GIs für ihren D-Day-Einsatz ein, und sie brachten ihre Musik mit; in Liverpool fielen die neuen Rhythmen auf fruchtbaren Boden. Doch mit den Beatles brach eine neue Ära der Popkul-

Land: Großbritannien
Einwohner:
Liverpool: 450 000
Falmouth: 20 000
Plymouth: 260 000
Southampton: 240 000
Sprache: Englisch
Währung: Britisches Pfund
Hauptreisezeit: Mai bis September
Zeitzone: UTC +/– 0

In den Kreuzfahrthäfen Englands wird die Geschichte einer Seefahrernation lebendig. Britische Abenteurer, Forscher und Kaufleute drangen seit dem Beginn der Neuzeit bis in die entlegensten Winkel der Erde vor und gründeten auf allen Kontinenten Kolonien. Seefahrer wie Francis Drake, Walter Raleigh oder James Cook gingen von Plymouth aus auf Entdeckungsreise und erschlossen für Großbritannien neue Welten. Die größte Kolonialmacht der Geschichte entstand.
Im 19. Jh. entwickelte sich Liverpool zum zentralen Hafen dieses weltumspannenden Imperiums. Die historischen Hafenanlagen sind heute Touristenattraktion.

⚓ **Liverpool** Seit 2007 der neue Cruiseterminal eröffnet wurde, wird die Stadt an der Mündung des Mersey in die Irische See mehr und mehr als Kreuzfahrtziel entdeckt. Einst war Liverpool einer der bedeutendsten Seehäfen im British Empire. Im 18. Jh. kam die Stadt durch ihre Beteiligung am berüchtigten Atlantischen Dreieckshandel zwischen Europa, Afrika und Amerika zu Reichtum. Jedes Jahr im Herbst stachen Schiffe von Liverpool und anderen europäischen Häfen aus nach Westafrika in See, transportierten von dort Sklaven in die Neue Welt und kehrten beladen mit Rum, Zucker sowie Baumwolle nach Europa zurück.
Auch nach dem Ende des Sklavenhandels, der in England 1807 verboten wurde, behielt der Hafen seine enorme Bedeutung bei: Während des 19. Jh.s war er wichtigster Exporthafen für die aufblühende englische Eisenindustrie. 1840 eröffnete Samuel Cunard eine regelmäßig befahrene Passagier- und Frachtschiffsverbindung zwischen Liverpool und Boston und leitete damit die Ära der großen Oceanliner ein. Liverpool wurde Anlaufstelle für Millionen von Emigranten aus Europa, die von hier aus in die Neue Welt aufbrachen. Als in der zweiten Hälfte des 20. Jh.s der Niedergang der britischen Industrie einsetzte, verlor der Hafen an Bedeutung. Liverpool verfiel zusehends. Erst der wirtschaftliche Aufschwung in den 1990er-Jahren brachte eine Wende. Die meisten der historischen Bauten, die die verheerenden deutschen Bombenangriffe während des Zweiten Weltkriegs überstanden hatten, wurden restauriert und die Stadt für Touristen attraktiv gemacht. Seit 2004 steht das historische Hafengebiet als Maritime Mercantile City auf der UNESCO-Welterbeliste. Der neue Cruiseterminal wurde in der Nähe der Anlegestelle der frühen Oceanliner errichtet.
Der weltbekannte Pier Head ist nur einen Steinwurf weit entfernt. Hier beeindrucken die »drei Grazien« – ein Ensemble repräsentativer Prachtbauten, das zu Beginn des 20. Jh.s errichtet wurde und heute das Wahrzeichen der Stadt ist.
Das neobarocke Port of Liverpool Building beherbergte bis in die 1990er-Jahre die Hafenbehörde und befindet sich heute in Privatbesitz. Das südlich der »drei Grazien« gelegene Albert Dock wurde in den 1980er-Jahren umfassend saniert und ist heute eine der Hauptattraktionen Liverpools. In die fünfstöckigen viktorianischen Lagerhäuser, die das Hafenbecken säumen, sind hübsche Geschäfte und schicke Restaurants eingezogen. Auch einige interessante Museen wie das 🏛 **Merseyside Maritime Museum**, die Liverpooler Dependance der Tate Gallery und das 🏛 **International Slavery Museum**, das Liverpools Verstrickung in den Sklavenhandel dokumentiert, finden sich hier. Am südlichen Ende des Albert Dock erinnert »The Beatles Story« mit einer sehenswerten Ausstellung an die berühmte Band. Auch jenseits des Hafenviertels hat Liverpool seinen Gästen einiges zu bieten. Im Zentrum erinnern heute neoklassizistische Prachtbauten an die Blütezeit der Stadt, moderne luxuriöse Einkaufspassagen künden von dem wiedergekehrten Wohlstand. Ein Besuch der 🏛 **Walker Art Gallery** ist ein Muss für jeden Kunstliebhaber. Das Museum wartet mit einer faszinierenden Sammlung von Werken europäischer und britischer Maler wie Gainsborough oder William Turner auf.

⚓ **Falmouth** Seit ihrer Gründung im Jahr 1613 hat die an der Südküste Cornwalls gelegene Stadt immer wieder eine bedeutende Rolle in der Geschichte der Seefahrernation gespielt. Zwischen 1689 und 1851 wurde von Falmouth aus Post bis in die entlegensten Winkel des Empire verschifft. 1805 ging der Schoner »Pricke« im Hafen vor Anker und überbrachte die Nachricht vom Sieg bei Trafalgar und Admiral Nelsons Tod. Charles Darwin beendete hier 1836 seine zweite Weltreise mit der »Beagle«. Im Zweiten Weltkrieg wurde der Hafen aufgrund seiner enormen strategischen Bedeutung von deutschen Bombern attackiert. Nach dem Zweiten Weltkrieg machten Francis Chichester und Ellen McArthur Falmouth durch ihre Weltumseglungen bekannt. Heute ist die Stadt einer der be-

Die »Queen Mary 2« macht gerade im Hafen von Liverpool fest (links oben).

tur an – unabhängig von US-amerikanischen Vorbildern. Von 1962 bis 1970 waren die Vier prägend für die Musikwelt, weil sie von Beat über Pop bis hin zu Hard Rock alles zu integrieren wussten. In den 1990er-Jahren besann sich der gitarrenlastige Britpop – vor allem mit The Stone Roses und The Smiths – zurück auf die Beatles, die Rolling Stones und The Kinks. Zu den bekanntesten Britpopvertretern gehören Bands wie Blur und Oasis. Die Punkbewegung, ursprünglich als aggressive Protest gegen die kommerziell ausgerichtete Popkultur gedacht, hat hier ihre Wurzeln. Independentbands wie Sex Pistols oder The Clash waren selbst stilbildend.

liebtesten Urlaubsorte an der englischen Südküste. In den Sommermonaten liegen die Jachten im Hafen, einem der tiefsten natürlichen Häfen auf dem Globus. Auch das unter Heinrich VIII. errichtete **Pendennis Castle** ist sehenswert. Die meisten Kreuzfahrtpassagiere nutzen den Landgang in Falmouth zu einer Rundfahrt durch das landschaftlich reizvolle Cornwall. Als das Land des sagenumwobenen Königs Artus hat die Halbinsel an der Südwestspitze Großbritanniens seit jeher Maler und Literaten inspiriert. Überall finden sich die Zeugnisse der jungsteinzeitlichen Megalithkultur. Die Kelten, die Cornwall zwischen dem 6. Jh. v. Chr. und dem 11. Jh. beherrschten, haben nicht nur Steinkreuze, sondern auch Kornisch, eine keltische Sprache, hinterlassen. Bis in das 18. Jh. hinein wurde sie im Alltag benutzt, heute wird sie in Sprachgesellschaften wiederbelebt. Im Innern präsentiert sich die Halbinsel als karge Moor- und Heidelandschaft. Dank seiner traumhaft hellen Sandstrände und eines milden Klimas, das sogar Palmen gedeihen lässt, erinnert die Südküste vielerorts an ein mediterranes Paradies. Die dem Atlantik zugewandte Nordküste ist felsiger und zerklüfteter. **Land's End**, eine felsige Landzunge und westlichster Punkt Großbritanniens, zieht ebenso wie **Lizard Point**, der südlichste Punkt im Königreich, Scharen von Besuchern an.

Plymouth Seit der Eröffnung des neuen Cruiseterminals wird die Hafenstadt in der Grafschaft Devon mehr und mehr als Kreuzfahrtziel entdeckt. Plymouth ist dank einiger schöner **Badestrände** und einer reizvollen Umgebung ein beliebter Ferienort. Die Stadt blickt auf eine glanzvolle Geschichte zurück. 1577 brach Francis Drake von hier aus zu seiner berühmten Weltumseglung mit der »Golden Hinde« und vier weiteren Schiffen auf. 1588 wurde vor der Küste von Plymouth die Spanische Armada von einer englischen Flotte unter der Führung von Drake vernichtend geschlagen und so Spaniens Vormachtstellung auf den Weltmeeren infrage gestellt. In Plymouth erinnert eine Statue im Hoe Park an den Helden Francis Drake. 1620 brachen die Pilgrim Fathers mit der

Land's End in Cornwall ist der westlichste Punkt Englands.

Southampton ist Treffpunkt zahlreicher Kreuzfahrtschiffe.

»Mayflower« von Plymouth aus in die Neue Welt auf und gründeten dort eine der ersten englischen Kolonien auf nordamerikanischem Boden.
Als britischer Marinestützpunkt wurde Plymouth von der deutschen Luftwaffe während des Zweiten Weltkriegs fast vollständig zerstört und musste wieder aufgebaut werden. Einzig Barbican, ein Viertel am historischen Sutton Harbour, blieb erhalten. Hier finden sich noch Bauten aus dem Mittelalter und der Elisabethanischen Zeit. Sehenswert sind das **Merchant's House** aus dem 17. Jh. sowie das **Elizabethan House** aus dem 16. Jh. Seit 1998 informiert das am Sutton Harbour errichtete **National Marine Aquarium**, das größte Großbritanniens, über die Unterwasserwelt. Die Royal Citadel am Eingang zum Hafen wurde 1666 errichtet und wird heute von den Royal Marines genutzt. Das historische Viertel am Sutton Harbour kann vom Cruiseterminal aus am besten mit einem Taxi erreicht werden. In der Nähe von Plymouth lädt der **Dartmoor National Park** zu Wanderungen ein.

Southampton Die Stadt ist nicht nur als Heimathafen der Cunard-Flotte Ausgangspunkt von Kreuzfahrten. Mittlerweile haben auch amerikanische Veranstalter wie die Royal Caribbean International in Southampton Schiffe stationiert. Die Passagierschifffahrt blickt in Southampton auf eine lange Tradition zurück. Als die White Star Line und Cunard zu Beginn des 20. Jh.s ihre Firmensitze hierhin verlegten, löste sie die Stadt Liverpool als wichtigster Passagierhafen des Vereinigten Königreichs ab. Bis weit in die 1960er-Jahre liefen von Southampton luxuriöse Oceanliner im Liniendienst wie die »Queen Mary« oder die »Queen Elizabeth« zu Atlantiküberquerungen aus. Berühmt wurde Southampton durch die »Titanic«, die am 10. April 1912 zu ihrer Unglücksfahrt aufbrach. Viele Passagiere verbinden ihre Schiffsreise hier mit einem Trip nach London oder mit einem Badeaufenthalt in einem der südenglischen Küstenorte.
Besucher, die über wenig Zeit verfügen, sind aber auch in Southampton gut aufgehoben. In der überschaubaren Altstadt finden sich einige Sehenswürdigkeiten. Fachwerkhäuser, wie das mit mittelalterlichem Mobiliar ausgestattete **Medieval Merchant's House** aus dem 13. Jh. oder das **Tudor House Museum**, das über die Geschichte der Stadt informiert, sind erhalten. Das **Maritime Museum**, das mit einer ständigen Ausstellung über die »Titanic« aufwartet, ist in einem Lagerhaus, das **Museum of Archaeology** in einem alten Wehrturm untergebracht. Eine Vielzahl von Veranstaltern bieten Hafenrundfahrten sowie Ausflüge auf die **Isle of Wight** oder nach **Portsmouth** an. Rund 50 km nördlich von Southampton liegen in der Nähe des charmanten Städtchens **Salisbury** die jungsteinzeitlichen Steinkreise von **Stonehenge**.

London

Londons Untergrundbahn- und Bussystem

Das U-Bahn-System von London ist eines der ältesten und weitverzweigtesten öffentlichen Nahverkehrsnetze der Welt (rechts). Aufgrund einer neuen Tunnelbautechnik im 19. Jh. entwickelte sich die unterirdische Dampflokomotive zur modernen Untergrundbahn, bis 1890 die City and South London Railway als erste »tube« konstruiert werden konnte. Neu waren die röhrenförmigen Wagen ohne Fenster – gezogen von einer Elektrolok, die ihren Strom von einer parallel zu den Gleisen verlaufenden Schiene

Land: Großbritannien
Einwohner: 7,8 Mio.
Sprache: Englisch
Währung: Britisches Pfund
Hauptreisezeit: April bis Oktober
Zeitzone: UTC +/– 0

Die an der Themse gelegene Welthauptstadt ist von den drei Schifffahrtshäfen Harwich, Dover und Southampton gut erreichbar. Sie ist eine Stadt der Gegensätze. Oft nur wenige Minuten voneinander entfernt, begegnet man aristokratischen Traditionen und Ritualen der bombastischen Finanzwelt, geschichtsträchtigen Bauten oder futuristischen Glaspalästen, trendsetzenden Modemeilen und Klubs sowie einer facettenreichen Kulturlandschaft. Als pulsierender Schmelztiegel der Nationen stellt London mit seinem Wirrwarr aus 50 000 Straßen und Gassen eine Art Flickenteppich dar, der in sich kleine Städtchen mit eigenem Charakter bewahrt hat. So gibt es 33 Stadtbezirke, die alle über eine eigenständige Verwaltung verfügen.

City of London und Southwark Die City ist das historische und wirtschaftliche Zentrum der Stadt. 1078 ließ der Normannenkönig Wilhelm der Eroberer die Festung des **Tower of London** errichten, der als Königspalast, Münzstätte und Schatzkammer diente und die Kronjuwelen beherbergt. Nicht zuletzt war der Tower auch ein Gefängnis, in dem Persönlichkeiten der englischen Geschichte einsaßen. Die acht Raben, die im Turm leben, garantieren der Sage nach das Fortbestehen des Königreiches. Ein Meisterwerk viktorianischer Ingenieurskunst ist die nach Plänen von Horace Jones 1894 vollendete **Tower Bridge** mit der alten Dampfhydraulikanlage im Innern der beiden Türme.
Am Ludgate Hill befindet sich die **St. Paul's Cathedral**, die – durch den Großen Brand von 1666 zerstört – 1708 als erste protestantische Kathedrale Englands von dem Architekten Christopher Wren errichtet wurde. Die weltweit zweitgrößte Kuppel mit 111 m Höhe vom Boden bis zur Laterne wurde dem Petersdom in Rom nachgestaltet. Im Inneren sind Chor und Wandelgang mit Mosaiken versehen, schmiedeeisernes Kunsthandwerk von Jean Tijou ziert den Balkon der Whispering Gallery, und am Chorgestühl kann man das Schnitzwerk von Grinling Gibbons bewundern.
Wenn man über die **Millenniumsbrücke** zur Südseite Londons nach Southwark hinübergeht, kommt man direkt zu der **Tate Modern**. In einem ehemaligen Kraftwerk untergebracht und 2000 nach Entwürfen von Herzog & de Meuron aufwendig umgebaut, bietet sie eine große Bandbreite moderner und internationaler Kunst von Dalí, Picasso, Miró, Rothko, Warhol bis hin zu zeitgenössischen Objekten oder Videoinstallationen. Nahe der Tate Modern befindet sich das rekonstruierte **Shakespeare's Globe Theatre**, wo man sich an Shakespeares Stücken unter freiem Himmel ergötzen kann.

Die Themse ist bis heute die Lebensader Londons.

Am Südufer der Themse, Dudelsackpfeifer und afrikanische Artisten passierend, trifft man auf das British Airways **London Eye**, eines der größten Riesenräder der Welt. Man blickt aus 135 m Höhe auf London herab: auf die Kuppeln von Wrens Kirchen, auf das **Windsor Castle** und auf **Canary Wharf**, das ehemalige Hafengebiet, das heute einen Komplex mit Bürogebäuden namhafter Unternehmen und dem 250 m hohen, von César Pelli entworfenen One Canada Square (auch One Canada Tower genannt) beherbergt. Um Canary Wharf entstand ein Geschäfts- und Freizeitzentrum mit über 200 Läden – eine phänomenale Architektur aus Stahl und Glas unter Verwendung historischer Werftanlagen. Einzigartig ist auch die von Norman Foster entworfene U-Bahn-Station »Canary Wharf«.

City of Westminster Das britische Parlamentsgebäude mit seinen zahlreichen Räumen und dem Markenzeichen Londons, dem Turm mit der Glocke **Big Ben**, wurde 1849 an der Stelle des alten Königspalastes im neugotischen Stil wieder aufgebaut. Baumeister war der Architekt Charles Barry. In der **Westminster Hall** tagte bis zum

aufnahm. Weltberühmt wurde auch der U-Bahn-Plan von London, der um 1930 von Harry Beck nach dem Vorbild eines elektrischen Schaltkreises als Liniennetz mit 45-Grad-Winkeln entworfen wurde. Auch die roten Londoner Doppeldeckerbusse haben eine Besonderheit: Sie halten pflichtgemäß nur an den weiß unterlegten Schildern. Bei Haltestellen mit dem Hinweis »Request« auf rotem Hintergrund, muss man winken.

Trafalgar Square mit der National Gallery als prächtiger Kulisse.

Brand im Jahr 1834 das Oberste Gericht. Auf der gegenüberliegenden Seite steht die prachtvolle von Eduard dem Bekenner 1065 errichtete **Westminster Abbey** mit dem 34 m hohen gotischen Kirchenschiff. Seit 1066 wurden hier fast alle Staatsoberhäupter gekrönt. Zugleich ist es die Ruhestätte von Monarchen, Wissenschaftlern und Dichtern, wie Shakespeare und Dickens. Besonders sehenswert sind die **Chapel of Henry VII** mit dem Deckengewölbe im Perpendikularstil und die **St. Edward's Chapel** mit dem Schrein des Gründers. An der Nordseite des Trafalgar Square befindet sich die **National Gallery**, die Gemälde bedeutender Malschulen vom 13. bis 20. Jh. beherbergt; in einem eigenen Flügel befinden sich Meisterwerke der Renaissance. Von hier ist es nicht weit zur **Chinatown**, wo man an unzähligen kleinen Speiselokalen und Läden mit Lebensmitteln vorbeikommt. Die älteste Lichtreklame der Welt kann man im **Piccadilly Circus**, dem bekanntesten Platz Londons, finden. Hier schlägt das Herz der Vergnügungswelt. Die gleichnamige Straße ist gesäumt von typisch englischen Geschäften, wie dem Kaufhaus Fortnum & Mason. Auf der Regent Street befindet sich das legendäre Kaufhaus Liberty – ein Palast mit eigener Modekollektion.

Eines der bekanntesten Wahrzeichen Londons ist zweifelsfrei der **Buckingham Palace**, der 1705 für den Duke of Buckingham erbaut wurde und den der Architekt John Nash im 19. Jh. zu einem Palast umgestaltete. Seit dem Einzug Königin Viktorias ist der Palast mit seiner Gemäldegalerie und seinem prachtvollen Thronsaal Wohn- und Amtssitz der Queen. Wenn sie anwesend ist, weht die Flagge. Nicht zu verpassen ist die Wachablösung der Gardetruppen – täglich um 11 Uhr. Während der 30-minütigen Parade wird der Palastschlüssel an die neue Wache übergeben.

South Kensington Richtung Westen kommt man zu dem weltbekannten 1834 erbauten Kaufhaus **Harrods**, das einst im Besitz der englischen Königsfamilie war. Es verfügt über 250 stilvoll dekorierte Abteilungen, darunter die fast schon legendäre Delikatessenhallen. Das in der Nähe gelegene **Victoria & Albert Museum** – ein von Aston Webb konzipierter Prunkbau – birgt die umfangreichste Kunsthandwerks- und Designsammlung der Welt. Sage und schreibe über 11 km erstrecken sich die Ausstellungssäle, die Exponate aus Porzellan und Glas sowie Textilien, Skulpturen und Metallarbeiten beheimaten. Interessant ist hier auch die **Fashion Gallery** mit einer Sammlung historischer Kleidungsstücke bis hin zur Haute Couture des 21. Jh.s. Das Great Bed of Ware – ein vier Meter breites, mit einigen Inschriften übersätes Eichenbett – wurde durch die Erwähnung bei Shakespeare berühmt.

Gegenüber dem Museum befindet sich der **Hyde Park**, der seit 1635 für die Öffentlichkeit zugänglich ist. Das Zentrum des Parks ist der 1730 angelegte Serpentine Lake, an dessen Südseite die **Diana, Princess of Wales Memorial Fountain** steht, zum Gedenken an Prinzessin Diana. Der **Speakers' Corner** bietet Freiraum für jeden, sich zu einem beliebigen Thema zu äußern. Im Süden des Parks erhebt sich das **Albert Memorial** für Prinz Albert, den Gemahl der Königin Viktoria.

Das **British Museum** ist das erste öffentliche Museum der Welt. Es beherbergt 6 Mio. enzyklopädische Kostbarkeiten zur gesamten Kulturgeschichte der Menschheit, darunter aus dem Alten Orient, Ägypten, der klassischen Antike, aus Asien und dem islamischen Orient sowie ethnografische Ausstellungsstücke. Zu den wichtigsten Objekten gehören der Parthenon-Fries, die mumifizierte Katze und der Stein von Rosetta. Das Zentrum des Museums ist der von Norman Foster entworfene mit einem Glasdach versehene Great Court, in dessen Mitte sich ein Lesesaal mit einer der bedeutendsten Sammlungen an Büchern und Manuskripten weltweit befindet.

Bild oben: Der Panoramablick über London zeigt es: Tradition und Moderne gehen hier eine überraschend harmonische Verbindung ein.

Edinburgh

Festival-Hauptstadt

Treffpunkt für Künstler aus aller Welt ist Edinburgh im Grunde das ganze Jahr über, denn die Kultur wird in der schottischen Hauptstadt gepflegt wie kaum anderswo. Im August vereinen sich Künstler und Stadt zum Superlativ: Das berühmte Edinburgh Festival ist eine Ansammlung diverser Festspiele, die Jahr für Jahr rund 2 Mio. Besucher aus dem In- und Ausland anlocken. In dieser Zeit erobern Gaukler die Gassen, Theatergruppen funktionieren Hinterhöfe zur experimentellen Bühne um, internationale Musikstars treten auf, Kabarett, Zirkus, Oper, Film und Ballett werden

Land: Großbritannien (Schottland)
Einwohner: 490 000
Sprache: Englisch
Währung: Britisches Pfund
Hauptreisezeit: Mai bis September
Zeitzone: UTC +/– 0

Trotz der selbstbewussten Pflege des vielfältigen kulturellen Erbes ist Edinburgh eine dynamische und lebendige Stadt, deren beschwingte Atmosphäre Jung und Alt anzieht. Die großen Cruiseliner gehen in South Queensferry rund 20 km westlich von Edinburgh in Sichtweite der berühmten Eisenbahnbrücke über den Firth of Forth vor Anker. Die schottische Hauptstadt kann von hier aus mit Shuttle-Service, Taxis oder der Eisenbahn erreicht werden. Kleinere Kreuzfahrtschiffe können auch im Hafen von Leith nördlich des Edinburgher Stadtzentrums anlegen. Die meisten Passagiere zieht es natürlich sofort in die mit einem Bus oder Taxi leicht zu erreichende Innenstadt. Doch auch der Hafen hat einiges zu bieten. Nach Jahren des Verfalls hat er sich zu einem schicken Einkaufs- und Ausgehviertel gemausert. Hauptattraktion ist die königliche Jacht »Britannia«, die in ein Museumsschiff umgewandelt wurde.

Edinburgh Castle Die auf dem Castle Rock, einem erloschenen Vulkan, 100 m über der Stadt thronende Trutzburg ist zweifellos die touristische Attraktion Edinburghs. Als Residenz schottischer Könige blickt sie auf eine bewegte Geschichte zurück. Das älteste erhaltene Gebäude auf dem Festungsareal, die St. Margaret's Chapel, stammt aus dem 12. Jh. In den Jahrhunderten bis zur endgültigen Vereinigung Schottlands mit England, nach der Schlacht von Culloden im Jahr 1746, wurde Edinburgh Castle immer wieder belagert, zerstört und neu aufgebaut. Die Festung umfasst daher Gebäudekomplexe aus fast allen Epochen der schottischen Geschichte. Eine Besichtigung ist immer mit einer Reise in die Vergangenheit verbunden. Vor allen Dingen die Gemächer im Royal Palace lohnen einen Besuch. Hier sind die schottischen Reichsinsignien ausgestellt, und hier befindet sich die Kammer, in der Maria Stuart 1566 ihren einzigen Sohn gebar. Er ging als schottischer König Jakob VI. und als englischer König Jakob I. in die Geschichte ein.
Seit 1996 wird im Royal Palace ein besonderer Schatz gehütet: Der »Stone of Destiny«, der Krönungsstein der schottischen Könige. Im Jahr 1296 wurde der 66 x 41 x 27 cm große Sandsteinblock von dem englischen König Eduard I. nach Westminster geschmuggelt und als Zeichen seines Anspruchs auf die schottische Krone unter den dortigen Krönungsstuhl gelegt. Erst 700 Jahre später kehrte er als Leihgabe der Queen nach Edinburgh zurück und zieht dort schottische Patrioten in seinen Bann.
Im French Prison kann Mons Meg, eine gigantische, 6 t schwere Kanone aus dem 15. Jh., bestaunt werden. Darüber hinaus verfügt das **National War Museum** über eine reiche Waffensammlung.

Royal Mile Diese Flaniermeile weist ebenso wie ihre Seitenstraßen eine hohe Dichte an Pubs, urigen Lokalen und Läden aller Art auf. Sie führt vom Edinburgh Castle über die Straßen Castle Esplanade, Castlehill, Lawnmarket, High Street, Canongate und Abbey Strand zum Palace of Holyroodhouse hinunter. Die Royal Mile bildet die Hauptschlagader der Altstadt von Edinburgh und wird von steil abfallenden bzw. ansteigenden engen Gassen, Hinterhöfen und Durchgängen, den Closes, gekreuzt. Einst galten sie als schmuddeliger, gefährlicher Ort und waren als Rückzugsgebiet von Kleinkriminellen verschrien. Heute sind die alten Gemäuer sorgfältig restauriert und die Closes ein Touristenmagnet.
Besonders sehenswert sind der Old Fishmarket Close und der Advocate's Close. Der Real Mary King's Close verschwand 1753 durch Überbauung im Untergrund und wurde dadurch zum Gegenstand von Gerüchten, Mythen und Gruselgeschichten. Heute bieten kostümierte Gästeführer Rundgänge durch diese inszenierte Edinburgher Unterwelt an und informieren über das Alltagsleben vergangener Zeiten in dem Labyrinth. Im Lady Stair's Close befindet sich das **Writers' Museum**, das den schottischen Schriftstellern Robert Louis Stevenson, Sir Walter Scott und Robert Burns gewidmet ist. In einer Druckerei am Anchor Close wurde zwischen 1768 und 1771 die erste Auflage der Encyclopædia Britannica gedruckt. An der Royal Mile finden sich aber nicht nur Closes, sondern auch einige bedeutende Repräsentativbauten wie **St. Giles' Cathedral** aus dem 15. Jh. oder das im 17. Jh. errichtete Gebäude des schottischen Parlaments. Am Fuß der Burg informiert das Whisky Heritage Centre über alle Aspekte des schottischen Nationalgetränks. An der unteren Royal Mile erinnert das John Knox House / Scottish Storytelling Centre an den großen Reformator und Gegner Maria Stuarts. Familien mit Kindern sei ein Besuch des **Museum of Childhood** mit seiner sehenswerten Sammlung von Spielzeug aus allen Jahrhunderten und Erdteilen empfohlen.

Palace of Holyrood House Die offizielle Residenz der britischen Königsfamilie in Schottland steht in Abwesenheit der Royals für Besichtigungen offen. Die meisten Besucher interessieren sich auch nicht für die heutige Queen und ihren Clan, sondern für eine andere Bewohnerin des Palastes: In Holyrood

geboten. Und natürlich ertönen überall Dudelsackweisen. Ambitionierte »Einzeltäter« bereiten sich das ganze Jahr über auf dieses großartige Ereignis vor. Beim legendären »Military Tattoo« (rechts) auf der Castle Es-

planade spielen die »Pipes & Drums« drei Wochen den Zapfenstreich vor dem illuminierten Schloss. Start des Kultursommers ist Ende Juli, wenn das »International Blues and Jazz Festival« den Anfang macht.

House residierte zwischen 1561 und 1567 Maria Stuart, hier heiratete sie in zweiter Ehe Lord Darnley, hier musste sie mit ansehen, wie ihr Privatsekretär und vermutlicher Liebhaber David Rizzio hinterrücks erstochen wurde. Im Nordwestturm des Palastes sind einige Erinnerungsstücke ausgestellt. Der größte Teil des heute sichtbaren Schlosses wurde erst rund 100 Jahre nach dem Tod der berühmten Königin errichtet. Die Räumlichkeiten sind mit kostbaren Möbeln, Teppichen und Gemälden ausgestattet.

Holyrood Park Dieser südöstlich des Palastes gelegene und nach ihm benannte, 260 ha große Park präsentiert sich mit seinen Gewässern, Anhöhen und Tälern als ein Stück schottisches Hochland inmitten der Großstadt. Viele Wanderwege laden zu ausgedehnten Spaziergängen durch eine grüne Bilderbuchlandschaft ein. Das Gelände wird überragt von dem 251 m hohen **Artur's Seat**, einem erloschenen Vulkan, der fantastische Ausblicke über Edinburgh bietet.

St. Giles' Cathedral weist wunderschöne Glasfenster auf.

New Town Als gelungenes Beispiel für eine planvoll angelegte Stadt steht dieses Viertel zusammen mit Edinburghs Altstadt seit 1995 auf der UNESCO-Weltkulturerbeliste. Seine Anfänge gehen auf die Mitte des 18. Jh.s zurück, als zu Wohlstand gekommene Edinburgher Bürger nach Wohnmöglichkeiten außerhalb der engen und schmutzigen Altstadt suchten. Im Laufe eines halben Jahrhunderts entstand auf einem unbebauten Areal im Norden der City ein Wohnquartier für die gehobenen Schichten, das heute als weltweit größtes zusammenhängendes Ensemble georgianischer Bauten bestaunt werden kann. Ein Streifzug durch die schnurgerade verlaufenden und von eleganten neoklassizistischen Stadthäusern gesäumten Straßen ist ein Muss für jeden Edinburgh-Besucher. Im Süden wird die New Town von der Princes Street, Edinburghs Haupteinkaufsstraße, begrenzt.

An ihrer Nordseite befinden sich die schicksten und trendigsten Geschäfte der ganzen Stadt, im Süden schließt sich ihr der **Princes Street Garden**, eine weitläufige Parkanlage, an. Hier lockt die **National Gallery of Scotland** mit einer bedeutenden Sammlung von Werken europäischer Meister.

Calton Hill Diese Anhöhe östlich der New Town ist nicht nur wegen der grandiosen Aussicht, die sie gewährt, sondern auch wegen der klassizistischen Bauten, die hier zu Anfang der 19. Jh. errichtet wurden, ein beliebtes Ausflugsziel. Das den Gefallenen der Napoleonischen Kriege gewidmete National Monument etwa konnte zwar nie fertiggestellt werden, erinnert aber doch an sein Vorbild, den Parthenon von Athen. Das 30 m hohe **Nelson Monument** ehrt den Sieger von Trafalgar; das einem griechischen Tempel nachempfundene **Dugald Stewart Monument** den gleichnamigen schottischen Mathematiker und Philosophen.

Bild oben: Der Charakter der schottischen Hauptstadt wird bestimmt durch den architektonischen Kontrast zwischen mittelalterlicher Altstadt und umsichtig geplanter Neustadt.

Invergordon, Orkney-Inseln, Greenock

Caledonian Canal

Die Highlands sind durch ein lang gestrecktes Tal, das Great Glen, in zwei Teile geteilt: die Northwest Highlands und die Grampian Mountains. Das Tal verläuft entlang einer bis heute aktiven tektonischen Verwerfung über 100 km vom Moray Firth an der Nordostküste Schottlands bis hinunter nach Fort William am Atlantik. Im Talgrund liegen drei Seen, Loch

Land: Großbritannien (Schottland)
Einwohner:
Invergordon: 4000
Orkney-Inseln: 20 000
Greenock: 45 000
Sprache: Englisch
Währung: Britisches Pfund
Hauptreisezeit: Mai bis September
Zeitzone: UTC +/– 0

Eine Kreuzfahrt in den Norden Großbritanniens führt in eine urwüchsige und zugleich sagenumwobene Gebirgslandschaft. Die Berichte über das Ungeheuer von Loch Ness und die Legenden, die sich um den schottischen König Macbeth ranken, zählen zu den vielen Mythen, die im Land kursieren. In den Schlössern und Burgen sollen Gespenster ihr Unwesen treiben, und in fast jedem See haust angeblich ein Monster. Die Überlieferung hält auch die Erinnerung an die Clans wach, die bis zu ihrer Zerschlagung durch die Engländer im Jahr 1749 über die Highlands herrschten. Doch Schottland ist auch ein sehr modernes Land mit entwickelter touristischer Infrastruktur. In den Kreuzfahrthäfen bieten die lokalen Veranstalter verschiedene organisierte Touren ins Bergland und zu vielen Sehenswürdigkeiten an.

⚓ **Invergordon** Die an einem Nebenarm des Moray Firth gelegene Hafenstadt ist als Tor zu den Scottish Highlands ein beliebtes Kreuzfahrtziel. Viele Passagiere nutzen die Gelegenheit zu einem Ausflug in die atemberaubende Bergwelt im äußersten Norden Großbritanniens und verbinden die Tour mit der Besichtigung einer typischen schottischen Burg.

Der Anziehungspunkt schlechthin ist natürlich das rund 30 km südlich von Invergordon gelegene **Loch Ness**. Ein Monster hat dieses nur 1,5 km breite, sich aber 37 km von Nordosten nach Südwesten hinziehende und bis zu 230 m tiefe Gewässer berühmt gemacht. Seit Anfang der 1930er-Jahre erstmals Zeitungsberichte über ein in dem See hausendes unbekanntes Tier veröffentlicht und durch Fotos untermauert wurden, reißt das Interesse nicht mehr ab. Mit schöner Regelmäßigkeit tauchen weltweit Meldungen über eine Sichtung des Ungeheuers in den Medien auf. Obwohl seine Existenz von Wissenschaftlern bezweifelt wird, ist »Nessie« ein internationaler Star und Loch Ness die touristische Hauptattraktion der Highlands geworden. Zentrum des Hypes ist das Dorf Drumnadrochit am Westufer des Sees. Hier konkurrieren gleich zwei Informationszentren und mehrere Souvenirshops um die Gunst der Besucher. Lokale Veranstalter bieten Touren über den See an. Nur ein Stück weiter westlich von Drumnadrochit gewähren die Ruinen des **Urquhart Castle** aus dem 13. Jh. einen beeindruckenden Blick über Loch Ness. Auf halbem Wege zwischen Invergordon und Loch Ness liegt – an der Mündung des River Ness in den Moray Firth – **Inverness**, die nördlichste Stadt Großbritanniens.

Steinkreis Ring of Brodgar auf den Orkney-Inseln.

Die heute rund 50 000 Einwohner zählende Hauptstadt der Highlands ist nicht nur ein geschichtsträchtiger, sondern auch ein bedeutender Ort der Weltliteratur. William Shakespeare erkor **Inverness Castle** zum Schauplatz der Ermordung König Duncans durch Macbeth, den Titelhelden eines seiner berühmtesten Dramen. Heute existiert die Burg, die Shakespeare bei der Abfassung des Stückes vor Augen geschwebt haben könnte, nicht mehr. Sie wurde 1746 von den Truppen Bonnie Prince Charlies zerstört. An ihrer Stelle wurde in den 1830er-Jahren ein viktorianisches Schloss errichtet.

Auch das 10 km östlich von Inverness gelegene **Cawdor Castle** wirbt mit Shakespeares Königsmörder um Besucher. Denn immerhin wird Macbeth gleich im ersten Akt der Tragödie zum »Thane of Cawdor« ernannt.

Die Anfänge des bis heute in Privatbesitz befindlichen Schlosses gehen auf das 14. Jh. zurück. Im 17. Jh. wurde es zu einem luxuriösen Wohnsitz umgebaut. Cawdor Castle und seine Parks können von Mai bis September besichtigt werden.

Zwischen Inverness und Cawdor Castle liegt **Culloden Moor** – Schauplatz einer historisch verbürgten Schlacht. Hier wurden die Rebellen, die unter der Führung des Stuart-Sprösslings Charles Edward, genannt Bonnie Prince Charlie, für die Unabhängigkeit Schottlands kämpften, von den Engländern 1746 vernichtend geschlagen und damit die Vereinigung beider Königreiche endgültig besiegelt. Seit 2007 informiert ein Visitor Centre über die Geschichte des Aufstands und seine Niederschlagung.

Ness, Loch Oich und Loch Lochy, die seit 1822 durch ein Kanalsystem miteinander verbunden sind. Bis heute gilt der legendäre Caledonian Canal, der von dem Schotten Thomas Telford erbaut wurde, als Meisterwerk

der Ingenieurbaukunst. Er verfügt über 29 Schleusen (links). Dadurch können die den Kanal passierenden Boote einen Höhenunterschied von 30 m überwinden. Für die kommerzielle Schifffahrt wurde er nie genutzt.

Orkney-Inseln

Orkney-Inseln Dieser der Nordostspitze Schottlands vorgelagerte Archipel besteht aus rund 70 Inseln, von denen 17 bewohnt sind.

Die Cruiseliner steuern die Kapitale Kirkwall im Südosten von Mainland, der Hauptinsel, an. Kleinere Schiffe machen in der Nähe des Cruiseterminals fest, größere ankern in der Bucht und lassen die Passagiere mit Tenderbooten an Land bringen. Dank ausgezeichneter Busverbindungen lassen sich viele Sehenswürdigkeiten von hier aus schnell erreichen.

Eine beliebte Attraktion sind die gewaltigen Monumente, die die Steinzeitmenschen hier hinterließen. Sie siedelten seit 3900 v. Chr. auf den Inseln. Seit 1999 stehen sie als **»The Heart of the Neolithic Orkney«** auf der UNESCO-Welterbeliste. **Skara Brae** an der Westküste Mainlands gilt als das besterhaltene jungsteinzeitliche Dorf Europas und war vermutlich zwischen 3100 und 2500 v. Chr. bewohnt. Über Jahrtausende lag es unter einer riesigen Sanddüne verborgen, bis 1850 ein Sturm die Gebäude mit steinzeitlichen Möbeln freilegte. Mittlerweile sind die Häuser zwar für den Publikumsverkehr geschlossen, das Dorf selbst aber kann besichtigt werden. Ein Besucherzentrum informiert über das prähistorische Alltagsleben der Menschen, und die originalgetreue Rekonstruktion eines ihrer Häuser macht mit steinzeitlicher Wohnkultur vertraut. Nur wenige Kilometer südöstlich von Skara Brae befindet sich der **Ring of Brodgar**, ein gewaltiger Steinkreis, der mit einem Durchmesser von 110 m größer als die Anlage von Stonehenge ist. Auch die erstaunliche Präzision, mit der die steinzeitlichen Baumeister bei der Anlage des Kammergrabes von Maes Howe im Osten des Ring of Brodgar zu Werk gingen, versetzt bis heute in Erstaunen. Die Runensammlung, die in dem Grab gefunden wurde, stammt vermutlich aus dem 12. Jh. und gilt als größte der Welt. Auch **Kirkwall** lohnt eine Besichtigung. Die mächtige romanische **St.-Magnus-Kathedrale** erinnert an die skandinavischen Wikinger, die seit dem 8. Jh. auf den Orkneys siedelten und sich bis zur Übernahme der Inseln durch die Schotten 1470 hier aufhielten.

Ruinen des neolithischen Dorfs Skara Brae auf den Orkney-Inseln.

George Square ist der Mittelpunkt der Glasgower Innenstadt.

Auch der **Earl's Palace**, ein Renaissancebau aus dem 17. Jh., ist sehenswert. Die **Highland Park Distillery** informiert über schottischen Whisky und seine Zubereitung. Zwischen Kirkwall und den anderen Orkney-Inseln verkehren Fähren.

Greenock

Greenock Die im Westen Schottlands an der Mündung des River Clyde in den Firth of Clyde gelegene Hafenstadt bietet sich als Ausgangspunkt für Exkursionen in das nur 40 km entfernte **Glasgow** an. Zwischen Glasgow und dem Hafen von Greenock verkehren regelmäßig Züge. Nach Jahrzehnten des Niedergangs hat sich die größte Stadt Schottlands zu einer überaus attraktiven Kunstmetropole entwickelt. Die Museen und Galerien der europäischen Kulturhauptstadt des Jahres 1990 können selbst mit Londoner Einrichtungen konkurrieren.

Das Herz der Metropole schlägt an dem zwischen Central Station und Queen Street Station gelegenen **George Square**. Die meisten Sehenswürdigkeiten sind von diesem weitläufigen, von georgianischen und viktorianischen Bauten gesäumten Platz aus gut erreichbar. Die lange vernachlässigte Merchant City südöstlich des George Square, in der seit der Mitte des 18. Jh.s Glasgows reiche Kaufleute residierten, wurde in den 1980er-Jahren saniert und hat sich seitdem zu einem schicken Einkaufs- und Ausgehviertel gemausert. Zwei Straßenzüge nordöstlich des George Square lohnt Glasgows **Kathedrale** eine Besichtigung; empfehlenswert ist außerdem das beeindruckende **St. Mungo Museum of Religious Life and Art**, das über die Religionen dieser Welt informiert. Eines der interessantesten Museen Glasgows liegt in **Glasgow Green**, einem weitläufigen Park im Südosten des Stadtzentrums: Das in einem viktorianischen Bau befindliche **People's Palace**, ein Museum mit viktorianischer Sandsteinfassade, informiert auf anschauliche Weise über die Geschichte der Stadt und ihrer Bewohner. Von den vielen herausragenden Museen Glasgows seien hier noch die **Burrell Collection**, außerdem die in der ehemaligen Börse unweit des George Square untergebrachte **Gallery of Modern Art** sowie die **Hunterian Art Gallery** genannt. Kenner und Liebhaber des europäischen Jugendstils sollten den Bummel auf jeden Fall mit einer Besichtigung des über die Stadt verstreuten architektonischen Erbes von Charles Rennie Mackintosh verbinden. Er war einer der ganz großen Architekten der Belle Époque. In der Touristeninformation am George Square gibt es eine kostenlose Broschüre mit Routenplaner.

Die Freunde moderner Architektur kommen an den Ufern des Clyde auf ihre Kosten. Dort, wo einst die größten Werften der Welt standen, wurden in den letzten Jahre futuristische Bauten wie das Armadillo von Norman Foster oder das Glasgow **Science Centre** hochgezogen. Nur 40 km südöstlich von Glasgow liegt **New Lanark** – eine historische Siedlung mit Textilfabrik, die als wichtiges Zeugnis der frühen Industriekultur seit 2001 auf der UNESCO-Welterbeliste steht.

Bild oben links: Um das Jahr 1230 erbaut, zählte Urquhart Castle einst zu den größten Burgen Schottlands. Heute kann sie besichtigt werden.

Belfast, Dublin

Irish Pub

Was wäre eine Irland-Reise ohne einen Besuch in einem traditionellen Irish Pub? Mehr als nur ein Ort, an dem man alkoholische Getränke konsumiert, sind die Kneipen der Insel eine soziale Institution, in der man Freunde treffen, Geschäfte abschließen, entspannen und diskutieren kann. Berühmt sind die Singing Pubs, in denen fast jeden Abend musiziert und getanzt wird. »The Temple Bar« in Dublin wurde schon mehrfach als »Irish Music Pub of the Year« ausgezeichnet (rechts). Viele irische Musiker starteten in so einem Lokal ihre internationale Karriere. Meist wirkt die Einrich-

Land: Großbritannien (Nordirland)
Einwohner:
Belfast: 270 000
Sprache: Irisch, Englisch
Währung: Britisches Pfund
Hauptreisezeit: Mai bis September
Zeitzone: UTC +/– 0

Land: Republik Irland
Einwohner:
Dublin: 530 000
Sprache: Irisch, Englisch
Währung: Euro
Hauptreisezeit: Mai bis September
Zeitzone: UTC +/– 0

In den Kreuzfahrthäfen der Grünen Insel erwartet die Passagiere ein facettenreiches Kulturleben. Die Kunst- und Musikszene ist so experimentierfreudig wie innovativ und knüpft doch an irisches Brauchtum an. Die tiefe Religiosität der Iren, die sich zu 95 Prozent zum katholischen Glauben bekennen, hat ihre Wurzeln in dem massiven Widerstand gegen die Briten, die über Jahrhunderte alles »Irische« unterdrückten. In dem zum Vereinigten Königreich gehörenden Nordirland bestimmt der Konflikt zwischen Katholiken und Protestanten den Alltag der Menschen bis heute.

Belfast Als Schauplatz eines bürgerkriegsähnlichen Konfliktes zwischen Katholiken und Protestanten war die Hauptstadt Nordirlands über Jahrzehnte eine No-go-Area für Touristen. Seit dem Ende der blutigen Kämpfe, das mit dem Karfreitagsabkommen von 1998 eingeleitet wurde, steht eine Stippvisite in Belfast auf dem Programm vieler Urlauber. Die weltoffene Atmosphäre, gute Einkaufsmöglichkeiten und die traditionsreichen Pubs locken darüber hinaus viele Städtereisende an. Auch als Kreuzfahrtziel wird Belfast immer beliebter. Fast jeder Cruiseliner, der in der Irischen See unterwegs ist, legt an der Stormont Wharf im Hafen der Metropole an. Der Passenger Terminal ist durch einen Shuttle-Service mit dem Zentrum verbunden.
Belfasts Herz schlägt unzweifelhaft am **Donegall Square**, einem weitläufigen Platz, der von der um 1900 zu Ehren Queen Victorias errichteten, neoklassizistischen **City Hall** beherrscht wird. Das prunkvolle Gebäude beeindruckt durch seine 53 m hohe Kuppel. Die 1788 eröffnete **Linen Hall Library** an der Nordseite des Platzes ist eine Fundgrube für historisch interessierte Bücherwürmer. Die vom Donegall Square nach Norden führende Royal Avenue wurde zusammen mit ihren Seitenstraßen in eine Fußgängerzone verwandelt. Hier befinden sich die großen Einkaufszentren der Stadt ebenso wie viele kleine Designer-, Antiquitäten- und Kunsthandwerksläden. Das abgesehen von der City Hall wohl bedeutendste Wahrzeichen Belfasts steht nur einen Steinwurf vom Donegall Square entfernt – an der Great Victoria Street, Ecke Howard Street: Der **Crown Liquor Saloon** ist Paradebeispiel für einen Pub der viktorianischen Ära und ein Muss für jeden Belfast-Besucher. Wer sich für die jüngste Geschichte Nordirlands interessiert, darf einen Besuch der Shankill und der Falls Road nicht versäumen. Die Viertel rund um diese unmittelbar nebeneinander liegenden Straßen im Westen Belfasts waren ein Zentrum des Bürgerkriegs. Bis heute wird die Shankill Road von protestantischen Royalisten, die Falls Road von republikanischen Katholiken bewohnt. Beide Viertel sind durch eine mit

Wie von Menschenhand erbaut wirkt der Giant's Causeway.

militanten Graffiti übersäte Mauer voneinander getrennt.
80 km nördlich von Belfast lockt eines der vielen Naturwunder der Insel: **Giant's Causeway** – seit 1986 UNESCO-Welterbestätte. Es handelt sich dabei um eine Gesteinsformation, die aus rund 40 000 bis zu 12 m hohen Basaltsäulen besteht und sich über 5 km die Küste entlang erstreckt. Wissenschaftler vermuten, dass die Säulen aus erkalteter Lava bestehen, die vor 60 Mio. Jahren aus Erdspalten drang und bei der Abkühlung zersprang. Ein Tagesausflug lohnt sich schon allein deshalb, weil die Fahrt über die **Antrim Coast Road**, eine der spektakulärsten Küstenstraßen Europas, führt. Noch vor Giant's Causeway lohnen die Old Bushmills Distillery und das mittelalterliche **Dunluce Castle** einen Besuch.

Dublin Die Hauptstadt der Republik Irland zählt zu den lebenswertesten europäischen Metropolen. Die nach dem EU-Beitritt einsetzende wirtschaftliche Modernisierung Irlands gab auch der Stadtentwicklung neue Impulse. Seit den 1980er-Jahren sind in Dublin nicht nur neue Geschäfts- und Wohnviertel entstanden. Gleichzeitig wurde auch das historische Zentrum attraktiver gemacht. Das mittelalterliche Viertel **Temple Bar** und die noch erhaltenen georgianischen Bauten, die in den 1960er-Jahren unter britischer Herrschaft beinahe abgerissen worden wären, wurden restauriert und erstrahlen heute in neuem Glanz. Eine innovative Musik- und Kunstszene sowie viele Ausgehmöglichkeiten haben aus Dublin eine Swinging City gemacht.

Die großen Cruiseliner gehen am Alexandra Quay im Hafen von Dublin vor Anker. Der Terminal ist durch einen Linienbus mit der City verbunden. Eine Taxifahrt in das Herz der Metropo-

tung urgemütlich. Holzvertäfelungen, Mobiliar aus Massivholz, Plüschsofas und Dämmerlicht verbreiten eine fast familiäre Atmosphäre. Hier holt jeder sein Getränk am Tresen ab und bezahlt auch gleich. »Deckel machen« gibt es nicht, auch Trinkgelder sind unüblich. Wer nicht nur den eigenen Drink bezahlt, sondern eine Runde ausgibt, gehört dazu und kann erwarten, dass ihm das nächste Glas spendiert wird.

le dauert rund 15 Minuten. Kleinere Schiffe fahren ein Stück weit die Liffey hinauf und legen am North Wall Quay an. Auch hier stehen Taxis bereit. Das prächtige georgianische **Customs House**, ein Wahrzeichen Dublins, ist von hier nur einen Spaziergang weit entfernt. Es wurde gegen Ende des 18. Jh.s am Nordufer der Liffey errichtet und lohnt eine Besichtigung. Ein Besucherzentrum informiert über die wechselvolle Geschichte des Gebäudes.

Durch die Liffey, die die Stadt von Osten nach Westen durchfließt, wird Dublin zweigeteilt. Im Norden des Flusses wurden die neuen Geschäftsviertel angelegt. Im Süden befinden sich die großen touristischen Attraktionen. Die meisten sind von der O'Connell Bridge im Herzen der Stadt auf einem Spaziergang zu erreichen.

Die älteste Universität Irlands, das **Trinity College**, liegt nur einen Steinwurf weit entfernt. Hier locken der altehrwürdige **Long Room** der Bibliothek und das berühmte **Book of Kells**, ein mittelalterliches Evangeliar mit kostbaren Malereien, besonders die bibliophilen Menschen an. Das Trinity College wurde 1592 von Königin Elisabeth I. gegründet, die heute bestehenden Bauten stammen vom Ende des 18. Jh.s. Die Grünanlagen auf dem weitläufigen Universitätsgelände laden zu Spaziergängen ein. Südöstlich des Trinity College beginnt der **Merrion Square** – ein lang gestreckter Platz, der nach drei Seiten von georgianischen Bürgerhäusern gesäumt und oft als schönstes bauliches Ensemble seiner Art gerühmt wird. Ein herrlicher Park, in dem viele skurrile Skulpturen u. a. von Oscar Wilde aufgestellt sind, nimmt den größten Teil des Platzes ein. An der Westseite des Merrion Square lohnen das **Leinster House**, ein georgianische Stadtpalast, in dem heute das irische Parlament residiert, und einige bedeutende Museen wie etwa die **National Gallery** und das **National Museum** eine Besichtigung. Der sich im Süden an die Museen anschließende **St. Stephen's Green** ist die grüne Lunge der Stadt. An seiner Westseite beginnt die Grafton Street, Dublins schicke Flaniermeile, die Richtung Norden bis hin zur O'Connell Bridge führt. Sie wurde 1982 in eine Fußgängerzone umgewandelt und hat sich seitdem zu einer der teuersten Einkaufsstraßen der Welt entwickelt. Internationale Designerlabels, teure Boutiquen und noble Restaurants haben sich hier niedergelassen. Straßenmusikanten verleihen der Grafton Street ein besonderes Flair.

Im Westen der Grafton Street beginnt auf der Höhe des Trinity College Dublins schickes Ausgehviertel Temple Bar. Bis in die 1980er-Jahre wurde es von Alternativen, Punks und Hippies bevölkert. Heute ist es ein Treffpunkt der Jeunesse dorée. Hier befinden sich nun die angesagtesten Pubs und Restaurants der Stadt.

Dublin Castle wird heute für repräsentative Zwecke genutzt.

Im Süden von Temple Bar ragt **Dublin Castle** in den Himmel empor. Über die Jahrhunderte war das Schloss, in dem die Statthalter der englischen Krone residierten, für patriotische Iren ein Symbol der verhassten Fremdherrschaft. Heute werden hier die irischen Präsidenten in ihr Amt eingeführt. Teile des Schlosses können besichtigt werden. Die östlich von Temple Bar gelegene **Christ Church of Holy Trinity Cathedral** beeindruckt durch ein 25 m hohes Langschiff mit gotischen Bögen. Die Kirche, deren Anfänge auf das 12. Jh. zurückgehen, wurde im 19. Jh. umfassend restauriert. Nur noch die Krypta und ein Seitenportal stammen daher mit Sicherheit aus dem Mittelalter. Die Kathedrale gehört ebenso wie die rund 500 m weiter südlich gelegene **St. Patrick's Church** zur anglikanischen Church of Ireland.

Ihr katholisches Gegenstück, die **St. Mary's Pro-Cathedral**, ein klassizistisches Bauwerk aus dem frühen 19. Jh., liegt im Norden der Liffey. Hier befinden sich auch das **Dublin Writers Museum** und das **James Joyce Centre** – beide ein unbedingtes Muss für Liebhaber der irischen und der Weltliteratur.

Obwohl die Brauerei selbst nicht besichtigt werden kann, dürfen Freunde des Gerstensafts einen Besuch der **Guinness Brewery** in Dublins Westend nicht versäumen. Das Guinness Storehouse informiert hier über alle Aspekte der Bierbraukunst.

Oben links: Repräsentative Ausmaße hat die City Hall von Belfast. Oben rechts: Die O'Connell-Brücke in Dublin wurde Ende des 18. Jh.s erbaut.

Zwei Kreuzfahrtschiffe ankern direkt vor Lissabons romantischem Altstadtviertel Alfama.

Französische, iberische und marokkanische Atlantikküste, Azoren, Madeira, Kanarische Inseln

Kreuzfahrtschiffe, die im Frühjahr aus der Karibik zu ihren Sommertouren in Europa aufbrechen und im Herbst nach Amerika zurückkehren, machen meist auf den Azoren, Madeira oder auf den Kanaren Station. Jede dieser einzigartigen Inseln bildet eine kleine Welt für sich. Die Kanaren bieten eine Vielfalt an Landschaftsräumen, Madeira ist als Blumenparadies bekannt, und auch auf den Azoren grünt und blüht es überall. Viele Atlantiküberquerungen enden in den französischen und spanischen Kreuzfahrthäfen an der Kanalküste bzw. der Biskaya. Städte wie Bordeaux, Bilbao oder Lissabon locken nicht nur mit architektonischen Sehenswürdigkeiten, sondern auch mit einem reizvollen Hinterland.

Le Havre, Cherbourg, La Rochelle

Weltkulturerbe Le Havre

Auguste Perret (1874–1954), einer der Pioniere des Stahlbetonbaus, wollte die an der Seinemündung gelegene Stadt ursprünglich auf einer 3,5 m hohen Betonplattform über den Trümmern der im Zweiten Weltkrieg zerstörten Stadt neu errichten. Dies ließ sich jedoch nicht verwirklichen. Bei der Wiederbebauung des parzellierten Geländes wurden die weni-

Land: Frankreich
Einwohner:
Le Havre: 180 000
Cherbourg: 40 000
La Rochelle: 75 000
Sprache: Französisch
Währung: Euro
Hauptreisezeit: Mai bis September
Zeitzone: UTC + 1

Die wichtigsten Häfen an der französischen Kanalküste werden oft nach Atlantiküberquerungen angelaufen. Viele Kreuzfahrtpassagiere verbinden die Schiffsreise mit einem längeren Frankreichaufenthalt.
Sowohl Cherbourg als auch Le Havre waren im Zweiten Weltkrieg den verheerenden Bombenangriffen der Alliierten ausgesetzt und mussten wieder aufgebaut werden. Doch heute präsentieren sich beide wieder als attraktive Großstädte. Le Havre ist ein Mekka für die Freunde moderner Architektur, in Cherbourg kommen die Liebhaber der französischen Küche ganz besonders auf ihre Kosten. In La Rochelle am Golf von Biskaya erinnern die malerische Altstadt und der Vieux Port an die einstige Bedeutung der Stadt als wichtigster französischer Atlantikhafen.

Le Havre Die an der Mündung der Seine in den Ärmelkanal gelegene Stadt wurde 1518 auf Initiative des Admirals Bonnivet, der hier einen Marinehafen errichten ließ, gegründet. Heute beherbergt sie den nach Marseille größten französischen Handels- und einen wichtigen Kreuzfahrthafen, der für die großen Schiffe Ausgangspunkt für Reisen nach **Paris** ist. Die französische Hauptstadt ist nur zwei Zugstunden entfernt. Am modernen Cruiseterminal stehen Shuttle-Busse zum Hauptbahnhof oder in das Stadtzentrum bereit. Le Havre ist eine sehr junge Stadt, da sie nach dem Zweiten Weltkrieg großflächig nach Plänen des Architekten, Bauunternehmers und Städteplaners Auguste Perret wieder aufgebaut wurde.
Die neue Stadt beeindruckt durch breite Boulevards und klare Bauformen. Ihr Zentrum wird von dem 107 m hohen Turm der **St.-Joseph-Kirche** beherrscht. Sie wurde zwischen 1951 und 1956 aus Beton errichtet. Unzählige Glasbausteine leuchten den Betonturm aus. Kein Geringerer als Oscar Niemeyer entwarf das nach ihm benannte und 1982 eröffnete **Kulturzentrum**.
Trotz der Zerstörungen des Krieges sind einige historische Bauten wie der Renaissancebau des Justizpalastes, in dem heute ein **Naturkundemuseum** untergebracht ist, oder die **Kathedrale Notre-Dame** aus dem 16. Jh. erhalten.
Die größte Hängeseilbrücke Europas, **Pont de Normandie**, verbindet Le Havre mit Honfleur auf der anderen Seite der Seine.

Cherbourg Die 40 000 Einwohner der im Norden der Halbinsel Cotentin an der Kanalküste gelegenen Hafenstadt behaupten mit Stolz, den größten künstlichen Hafen der Welt vor ihrer Haustür zu haben. Im 19. Jh. wurde er zu einem wichtigen Kriegshafen ausgebaut, und auch heute noch unterhält die französische Marine in Cherbourg einen Flottenstützpunkt. Die großen Kreuzfahrtschiffe legen am geschichtsträchtigen **Quai de France** an. Von hier brachen einst die Auswanderer nach Amerika auf. Im Cruiseterminal können sich die auscheckenden Passagiere mit kostenlos angebotenen Delikatessen aus der Region auf die Attraktionen des Landausflugs vorbereiten. Ein lohnenswertes Ausflugsziel in der Nähe ist z. B. der traditionelle französische Sonntagsmarkt in **Octeville**, einem kleinen Ort, der im Jahr 2000 mit der Hafenstadt zu der Gemeinde Cherbourg-Octeville zusammengeschlossen wurde.
Cherbourg selbst hat seinen Gästen nicht allzu viel zu bieten. Im Museum **La Cité de la Mer** ist die »Redoutable«, ein Atom-U-Boot, ausgestellt.
In der Umgebung bieten sich die spektakulären Klippen des **Cap de la Hague** und die schönen Sandstrände kleiner Buchten als Ausflugsziele an.
Nur eine Stunde Zugfahrt entfernt liegt **Bayeux**. Das schmucke Städtchen, das mit einer sehenswerten Altstadt und mit

gen übrig gebliebenen Gebäude in das neue Stadtkonzept eingefügt und die alten Straßenverläufe teils beibehalten. Einzigartig ist die Konsequenz, mit der ein Gitternetz von Quadraten mit je 100 m Seitenlänge

über das Gelände gelegt und dabei vorgefertigte Bauteile mit gleicher Kantenlänge (6,25 Meter) verwendet wurden, ohne deshalb Eintönigkeit aufkommen zu lassen. Die einzelnen Betonplatten sind nicht verputzt, die Skelettbauweise ist noch erkennbar. Auch die Kirche St. Joseph entwarf Auguste Perret. Die Markthallen stammen von André le Donné, Charles Fabre und Jean Le Soudier (links im kleinen Bild).

der **Kathedrale Notre-Dame**, einem architektonischen Juwel der normannischen Gotik, aufwarten kann, wurde durch den nach ihm benannten Wandteppich weltberühmt. Dieses meisterlich gestickte Fries zeigt die Eroberung Englands durch die Normannen in der Schlacht von Hastings und ist im **Musée de la Tapisserie** ausgestellt.
8 km außerhalb von Bayeux liegt **Arromanches-les-Bains** mit dem Gold Beach, einem von mehreren Strandabschnitten an der Küste der Normandie, an denen die alliierten Truppen am 6. Juni 1944 an Land gingen.

Im Jachthafen von Cherbourg wimmelt es von hübschen Segelbooten und Jachten.

La Rochelle Die 75 000 Einwohner zählende Hauptstadt des Departements Charente-Maritime liegt im Norden des Golfs von Biskaya. Sie wurde vermutlich im 10. Jh. gegründet und war im Mittelalter der bedeutendste Hafen an der französischen Atlantikküste. Noch heute beherbergt La Rochelle einen der wichtigsten Fischereihäfen des Landes.
Das historische Zentrum kann von der Anlegestelle für Kreuzfahrtschiffe im modernen Hafen La Pallice leicht mit Bussen erreicht werden. Es beginnt direkt hinter dem alten Hafen, der mit seinen hübschen Cafés und Restaurants eine Touristenattraktion ist. Sein Eingang wird von Tour St.-Nicolas und Tour de la Chaîne aus dem 14. Jh. bewacht. In Kriegszeiten wurde zwischen den Türmen eine Kette gespannt, um den Hafen vor feindlichen Schiffen zu schützen. Die Altstadt kann mit historischen Bauten aus der Zeit zwischen dem 15. und dem 18. Jh. aufwarten. Besonders sehenswert sind das **Hôtel de Ville**, das mit einem prunkvollen Renaissancehof glänzt, sowie die erst im 19. Jh. vollendete **Kathedrale St.-Louis**.

Großes Bild: Die beiden imposanten Türme, Chaîne und St.-Nicolas, bewachen die Hafeneinfahrt von La Rochelle.

Bordeaux

Historisches Weinanbaugebiet

In der fruchtbaren Region Aquitaine wurde schon unter den Römern der Weinbau eingeführt. Heute zählen zu dem geschützten Territorium St.-Émilion (rechts), St.-Christophe-des-Bardes, St. Étienne-de-Lisse, St.-Hippolyte, St.-Laurent-des-Combes, St.-Pey-d'Armens, St.-Sulpice-de-Faleyrens und Vignonet. St.-Émilion entstand um eine Grotte herum, in die sich der Mönch Émilion im 8. Jh. zurückgezogen hatte. Später wurde neben der Einsiedelei die Église Monolithe in den Felsen gehauen. Ein Weg verbindet die

Land: Frankreich
Einwohner: 235 000
Sprache: Französisch
Währung: Euro
Hauptreisezeit: Mai bis Oktober
Zeitzone: UTC + 1

Bordeaux Die Hauptstadt der Region Aquitanien liegt 45 km von der Atlantikküste entfernt an der Gironde, dem Mündungstrichter der Flüsse Garonne und Dordogne. Die Gezeitenkräfte des Meeres wirken durch die bogenförmige Flussmündung, der Bourdaux den Beinamen »Port de la Lune« verdankt, bis in die Stadt hinein. Die großen Kreuzfahrtschiffe können daher direkt in der City anlegen, das historische Stadtzentrum ist von den Kais aus in wenigen Gehminuten erreichbar. Bordeaux blickt auf eine über 2000-jährige Geschichte zurück und kann ein reiches architektonisches Erbe vorweisen. Römer, Kelten und Franken hinterließen hier ihre Spuren. Die historischen Bauten in der Altstadt, denen Bordeaux die Aufnahme in die UNESCO-Weltkulturerbeliste verdankt, stammen allerdings zum Großteil aus dem frühen 18. Jh. Sie beeindrucken durch ihre Leichtigkeit und Eleganz. Die direkt am Ufer der Garonne gelegene **Place de la Bourse** zählt sicherlich zu den schönsten Plätzen Europas. Das Ensemble herrschaftlicher Paläste und Prachtbauten, das ihn säumt, wurde unter dem Architekten Jacques Gabriel und seinem Sohn zwischen 1749 und 1755 angelegt. Die ein kleines Stück weiter westlich gelegene **Place du Parlement** ist für ihre stattlichen Bürgerhäuser berühmt. Die westliche Altstadt wird von der mächtigen mittelalterlichen **Kathedrale St.-André**, einem der größten Sakralbauten Frankreichs, beherrscht. Die in der nördlichen Altstadt direkt an der Garonne gelegene **Esplanade des Quinconces** ist

Die Place de la Bourse wird von der Seehandelsbörse und dem Zollmuseum flankiert (oben).

Kirche mit den Katakomben, in denen der heilige Émilion begraben sein soll. Weitere historische Bauten in St.-Émilion sind das Cloître de la Collégiale mit dem schönen Kreuzgang und die Chapelle de la Trinité.

Letztere wurde im 13. Jh. zu Ehren des heiligen Émilion errichtet, der Schutzpatron der Winzer ist. Das hübsche, für seinen Spitzenwein bekannte Örtchen liegt auf der Pilgerroute nach Santiago de Compostela.

der größte freie Platz Europas. Auf seiner der Garonne gegenüberliegender Seite ragt das um die Wende vom 19. zum 20. Jh. errichtete 1 **Monument aux Girondins** in die Höhe. Es erinnert an die während der Revolution hingerichteten Aufständischen.

Im Südwesten der Esplanade liegt der **Triangle d'Or**, das teuerste Einkaufsviertel der Stadt. Edle Boutiquen und Designerläden stehen hier dicht an dicht. Der **Marché des Grands Hommes** ist geradezu ein Paradies für alle, die gern shoppen. Trotz des reichen architektonischen Erbes ist Bordeaux alles andere als ein Museum. Tausende von Studenten und zahlreiche Touristen aus aller Welt sorgen vielmehr für eine lebendige und internationale Atmosphäre.
Die Stadt ist Zentrum eines berühmten Weinanbaugebietes. Wer sich für die weltbekannten Weingüter interessiert, dem empfiehlt sich beispielsweise die rund 50 km lange Fahrt entlang der Gironde nach Pauillac zum Château Mouton-Rothschild.

Repräsentative Bürgerhäuser umgeben die Place du Parlement.

Bilbao, Santander, La Coruña

Der Jakobsweg

Das vermeintliche Grab des heiligen Jakob im nordwestspanischen Santiago de Compostela war eines der bedeutendsten Pilgerziele des christlichen Abend-

Land: Spanien
Einwohner:
Bilbao: 350 000
Santander: 180 000
La Coruña: 245 000
Sprache: Spanisch, Baskisch, Galizisch
Währung: Euro
Hauptreisezeit: Mai bis September
Zeitzone: UTC + 1

In den spanischen Kreuzfahrthäfen am Golf von Biskaya legen Cruiseliner vor und nach Atlantiküberquerungen an. Viele Passagiere nutzen die Gelegenheit zu Ausflügen in das reizvolle Küstenhinterland. Hier locken Santiago de Compostela und der Jakobsweg. In Bilbao ist ein Besuch des Guggenheim-Museums ein Muss für jeden Gast der Stadt. Das Prähistorische Museum von Santander präsentiert Fundstücke aus der nahe gelegenen, für die Öffentlichkeit geschlossenen Höhle von Altamira, und der Herkulesturm in La Coruña gilt als ältester Leuchtturm der Welt.

Bilbao Die mit 350 000 Einwohnern größte Stadt des spanischen Baskenlandes liegt am Ende der Ría de Bilbao, einer tief ins Land eindringenden schmalen Bucht des Atlantischen Ozeans. Der Hafen mit den Kais der Kreuzfahrtschiffe befindet sich in der alten Residenzstadt **Getxo** direkt an der Mündung der von spektakulären Felsklippen und kleinen Sandstränden gesäumten Ría. Hier ist das historische Stadtviertel um den alten Hafen sehenswert. Hauptattraktion von Getxo ist aber die noch immer genutzte älteste Schwebefähre der Welt – »**Puente Vizcaya**« oder »**Puente Colgante**« – aus dem Jahre 1893, die seit 2006 auf der UNESCO-Weltkulturerbe-Liste steht.
Das 20 km entfernte Stadtzentrum von Bilbao ist mit einem Shuttle-Bus oder der Metro gut erreichbar. Die herausragende Sehenswürdigkeit der altehrwürdigen Industriestadt ist das **Guggenheim-Museum Bilbao**. Der Entwurf des kanadisch-US-amerikanischen Architekten und Designers Frank O. Gehry ist ein außergewöhnliches Beispiel für den seit dem Ende des 20. Jh.s entwickelten dekonstruktivistischen Baustil. Über einem ovalen Grundriss erheben sich trutzige, durch rechtwinklige Fensterpartien gegliederte Kalksteinblöcke, vielgestaltige Glasfronten und organisch geformte Bauelemente mit glänzenden Plattenfassaden aus Titan.
Durch eine Teichanlage und den Zugang über die La-Salve-Hängebrücke ist das Bauensemble in die Umgebung eingebunden. Etwa 1 Mio. Besucher pro Jahr besichtigen hier auf einer Ausstellungsfläche von 11 000 m^2 vor allem experimentelle Installationen sowie Objekte der Videokunst des 20. Jh.s.

Santander Die Hauptstadt der autonomen spanischen Provinz Kantabrien liegt im Norden der Iberischen Halbinsel an der Mündung des Río de San Salvador in den Golf von Biskaya. Dank der Lage am offenen Ozean, einigen Traumstrände und einem angenehmen Klima hat sich Santander zu einem in Spanien sehr beliebten Seebad entwickelt. Der Cruiseterminal liegt in der Nähe des Stadtzentrums.
Die wichtigsten Sehenswürdigkeiten und die gut besuchten Cafés an der **Plaza de Cañadio** lassen sich von hier aus gut zu Fuß erreichen. Die Ursprünge der heute 180 000 Einwohner zählenden Stadt gehen auf den römischen Hafen Portus Victoriae Iuliobrigensim zurück. Der heutige Name leitet sich von dem frühen christlichen Märtyrer St. Emeriterius ab, dessen Gebeine in der **Kathedrale Nuestra Señora de la Asunción** bestattet sind. Sie zählt zu den wenigen Gebäuden Santanders, die nach einem Großbrand im Jahre 1941, der die Stadt fast vollständig zerstörte, originalgetreu wieder aufgebaut wurden. Trotz der einförmigen modernen Bebauung ist ein Stadtbummel lohnenswert. Großzügig angelegte Boulevards und noble Geschäfte verleihen Santander ein unverwechselbares Gesicht. Studenten und Feriengäste aus aller Welt sorgen für kosmopolitisches Flair.
Am Hafen bieten lokale Veranstalter Bootstouren zu Sehenswürdigkeiten außerhalb des Stadtzentrums wie der Halbinsel **La Magdalena**, dem Leuchtturm **Cabo Mayor** oder den Badestrand von **Somo** an.

Im **Prähistorischen Museum** von Santander sind zahlreiche Fundstücke aus der weltberühmten Höhle von Altamira mit ihren steinzeitlichen Höhlenmalereien ausgestellt. Seit 1979 ist die 30 km von Santander entfernte Höhle für die Öffentlichkeit nicht mehr zugänglich, da die uralten Farben durch die Atemluft der Touristen ge-

landes (links: Pilgergottesdienst in der Kathedrale). Durch Frankreich verlaufen vier Hauptrouten: Die Via Turonensis beginnt in Paris und führt über Tours, Poitiers und Bordeaux nach Ostabat, wo sie mit der Via Lemovicensis von Vézelay und der Via Podiensis von Le Puy her zusammentrifft, um dort die Pyrenäen zu überqueren. Die Via Tolosana beginnt in Arles, führt über Toulouse und den Somportpass nach Jaca und Puente la Reina, wo sich alle Wege zum Camino Francés vereinen, der in Santiago de Compostela endet. Um die Pilger in die Orte entlang der Route zu locken, entstanden dort imposante sakrale Bauwerke, die wegen ihrer Reliquien ebenfalls zu beliebten Wallfahrtszielen avancierten und zu den bedeutendsten Beispielen mittelalterlicher Sakralbaukunst zählen. So gewann der Jakobsweg große Bedeutung für die Entfaltung der Romanik.

schädigt wurden. Nur eine originalgetreue Nachbildung des 1500 m² großen Eingangsbereiches mit den kopierten Felsbildern kann besichtigt werden.

La Coruña Die Hauptstadt der Autonomen Gemeinschaft Galiciens liegt im äußersten Nordwesten Spaniens an einer durch eine Halbinsel vor dem offenen Atlantik geschützten Bucht. Bereits in der Antike nutzten Phönizier, Kelten und Römer den natürlichen Hafen als Stützpunkt für ihre Kriegs- und Handelsschiffe. Die Römer errichteten um 110 den als Leuchtturm konzipierten **Herkulesturm**, der sein heutiges klassizistisches Aussehen allerdings einer Restaurierung unter dem spanischen König Karl IV. in den Jahren 1788–1791 verdankt. Im Inneren blieb die römische Architektur jedoch erhalten. Der 112 m hohe Turm verfügt über eine Aussichtsplattform, die man über 242 Stufen erreicht. Er ist der älteste noch genutzte Leuchtturm der Welt und das Wahrzeichen der Stadt. Seit 2009 steht er auf der UNESCO-Welterbeliste.

Die Kreuzfahrtschiffe ankern direkt vor dem Stadtzentrum, das mit zahlreichen historischen Gebäuden aufwarten kann. Besonders sehenswert sind die Galeriehäuser an der Strandpromenade. Viele Kreuzfahrtpassagiere nutzen ihren Landgang aber zu einem Ausflug in die 75 km weiter südlich gelegene Pilgerstadt **Santiago de Compostela**, die Endpunkt des berühmten Jakobsweges ist. Die bemerkenswert gut erhaltene Altstadt, die seit 1985 auf der UNESCO-Weltkulturerbeliste steht, wird von der grandiosen **Kathedrale**, die das Grab des Apostels Jakob beherbergen soll, überragt. Über die Jahrhunderte wurde die Kirche, mit deren Errichtung bereits 1077 begonnen wurde, immer wieder erweitert und umgebaut. Sie präsentiert sich deshalb als einzigartiger Stilmix aus Romanik und Gotik, aus Barock und Klassizismus.

Die Puente de Vizcaya bei Bilbao, eigentlich eine Schwebefähre, wurde 1893 eingeweiht.

Oben links: Das Guggenheim-Museum von Bilbao. Oben rechts: Die Kathedrale von Santiago de Compostela, einer der wichtigsten Wallfahrtsorte der Christenheit (oben rechts).

Lissabon

Manuelinik

Mit diesem Begriff bezeichnet man eine besonders prunkvolle Ausprägung der spätgotischen Kunst in Portugal während der Regierungszeit König Manuel I. (1469–1521). Spanische, italienische und flämische Stilelemente verbinden sich hier mit orientalisch anmutenden Ornamenten, die sich auf Gegenstände der Seefahrt beziehen. Die verschwenderische Prachtentfaltung, die die Manuelinik auszeichnet, verdankt sie dem enormen Reichtum, den die Seemacht Portugal im Zuge ihrer kolonialen Eroberungen anhäufte. Das große Erdbeben im Jahre 1755 zerstörte die meis-

Land: Portugal
Einwohner: 500 000
Sprache: Portugiesisch
Währung: Euro
Hauptreisezeit: Mai bis Oktober
Zeitzone: UTC +/– 0

Die an der Mündung des Tejo in den Atlantik gelegene Hauptstadt Portugals erfreut sich als Kreuzfahrtziel steigender Beliebtheit. Sie kann mit einem reichen kulturellen Erbe punkten und präsentiert sich doch zugleich als moderne, lebendige Metropole. Bereits die Phönizier legten hier einen Hafen an. Später gehörte die Stadt zum Römischen Reich. Nach dessen Zusammenbruch und der Zeit der Völkerwanderung eroberten die muslimischen Mauren weite Teile der Iberischen Halbinsel und schlugen Lissabon ihren Besitzungen zu. Nach der Reconquista erhob König Alfons III. die Stadt im Jahre 1256 zur Hauptstadt des rund 100 Jahre zuvor gegründeten Königreichs Portugal. Zur Zeit der Entstehung des Portugiesischen Kolonialreichs um 1500 v. Chr. entwickelte sie sich zu einer der reichsten und schönsten Städte der Welt. Die gewaltigen Zerstörungen des Erdbebens im Jahre 1755 beendeten diese Periode des Wohlstands. Im Zuge des systematischen Wiederaufbaus entstand das Stadtviertel Baixa, dessen erdbebensichere Konstruktion und schachbrettmusterartig angeordnetes Straßennetz oft als Meisterwerk der Stadtplanung gerühmt werden. Lissabon verfügt über drei Cruiseterminals, die durch einen regelmäßig verkehrenden Personennahverkehr mit dem Stadtzentrum verbunden sind.

Der Aufzug Santa Justa verbindet den Stadtteil Baixa mit Chiado.

Am Tejo Bei der Einfahrt in den Tejo taucht gleich nach dem **Torre de Belém** das kolossale **Padrão dos Descobrimentos** auf. Das Denkmal ist einem Schiff nachgebildet und Entdeckerpersönlichkeiten gewidmet. Auch die gewaltige, dem Cristo Redentor von Rio de Janeiro nachempfundene Christus-Statue von Almada ist zu sehen. Kurz vor den Kais überspannt die **Ponte 25 de Abril** den Fluss. Die Hängebrücke hat 1013 m Spannweite und eine Gesamtlänge von 2287 m. Die Konstruktion ist offensichtlich durch die Golden Gate Bridge in San Francisco inspiriert. Flussabwärts erkennt man die 145 m hohe **Torre Vasco da Gama** auf dem Gelände der Weltausstellung des Jahres 1998; davor die Silhouette der Schrägseilbrücke Ponte Vasco da Gama, die mit mehr als 17,3 km Länge eine der gewaltigsten Brücken Europas ist.

Baixa Das heutige Zentrum Lissabons erreicht man über die direkt am Tejo gelegene **Praça do Comércio** – einen von prachtvollen Gebäuden gesäumten Platz, der nach dem Erdbeben von 1755 an der Stelle des zerstörten königlichen Schlosses entstand. Das einzigartige Flair verdankt Baixa den großzügig angelegten Straßenzügen und nicht zuletzt den kunstvoll gefliesten Hausfassaden. Die als Azulejos bekannten, oft in hellem Blau eingefärbten, glänzenden Keramikfliesen – die Azulejos – sind in der Majolika-Technik hergestellt. Sie garantiert eine jahrhundertelange Haltbarkeit und ist ein kulturelles Erbe der Mauren. Neben den Motiven aus der Seefahrt und dem Alltagsleben sind auf den Kacheln an den Häusern von Baixa Blumen und Tiere sowie maurische Ornamente abgebildet.
Im Norden wird das Viertel durch die **Praça da Figueira** und die **Praça do Rossio** begrenzt. Beide Plätze wurden wie die Praça do Comércio im Zuge des Wiederaufbaus der Stadt nach dem Erdbeben von 1755 angelegt und wirken sehr beeindruckend.
Von der Praça do Rossio aus führt der breite, von alten Pla-

ten Zeugnisse dieser Baukunst unwiederbringlich. Erhalten geblieben sind – als Wahrzeichen Lissabons – der Torre de Belém in der Tejomündung und das Kloster Mosteiro dos Jerónimos (Hieronymus-Kloster, rechts). In

der Malerei gilt der »Meister von Sardoal« als ausdrucksstarker Vertreter der Manuelinik. Beispiele seiner Bildwerke kann der Besucher im Museu Nacional de Arte Antiga in Lissabon bewundern.

tanen und Palmen gesäumte Boulevard der **Avenida da Liberdade** in Richtung der Stierkampfarena **Campo Pequeno**. Die nach dem Vorbild der Champs-Élysées in Paris angelegte Prachtstraße mündet in einen mehrspurigen Kreisverkehr. Dieser umrundet das monumentale Denkmal des Marquês de Pombal, der für den Wiederaufbau Lissabons nach dem großen Erdbeben verantwortlich war.

Chiado Diesen in der westlichen Oberstadt gelegenen Stadtteil erreicht man von der Unterstadt aus am besten mit dem **Elevador de Santa Justa**, einem einzigartigen 45 m hohen Personenaufzug aus dem Jahr 1902, dessen oberer Ausgang lange nur als Aussichtsplattform genutzt wurde. Gegenüber dem Ausstieg befindet sich die Klosteranlage des **Convento do Carmo** mit dem **Museu Arqueológico do Carmo**. Die zu dem Kloster gehörende **Igreja do Carmo** wurde bei dem großen Erdbeben von 1755 zerstört. Nur die Ruinen stehen noch. Den imposanten **Palácio de São Bento** kann man vom Chiado aus am besten mit einer der pittoresken historischen Straßenbahnen Lissabons erreichen.
In dem ehemaligen Benediktinerkloster residieren heute das portugiesische Parlament und der Premierminister. Weitere Strecken, die teilweise als Stand- und Kabelstraßenbahnen ähnlich wie in San Francisco betrieben werden, führen in die Stadtteile Belém und zur Alfama, dem ältesten und bekanntesten Viertel Lissabons.

Alfama In der Zeit der Mauren war dieser Stadtteil das Zentrum Lissabons. Er blieb von dem Erdbeben von 1755 weitgehend verschont. So ist es ein besonderes Erlebnis, durch das Gewirr der engen Gassen zu flanieren und den manuelinischen Dekor an den alten Häusern zu bestaunen. In der Alfama steht eine der ältesten Kirchen der Stadt, die **Catedral Sé Patriarcal** aus dem 12. Jh. Das Gotteshaus wurde in den Jahrhunderten danach durch Erdbeben zwar mehrmals zerstört oder beschädigt, danach aber immer wieder aufgebaut, so dass es heute die Baustile verschiedenster Epochen in sich vereinigt. Einen guten Ausblick auf die Alfama hat man von der Festung **Castelo de São Jorge**. Diese Festung wurde von den Mauren errichtet und später als Königsburg genutzt. Über dem Labyrinth der Gassen thront das **Kloster São Vicente de Fora**, das Alfons I. im Jahre 1147 als Augustinerkloster gründete. Das im manuelinischen Stil errichtete Bauwerk beherbergt die Gräber der Könige von Portugal (1640–1853) und Kaiser von Brasilien (1822–1889) aus dem Hause Bragança. Unterhalb des Klosters liegt die Barockkirche **Igreja de Santa Engrácia**. Sie dient als Nationales Pantheon mit Gräbern bedeutender Persönlichkeiten der portugiesischen Geschichte. Das bunte Straßen- und rege Nachtleben der Alfama ist bekannt. In zahlreichen Lokalen sitzen die Gäste und lauschen bei einem Glas Portwein der traditionellen portugiesischen Fado-Musik.

Abendlich erstrahlt die Praça dos Restauradores in Baixa.

Die Rua Augusta lädt zum Bummeln und Kaffeetrinken ein.

»Rossio« wird die Praça de Dom Pedro IV auch gern genannt.

Belém In diesem im Westen gelegenen Stadtteil befinden sich zwei der bekanntesten Sehenswürdigkeiten Lissabons: Die **Torre de Belém** wurde 1519 als Leuchtturm errichtet und war lange Zeit ein Symbol für die Macht der Seefahrernation. Heute ist hier eine Aussichtsplattform untergebracht. Das **Kloster Mosteiro dos Jerónimos** (Hieronymus-Kloster) berherbergt nicht nur Grabstätten der portugiesischen Könige aus dem Haus Avis, sondern auch die von Vasco da Gama sowie den berühmten Dichtern Luís Vaz de Camões und Fernando Pessoa. Die besondere kulturhistorische Bedeutung, die der Anlage einen Eintrag ins UNESCO-Welterbe-Register eingebracht hat, verdankt sie der Tatsache, dass sie zu den wenigen manuelinischen Bauwerken zählt, die das Jahrhunderterdbeben von 1755 unbeschadet überstanden haben.

Großes Bild: Der im manuelinischen Stil errichtete Turm von Belém wirkt mit seinen orientalischen Erkern und Zinnen sehr verspielt.

Azoren

Weinbaukultur der Azoreninsel Pico

Pico ist die zweitgrößte Insel der Azorengruppe und erhielt ihren Namen nach dem gleichnamigen, 2351 m hohen Vulkan Ponta do Pico (rechts), dem höchsten Berg Portugals. Die Böden der Insel sind mineralienreich, das Klima ist ozeanisch mild, im Sommer trocken und im Winter sehr feucht mit stürmischen Winden. Haupterwerb ist hier auch heute noch die Landwirtschaft. Schon seit der ersten Besiedlung bauten die Portugiesen auf Pico Wein an. Pflanzen und Trauben mussten vor dem heftigen Wind und der mitgeführten Meerwasser-

Das Kirchlein wacht über die schwarzsandige Praia de São Roque.

Viele Menschen kennen die Azoren nur durch das nach ihnen benannte Hoch, das in Europa regelmäßig für gutes Wetter sorgt. Als Ferienziel hingegen wird die mitten im Atlantik auf halbem Wege zwischen Europa und Amerika gelegene und zu Portugal gehörende Inselgruppe gerade erst entdeckt. Bis heute gilt sie als Geheimtipp für Individualurlauber, die an dörflichen Idyllen und Wanderungen durch einsame, wildromantische Gebirgslandschaften viel Vergnügen finden.

Land: Portugal
Fläche: 2330 km²
Einwohner: 245 000
Sprache: Portugiesisch
Währung: Euro
Hauptreisezeit: Juni bis Oktober
Zeitzone: UTC – 1

Ponta Delgada Die meisten Cruiseliner, die auf ihrer Atlantiküberquerung die Azoren ansteuern, legen im Hafen von Ponta Delgada an. Er befindet sich an der Südküste von São Miguel, der größten und östlichsten Insel des Archipels. Seit dem Jahr 2008 verfügt die Hauptstadt der Azoren über einen modernen Kreuzfahrtpier, an der selbst Riesenschiffe anlegen können. Sie ist Teil der »Portas do Mar« – eines neuen Hafenkomplexes, der auch einen Fähr- und einen Jachthafen umfasst. Der Terminal befindet sich nur etwa 100 m vom historischen Stadtzentrum entfernt.

Obwohl man in dem Gewirr enger Straßen und Gassen leicht die Orientierung verlieren kann, lohnt eine Besichtigung. Die schmucke **Altstadt** von Ponta Delgada wartet mit einigen barocken Kirchen und Palästen, mit lauschigen Parks und schmucken Plätzen auf. Hauptverkehrsader der Stadt ist die breite Uferstraße Avenida Infante Dom Henrique, die entlang des Hafens verläuft. Sie wird von modernen Hochhäusern, Banken, Cafés und Geschäften gesäumt.

Schon auf den ersten Blick präsentiert sich die Insel São Miguel als uralte Kulturlandschaft. Das milde Klima und die reichen Niederschläge sorgen wie überall auf den Azoren für eine üppige Vegetation. Die Wälder der Insel wurden durch die portugiesischen Kolonialherren abgeholzt und die frei werdenden Flächen intensiv landwirtschaftlich genutzt. Seit Langem sind Täler und Höhenzüge Sao Miguels deshalb von saftig grünen

Wiesen und Weiden bedeckt. Den vulkanischen Ursprung der Azoren bezeugen auf beeindruckende Weise Geysire, Fumarolen (Austrittstellen von Dampf) und brodelnder Schlamm am **Furnas-See** im Osten São Miguels. Sie werden für medizinische Zwecke genutzt und sind eine Touristenattraktion. Einheimische bieten hier in den heißen Erdlöchern gegarte regio-

gischt geschützt werden; und so entstand besonders an der Nordwestküste ein kleinräumiges Mosaik aus rechteckigen Feldbegrenzungen, die »currais«. In Handarbeit mussten die Trockensteinmauern dieser

Weingärten angelegt werden. Oft stehen in einem Feld nur sechs Reben. Angebaut wird bis heute die Verdelho-Rebe. Seit 2004 ist die Weinbaukultur der Insel Pico auf der UNESCO-Welterbeliste eingetragen.

nale Speisen an. Im äußersten Westen der Insel lockt in der Nähe der kleinen Ortschaft **Sete Cidades** die Caldera eines im 15 Jh. explodierten Vulkans. Die malerischen Kraterseen am Boden der Caldera sind ein beliebtes und gern gesehenes Fotomotiv. Die schönste Sicht hat man von dem in 500 m Höhe am Kraterrand angelegten Aussichtspunkt **Vista do Rei**. São Miguel verfügt mittlerweile über ein gut ausgebautes Straßennetz. Viele Sehenswürdigkeiten auf der in West-Ost-Richtung 63 km und in Nord-Süd-Richtung nur 16 km langen Insel sind während eines Tagesausflugs locker zu erreichen.

Blühende Hortensien am Kratersee bei Sete Cidades.

Madeira

Madeiras Lorbeerwald »Laurisilva«

Der Lorbeerwald von Madeira, der in Höhen zwischen 600 und 1300 m liegt, ist ein Überrest der einst auch im Mittelmeerraum weitverbreiteten Lorbeerwälder. Die starke Dezimierung des Waldes ist vor allem auf Brandrodung und Abholzung zurückzuführen; dies war seit dem 15. Jh. eine gängige Methode, um Brennholz und Ackerland zu gewinnen. Ursprünglicher Lorbeerwald ist daher fast nur noch an den steilen Berghängen der Inselnordküste vorhanden (rechts). Dabei hat dieser eine zentrale Bedeutung

Die zu Portugal gehörende »Blumeninsel« liegt etwa 730 km westlich der marokkanischen Küste und 951 km südwestlich von Lissabon entfernt mitten im Atlantik. Im 19. und noch im 20. Jh. galt sie als Zufluchtsort für gut betuchte Senioren aus England und ganz Europa, die hier ihr Winterquartier aufschlugen. Heute wird sie mehr und mehr von Aktivurlaubern besucht.

Die wild zerklüftete, von tiefen Schluchten durchzogene Berglandschaft ist ein Dorado für Wanderer und die artenreiche Flora ein Paradies für Naturliebhaber. Seit dem Beginn ihrer Erschließung durch die portugiesischen Kolonialherren im frühen 19. Jh. wird auf Madeira intensiv Landwirtschaft betrieben. An fast jedem noch so steilen Hang wurden Terrassenfelder angelegt. Sie werden über ein mehrere Tausend Kilometer umfassendes Netz von künstlichen Kanälen, den Levadas, mit Wasser versorgt.

Madeira

Land: Portugal
Fläche: 740 km²
Einwohner: 230 000
Sprache: Portugiesisch
Währung: Euro
Hauptreisezeit: Mai bis Oktober
Zeitzone: UTC +/– 0

Funchal Kreuzfahrtschiffe legen im Hafen von **Funchal**, der an der Südküste gelegenen Hauptstadt Madeiras, an. Die Inselmetropole hat ihren Besuchern eine Vielfalt von Sehenswürdigkeiten zu bieten und ist an sich schon eine Reise wert. Überall grünt es. An Straßen und Plätzen, in Gärten und Parks entfalten unzählige Blüten ihre Farbenpracht. Zahlreiche historische Prunkbauten zeugen von dem Reichtum, der hier einst mit dem Anbau von Zuckerrohr erwirtschaftet wurde. Das Stadtzentrum kann von der Kreuzfahrtpier in 20 min zu Fuß erreicht werden. Gleich gegenüber dem Jachthafen springt der **Palácio de São Lourenço** ins Auge. Die Festung wurde im 17. Jh. zum Schutz gegen Piraten errichtet und ist heute die Residenz des Gouverneurs.

Fast ein Muss für jeden Madeira-Besucher ist eine Besichtigung der **Kathedrale Sé**. Das von außen eher unscheinbar wirkende Gotteshaus aus dem frühen 16. Jh. beeindruckt innen durch eine mit Elfenbeinintarsien reich geschmückte Holzdecke sowie kunstvoll geschnitzte Altäre und Chorgestühle.

Aus den vielen Museen Funchals ragt der **Núcleo Museológico a Cidade do Açucar** besonders hervor. Er wurde an der Stelle eines gegen Ende des 19. Jh.s abgerissenen Kaufmannshauses errichtet und informiert heute über die Geschichte der Zuckerproduktion auf der Insel.

Die von historischen Bauten im typisch madeirischen Barockstil gesäumte **Praça do Município** gilt als schönster Platz Funchals. In der Oberstadt veranschaulicht das in einem schönen Herrenhaus aus dem 18. Jh. untergebrachte **Museu Quinta das Cruzes** durch einige prachtvoll ausgestattete Räume die Wohnkultur reicher madeirischer Kaufleute. Das Museum liegt inmitten eines herrlichen Gartens, der in einen archäologischen Park umgewandelt wurde.

Berühmt ist die in dem ältesten Viertel Funchals gelegene große Markthalle **Mercado dos**

für die Wasserversorgung: Die Blätter der Bäume »sammeln« das Wasser aus der Luft, dann wird es vom Unterwuchs festgehalten und schließlich im Gestein gespeichert. Auch die Bodenerosion wird durch den Bestand dieses Lorbeerwalds reduziert. Zudem haben sich einzigartige Pflanzenarten und Tierpopulationen, insbesondere aus der Vogel- und Insektenwelt, hier einen geeigneten Lebensraum erhalten können.

Die Hügel und Berge prägen die Insel, das zeigt sich auch beim Blick über den hübschen Jachthafen von Funchal.

Lavradores Hier kann man sich einen sehr guten Überblick über die einheimische Landwirtschaft verschaffen. Das Angebot an exotischen Früchten, Obst, Gemüse sowie Fleisch und Fisch ist außerordentlich vielseitig. Die kleinen Restaurants rund um die Markthalle locken mit Köstlichkeiten der Inselküche.

Etwa 2 km westlich des Stadtzentrums beginnt Funchals Hotelzone mit einer ganzen Reihe an Nobelherbergen. Berühmt ist das auf einem Felsvorsprung inmitten eines botanischen Gartens gelegene **Reid's Palace**. Das Hotel wurde 1891 errichtet und zählt zu den luxuriösesten weltweit. Zum Fünf-Uhr-Tee finden sich auch gern Besucher ein, die nicht zu den Hotelgästen zählen.

In der Hotelzone befinden sich die **Piscina do Lido**, ein öffentlich zugängliches Freibad mit einem Meerwasserschwimmbecken, verschiedene Restaurants und Gelegenheiten, Liegestühle zu leihen. Nach Sandstränden sucht man auf der Insel allerdings vergeblich. Die Küsten sind of sehr steil und felsig.

Nur auf der 74 km nordöstlich gelegenen Insel Porto Santo gibt es einen 8 km langen Sandstrand.

Monte Der in einer Höhe auf von 700 m nur 6 km nördlich von Funchal gelegene kleine Ort Monte ist eine Touristenattraktion der besonderen Art. Im 19. Jh. ließen sich reiche Madeirer hier herrschaftliche, von blühenden Gärten umgebene Villen errichten. Von der Endstation der Seilbahn, die von Funchal hinauf nach Monte führt, kann man die Aussicht auf die schönen Prachtbauten in Ruhe genießen. Viele Touristen verbinden ihren Ausflug nach Monte mit einer abwechslungsreichen Korbschlittenfahrt zurück nach Funchal. Was wäre eine Madeira-Reise ohne eine Besichtigung einer der berühmten botanischen Gärten? Der 1987 angelegte **Monte Palace Tropical Garden** beginnt in der Nähe des Korbschlitten-Startplatzes und lockt mit einer Fülle exotischer Pflanzenarten aus aller Welt. Auch der in 300 m Höhe an einem Hang im Nordosten von Funchal errichtete **Jardim Botânico de Madeira** und **Blandy's Garden** sind sehenswert.

Tanger, Casablanca, Agadir

Hassan-II.-Moschee

Mit 210 Metern überragt das Minarett der Hassan-II.-Moschee in Casablanca den weltweit höchsten Kirchturm, den des Ulmer Münsters, um fast 50 Meter. Damit ist das Minarett das höchste religiöse Bauwerk auf der Erde, und auch die Moschee gehört zu den größten islamischen Gotteshäusern. Allein die Gebetshalle kann 25 000 Gläubige aufnehmen, über

Land: Marokko
Einwohner:
Tanger: 700 000
Casablanca: 3,5 Mio.
Agadir: 570 000
Sprache: Arabisch, Tamazight
Währung: Dirham
Hauptreisezeit: Frühjahr, Herbst
Zeitzone: UTC +/– 0

Die großen Hafenstädte an der marokkanischen Atlantikküste werden gern bei Atlantiküberquerungen und auf Kreuzfahrten ins westliche Mittelmeer angesteuert. Um Metropolen wie Tanger und Casablanca ranken sich Mythen und Legenden. Einst waren sie als Tummelplätze von internationalen Gangsterbanden, Abenteurern und Geheimagenten berüchtigt. Heute faszinieren sie durch ihre Mischung aus westlicher Moderne und orientalischem Flair. Agadir im Süden des Landes präsentiert sich als modernes, freundliches Seebad, das mit Traumstränden und vielfältigen Wassersportmöglichkeiten lockt.

Tanger Nach wie vor geht von der am westlichen Eingang der Straße von Gibraltar gelegenen Hafenstadt eine ungeheure Faszination aus. Immer noch gilt sie als geheimnisvoller, fast schon gefährlicher Ort, an dem Orient und Okzident aufeinandertreffen. In der Tat war Tanger für mehr als 100 Jahre bis zur endgültigen Eingliederung in den marokkanischen Staatsverband im Jahr 1956 eine sehr offene und kosmopolitische Stadt, die seit 1892 von einem international besetzten Gremium verwaltet wurde und zu einem großen Handels- und Finanzzentrum aufstieg. In dieser Zeit stand Tanger in dem Ruf, ein Magnet für Glücksritter, Drogenhändler und Bohèmiens zu sein. Bis heute ist sie als Zentrum des internationalen Rauschgift- und Waffenschmuggels berühmt-berüchtigt. Das pulsierende Herz der Metropole und zugleich ihre touristische Hauptattraktion ist natürlich die Medina, die **arabische Altstadt**. Sie beginnt gleich hinter dem Hafen und ist vom Cruiseterminal aus bequem mit dem Shuttle-Service oder einem Taxi erreichbar. Sie windet sich einen Hügel hinauf und wird im Nordwesten von einer mächtigen **Zitadelle** bzw. Kasbah überragt. Die Festung lockt nicht nur mit einer grandiosen Aussicht über Tanger und die Straße von Gibraltar, sondern auch mit einigen beeindruckenden historischen Bauten wie etwa dem im 17. Jh. errichteten **Sultanspalast**, der heute das **Musée de la Kasbah** beherbergt.
Wie andere arabische Altstädte auch präsentiert sich Tangers Medina als ein Labyrinth enger Gassen und gleicht in vielem einem Bazar. Den Mittelpunkt der Medina bildet der **Petit Socco**, der Kleine Markt – früher ein Treffpunkt von Schmugglern und Gaunern, heute ein Paradies für Souvenirhändler. Der **Grand Socco**, also der Große Markt, liegt vor dem südwestlichen Eingangstor zur Altstadt, dem Bab al Fahs. Der Platz, der von König Mohammed V. in Place du 9 Avril 1947 umbenannt wurde, wird von Restaurants, Cafés und Hotels gesäumt. Jeden Tag wird hier ein Markt abgehalten. Donnerstags und sonntags bieten Berber aus dem Rif ihre Waren an. Außerhalb der Medina lohnt die hoch über der Steilküste an der Bucht von Tanger gelegene Villa des amerikanischen Milliardärs Malcolm Forbes einen Besuch. Sie wurde in ein Museum umgewandelt und kann besichtigt werden.

Casablanca Die durch den gleichnamigen Filmklassiker berühmt gewordene Millionenstadt ist das unbestrittene Finanz- und Wirtschaftszentrum Marokkos. Die wichtigsten Unternehmen des Landes sind hier ansässig, und der Hafen zählt zu den größten Afrikas. Casablanca präsentiert sich als westlich orientierte, moderne Metropole. Mehr noch als durch herausragende architektonische Zeugnisse der über 1000 Jahre alten Geschichte beeindruckt die Stadt durch ihre großzügige, aus der französischen Kolonialzeit stammende Anlage. In Downtown Casablanca, das sich gut auf einem Spaziergang erkunden lässt, bestimmen Plätze und Parks sowie breite Boulevards, die von modernen Hochhausbauten oder prachtvollen Palästen im Art-déco-Stil gesäumt werden, das städtische Bild.
Die Kreuzfahrtschiffe legen in Casablancas Handelshafen an. Am Cruiseterminal stehen Taxis bereit, die für einen schnellen Transfer ins nahe gelegene Stadtzentrum sorgen. Als Ausgangspunkt für eine Stadterkundung bietet sich die weitläufige **Place Mohammed V**, das Herzstück des kolonialen Casablanca, an. Hier finden sich einige imponierende Verwaltungsgebäude, die in den ersten Jahrzehnten des 20. Jh.s errichtet wurden und zumindest in Teilen der traditionellen maurischen Architektur nachempfunden sind. Der sich dem Platz im Süden anschließende **Parc de la Ligue Arabe** lädt zu Spaziergängen auf palmenbestandenen Wegen ein. In seinem Norden wartet die **Cathédrale Sacré-Cœur**, ein Prunkstück maurisch-neugotischer Architektur, auf ihre Besucher.
Die Avenue Hassan II verbindet die Place Mohammed V mit der rund 500 m weiter nördlich gelegenen **Place des Nations Unies**, dem zweiten Herzstück des modernen Casablanca. In dem Viertel rund um diesen Platz finden sich die schicksten Restaurants und Hotels der ganzen Stadt. Der östlich abzweigende **Boulevard Mohammed V** ist ein Einkaufsparadies für alle mit gehobenen Ansprüchen. In die schönen Art-déco-Häuser ent-

00 000 Menschen können sich uf dem Gelände aufhalten echts). Vollendet wurde die loschee 1993. Benannt ist sie ach dem damals regierenden arokkanischen König. Zwei esonderheiten zeichnen den

Gebäudekomplex aus: Ein Teil des Baugrunds ragt in den Atlantik, was daran erinnern soll, dass sich Allahs Thron über dem Wasser befindet. Außerdem lässt sich das Dach der Gebetshalle automatisch öffnen.

Stimmungsvoll ist ein Bummel durch Tangers Medina.

ang dieser Flaniermeile sind Designerläden und Antiquitätengeschäfte eingezogen.
Im Norden der Place des Nations Unies beginnt Casablancas kleine alte **Medina**. Ein Großteil der Bebauung in dem Viertel stammt aus dem 19. Jh. In den kleinen Läden der Medina werden vor allen Dingen Billigwaren angeboten.
Das Quartier des Habous, die neue Medina, wurde in den 1930er-Jahren von den französischen Kolonialherren im Stil einer traditionellen arabischen Altstadt angelegt. Das Viertel liegt rund 1,5 km nordöstlich des Stadtzentrums und bietet vieles, was die alte Medina vermissen lässt: orientalische Cafés und Basare, in denen man nach Herzenslust stöbern und feilschen kann.
Die neue touristische Hauptattraktion Casablancas ragt auf einem Felsvorsprung rund 2 km westlich des Hafens über dem Meer empor: Die monumentale **Moschee Hassan II.** wurde zwischen 1980 und 1993 auf Initiative des 1999 verstorbenen Monarchen errichtet und gilt als das erste Wahrzeichen der Stadt. Das Gotteshaus bietet mehr als 25 000 Gläubigen Platz und ist damit die fünftgrößte Moschee der Welt.
Rund 1,5 km westlich der Moschee Hassan II. beginnt der noble Vorort Ain Diab, dessen palmenbestandene Corniche mit vielen Strand- und Nachtklubs, Restaurants und Diskotheken lockt. Hier finden sich auch einige schöne Badestrände.

Agadir

Die 500 km südlich von Casablanca gelegene Hafenstadt ist das unbestrittene touristische Zentrum Marokkos. Der feine, sich über 10 km hinziehende, breite **Sandstrand** ist längst kein Geheimtipp mehr und lockt jedes Jahr mehr Pauschalurlauber, die hier ihre Badeferien verbringen, an. Das alte Agadir wurde 1960 durch ein Erdbeben fast völlig zerstört.
Die neue Stadt ist durch moderne Architektur geprägt und gibt sich doch traditionsbewusst. Unweit südlich der Stadt wurde eine Medina im Stil eines Berberdorfes, die Dutzende von Künstlerateliers- und Werkstätten beherbergt, neu errichtet. Einige zauberhafte Gärten wie die **Vallée des Oiseaux** oder der **Jardin de Olhão** wurden in Agadirs modernem Zentrum angelegt. Hier gibt es auch zahlreiche stilvolle Restaurants, Geschäfte und Cafés; und das **Musée du Patrimoine Amazigh** informiert über die Kultur der Berber. Das Gebiet um den neuen Jachthafen hat sich zu einem attraktiven Ausgehviertel vor allem für junge Leute entwickelt. Einziges Relikt der reichen Geschichte Agadirs sind die Ruinen der 1541 auf einem Berg etwa 7 km nordwestlich der Stadt errichteten Kasbah, die einen herrlichen Ausblick über die Bucht von Agadir gewähren. Der Cruiseterminal liegt nordwestlich des Stadtzentrums, das mit dem Taxi in etwa 10 min problemlos erreicht werden kann.

Großes Bild: Die Hassan-II.-Moschee überragt Casablanca. In dem Gotteshaus verbinden sich modernste Technik und archaisches Kunsthandwerk, Weltliches und Religiöses.

Kanarische Inseln: Lanzarote, Fuerteventura

Vulkane

Imposante Lavalandschaften, Calderas (Kraterkessel) und Barrancos (Trockenschluchten) zeugen auf den Kanarischen Inseln vom vulkanischen Ursprung des Archipels. Die Inse sind die Spitzen mächtiger ur terseeischer Vulkane, die ihr Entstehung allerdings nicl plattentektonischen Prozesse sondern einem sogenannte Hotspot verdanken. Dort steig

Land: Spanien
Fläche (alle Inseln): 7446 km²
Einwohner: 2,1 Mio.
Sprache: Spanisch
Währung: Euro
Hauptreisezeit: Frühjahr, Herbst
Zeitzone: UTC +/- 0

Die »Inseln des ewigen Frühlings« sind Urlaubsparadies und Kreuzfahrtziel par excellence. Auch abseits der großen Ferienzentren an den Küsten gibt es auf den Kanaren vieles zu entdecken. Angefangen bei den Vulkanlandschaften von Lanzarote über die Schluchtensysteme von Gran Canaria und La Palma bis hin zu den Dünenlandschaften von Fuerteventura und natürlich dem gewaltigen Vulkanmassiv des Pico del Teide auf Teneriffa: Alle Inseln warten mit grandiosen, von den Kräften des Erdinnern und der Erosion geschaffenen Naturwundern auf, und jede bildet eine Welt für sich.

Lanzarote Die nur 140 km vom afrikanischen Festland entfernte, östlichste Insel der Kanaren verdankt ihren Beinamen »schwarze Perle« einem von vielfältigen vulkanischen Aktivitäten geprägten Landschaftsbild. Obwohl Lanzarote eine Fläche von nur 846 km² umfasst, finden sich 300 Vulkankrater. Schwarz-braune Lavafelder überziehen weite Gebiete.

Arrecife Kreuzfahrtschiffe legen in Arrecife an der Ostküste an. Die Inselhauptstadt Lanzarotes bietet sich als Ausgangspunkt für Ausflüge zu den faszinierenden Zeugnissen des vulkanischen Ursprungs an.

Auf einer Tour durch den **Parque Nacional de Timanfaya** zeigt sich, was die gewaltigen Kräfte des Erdinnern an der Oberfläche alles bewirken können. Zwischen 1730 und 1736 fanden auf Lanzarote die gewaltigsten jemals von Menschen beobachteten Vulkanausbrüche statt. Weite Gebiete wurden unter einem Lavastrom und Ascheregen begraben. Auf dem Gebiet des heutigen Nationalparks beträgt die Temperatur nur wenige Meter unter der Erde immer noch bis zu 400 Grad. Die eigens für Touristen von den Parkwächtern arrangierten »Versuchsanordnungen« belegen dies: Wasser, das in Erdlöcher geschüttet wird, schießt als Fontäne wieder nach oben. Heuballen, die in Erdspalten gehalten werden, fangen sofort Feuer. Auch der Grill des Restaurants »El Diábolo« wird mit der Hitze aus dem Erdinnern betrieben. In der Nähe des Restaurants startet eine Bustour durch den Park. Die **»Ruta de los Volcanes«** führt in die atemberaubende, facettenreiche Vulkanlandschaft der **Montañas del Fuego**.

Die **Jameos del Agua** im Nordosten Lanzarotes sind Teil eines Lavahöhlensystems, das vor 20 000 Jahren bei einem Ausbruch des Vulkans Monte Corona entstanden sein muss. Sie wurden der Öffentlichkeit zugänglich gemacht und sind heute eine Touristenattraktion. In einer der Höhlen ist ein Restaurant mit Bar eingezogen, eine weitere Höhle wird für kulturelle Veranstaltungen genutzt.

Die etwa 1 km entfernte **Cueva de los Verdes** gehört zu dem gleichen Lavahöhlensystem und kann auf geführten Touren erkundet werden. Wer sich in den engen Gängen zurechtfinden will, sollte allerdings eine entsprechende körperliche Konstitution mitbringen.

Auch Menschen, die sich weniger für Vulkanismus interessieren, hat Lanzarote einiges zu bieten. So hat die Insel einige sehr schöne Sandstrände zu bieten. Die romantisch gelegenen **Playas del Papagayo** im äußersten Süden haben sich zu Tourismuszentren entwickelt, die **Playa de Famara** lockt vor allem Surfer an.

Fuerteventura Die zweitgrößte Kanareninsel liegt ganz im Südosten des Archipels nur 120 km von der marokkanischen Küste entfernt. Obwohl sie wie ihre »Schwesterinseln« vulkanischen Ursprungs und ihre heutige Gestalt ein Werk der Erosion ist, erinnert sie an die Sahara. Weite Gebiete Fuerteventuras sind versteppt und wirken wüstenhaft oder bestehen aus dunklen, »malpaís« genannten Lavaschollenfeldern. Die hügelig-gebirgige Vulkanlandschaft schimmert in allen Rot- und Brauntönen.

Insbesondere dank des ganzjährig angenehmen Badewetters und der kilometerlangen, hellgelben Sandstrände hat sich Fuerteventura dennoch zu ei-

heißes Material aus dem Erdmantel auf und entlädt sich in Eruptionen. Wegen der Bewegung der Erdkruste entstand dann – ähnlich wie in Hawaii – eine ganze Vulkankette. Besonders ausgeprägt ist der Vulkanismus auf Lanzarote (bei El Cuervo, links) sowie den jüngeren Inseln Teneriffa, La Gomera, El Hierro und La Palma, wo es in den vergangenen Jahrhunderten zu vielen Ausbrüchen kam, dem letzten 2011 vor El Hierro.

In der wild zerklüfteten Felslandschaft von Fuerteventura liegt das einstige Fischerdorf Ajuy, auch Puerto de la Peña genannt.

nem beliebten Urlaubsziel entwickelt. Überall an den Küsten sind Ferienresorts entstanden, und sie bieten ihren Gästen alle nur erdenklichen Annehmlichkeiten.
Die Insel ist, dank der zuverlässigen Winde, ein wahrer Hotspot für Wellenreiter, Wind- und Kitesurfer aus aller Welt. Außerdem finden in den glasklaren Küstengewässern Taucher ideale Bedingungen vor.

Puerto del Rosario Die Kreuzfahrtschiffe legen hier an der Ostküste an. Obwohl die ca. 15 000 Einwohner zählende kleine Stadt keine spektakulären Sehenswürdigkeiten zu bieten hat, ist ein Bummel durch das direkt am Hafen gelegene Stadtzentrum doch lohnenswert. Nach einer umfassenden Sanierung wirkt es sauber und gepflegt. Allenthalben laden Straßencafés zum Verweilen und kleine Geschäfte zum Stöbern und Einkaufen ein.
Puerto del Rosario bietet sich als Ausgangspunkt für Ausflüge über die Insel an. An der Nordostküste lockt insbesondere die grandiose Dünenlandschaft des **Parque Natural de las Dunas de Corralejo**. Der helle, fast weiße Sandstrand und das riesige Wanderdünengebiet im Hinterland sind ein Wahrzeichen Fuerteventuras geworden.

Das einstige Fischerdorf **Corralejo** selbst hat sich zu dem bedeutendsten Ferienzentrum auf Fuerteventura entwickelt. Hier sind nicht nur große Ferienanlagen entstanden, sondern auch fantastische Einkaufsmöglichkeiten. Auch die nur durch einen Isthmus mit der Hauptinsel verbundene schmale Landzunge von Jandía im äußersten Süden Fuerteventuras lockt mit einer spektakulären Dünenlandschaft und einigen herrlichen **Traumstränden**.

In den Tälern des Inselinnern lohnen einige schmucke kleine Städtchen einen Besuch. An erster Stelle ist hier die im Westen gelegene und nach ihrem Gründer Jean de Béthencourt benannte ehemalige Hauptstadt Fuerteventuras zu nennen. **Betancuria** ist heute ein Dorf mit nur etwas mehr als 700 Einwohnern und doch ein viel besuchter Ort. Viele Bauten stammen aus dem 17. Jh. und stehen heute unter Denkmalschutz. Das in einem repräsentativen Palais untergebrachte **Museo de Betancuria** glänzt mit einer Sammlung prähistorischer Funde und Artefakten.
Auch das 17 km südwestlich gelegene Städtchen **La Oliva**, das Betancuria 1834 als Inselhauptstadt ablöste, wartet mit sehenswerten historischen Gebäuden wie der prunkvollen Casa de los Coroneles auf.

Großes Bild: Die Insel Lanzarote wurde in den 1990er-Jahren von der UNESCO zum Biosphärenreservat erklärt. Faszinierend wirkt das vulkanische Gebiet von El Cuervo.

Kanarische Inseln: Gran Canaria, Teneriffa, La Palma

Die Ureinwohner

Als Spanien ab 1402 die Kanaren in Besitz nahm, fanden sie eine vermeintliche »Steinzeitkultur« vor. Die Altkanarier – nach der Bezeichnung für die Urbevölkerung von Teneriffa Guanchen genannt – kleideten sich zwar in Tierfelle, lebten in Berghöhlen und benutzten nur Steinmesser und hölzerne Wurfspeere, verfügten aber über eine eigene Schrift, hinterließen Fels-

Gran Canaria Die drittgrößte Kanareninsel wartet mit einer außergewöhnlichen Vielfalt von Naturräumen auf. Im vergleichsweise niederschlagsreichen Norden wird von alters her intensiv Landwirtschaft betrieben. Einige sehenswerte Städte und zahlreiche Dörfer zeugen von dem Wohlstand, der hier mit dem Anbau von Zuckerrohr geschaffen wurde. Der trockene Süden hingegen wirkt vielerorts fast wüstenhaft und stand lange Zeit im Schatten der nördlichen Inselhälfte. Erst mit der Entwicklung einer florierenden Tourismusindustrie hat er den Anschluss geschafft. Die gebirgige Region im Zentrum ist von tiefen Schluchten und bis zu 1900 m aufragenden Felsmassiven durchzogen. Kiefern und Lorbeerbäume gedeihen hier. Ihre Bewohner leben von Mandel-, Zitrusfrüchte-, Kartoffel- und Gemüseanbau.

Las Palmas Die landschaftlich weniger reizvolle Ostküste wartet mit der Inselmetropole Las Palmas auf. Obwohl die Hauptstadt Gran Canarias ihre Rolle als Touristenzentrum an die Ferienresorts der Südküste abgegeben hat, zieht sie dank ihres mediterranen Flairs immer noch zahlreiche Urlauber an.

Santa Catalina Terminal In diesem Teil des Hafens von Las Palmas legen die Kreuzfahrtschiffe an. Das historische Stadtzentrum lässt sich von hier aus gut zu Fuß, mit dem Bus oder einem Taxi erreichen.
In der Altstadt fallen die prachtvollen Paläste aus allen Epochen der kanarischen Geschichte seit der spanischen Eroberung auf. Sie werden von der 1497 vollendeten **Catedral de Santa Ana** überragt. Die ganz in der Nähe des Gotteshauses gelegene **Casa de Colón** gilt als beeindruckendstes Beispiel spanischer Kolonialarchitektur auf der Insel. Obwohl nicht sicher ist, dass Kolumbus hier vor seiner Atlantiküberquerung Station machte, ist das in dem Palazzo residierende Museum ihm gewidmet. Trotz der vielen historischen Prachtbauten ist Vegueta, wie die Altstadt von Las Palmas heißt, alles andere als ein Museum. Dank zahlreicher Geschäfte, Restaurants und Cafés herrscht hier– wie in dem benachbarten Viertel Triana – vielmehr stets lebhaftes Treiben.

Die touristischen Höhepunkte von Gran Canaria lassen sich von Las Palmas aus mit dem Bus oder einem Taxi erreichen. Eine Fahrt zu der **Playa del Ingles** im Süden dauert etwa eine Stunde. Der 8,4 km lange, helle Strand ist heute von Ferienresorts umstellt und hat sich zum größten touristischen Zentrum der Insel entwickelt. Westlich der Playa del Ingles beginnt die großartige Dünenlandschaft von **Maspalomas**.
Etwa 30 km südlich von Las Palmas liegt in der Nähe der Ortschaft Agüimes der **Barranco de Guayadeque**. Die etwa 15 km lange Schlucht erstreckt sich bis in das Gebiet um den Pico de las Nieves und ist als Höhlendorf berühmt geworden. Archäologische Funde belegen, dass die Höhlen in dem Gebiet bereits von der vorspanischen Bevölkerung bewohnt wurden. Noch heute werden einige genutzt. Der Barranco de Guayadeque ist eine Touristenattraktion; einige Pflanzenarten kommen nur hier vor und stehen unter Naturschutz. Eine Besichtigung des in einer der Höhlen eingerichteten Museums oder ein Besuch im Höhlenrestaurant ist ein nicht alltägliches Erlebnis.

Teneriffa Auch abseits der touristischen Zentren hat die größte Kanarische Insel ihren Gästen viel zu bieten. Aus der Fülle der Kulturdenkmäler und Naturwunder ragen zwei UNESCO-Welterbestätten besonders hervor. Nur 9 km von der heutigen Inselhauptstadt Santa Cruz de Tenerife entfernt liegt **San Cristobál de La Laguna**. Das historische Zentrum der ehemaligen Kapitale Teneriffas gilt als frühes Beispiel einer am Reißbrett entworfenen Stadt, das zum Vorbild für die

zeichnungen wie jene in El Cementerio auf La Palma (links), kannten die Technik der Mumifizierung oder errichteten wie in Güimar auf Teneriffa pyramidenförmige Terrassenbauten. Dadurch blühten die Spekulationen über den Ursprung dieses rätselhaften Volks. Sprachliche und genetische Untersuchungen legen es nahe, dass die Guanchen von Berbern abstammen, die um 1000 v. Chr. von der Atlas-Region im heutigen Marokko auf die Inseln ausgewandert sind. Sie brachten Schafe, Ziegen, Schweine und Hunde sowie Gerste, Weizen und Linsen mit und entwickelten ein differenziertes religiöses, soziales und politisches System.

spanischen Kolonialstädte in Lateinamerika wurde. Die engen Gassen und Straßen sind schachbrettartig angelegt und werden von schmucken Häusern und herrschaftlichen Villen im typisch kanarischen Baustil gesäumt. Zu den Hauptattraktionen des Viertels zählen sicherlich die **Catedral** sowie die **Iglesia de Nuestra Señora de la Concepción**. Das in einem prachtvollen Renaissancebau untergebrachte **Museo de Historia de Tenerife** informiert mit einer Sammlung historischer Dokumente über die Geschichte der Insel und der Stadt.

Santa Cruz de Tenerife Kreuzfahrtschiffe, die die größte Kanareninsel ansteuern, legen im Hafen von Santa Cruz im Nordosten Teneriffas an. Santa Cruz de Tenerife, eine moderne mediterrane Metropole, ist als Shopping-Paradies bekannt. In den begrünten Fußgängerzonen der Innenstadt finden sich aber neben den vielen Einkaufsmöglichkeiten auch viele urige Bars, Cafés und Restaurants. Der Hafen ist durch einen kostenlosen Shuttle-Service mit dem Zentrum verbunden.

Ein Ausflug in den ebenfalls zum UNESCO-Welterbe zählenden **Teide-Nationalpark** führt in eine überwältigende Vulkanlandschaft. Das Gebiet um den 3718 m hohen Vulkan **Pico del Teide** weist unterschiedliche Formationen vulkanischen Ursprungs auf und kann auf mehreren gut ausgewiesenen Wanderwegen erkundet werden. Zwischen Santa Cruz und dem Park verkehren Busse.

La Palma

Die nordwestlichste Kanareninsel gilt noch immer als Geheimtipp für Individualurlauber. Touristische Zentren wie auf Gran Canaria oder Teneriffa sind hier nicht entstanden. Dafür werden viele Ferienwohnungen vermietet, auch Landgasthäuser und Bauernhöfe bieten Unterkünfte an. La Palma wird auch »die grüne Insel« genannt. Trotz der seit der spanischen Eroberung andauernden Abholzung der Wälder sind immer noch weite Gebiete des Eilands von üppiger Vegetation bedeckt. Berühmt ist der Kanarische Drachenbaum, eine bis zu 20 m hohe Pflanze aus der Familie der Spargelgewächse, die durch ihre wie ein Quirl angeordneten, knorrigen Äste und ihr Blätterdach auffällt.

La Palmas wildromantische Gebirgslandschaft zieht besonders Wanderer an. Dank eines gut ausgebauten Straßennetzes finden aber auch Mountainbiker ideale Bedingungen vor.

Die Küstengewässer sind ein Dorado für Sporttaucher. Dunkle **Vulkansandstrände** verleihen vielen der kleinen Badebuchten rund um La Palma einen besonderen Reiz. Im Norden wird das Inselinnere von der riesigen Caldera de Taburiente beherrscht. Wissenschaftler vermuten, dass der mit einem Durchmesser von 9 km und einem Umfang von 28 km wohl größte Krater der Welt durch die Explosion eines Vulkans entstanden ist und die Kräfte der Erosion ihm seine heutige Gestalt verliehen haben. Wildbäche haben tiefe Schluchten, die Barrancos, in die inneren Kraterwände gegraben. Durch den engen **Barranco de las Angustias** im Südwesten der Caldera bahnen sie sich einen Weg ins Meer. Der Krater ist im Norden und Osten von mehr als 2000 m aufragenden Gebirgszügen umgeben. Auf dem mit 2426 m höchsten Berg der Insel, dem **Roque de los Muchachos**, befindet sich das gleichnamige Observatorium mit seinen riesigen Teleskopen.

Seit 1954 ist die **Caldera de Taburiente** als Nationalpark ausgewiesen. Verschiedene Wanderwege führen durch das Gebiet, und an den Kraterrändern wurden Aussichtspunkte angelegt. Auch an der Südspitze La Palmas locken einige Naturwunder vulkanischen Ursprungs. Sowohl der imposante 671 m hohe San Antonio als auch der kleinere, erst 1971 ausgebrochene Teneguía können erklommen werden. Vom Centro de Visitantes del Volcán San Antonio führen Wanderwege zu den Kraterrändern hin.

Santa Cruz Kreuzfahrtschiffe steuern die Inselhauptstadt an der Ostküste an. Das historische Zentrum des kleinen Orts lässt sich vom Hafen aus in wenigen Minuten erreichen. An den Palästen und Bürgerhäusern aus dem 18. Jh. fallen die kunstvoll gearbeiteten Holzbalkone im kanarischen Baustil auf. Trotz des Reichtums an altehrwürdiger Architektur ist die Altstadt Santa Cruz ein sehr lebendiger Ort. Straßencafés und lokalen Märkte verleihen ihr ein heiteres Flair.

Der Pico de las Nieves im Inselinneren von Gran Canaria lädt mit seinen typischen Felsformationen zu einer lohnenswerten Fahrt ein.

Der Nationalpark besteht vor allem aus einer unwirtlichen Vulkanlandschaft mit dem Pico del Teide und einer Caldera von 17 km Durchmesser. Stark wechselnde atmosphärische Bedingungen und oft auftretende Nebelmeere verleihen der Szenerie ihren eigenen Reiz. Die Gegend hier ist zu karg für eine auffällige Wirbeltierfauna. Immerhin sind drei Arten endemisch, darunter die Blaukehlige Eidechse (Gallotia galloti), das Wahrzeichen des Parks. Der Teide-Blaufink (Fringilla teydea) kommt überwiegend in Kiefernwäldern vor und ist auch im Park anzutreffen. Die reiche Insektenfauna umfasst 700 Arten und besteht auch vor allem aus Arten, die nur hier vorkommen. Im Park gedeihen 168 Arten von Blütenpflanzen. Als dominierende Art nimmt man den Teideginster (Spartocytisus supranubius) wahr. Seine Blüten ergeben einen gern gegessenen

Honig. Mit der Seilbahn kommt man bequem auf Spaniens höchsten Berggipfel (alle Bilder), und auf den Wegen geht es zu den Aussichtspunkten. Für den eigentlichen Gipfel benötigt man eine Erlaubnis.

Westliches Mittelmeer

Das westliche Mittelmeer ist eine facetten- und kontrastreiche alte Kulturlandschaft. Unabhängig davon, ob die Kreuzfahrt in Barcelona, Palma de Mallorca, Genua oder Civitavecchia beginnt oder endet, unabhängig davon auch, ob das Schiff vor der südfranzösischen Küste kreuzt oder Kurs auf die spanischen Ferienzentren, Sizilien, Korsika oder Malta nimmt: Eine Kreuzfahrt in der Region führt immer in kulturelle Zentren, traditionsreiche Hafenstädte und zu spektakulären Küstenlandschaften, in mondäne Ferienorte und zu berühmten Badestränden. Abwechslung ist hier Programm.

Im Hafen von Neapel liegt das Kreuzfahrtschiff »Celebrity Solstice« vor Anker.

Málaga, Cartagena, Alicante, Valencia

Málaga: Kathedrale

Im Herzen der Altstadt sticht sie aus dem Häusermeer hervor: die Kathedrale (Bilder rechts). Siegreiche Christen bauten sie selbstbewusst in die Hauptachse Málagas zwischen Alcazaba, Plaza de la Constitución und Río Guadalmedina. Sie nannten sie Catedral de la Encarnación, »Kathedrale der Fleischwerdung Christi«. Ihr Bau wurde in den Jahrhunderten immer wie-

Kreuzfahrten entlang der südspanischen Mittelmeerküste führen in eine klassische Urlaubsregion. Die Costa del Sol und die Costa Blanca sind ebenso wie die Costa Cálida in Europa als von der Sonne verwöhnte Ferienparadiese bekannt. Die Kreuzfahrthäfen verfügen über eine hoch entwickelte touristische Infrastruktur und vermitteln doch auch Tradition und Landeskultur.

Málaga Die zweitgrößte Stadt Andalusiens ist das Eingangstor zu den Urlaubsparadiesen an der Costa del Sol. In den Sommermonaten erreichen Millionen sonnenhungriger Touristen die Stadt und reisen von hier aus in die großen Ferienzentren an der Küste. Das mondäne Marbella liegt nur 50 km, Torremolinos ganze 6 km vom

Land: Spanien
Einwohner:
Málaga: 570 000
Cartagena: 215 000
Alicante: 335 000
Valencia: 800 000
Sprache: Spanisch, Katalanisch
Währung: Euro
Hauptreisezeit: April bis Oktober
Zeitzone: UTC + 1

Flughafen entfernt. Der Hafen verfügt über einen modernen, erst 2007 eingeweihten Cruiseterminal, der durch einen Shuttle-Service mit dem Stadtzentrum verbunden ist.
Málaga selbst wird als Touristenziel gerade erst entdeckt. Die Geburtsstadt Pablo Picassos kann mit einer facettenreichen Kulturlandschaft, einigen interessanten Museen und einer heiteren Atmosphäre punkten. Hier laden von schmucken Geschäften gesäumte historische Gassen und prächtige Alleen zu einem ausgiebigen Bummel ein. Den Mittelpunkt des alten Viertels bildet die **Kathedrale**, die zwischen dem 16. und 18. Jh. an der Stelle einer Moschee errichtet wurde.
Östlich des Stadtzentrums ragen auf einer Anhöhe die Ruinen des **Castillo de Gibralfaro** empor. Die Festung wurde im 8. Jh. unter dem Emir Abd-ar-Rahman I. von Córdoba errichtet und im 15. Jh. im Zuge der Reconquista umgebaut. Heute lockt sie mit einem kleinen Museum und einem weiten Blick auf Málaga und die Küste.
Die im Westen der Anhöhe gelegene **Alcazaba** wurde um das Jahr 1000 errichtet und beherbergt heute ein archäologisches Museum. Unterhalb der Burg wurde ein römisches Amphitheater freigelegt.
Kunsthistorisch interessierte Touristen dürfen einen Besuch im **Museo Picasso Málaga** nicht versäumen. Es wartet mit einer repräsentativen Sammlung von Gemälden und Skulpturen dieses größten Sohnes der Stadt auf. In der Casa Natal de Picasso sind heute eine Kulturstiftung und ein kleines Museum untergebracht.

Cartagena Obwohl die größte Stadt an der Costa Cálida mit selbst für spanische Verhältnisse ungewöhnlich vielen Sonnentagen im Jahr aufwarten kann, liegt sie – wie die ganze Region – im Schatten der großen Ferienzentren an der Costa del Sol und der Costa Brava. Dank ihres sorgfältig gepflegten antiken Erbes zieht sie allerdings kulturhistorisch interessierte Kurzurlauber an.
Cartagena wurde 227 v. Chr. von dem karthagischen Feldherrn Hasdrubal gegründet und nach seiner Heimatstadt Karthago genannt. Der Name ist phönizisch, bedeutet so viel wie »Neustadt« und wurde von den Römern, die im Jahr 209 v. Chr. die Stadt eroberten, mit »Carthago Nova« übersetzt. Unter Kaiser Diokletian (reg. 284–305) wurde Cartagena Hauptstadt der römischen Provinz Hispania Carthaginensis. Während des Mittelalters sank der Stern der Stadt.
Erst mit der Einrichtung eines großen Flottenstützpunktes im 18. Jh. gelangte sie zu neuer Blüte. Bis heute verfügt Cartagena über eine bedeutende Marinebasis. Der Handelshafen ist einer der größten Spaniens, und auch als Kreuzfahrtziel wird Cartagena immer beliebter.
Der neue Cruiseterminal ist für eine wachsende Zahl von Passagieren ausgelegt und präsentiert sich serviceorientiert. Die nahe gelegene Innenstadt kann mit einem Bus oder Taxi erreicht werden.
An der Calle Mayor und ihren Seitenstraßen finden sich einige prachtvolle Bauten, die zu Beginn des 20. Jh.s im Stil des »modernisme català« errichtet wurden – ein Magnet für die Liebhaber der Jugendstilarchitektur. In der das Zentrum überragenden mittelalterlichen Burg ist heute das Centro de Interpretación de la Historia de Cartagena untergebracht. Über die Stadt verstreut finden sich einige Ruinen aus römischer Zeit wie das Theater, das Augusteum und der Decumanus. Auch die Ausstellungen im **Museo Arqueológico Municipal** und im **Museo Nacional de Arqueología Subacuática** halten das antike Erbe lebendig; ebenso das Centro de Interpretación de la Muralla Púnica.
Nordöstlich von Cartagena liegt **Mar Menor** – eine 70 km^2 große Salzwasserlagune, die durch

der unterbrochen, vor allem aus Geldmangel. So ist ein Portal der Spätgotik erhalten, und barocke Einflüsse zeigt die Hauptfassade. Der Nordturm ragt mit einer Höhe von 92 m in den Himmel, der Südturm ist nach

wie vor unvollendet. Deshalb nennt der Volksmund die Kirche »La Manquita«: »Die kleine Einarmige«. Innen besteht sie aus drei Schiffen, die mit aufwendigen Ornamenten in den Gewölben bestechen.

die Nehrung La Manga vollständig vom offenen Meer getrennt ist und daher ideale Voraussetzungen für viele Wassersportarten bietet.

Alicante Die traditionsreiche Hafenstadt hat sich zu einem der beliebtesten Seebäder an der Costa Blanca entwickelt. Das angenehm milde Klima lockt fast zwölf Monate im Jahr sonnenhungrige Touristen an. An den hübschen Stränden der Stadt und im historischen Zentrum herrscht eine internationale, entspannte Atmosphäre.
Der hinter dem Jachthafen angelegte neue Cruiseterminal ist durch einen Shuttle-Service mit der Altstadt Alicantes verbunden. In den malerischen, engen Gassen des Viertels finden sich gute Einkaufsmöglichkeiten und viele Lokale, die Spezialitäten der regionalen Küche anbieten. Bars, Discos, Kneipen und Klubs sorgen hier bis tief in die Nacht für Ferienstimmung.
Im Osten wird die Altstadt von dem **Castillo de Santa Bárbara** aus dem 16. Jh., das heute ein Museum beherbergt, überragt. Die parallel zur Marina verlaufende, palmenbestandene und mit Marmorsteinen gepflasterte Promenade **Explanada de España** ist ein beliebter Treffpunkt bei Einheimischen und Touristen. Östlich des Hafens beginnt auch Alicantes Stadtstrand, die **Playa del Postiguet**.
Nur 20 km südwestlich von Alicante liegt der Küstenort **Elche**, der für seinen Palmenwald bekannt ist. El Palmeral umfasst eine Fläche von 3,5 km^2 und besteht aus mehr als 11 000 Palmen. Seit 2000 steht er auf der UNESCO-Welterbeliste.

Valencia Ein ausgesprochen beliebtes Kreuzfahrtziel ist die drittgrößte Stadt Spaniens. Der Cruiseterminal liegt etwa 4 km vom historischen Stadtzentrum entfernt und ist mit ihm durch einen Shuttle-Service verbunden. Valencias Altstadt wartet mit verschiedenen architektonischen Zeugnissen aus allen Epochen seiner wechselvollen Geschichte auf. Angefangen bei den Ruinen der römischen Siedlung, die heute zusammen mit Fundstücken aus maurischer Zeit im sehenswerten archäologischen **Museo de la Almoina** ausgestellt sind; über gotische Kirchen und barocke Paläste bis hin zu der im Stil des katalanischen Modernisme errichteten **Halle des Mercado Central** –all diese Bauten machen Valencia zu einem Juwel unter Europas Städten.
Im Mittelpunkt der **Altstadt** steht die **Kathedrale**, deren Ursprünge zwar auf das 13. Jh. zurückgehen, die in den Jahrhunderten danach aber wieder und wieder umgebaut wurde und deshalb die unterschiedlichsten Baustile in sich vereint. Die zwischen 1482 und 1498 erbaute **Seidenbörse** (La Lonja de la Seda) steht seit 1996 als einer der bedeutendsten spätgotischen Profanbauten auf der UNESCO-Kulturerbeliste.
Doch die Stadt beeindruckt nicht nur mit prachtvollen historischen Gebäuden, sondern hat in jüngster Zeit durch spektakuläre futuristische Bauten wie Norman Fosters **Palacio de Congresos** oder die **Ciudad de las Artes y las Ciencias** des heimischen Architekten Santiago Calatrava auf sich aufmerksam gemacht.
Die Ciudad umfasst ein Planetarium mit IMAX-Kino, ein Wissenschaftsmuseum, eine Oper sowie mit dem Oceanogràfic das größte Aquarium des Kontinents. Valencia liegt an der Mündung des Turia in das Mittelmeer. Nach einer verheerenden Überschwemmung wurde der Fluss in den 1960er-Jahren nach Süden umgeleitet und das trockene Flussbett in einen Freizeitpark verwandelt. Dieses neue Naherholungsgebiet wird von Einheimischen wie Touristen gern genutzt. Die Stadt bietet Kreuzfahrtpassagieren die VLC Cruise Card, mit der diese den Shuttle-Bus benutzen können und Rabatte in Museen, Geschäften und Restaurants erhalten.

Drei Impressionen vor Valencia: Markthalle Mercado de Colón …

… Plaza de la Virgen mit illuminiertem Neptunbrunnen …

… und Palau de les Arts Reina Sofía in der Ciudad de las Artes.

Oben links: Blick auf Malaga, wo sich in unmittelbarer Nähe des Hafens eine der größten Stierkampfarenen Spaniens befindet.

Barcelona

Antoni Gaudí und der Modernisme

Die Kathedrale Sagrada Família, die Häuser Casa Batlló und Casa Milà (rechts) sowie der Parc Güell sind die klingenden Namen der bizarren Meisterwerke Antoni Gaudís, die den Charakter der katalanischen Metropole nachhaltig geprägt haben. Gaudí gilt als berühmtester Vertreter des Modernisme – einer Form des Jugendstils, die ausschließlich katalanisch war und das wiedererwachende Nationalbewusstsein der Katalanen befeuerte. Wie andere Vertreter dieser Richtung auch, ließ sich Gaudí für sein Schaffen vom

Land: Spanien
Einwohner: 1,6 Mio.
Sprache: Katalanisch, Spanisch
Währung: Euro
Hauptreisezeit: Mai bis Oktober
Zeitzone: UTC + 1

Barcelona ist eine Stadt in ständigem Aufbruch – eine »Stadt der Wunder«, wie sie der spanische Schriftsteller Eduardo Mendoza in seinem gleichnamigen Erfolgsroman nennt –, der es bisher stets gelungen ist, die unterschiedlichen kulturellen Strömungen und Entwicklungen harmonisch in ihr Stadtbild zu integrieren.
Während man im Gewirr der mittelalterlichen Gässchen der Stadtviertel Barri Gòtic oder El Born noch den magischen Charme der Vergangenheit atmet, wähnt man sich kurz darauf an dem im Zuge der Olympischen Spiele 1992 erbauten Port Olímpic im Zauberland der Postmoderne. In der Stadterweiterung Eixample kontrastieren herrschaftliche Stadtpaläste mit den fantasievollen Häusern der Meister des Modernisme, allen voran Antoni Gaudí, dessen großartige, von der Natur inspirierte Architektur das Gesicht Barcelonas tief geprägt hat. Sein Meisterwerk, die Kathedrale Sagrada Família, ist das Wahrzeichen der Stadt geworden.
Neben seinen Museen und kulturellen Einrichtungen ist Barcelona auch die Stadt der jungen Kreativen, der Künstler, Designer und Modemacher, die sich in den Gassen der Altstadt niedergelassen haben und der Stadt den Ruf der unkonventionellen quirligen Avantgardemetropole eingebracht haben. Schon immer war die Hafenstadt »Umschlagplatz« für Menschen, Ideen und Kulturgüter unterschiedlichster Provenienzen, und ihre Kontraste sind ihr Kapital: Unmittelbar am Alten Hafen liegt die neue Vergnügungsmeile Maremagnum, und am Stadtstrand des Fischerviertels Barceloneta wird in coolen Lounges und Designrestaurants bis in die Morgenstunden gefeiert. Barcelona ist keine Stadt für einen Tag. Bei diesem größten Start- und Zielhafen für Kreuzschiffe im westlichen Mittelmeer bietet es sich an, ein paar Tage mehr einzuplanen.

Barri Gòtic Vom Alten Hafen und der unmittelbar davor liegenden **Plaça del Portal de la Pau**, um deren in der Mitte aufragender Kolumbussäule ein stetiger Kreisverkehr tobt, gelangt man über die Flaniermeile der **Rambles** zum rechts davon gelegenen Barri Gòtic – dem gotischen Viertel der Stadt. Mit seinen Ruinen aus der Römerzeit, schmalen mittelalterlichen Gassen und der hoch aufragenden **Kathedrale La Seu** bildet es den ältesten Teil Barcelonas. Hier befand sich einst auch das jüdische Viertel El Call, das im Mittelalter durch Mauern abgetrennt war. Sein Zentrum erhebt sich über dem Berg Taber, wo man heute noch die Überreste aus römischer Zeit findet: vier korinthische Säulen des Tempels César Augusto. Im Herzen des Barcelonas vergangener Tage stößt man auf die alten Stadtpaläste und Kirchen, die die schattigen Plätze säumen: Auf der **Plaça del Rei** steht der alte **Königspalast** aus dem 14. Jh., der Teil des Museums für Stadtgeschichte Barcelonas ist. Gleich drei sehenswerte Bauten umgeben die **Plaça de Sant Jaume**, das **Ajuntament** (Rathaus) aus dem 14. Jh., der **Palau de la Generalitat** mit seiner eindrucksvollen Renaissancefassade – Sitz der Regierung Kataloniens – und **La Caixa**, eine der ältesten Banken überhaupt.
Ein Juwel des Modernisme ist der **Palau de la Música Catalana**, ein Meisterwerk des Jugendstilarchitekten Lluís Domènech i Montaner. Wundervoll erholen kann man sich von einem Bummel durch den geschichtsträchtigen Stadtteil auf der von stimmungsvollen Cafés gesäumten **Plaça del Pi**. Picasso hatte hier einst sein erstes Atelier.

Les Rambles ist die pulsierende Lebensader Barcelonas, ohne die man sich diese Stadt nicht vorstellen könnte. Die Flaniermeile, auf der sich Verkaufsstände und Cafés, Straßenkünstler und Spaziergänger mischen, teilt die Altstadt in zwei Teile und reicht von der Kolumbussäule am Alten Hafen bis zur verkehrsreichen **Plaça de Catalunya**. Besonders in den Abendstunden wird es hier lebendig. Von Vogelhändlern und Porträtmalern bis zu Artisten, Kunsthandwerkern und Müßiggängern ist alles vertreten. Zu beiden Seiten liefern Herrenhäuser und Paläste sowie das **Gran Teatre del Liceu** und die Barockkirche **Església de Betlem** eine würdige Kulisse. Gleich am Beginn der Rambles liegt auf der rechten Seite der Eingang in das pittoreske Wachsfigurenkabinett.

El Born und La Barceloneta Bis heute ist in Barceloneta das besondere Flair des ehemaligen Fischerviertels zu spüren: Schmale Gassen, von den Balkonen tropfende Wäsche und gemütliche kleine Läden und Bars prägen diesen dem Meer zugewandten Stadtteil auf der schmalen Landzunge südöstlich des Hafens. Gleich hinter der Hafenpromenade beginnt der **Stadtstrand** von Barceloneta, an dem man Urlaubsfeeling inmitten der Großstadt erleben kann. Im Osten schließt sich der

Baustil der Gotik sowie von der maurisch-spanischen Fliesenkunst inspirieren. Intensiv setzte sich Gaudí mit der Natur und ihren Bauprinzipien auseinander, die er auf die Architektur übertrug und deren Formenreichtum sein Werk bestimmt. Schräge Stützen, unregelmäßige Grundrisse und das Vermeiden von Geraden kennzeichnen die Bauwerke ebenso wie die Verwendung von Kachelbruchstücken zur Verzierung.

Die Sagrada Família ist bis heute unvollendet.

Casa Milà hat eine organisch gewellte Steinfassade.

Port Olímpic mit seinen futuristischen Bauten an. Auf der anderen Seite des Passeig de Colom liegt das In-Viertel El Born mit dem 🏛 **Picasso-Museum**, der alten Seefahrerkirche ⛪ **Santa María del Mar** sowie kleinen Szenerestaurants, Designerläden und Ateliers.

Eixample Nach dem drastischen Anstieg der Bevölkerungszahlen ab Mitte des 19. Jh.s wurde der Abriss der alten Stadtmauern zugunsten einer Erweiterung Barcelonas in Richtung der Serra de Collserola erwogen. Der katalanische Architekt Ildefons Cerdà entwickelte dafür ein städtebauliches Konzept unter Einbeziehung aller sozialen und hygienischen Errungenschaften der damaligen Zeit. Zwischen der Altstadt und dem Stadtviertel Gràcia liegen nun Häuser um weite Innenhöfe in einem Raster sich rechtwinklig kreuzender Straßen. Gerade die Architekten des Modernisme fanden hier ein weites Betätigungsfeld – gleich mehrere bedeutende Jugendstilhäuser der katalanischen Meister liegen am Prachtboulevard **Passeig de Gràcia**, der vornehmsten Einkaufsmeile der Stadt: Oberhalb der Plaça de Catalunya findet man das Jugendstilhaus **Casa Lleó Morera** des Architekten Lluís Domènech i Montaner (Passeig de Gràcia Nr. 35). Märchenhaft verwunschen wie ein mystisches Tier zeigt sich die Fassade von Gaudís **Casa Batlló** am Passeig de Gràcia 43. Der detailreiche Aufbau ihrer Fassade lässt die Legende des heiligen Georg (Sant Jordi) in der Fantasie des Betrachters lebendig werden. Unmittelbar daneben befindet sich die **Casa Amatller** des Architekten Josep Puig i Cadafalch, und einige Hausnummern weiter gelangt man zu dem großen Gaudí-Wohnhaus **Casa Milà** (Nr. 92). Aktuelle Gegenwartskunst kann man in der dem katalanischen Künstler Antoni Tàpies gewidmeten 🏛 **Fundació Tàpies** betrachten – auf der Calle Aragó 255, mitten im Herzen von Eixample.

⛪ **Sagrada Família** Das Schmuckstück der Stadterweiterung Eixample ist und bleibt die noch immer unvollendete Kathedrale Sagrada Família, das Großprojekt Antoni Gaudís, das zu Fuß oder mit der Metro gut erreichbar ist. Zwei Schaufassaden zieren das sich mit seinen filigranen Türmen gegen den Himmel erhebende Bauwerk. Richtung Osten liegt die Geburtsfassade, welche die Geburt Jesu in plastischen Figuren zeigt und noch zu Lebzeiten Gaudís vollendet wurde, im Westen die Passionsfassade, die durch eine geometrische Linienführung und große Figuren ins Auge fällt. Bis heute wurde noch nicht mit dem Bau der Hauptfassade begonnen. Die Türme sind den Aposteln gewidmet und mit farbigen Tieren und Symbolen geschmückt.

Großes Bild: Wo früher in Port Vell die Fischerboote schaukelten, liegen heute edle Jachten und Freizeitboote vor Anker.

Der Alte Hafen wurde nach einer Generalsanierung in ein Freizeitareal umfunktioniert und erstrahlt in neuem Glanz. Jachten und Kreuzfahrtschiffe liegen hier, und an Land reihen sich Cafés aneinander (unten).

Torre Jaume I., Stützpfeiler der Hafenseilbahn, überragt markant das weitläufige Hafenareal (links).

Palma de Mallorca

Frédéric Chopin und George Sand

Im alten mallorquinischen Stil eingerichtet, gemütlich und geordnet wirkt heute das Kartäuserkloster in dem Bergdorf Valldemossa (rechts), in dem Frédéric Chopin und George Sand den feuchtkalten mallorquinischen Winter 1838/39 verbrachten. Der ehemalige maurische Sommerpalast aus dem 11. Jh. wurde rund 200 Jahre später von König Jaume II. umgebaut und im 14. Jh. zum Kloster umfunktioniert. In zwei zu Wohnräumen ausgebauten Zellen hatte sich das für damalige Zeiten skandalöse Paar ein-

Land: Spanien
Einwohner: 405 000
Sprache: Katalanisch, Spanisch
Währung: Euro
Hauptreisezeit: April bis Oktober
Zeitzone: UTC + 1

Wer sich Mallorca mit dem Schiff nähert, wird das Schauspiel der im Morgendunst ruhenden Insel nicht mehr vergessen. Sanft erheben sich die Hügelketten über dem Meer, langsam werden kleine Küstendörfer erkennbar, bis das Schiff in den geschäftigen Hafen von Palma einläuft.
Als »Insel der Ruhe« hatte der katalanische Schriftsteller Santiago Rusiñol i Prats (1861–1931) Mallorca bezeichnet, und tatsächlich finden sich noch vielerorts vom Tourismus unberührte Orte im Inneren der Insel. Doch das heutige Mallorca hat viele Gesichter: Quirlig und dabei trotzdem von mediterraner Leichtigkeit geprägt, zeigt sich die Inselmetropole Palma mit Stadtpalästen der maurischen Herrscher, Museen und Straßencafés. Berglandschaften mit romantischen Treppendörfchen wie Alaró oder Fornalutx findet man in den Tramuntana-Bergen nordwestlich von Palma, und im Inselzentrum breitet sich die Ebene Es Pla mit ihren Weinfeldern und Windmühlen aus. An den weißen Sandstränden oder versteckten Felsbuchten der Insel kommen meerbegeisterte Sonnenanbeter auf ihre Kosten; und wer es gerne turbulenter mag, der findet in den touristischen Zentren und den Diskotheken der Hauptstadt Gelegenheit zum Tanzen und Feiern bis in die Morgenstunden. Ein besonderes Erlebnis ist Mallorca im Winter, wenn die blühenden Mandelbäume die Insel in ein weißes Blütenparadies verwandeln. Diese Zeit eignet sich dazu, die Insel zu Fuß zu erkunden, eine Wanderung hinauf zum Kloster Santuari de Lluc zu unternehmen oder auf den Spuren von Chopin und George Sand zu wandeln und das Kartäuserkloster in Valldemossa zu besuchen.

Palma de Mallorca

Mit ihren verwinkelten Gassen, einigen prächtigen Kirchen, den vornehmen Stadtpalästen und der alles überragenden Kathedrale **Sa Seu** ist Palma zweifelsohne eine reizvolle Stadt.
Die Uferfront wird von stattlichen Palmen gesäumt, am **Parc de la Mar** unmittelbar am Hafen finden in den Abendstunden Konzerte und Theateraufführungen statt, und in den arkadengesäumten Einkaufsstraßen und Plätzen herrscht geschäftiges Treiben. Die wichtigsten Sehenswürdigkeiten befinden sich innerhalb der ehemaligen maurischen Medina, von der jedoch heute nur noch einige Überreste, wie die Banys Àrabs, die arabischen Bäder, übrig geblieben sind. In deren wunderschönen Gärten kann man sich nach einem Stadtbummel erholen. Bei einer Stadtbesichtigung sollte man den **Palau de S'Almudaina** besuchen. Als die Mauren im Jahr 903 die Insel eroberten, bauten sie die bereits existierende Festung auf dem Hügel über der Bucht nach ihren Vorstellungen um und gaben ihr den Namen Al Mudaina (arabisch für Zitadelle). Bis heute wird der Palast als königliche Residenz genutzt. Ihm genau gegenüber wurde 1306 mit dem Bau der Kathedrale begonnen. Durch ihre mit 1236 bunten Glasscheiben versehene Rosette fällt warmes, farbiges Licht in den Innenraum.

Abendliche Stimmung an der Plaça Llotja in Palma.

Schon früh war Mallorca ein beliebter Rückzugsort für die Künstler der Moderne, und kein Geringerer als Joan Miró hatte die Insel in den 1950er-Jahren zu seinem Wohnsitz erklärt. Sein Atelier birgt heute das **Museu Joan Miró** mit wichtigen Werken aus allen Schaffensperioden. Auch das im Stil der Postmoderne errichtete neue Kunstmuseum **Es Baluard** ist ein Muss für Kunstfreunde. Wechselnde Ausstellungen zeigen Werke zeitgenössischer spanischer und internationaler Künstler.

Sóller Ein Erlebnis der besonderen Art, das man sich auf keinen Fall entgehen lassen sollte, ist die Fahrt von Palma in das jenseits des Tramuntana-Gebirges gelegene Städtchen Sóller mit der hier bereits seit dem Jahr 1912 verkehrenden Eisenbahn. Auf der rund einstündigen Fahrt passiert man die Dörfer Son Sardina, Santa María, Caubet und Bunyola und erreicht, nachdem man nicht weniger als 13 Tunnel durchfahren hat, den nostalgischen Bahnhof von Sóller. Das Bahnhofsgebäude – ein ehemaliger Gutshof – dient heute auch als Ausstellungsraum, in dem Werke von Picasso

gemietet und sich vom Aufenthalt auf der »Insel der Ruhe« Linderung von Chopins Lungentuberkulose erhofft. Doch der Dauerregen der folgenden Monate verschlimmerte das Leiden, wenngleich er den Musiker zum berühmten »Regentropfen-Prélude« inspirierte. Belastend war auch die abweisende Haltung der gläubigen Mallorquiner, die ihre traditionellen Werte von der wilden Ehe der Franzosen bedroht sahen.

Malerischer Blick auf die Bucht von Port de Sóller.

Auf der Plaça de la Constitució von Sóller sitzt man gemütlich.

und Miró gezeigt werden. Sóller liegt einladend, umgeben von Orangenhainen und Gärten. Zahlreiche Modernisme-Bauten und ehrwürdige zweistöckige Wohnhäuser prägen das Stadtbild. In einem der Straßencafés auf der zentralen **Plaça de la Constitució** einen Café zu genießen und dem Treiben ringsum zuzuschauen ist ein echter Genuss.

Wen es zum Meer zieht, der kann mit der alten Straßenbahn, Baujahr 1922, zum Fischereihafen Port de Sóller hinabfahren. Die halbkreisförmige, zum Meer hin fast geschlossene Bucht bildet hier einen kleinen Naturhafen, den schon Phönizier, Römer und Araber zu nutzen wussten. Eine hübsche Palmenpromenade und ein Fischrestaurant machen den Ort heute für Besucher attraktiv.

Ebenfalls an der Nordwestküste liegen die beiden feudalen Herrensitze des Erzherzogs Ludwig Salvator, Sohn des damaligen Großherzogs von Toskana, der im Jahr 1867 erstmalig auf Mallorca landete und sich unsterblich in die Insel verliebte. Der Erzherzog erwarb gleich mehrere Güter und widmete sich von da an der Erforschung der Natur und Kultur der Insel – eine Arbeit, die er in sieben dicken Bänden unter dem Titel »Die Balearen« veröffentlichte. Im Jahr 1872 ließ der Erzherzog auf den Grundmauern des um diese Zeit bereits im Verfall begriffenen ehemaligen **Klosters Monestir de Miramar** sein erstes Anwesen errichten. Neben den Wohnräumen Ludwig Salvators, sind der gotische Kreuzgang aus dem 13. Jh. sowie die herrlich angelegten Terrassengärten sehenswert, von denen aus man den Blick übers Meer schweifen lassen kann.

Einen Ausflug wert ist auch **Son Marroig**, eine alte Finca aus dem 18. Jh., die Ludwig Salvator zu einem kleinen Schloss umbauen und aufwendig dekorieren ließ. In den Räumen kann man Bücher, Dokumente und Zeichnungen des Erzherzogs bewundern. Einige Accessoires stammen auch von Kaiserin Sisi, die den exzentrischen Forscher hier besuchte.
Vom nahe gelegenen Marmorpavillon aus hat man einen schönen Blick.

Großes Bild: Wuchtig und gleichzeitig filigran thront Sa Seu neben dem Königspalast in Palma de Mallorca.

Menorca, Ibiza, Formentera

Talayotkultur

Die »talayots«, zylinderförmige Steintürme, die eine Höhe von bis zu 10 m erreichen können und im Inneren mit Kammern und Korridoren ausgestattet sind, finden sich an archäologischen Ausgrabungsstätten auf Mallorca und Menorca. Oft fügen sich mehrere dieser prähistorischen Steinbauten zu einer Siedlung zusammen, die in den meisten Fällen durch eine »taula«, einen »Steintisch«, ergänzt wird. Dies ist eine monumentale T-förmige Konstruktion, die vermutlich eine rituelle Funktion in der vergangenen Kultur ihrer Erbauer erfüllte (rechts). Wer diese Bauten vor Urzeiten errichtet

Land: Spanien
Fläche:
Menorca: 694 km²
Ibiza: 571 km²
Formentera: 82 km²
Einwohner:
Menorca: 95 000
Ibiza: 130 000
Formentera: 10 000
Sprache: Katalanisch, Spanisch
Währung: Euro
Hauptreisezeit: April bis Oktober
Zeitzone: UTC + 1

Die vier Hauptinseln der Balearen, als eigenständiger Archipel im Herzen des Mittelmeers zwischen Afrika und Europa gelegen, sind heute beliebte Urlaubsziele. »Bállein«, das altgriechische Wort für »werfen«, prägte den Namen der Inselgruppe und verweist auf die berühmten Steinschleuderer der Balearen, die Hannibal bei seinen Feldzügen zum Erfolg verhalfen. Heute noch wird diese Fertigkeit bei traditionellen Festen vorgeführt. Die großen Kulturen des Mittelmeerraums, Phönizier, Römer und Araber, verliehen den Inseln ihre jeweils eigene Prägung.
Erst im 13. Jh. wurden die Balearen Teil des spanischen Königreichs. 1983 erhielten sie den Status einer unabhängigen Provinz. Und noch heute zeichnet die Bewohner der Inseln eines ganz besonders aus: Toleranz und Aufgeschlossenheit mischen sich mit der Fähigkeit zur Bewahrung eigener Kultur und Tradition. So eröffnet jede der vier Inseln dem Besucher ihr eigenes Geheimnis, und allen gemeinsam sind atemberaubende Naturlandschaften, herrliche Strände, kleine Bergdörfer, interessante architektonische Zeugnisse und – last, but not least – Tourismuszentren mit modernen Erholungs- und Unterhaltungsangeboten. Auf den Inseln wird neben inseltypischen Dialekten meist Katalanisch gesprochen.

Menorca Anders als Mallorca oder Ibiza gilt die Insel als Ort der Ruhe und des gemäßigten Tourismus. Besonders Familien mit Kindern, Naturliebhaber und Kulturinteressierte finden hier, was sie suchen: großzügige Hotels, kilometerlange Sandstrände im Süden, Wandermöglichkeiten im Inselinneren und Relikte der Talayotkultur (etwa 1800–123 v. Chr.), die Menorca und Mallorca in vorrömischer Zeit prägte.
Auf Menorca (lateinisch »minor« = die Kleinere), der östlichsten und zugleich nördlichsten Insel, findet man drei deutlich voneinander unterscheidbare Regionen vor: Hügeliges Weideland mit grasenden Kühen, knorrigen Olivenbäumen und vereinzelt weiß gekalkte Bauernhäusern prägt die Inselmitte, während wild zerklüftete Schluchten und kilometerlange Sandstrände den Süden bestimmen.
Cala Galdana, inmitten eines Kiefernwäldchens gelegen, und die beiden Sandstrände **Son Bou** und **Sant Tomás** gehören zu den schönsten Bademöglichkeiten in dieser Region. Im Norden dagegen fällt die Küste steil zum Meer hin ab.
Einer der Höhepunkte Menorcas ist die Hauptstadt **Maó**, mit **Port Maó**, dem größten Naturhafen Europas. Hier befindet sich auch die Anlegestelle der Kreuzfahrtschiffe, und so ist die Stadt bequem zu Fuß erreichbar. An der rund 30 m hohen Steilküste der Südseite liegen dicht gedrängt die Häuser der **Altstadt**, nur vereinzelt überragt von den Glockentürmen ihrer Kirchen. Unmittelbar am Wasser reihen sich niedrige Fischerhäuser, die heute Restaurants und Szenebars beherbergen. Boote und Jachten schaukeln auf dem Wasser und vermitteln ein verträumtes Bild der Inselhauptstadt. Doch ist man erst einmal ins Herz des historischen Zentrums vorgedrungen, überzeugen lebhafte Einkaufsstraßen und schmale Gässchen, Straßencafés auf schattigen Plätzen sowie Museen und Galerien von der Weltoffenheit Maós. Die Stadtmauern aus dem 11. Jh. und die Befestigungsanlage **Sant Felip** an der Einfahrt zum Hafen zeugen noch von der Angst der Inselbewohner vor den Plünderungen der Korsaren. Erst mit der Annektierung Menorcas durch die Engländer im 18. Jh. erlebte die Insel eine Blütezeit. Herrschaftliche Stadtpaläste und Kirchen entstanden, Schiffswerften, Stoffmanufakturen und Schmuckfabriken verhalfen der Insel zu einer relativ autonomen Wirtschaft. Bis heute ist der britische Einfluss in Maó spürbar.
Im Zentrum der Stadt liegt die **Plaça de s'Esplanada**, idealer Ausgangspunkt für einen Streifzug durch das historische Zentrum mit seinen alten Stadthäusern, der von Maulbeerbäumen gesäumten Allee Carrer de ses Moreres, der **Kirche Santa María** und dem **Museu de Menorca**, das mit einer umfangreichen Sammlung archäologischer Fundstücke aufwartet.
Über die südliche Küstenstraße erreicht man das Dorf **Binibèquer Vell**, über dessen ineinander verschachtelten Fassaden sich ein spiralförmiger Kirchturm erhebt. Zwei Städtchen, die sich ihren eigenen Charme über die Jahre bewahrt haben, sind das noch immer recht britisch wirkende Es Castell und das ganz in mediterranem Weiß erstrahlende Sant Lluís, beide nur wenige Kilometer von Maó entfernt. An der äußersten

Hafen und Kathedrale von Ciutadella auf Menorca.

Westspitze der Insel liegt Ciutadella, Menorcas einstige Hauptstadt, die mit ihren verwinkelten Altstadtgässchen zum Bummeln einlädt.

Ibiza Auch heute noch ist der Name Ibiza aufs engste mit der Vorstellung von exzentrischen Partygängern verknüpft, die sich heiße Inselnächte um die Ohren schlagen. Und tatsächlich befinden sich mit Privilege, Pacha und Café del Mar einige der bekanntesten Klubs Europas auf der Insel. Doch Ibiza lässt sich nicht auf seine Nightlifeszene reduzieren. Auf den knapp 600 km² Inselfläche treffen unterschiedliche Welten aufeinander: Während im bergigen Norden Ibizas Schäfer und Bauern auf den Feldern ihre Arbeit beginnen, nehmen Nachtschwärmer in Ibiza-Stadt den ersten Café ein, machen Alt- oder Neohippies in ihren Fincas erste Meditations-

hat, lässt sich nicht genau sagen. Erste Spuren menschlicher Besiedelung finden sich auf den Balearen ab der Jungsteinzeit um 7000 v. Chr. Frühe Behausungen dieser vermutlich von der französischen Mittelmeer-

küste nach Mallorca und Menorca eingewanderten Siedler waren Höhlen, die um 1800 v. Chr. durch solche Steinbauten ersetzt wurden. Erst die Besiedelung der Balearen durch die Römer führte zum Untergang dieser Kultur. Zu den bekanntesten Siedlungen zählen Capocorb Vell auf Mallorca und Torralba d'en Salort in Menorca. Fundstücke sind in den archäologischen Museen der Hauptstädte ausgestellt.

Vom Hafen bietet sich allabendlich ein schöner Blick auf Ibizas Altstadt.

übungen und schlafen Touristen noch selig in ihren Hotelbetten. So findet jeder seinen Platz auf der Insel. Städtisches Zentrum ist **Eivissa** (Ibiza-Stadt) mit der historischen Altstadt **Dalt Vila**, eine der wenigen Städte im Mittelmeerraum, die seit mehr als 2500 Jahren durchgängig bewohnt wird. Um das Jahr 654 v. Chr. wurde die Stadt als Ibosim, als »Stadt des Gottes Bés«, von den Phöniziern gegründet. Dank der strategisch günstigen Lage stieg Ibosim rasch zu einem der wichtigsten Handelsstützpunkte im Mittelmeerraum auf. Unter maurischer Herrschaft wurde die Festung der Oberstadt zur »Medina Yebisah« ausgebaut und mit einem dreifachen Mauerwerk umgeben, dem Vorläufer der heutigen Stadtmauer aus der Renaissance. Noch heute betritt man Dalt Vila über zwei mächtige Stadttore, um sich dann in einem System verwinkelter Treppengässchen wiederzufinden, die sich zwischen den weißen Fassaden hindurchwinden. **Sa Penya** und **La Marina**, die der Altstadt vorgelagerten ehemaligen Fischerviertel, machen im Winter einen verschlafenen Eindruck. In Hafennähe verwandeln sie sich im Sommer zu einem Zentrum des städtischen Nachtlebens und machen Eivissa als Stadt des Gottes Bés alle Ehre. Vom Hafen aus, an dem auch die Kreuzfahrtschiffe anlegen, hat man einen herrlichen Blick auf die alte Stadt.

Wer von der Stadt aus direkt ans Meer möchte, findet an der Südspitze der Insel zwei schöne lang gestreckte Strände mit feinem, weißem Sand: **Es Cavallet** und **Las Salinas**, so benannt nach den Salzsalinen, deren ursprüngliche Anlage noch auf die Phönizier zurückgeht. Als Naturreservat für zahlreiche Tier- und Pflanzenarten steht dieses Gebiet heute unter besonderem Schutz. Das ursprüngliche Ibiza offenbart sich Besuchern im Norden der Insel: Schmale Landstraßen und Wege führen durch die bäuerlich geprägte Landschaft mit Feigen- und Olivenbäumen, Reben und den von Feldsteinmauern umrahmten Äckern Ibizas. Mit den weiß gekalkten Wehrkirchen von Dörfern wie Sant Joan, Sant Mateu oder Santa Agnès und den verstreut in der Landschaft liegenden Fincas zeigt sich das Erbe der Phönizier und Araber im typischen Baustil der Insel. Santa Gertrudis, im Zentrum der Insel gelegen, ist mit seinem belebten Platz gerade in den frühen Abendstunden ein beliebter Treffpunkt.

Wer die bunte Zeit der 1960er- und 1970er-Jahre wiederaufleben lassen möchte, findet auf Ibiza mit Sicherheit Gelegenheit dazu: Strandpartys, Hippiemärkte und lauschige Bars, wie die berühmte Anita's Bar in Sant Carloes, versetzen Besucher in die Zeit der Flower-Power.

Formentera Beschaulich und ruhig gibt sich die kleinste der vier Baleareninseln, die mit ihren gerade mal 82 km² und ihrer überwiegend flachen Landschaft zu Inselerkundungen mit dem Fahrrad einlädt. Formentera ist von Ibiza aus mit dem Schiff in rund 20 min zu erreichen. Hat man die Meerenge Es Freus mit ihren vielen kleinen Inseln passiert, sieht man schon von Weitem den Leuchtturm des Hafens La Savina. Von dort aus führt eine lange Straße durch die Inselmitte am Hauptort Sant Francesc Xavier vorbei in Richtung La Mola, der mit 200 Höhenmetern höchsten Erhebung der Insel.

Der berühmte traditionelle Kunsthandwerkermarkt belebt das stille Dörfchen **El Pilar** in den Sommermonaten. Hauptattraktion Formenteras sind jedoch die kilometerlangen weißen **Sandstrände**, die von türkisblauem Wasser umspült werden und karibisches Flair vermitteln. Originelle Strandbars wie der Piratabus oder die Blue Bar und die legendäre Kneipe Fonda Pepe in Sant Ferran bilden einen stimmungsvollen Kontrast zu den Diskotheken auf Ibiza und Mallorca.

Großes Bild: Formenteras wildromanische Küstenlandschaft ist bei Erholungsuchenden besonders beliebt.

Marseille, Toulon

Sanary-sur-Mer

Viele Kreuzfahrtpassagiere starten von Toulon aus zu einem Ausflug in dieses nur wenige Kilometer westlich gelegene Küstenstädtchen (rechts). Es galt als Zufluchtsort deutschsprachiger Schriftsteller, die vor den Nazis fliehen mussten. Namhafte Literaten wie Thomas Mann, Lion Feuchtwanger oder Franz Werfel hielten sich in den 1930er-Jahren in Sanary-sur-Mer auf und machten das Städtchen über die Grenzen Frankreichs hinaus bekannt. Heute erinnert eine Gedenktafel mit 36 Namen am Office de Tourisme an die Exilanten, und ein ausgeschilderter Rundweg

Von der Basilika Notre-Dame de la Garde – erhaben auf einem 154 m hohen Kalkfelsen als Wahrzeichen der Stadt – hat man einen fantastischen Blick auf die Hafenstadt Marseille, auf das leuchtende Häusermeer, den Vieux Port und die umliegenden Berge sowie zur linken Seite auf die Frioul-Inseln. Die Stadt wurde um 600 v. Chr. von den Phokern gegründet. Um ca. 125 v. Chr. ging das griechische Massalia an die Römer über. Von Karl von Anjou 1252 unterworfen, wurde Marseille 1481 wie die übrige Provence mit Frankreich vereinigt. Angesiedelt zwischen Okzident und Orient, ist es die älteste Stadt Frankreichs.

Land: Frankreich
Einwohner:
Marseille: 850 000
Sprache: Französisch
Währung: Euro
Hauptreisezeit: April bis Oktober
Zeitzone: UTC + 1

Vieux Port und Château d'If

Der alte Hafen mit seinen Jachten und Fischerbooten ist zentraler Anziehungspunkt für Besucher Marseilles. Hier landeten einst die Griechen mit Ruderschiffen, fuhren Kreuzfahrerkoggen und mit Spezereien beladene Karavellen ein.

Rings um den Hafen finden sich heute Cafés und Restaurants, in denen man Fischspezialitäten wie die legendäre Bouillabaisse probieren kann. Beim Centre Bourse liegt der **Jardin des Vestiges**, ein archäologisches Gelände, wo Befestigungen der griechischen Siedlung Massalia und Reste des römischen Hafens zu besichtigen sind. Im angrenzenden **Musée d'Histoire de Marseille** kann man sich mit der Stadtgeschichte Marseilles vertraut machen und Fundstücke wie das Wrack eines römischen Handelsschiffs aus dem 3. Jh. bewundern.

Wenn man etwa drei Stunden Zeit hat, kann man mit einem Boot vom alten Hafen zum **Château d' If** hinüberfahren, wo sich das im 16. Jh. errichtete Staatsgefängnis befindet, das durch den Roman Alexandre Dumas' »Der Graf von Monte Christo« berühmt wurde.

Das Panierviertel Auf einem Hügel nördlich des alten Hafens liegt das Panierviertel mit seinen verwinkelten, steilen Gässchen und Treppchen – das älteste Viertel Marseilles, in dem einst Fischer und Matrosen lebten. Ein Teil des Panier wurde 1943 von den deutschen Besatzern in die Luft gesprengt. Heute werden viele der verfallenden Altbauten renoviert, ins Erdgeschoss ziehen schicke Geschäfte und Galerien ein, und eine neue Klientel beginnt das Kleineleuteviertel in Besitz zu nehmen: die Pariser.

Das alte Armenhospiz, die **Vieille Charité**, von dem Marseiller Barockarchitekten Pierre Puget erbaut, wurde im Zuge der Neugestaltung zu einem Museum der mediterranen und außereuropäischen Kunst umfunktioniert und zeigt u. a. ägyptische, römische und keltoligurische Exponate sowie Gegenstände aus Afrika, Ozeanien und Amerika mit einer Schädelsammlung.

In dem Renaissancepalast der Maison Diamantée befindet sich das **Musée du Vieux Marseille**, das eine Möbel- und Trachtensammlung präsentiert. Westlich davon steht das ein-

Blick über Marseilles Viertel Le Panier mit der Kathedrale Vieille Charité (Bild oben).

folgt ihren Spuren. Sanary-sur-Mer ist aber nicht nur ein geschichtsträchtiger, sondern auch ein bezaubernder Badeort mit viel provenzalischem Flair. In dem gleich hinter dem malerischen kleinen Hafen beginnenden historischen Ortskern bieten stilvolle Restaurants und Delikatessenläden Spezialitäten der lokalen Küche an. Von der Hafenpromenade starten Ausflugsboote nach Cassis und zu den Calanques. In der Umgebung von Sanary-sur-Mer locken einige traumhafte Badestrände. Bis heute ist das ehemalige Fischerdorf Treffpunkt der Hautevolee und im Stadtgebiet liegen zahlreiche Luxusvillen im Grünen versteckt.

zigartige **Musée de Docks Romains** – errichtet direkt über den Ausgrabungen der römischen Handelsplätze des 1. bis 3. Jh.s nachchristlichen Jahrhunderts.

Canebière und Palais Longchamp Die beim alten Hafen beginnende weltbekannte Canebière aus dem 17. Jh. ist die Hauptlebensader Marseilles. Sie stellt die kulturelle und soziale Grenze zwischen den Immigrantenvierteln des Nordens und den reicheren Vierteln des Südens dar und ist nach wie vor eine der prächtigsten Straßen der Stadt. Beiderseits schmücken mächtige Fassaden von Grandhotels, Banken und Geschäftshäusern sowie Prunkbauten die Straßen und noblen Querstraßen, in denen sich im 19. Jh. wohlhabende Händler ansiedelten. Zugleich ist die Canebière aber auch eine junge Modemeile mit einem **Musée de la Mode** und dem spritzigen Cours Julien, wo man Szenebars, mit Graffiti bemalte Häuserfassaden, exotische Läden, experimentelle Theater und ausgefallene Designershops aufstöbern kann.
Auf dem Marché des Capucins trifft man auf ein Ambiente zwischen Provence und Afrika: Eingewanderte und Einheimische, Reiche und Arme – in der Luft hängt ein Duft nach Minze, Oliven, getrockneten Früchten und Fisch – und gefeilscht wird wie auf dem orientalischen Souk. Das von Henri Espérandieu geschaffene **Palais Longchamp** mit seinen Kolonnaden und Wasserspeiern beherbergt das **Musée des Beaux Arts** mit Gemälden aus dem 16. bis 20. Jh. und das **Musée d'Histoire Naturelle.** Am Ende des Boulevard Longchamp kommt man zum **Musée Grobet-Labadié**, einem Patrizierhaus, wo man einen Eindruck von der großbürgerlicher Marseiller Wohnkultur des 19. Jh.s erhält.

Südlich des Vieux Port Mit der Pendelfähre gelangt man vom Quai du Port zum Quai de Rive Neuve auf die Südseite des Vieux Port, wo den Besucher das **Musée Cantini** erwartet, das über eine enorme Sammlung an bedeutenden und namhaften Kunstwerken des 20. Jh.s verfügt.
Von dort kommt man zur **Kathedrale Notre-Dame de la Garde**, die im 19. Jh. an der Stelle einer alten Wallfahrtskirche von Henri Espérandieu im romanisch-byzantinischen Stil ausgeführt wurde. Auf der Spitze des Glockenturms steht die vergoldete Marienfigur mit dem Kind, die Bonne Mère. Als meistbesuchte Kathedrale der Provence ist sie im Inneren übersät mit Votivtafeln.
Unweit der Kirche befindet sich die während der Revolution teilweise zerstörte, heute überwiegend spätromanische Basilique St. Victor; hier wurde 416 eines der ersten Klöster Europas von dem Mönch Johannes Cassianus begründet. Besonders interessant sind die tief in der Erde verzweigten Krypten mit römischen und frühchristlichen Katakomben, in denen sich Märtyrergräber aus dem 3. Jh. und in die Mauer eingebaute Sarkophage entdecken lassen.

La Corniche und Unité d'Habitation Über dem Uferboulevard der traumhaften Küstenstraße Corniche erhebt sich das Musée du Château Borély aus dem 17. Jh. mit seinem bezaubernden botanischen Garten.
Hinter den Stränden erblickt man die Cité Radieuse, ein Wohnhochhaus, das von Le Corbusier zwischen 1947 und 1952 als kleine, autarke Stadt konzipiert wurde. Der Wohnblock steht auf 17 Betonstelzenpaaren, mit acht Doppelstockwerken und 337 Wohnungen, mit Läden und Gemeinschaftseinrichtungen wie Kindergarten, Schule, Bar, Kino und Theater.

Herrschaftlich zeigt sich die Place de la Liberté in Toulon.

Die rund 70 km südöstlich von Marseille gelegene Hafenstadt Toulon ist ein beliebter Endhafen für Kreuzfahrten im westlichen Mittelmeer und wird als Ausgangspunkt für Ausflüge in die Provence genutzt.
In Toulon befindet sich der Hauptstützpunkt der französischen Marine. Die meisten Cruiseliner legen daher im Hafen von La Seyne-sur-Mer an, einem Vorort im Westen der Bucht von Toulon. Er ist durch einen Shuttle-Service und Fähren mit dem Stadtzentrum verbunden.

Toulons Reize erschließen sich nicht unmittelbar. Die Stadt ist nach wie vor industriell geprägt und lebt vom Schiffsbau sowie von dem großen Militärhafen. Als bedeutender Stützpunkt der französischen Marine, der 1942 der Wehrmacht in die Hände fiel, war Toulon sowohl alliierten Bombenangriffen als auch der Zerstörungswut der deutschen Besatzer, die vor ihrem Rückzug 1944 die Hafenanlagen und die Zitadelle in die Luft sprengten, ausgesetzt.

Das Stadtbild wird daher von gesichtslosen Zweckbauten geprägt. Dennoch gibt es in Toulon einiges zu entdecken. Das **Musée National de la Marine** am Jachthafen Darse Vieille etwa informiert mit einer umfangreichen Ausstellung über die Geschichte der französischen Marine. Die hinter der Marina beginnende malerische **Altstadt** wurde nach dem Krieg zumindest in Teilen wieder aufgebaut und präsentiert sich heute als lebendiges und geschäftiges Einkaufsviertel. Auch an der Uferpromenade der Darse Vieille finden sich zahlreiche Restaurants, Bars und attraktive Geschäfte.
Im Norden der Stadt liegt Toulons Hausberg, der 542 m hohe **Mont Faron.**
Auf seinem Gipfel, der mit einer Kabinenseilbahn oder über eine Panoramastraße erreicht werden kann, lockt das **Musée Mémorial du Débarquement en Provence** mit einer Ausstellung zur Landung der Alliierten und einem fantastischen Ausblick über Toulon, die Hafenbucht und das offene Meer.

Neben Toulon sind nicht nur das provenzalische Hinterland und die mondänen **Badeorte** an der Küste, sondern auch die 8 km weiter westlich gelegenen Gorges d'Ollioules, ein Canyon, lohnende Ausflugsziele.

Land: Frankreich
Einwohner:
Toulon: 165 000
Sprache: Französisch
Währung: Euro
Hauptreisezeit: April bis Oktober
Zeitzone: UTC + 1

Der Vieux Port von Marseille wird bereits seit mehr als 2500 Jahren als Ankerplatz genutzt (unten).

Vom Hafen aus schweift der Blick auf den Hügel, den die Kathedrale Notre-Dame de la Garde – auch »La Bonne Mère« genannt – bekrönt (links).

Saint-Tropez, Cannes

Glitzer und Glamour: Die Côte d'Azur

»Blaue Küste« nennen die Franzosen die größtenteils felsige Küstenlandschaft zwischen dem Massif de l'Estérel und den Seealpen. Aber natürlich ist Côte d'Azur nicht nur ein geografischer Begriff. Vielmehr verbinden sich damit verschiedene Assoziationen: Glitzer und Glamour, Stars und Sternchen, Strand- und Nachtleben, Traumschiffe in den Häfen und Villen über dem Meer. Tatsächlich hat sich nach den ersten Filmfestspielen von Cannes 1946 sukzessive der internationale Jetset dieser Traumlandschaft be-

Land: Frankreich
Einwohner:
Saint-Tropez: 5000
Cannes: 75 000
Sprache: Französisch
Währung: Euro
Hauptreisezeit: April bis Oktober
Zeitzone: UTC + 1

Die französische Mittelmeerküste zwischen Cassis östlich von Marseille und Menton an der italienischen Grenze verdankt ihren klingenden Namen einem Buch, das 1887 unter Titel »La Côte d'Azur« erschien. Im angelsächsischen Sprachraum ist der Küstenstrich als »French Riviera« bekannt. Seit ihrer Entdeckung durch englische Adelige im 19. Jh. gilt die Côte d'Azur als Refugium der High Society. Obwohl sie infolge der Entwicklung des Massentourismus viel von ihrem alten Glanz verloren hat, zählt sie immer noch zu den exklusivsten und teuersten Urlaubsregionen der Welt.

Saint-Tropez Seit Roger Vadim hier 1956 den Film »Und ewig lockt das Weib« mit Brigitte Bardot in der Hauptrolle drehte, hat sich das einstmals verträumte Fischerdorf zu einem mondänen Badeort entwickelt. Saint-Tropez ist als Tummelplatz der Reichen und Schönen weltweit ein Begriff. Wie kein anderer Ort an der Côte d'Azur verkörpert er für uns den Traum vom »süßen Leben«. Den Sommer über liegen in der Marina die Luxusjachten dicht an dicht. Die sündhaft teuren Bars und Klubs sind gut besucht, die Altstadtgassen voll von Tagesausflüglern. Und trotz des Hypes ist Saint-Tropez ein malerischer kleiner Küstenort geblieben.
Die Stadt liegt im Süden einer weiten, tief ins Land einschneidenden Bucht und ist von traumhaften **Badestränden** umgeben. Der historisch gewachsene Ortskern mit den ockerfarbenen Häusern präsentiert sich als herausgeputztes provenzalisches Dorf, das die Sonne beständig in ein magisches Licht taucht.
Lange vor dem großen Hype ließen sich Maler wie Signac, Seurat, Bonnard oder Matisse von dem Charme des Städtchens inspirieren. Einige ihrer großartigen Werke sind heute im **Musée de L'Annonciade** ausgestellt. Die Kreuzfahrtschiffe ankern vor dem neuen Hafen und bringen die Passagiere mit Tenderbooten an Land. Glamour und Magie Saint-Tropez' sind bei einem Bummel durch die engen Gassen der Altstadt zur Zitadelle hinauf allenthalben spürbar. Der Weg wird von edlen Designerläden, Luxusboutiquen und Nobelrestaurants gesäumt. Auf der Festung aus dem 16. Jh. wartet ein traumhafter Blick über den Golfe de Saint-Tropez. Die berühmtesten Badestrände von Saint-Tropez – allen voran die **Plage de Pampelonne** – liegen nicht in der Bucht, sondern erstrecken sich weiter südlich am offenen Meer. Nur wenige Strandabschnitte sind frei zugänglich, die meisten befinden sich in Privatbesitz. Westlich von Saint-Tropez lockt die **Plage de la Bouillabaisse**, im Osten die **Baie des Cannebiers**. Ein Ausflug in das mittelalterliche Weindorf **Ramatuelle** führt in eine interessante uralte Kulturlandschaft.

Cannes Der am Golf de la Napoule gelegene Küstenort zählt zu den traditionsreichsten Seebädern der Côte d'Azur. Im Gefolge des englischen Schatzkanzlers Lord Brougham, der das verschlafene Fischerdorf 1834 für sich entdeckte und zu seiner Winterresidenz erkor, zog es bereits während des 19. Jh.s die europäische Aristokratie hierher. 1868 wurde die **Croisette**, die berühmte Uferprome-

mächtigt. So wurden aus Fischerdörfern wie Saint-Tropez (rechts) rasch exklusive Ferienorte. Das charmante Antibes lässt heute noch erahnen, wie es einmal war. Ganz zurückgezogen haben sich die Reichen

und Schönen noch nicht von der »Côte«, aber die Situation hat sich normalisiert. Nun wird von den Reisenden das reizvolle gebirgige Hinterland mit der üppigen Vegetation und den idyllischen Dörfern entdeckt.

nade, angelegt und zu einer palmengesäumten, eleganten Flaniermeile ausgebaut. In den legendären Grandhotels, die entlang des Prachtboulevards entstanden, logierten Europas Eliten. Cannes wurde zum exklusivsten, nobelsten und luxuriösten Badeort des ganzen Kontinents. Heute sonnt sich die Stadt vor allen Dingen im Glanz des internationalen Filmfestivals, das hier seit 1946 alljährlich im Mai stattfindet und die Croisette in einen Catwalk für die Größen des Filmgeschäfts verwandelt.

Die meisten Kreuzfahrtschiffe ankern vor dem alten Hafen von Cannes, und die Passagiere werden mit Tenderbooten an Land gebracht. Die Sehenswürdigkeiten können vom Cruiseterminal aus in wenigen Gehminuten erreicht werden. Die Croisette beginnt gleich hinter dem Hafen direkt am **Palais des Festivals et des Congrès** und führt über 2 km Richtung Osten zur Place de la Croisette mit dem **Casino Palm Beach**. Obwohl von den luxuriösen Belle-Époque-Hotels, die die Flaniermeile einst säumten, nur das **Carlton** erhalten ist: Die Croisette ist eine Hauptattraktion der Stadt und ihr Aushängeschild. Auf der einen Seite locken exquisite Cafés, Bars und Bistros, auf der anderen Seite der Strand und das Meer. Natürlich ist auch der Schauplatz der Filmfestspiele, das Palais des Festivals et des Congrès, ein Anziehungspunkt. An der Allée des Étoiles haben mittlerweile mehr als 400 internationale Filmstars einen Händeabdruck im Zement hinterlassen.

Auf der anderen Seite des Hafens beginnt das alte Cannes. Zwei malerische enge Gassen winden sich den Hügel zu einer **Festung** mit dem Tour du Suquet hinauf. Der **Wachturm** gewährt einen herrlichen Blick über das Meer; das **Musée de la Castre** zeigt die Werke einheimischer Künstler.

Mondän liegen die Jachten im alten Hafen von Cannes.

Beschaulich wirkt der Fischerhafen von Saint-Tropez am Abend (großes Bild).

Nizza

Antibes und Pablo Picasso

Für alle, die ein wenig Zeit mitbringen, bietet sich von Nizza aus ein Abstecher nach Antibes an. Antibes geht auf die griechische Gründung Antipolis zurück. Der Ort (rechts) wurde im Laufe seiner Geschichte befestigt, und der französische Festungsbauer Vauban legte den Hafen und das Fort Carrée an. Das Stadtbild prägen die mittelalterlichen Türme und das schöne Grimaldi-Schloss. Der alte Wachturm der Stadt dient der Église de l'Immaculée Conception als Glockenturm. Das Château Grimaldi (12. Jh.) war mehrere Jahrhunderte, von

Land: Frankreich
Einwohner: 340 000
Sprache: Französisch
Währung: Euro
Hauptreisezeit: April bis Oktober
Zeitzone: UTC + 1

Die einzige Großstadt an der Côte d'Azur wartet mit einem vielfältigen kulturellen Erbe auf. Obwohl die Metropole seit 1860 endgültig zu Frankreich gehört, wirkt die Herrschaft des italienischen Hauses Savoyen, das sich über Jahrhunderte mit den Franzosen um den Besitz der Grafschaft Nizza stritt, bis heute nach. Die Italiener haben nicht nur in der Architektur, sondern auch in der Alltagskultur reiche Spuren hinterlassen. Im historischen Zentrum ähnelt Nizza vielerorts mehr einer italienischen Kleinstadt als einem mondänen französischen Badeort.

Die großen Cruiseliner gehen in dem nur wenige Kilometer östlich der Stadt gelegenen Kreuzfahrthafen von Villefranche-sur-Mer vor Anker, nur kleine Schiffe können am Quai du Commerce im Port Lympia, Nizzas historischem Hafen, anlegen. Die sehenswerte Altstadt kann von hier aus mit einem Bus, Taxi oder aber auf einem etwa halbstündigen Spaziergang erreicht werden.
Zwischen dem historischen Zentrum und Port Lympia ragt die **Colline du Château** 92 m empor. Obwohl von dem Schloss, dem der Hügel seinen Namen verdankt, wenig mehr als einige Grundmauern übrig sind, lohnt ein Aufstieg. Der Weg führt durch eine mediterrane Gartenlandschaft zu einer Aussichtsterrasse, von der aus man den Blick über die Dächer von Nizza, den Hafen und das Meer schweifen lassen kann.

Die **Altstadt** selbst präsentiert sich als äußerst lebendiges Viertel, das nicht nur mit zahlreichen barocken Bauten, sondern auch mit einer bunten Gastronomieszene und vielfältigen Einkaufsmöglichkeiten aufwartet. In den malerischen Gas-

1385 bis 1608, Sitz der Grimaldi aus Monaco. Die Stadt überließ Pablo Picasso dort im Herbst 1946 einige Räume als Atelier. Hier verarbeitete der Künstler das Ende des Krieges als Befreiung vom Bösen der Zivilisation.

In kurzer Zeit entstanden etwa 150 Werke, die er als Dank für die Gastfreundschaft dem Museum Antibes – dem heutigen Musée Picasso – überließ. Die Dauerausstellung umfasst auch einige Skulpturen.

sen des Quartiers locken unzählige kleine Läden, Marktstände und Restaurants mit kulinarischen Köstlichkeiten. Das Herz der Altstadt schlägt am **Cours Saleya**, einem lang gestreckten Platz, auf dem täglich, außer montags, ein Blumenmarkt stattfindet. Im Süden wird der Cours Saleya von einer Reihe von Flachdachhäusern gesäumt, in die mittlerweile nette, kleine Restaurants, Boutiquen und Galerien eingezogen sind. Die Nordseite wird von der prachtvollen **Chapelle de la Miséricorde** beherrscht. Am südwestlichen Ende der Altstadt beginnt die berühmte Promenade des Anglais – bis heute das unbestrittene Wahrzeichen der Stadt. Ihr Name erinnert an die reichen englischen Kurgäste, die im Jahr 1824 an der Stelle der heutigen Prachtstraße in eigenem Interesse einen nur 2 m breiten Gehweg anlegen ließen; die Stadt förderte das Projekt. Heute führt die Promenade des Anglais insgesamt über 6 km die Küste entlang und ist eine viel befahrene Autostraße. Trotz des hohen Verkehrsaufkommens ist sie eine beliebte Touristenattraktion. Direkt hinter den Stadtstränden lädt ein breiter, von Palmen gesäumter Fußgängerstreifen zum Flanieren ein. Architektonische Höhepunkte an der Promenade des Anglais sind das denkmalgeschützte **Hotel Negresco**, dessen auffallende Kuppel Gustave Eiffel entworfen hat, sowie die Art-déco-Fassade des **Palais de la Méditerranée**, das aufwendig saniert wurde und heute ein Luxushotel beherbergt. Unter Nizzas sehenswerten Kunstmuseen ragt das **Musée Matisse** besonders hervor. Es residiert in einem genuesischen Palast aus dem 17. Jh. im Ortsteil **Cimiez** und ist für seine Sammlung von Skulpturen des Malers Henri Matisse bekannt. Matisse lebte von 1916 bis zu seinem Tod 1954 in Nizza. In Cimiez befinden sich auch das Archäologische Museum sowie die antike Ruinenstätte einer römischen Arena.

Bild oben: Imposant und herrschaftlich präsentiert sich das Hotel Negresco an der Promenade des Anglais.

Monaco, Monte Carlo

Die Spielbank

Ein Besuch des berühmten Spielkasinos von Monte Carlo gehört zum Pflichtprogramm eines jeden Monaco-Besuchs. Diese mittlerweile fast 150 Jahre alte Institution (rechts) hat nicht unwesentlich dazu beigetragen, dass Monaco als Refugium der Reichen und Schönen in aller Welt bekannt ist. Einst war das Kasino der »besseren Gesellschaft« vorbehalten. Die europäische Aristokratie und der amerikanische Geldadel spielten hier um Millionen. Heute steht es prinzipiell jedermann offen – allerdings sind für die Herren ein Anzug nebst Krawatte Pflicht. Die Spielbank wird

Land: Monaco
Einwohner: 33 000
Sprache: Französisch
Währung: Euro
Hauptreisezeit: April bis Oktober
Zeitzone: UTC + 1

Mit einer Fläche von nur 2 km² und einer Einwohnerzahl von 33 000 ist Monaco der nach dem Vatikanstaat kleinste Staat der Erde und zugleich der am dichtesten besiedelte. Das Pro-Kopf-Einkommen im Jahr beträgt mehr als 60 000 Euro. Da es keine Steuerpflicht gibt, hat sich Monaco zu einem Paradies für Leute entwickelt, die dem Fiskus entkommen wollen. Nirgendwo sonst auf der Welt leben so viele Millionäre auf so engem Raum.

Monaco zieht nicht nur Steuerflüchtlinge, sondern auch Touristen aus aller Welt magisch an. Seine Attraktivität verdankt der Zwergstaat allerdings nicht nur seiner reizvollen Lage an einer der schönsten Küsten der Welt, sondern seinem Ruf, glamouröser Tummelplatz der »oberen Zehntausend« zu sein – und der in der Öffentlichkeit sehr präsenten, skandalumwitterten Fürstenfamilie. Die Cruiseliner legen an der neuen Kreuzfahrtpier im ⚓ **Port de Monaco** an. Obwohl die wichtigen Sehenswürdigkeiten dicht beieinanderliegen, erfordert die Stadterkundung eine gute Kondition, denn Monaco ist an Steilhänge gebaut.

Das malerische, von mittelalterlichen Gassen durchzogene historische Zentrum erstreckt sich über einen 60 m hohen Felsen im Süden der Hafenbucht. Hier befindet sich auch das **Palais Princier**, die Residenz des Fürsten. Große Teile der heute sichtbaren Palastanlage stammen aus dem 16. Jh., ihre Anfänge gehen auf das 13. Jh. zurück. Die Prunkräume sind der Öffentlichkeit zugänglich gemacht worden und können besichtigt werden. Vor dem Hauptportal findet jeden Tag um 11.55 Uhr eine Wachablösung statt. Ein Stück weiter südlich des Palastes lockt das 1910 von Fürst Albert I. eingeweihte 🏛 **Ozeanografische Museum** nicht nur mit mehreren Aquarien, sondern auch mit Filmen von Jacques Cousteau. Gegenüber ragen die im Sonnenlicht glitzernden Hochhäuser von Monte Carlo in den Himmel empor. Hauptattraktion ist natürlich die prachtvolle **Place de Casino** mit der weltberühmten Spielbank und dem altehrwürdigen Hôtel de Paris – eine der teuersten und exklusivsten Herbergen Europas.

Die Luxusjachten liegen im Hafen von Monaco.

In Monaco drängen sich luxuriöse Boote und mondäne Behausungen (rechts).

von der 1863 gegründeten Société des Bains de Mer betrieben. Seit 1878 residiert sie in dem prunkvollen Belle-Époque-Palast an der Place de Casino, der von Charles Garnier, dem Erbauer der alten Pariser Oper,

entworfen wurde. In der Salle Garnier des Kasinogebäudes residiert auch die Opéra de Monaco, das insbesondere im Rahmen des Monte Carlo Opernfestivals und glanzvollen Inszenierungen auf sich aufmerksam macht.

Korsika

UNESCO-Weltnaturerbe: Golf von Porto

Seit dem Jahr 2006 lautet die offizielle Bezeichnung »Golf von Porto: Calanche von Piana (rechts), Golf von Girolata, Scandola-Reservat«. Damit ist auch der Umfang des geschützten Gebiets mit den namengebenden Buchten und Halbinseln erfasst. Das Areal wurde nicht nur für seine landschaftliche Schönheit ausgezeichnet, sondern auch für seine Fauna und Flora sowie für die traditionelle Land- und Weidewirtschaft seiner Bewohner. Das Naturreservat ist Teil eines größeren Regionalparks von Korsika. Viele

Land: Frankreich
Fläche: 8680 km²
Einwohner: 300 000
Sprache: Französisch
Währung: Euro
Hauptreisezeit: April bis Oktober
Zeitzone: UTC + 1

Bonifacios Hafen wird von der Bastion de l'Étendard dominiert.

Die »Île de la Beauté«, wie Korsika auch genannt wird, präsentiert sich vielerorts noch als ein Stück wilde, unberührte Natur. Die Insel wird von Nordwesten nach Südosten von einer bis über 2000 m ansteigenden Gebirgskette durchzogen. Im Westen fällt sie steil zum Meer hin ab, im Osten geht sie in eine Hügellandschaft über. Tiefe Täler und Schluchten zerschneiden das Inselinnere. In höheren Lagen sind noch immer große Flächen mit Wald bedeckt, in den niederen Lagen ist die Luft vom Duft der Macchia erfüllt. An den stark zerklüfteten Küsten wechseln bizarre Felsformationen mit traumhaften Badestränden ab. Die in den Bergen versteckt liegenden Dörfer und malerischen Fischerorte verleihen Korsika einen eigenen Reiz.

Die Insel gehört erst seit 1768 zu Frankreich. Davor wurde sie 500 Jahre lang von der Seerepublik Genua beherrscht. In den Hafenstädten erinnern heute noch mächtige Zitadellen daran.

Bastia Die an der Nordostküste gelegene, zweitgrößte Stadt Korsikas wird auf einer Kreuzfahrt als Ausgangspunkt für Ausflüge zum **Cap Corse** genutzt. Die 10 km schmale und 40 km weit ins Meer ragende Halbinsel präsentiert sich als Bilderbuch-Korsika. Sie wird von Norden nach Süden von einer bis auf 1300 m ansteigenden und an der Westküste steil zum Meer abfallenden Gebirgskette durchzogen. Weite Teile sind mit Macchia bedeckt. In den Tälern und an den Hängen liegen Bergdörfer versteckt. Bekannt ist der reizvolle, auf einem 200 m hohen Felsen an der Westküste errichtete Ort **Nonza**, der sich zu einer Touristenattraktion entwickelt hat. Wie vielerorts auf der Halbinsel ragt hier ein Genueser Wachturm empor. Eine Fahrt über die Panoramastraße entlang der zerklüfteten Küste nimmt einen Tag in Anspruch.

Bastia, das wirtschaftliche Zentrum Korsikas, ist eine geschäftige, dynamische und moderne Metropole. Hinter dem großen Handelshafen liegt die **Place St.-Nicolas**, einer der weitläufigsten Plätze Frankreichs und dank vieler einladender Straßenlokale ein beliebter Treffpunkt. Das historische Bastia kann von hier aus auf einem Spaziergang erreicht werden. Am malerischen alten Hafen, der heute von Jachten genutzt wird, erstreckt sich **Terra Vecchia**, der älteste Teil der Stadt. Der **Église St.-Jean-Baptiste** mit ihren Wandgemälden kann man hier einen Besuch abstatten. Im Süden wird der alte Hafen von dem an einem Hang erbauten Altstadtviertel **Terra Nova** überragt. Hier lockt die **Zitadelle** von Bastia mit einer fantastischen Aussicht über die Küste und Cap Corse. Die Häuser von Terra Nova wurden ebenso wie die Festung zwischen 1480 und 1520 errichtet und liebevoll restauriert. In dem 1530 erbauten **Gouverneurspalast** residierten einst die Statthalter Genuas auf Korsika. Heute ist in ihm ein ethnografisches Museum untergebracht. Am westlichen Ende von Cap Corse liegt der mondäne Badeort **St.-Florent**, der mit traumhaften Stränden lockt.

Bonifacio Eine Schiffsreise zu dieser an der Südspitze Korsikas gelegenen Stadt ist zu empfehlen. Von der Seeseite aus ist die Sicht auf Bonifacio, das nicht zuletzt dank seiner atemberaubenden Lage oft als schönste Stadt Korsikas gerühmt wird, wahrhaft spektakulär. Der Ort thront auf einem steil zur Küste abfallenden Kalksteinplateau 70 m über dem Meer. Der Hafen liegt auf der anderen Seite der Felsklip-

Seevogelarten wie Möwen, Kormorane und die selten gewordenen Seeadler finden hier ein ideales Nist- und Brutgebiet. Große Teile der recht felsigen Halbinsel La Girolata werden von naturbelassenen

Wäldern bedeckt. Hier sind die für den Mittelmeerraum typischen Macchien noch großflächig anzutreffen. Dichte Eukalyptuswälder säumen die schönen, feinsandigen Strände der mediterranen Insel.

Löwenbrunnen mit Napoleon-Statue in der Altstadt von Ajaccio.

pen in einer tief ins Land einschneidenden, aber nur schmalen, fjordartigen Bucht, dem **Goulet de Bonifacio**. Seit jeher gelangen Schiffsreisende über die Montée Rastello und die Montée St.-Roch in die Oberstadt auf dem Plateau. Die Altstadt Bonifacios wird von engen malerischen Gassen und steilen Treppen durchzogen, und die mittelalterlichen Häuser verleihen ihr einen leicht morbiden Charme.

Von vielen Punkten eröffnen sich grandiose Aussichten auf die Küste und das Meer. Nicht versäumen sollte man eine Besichtigung der **Bastion de l'Étendard** – ein Teil der Befestigungsanlagen, in dem heute ein Museum zur Stadtgeschichte untergebracht ist.

Auch die **Église Ste.-Marie-Majeure**, die aus dem 14. Jh. stammt und mehrmals umgebaut wurde, ist sehenswert. Der **Escalier du Roi d'Aragon** eine 187-stufige Treppe, die in den Fels gehauen wurde, führt direkt ans Meer. An der Kreidefelsküste östlich von Bonifacio finden sich einige zauberhafte Buchten mit schönen **Badestränden**. Von der Chapelle St.-Roch führt die Promenade des Falaises entlang der Küste zu dem nur 5 km östlich von Bonifacio gelegenen **Capo Pertusato**, dem südlichsten Punkt Korsikas. An dieser Stelle ist die Nordspitze Sardiniens, in Sichtweite, nur 12 km weit entfernt.

Ajaccio

Ajaccio Die an dem nach ihr benannten Golf im Inselwesten gelegene Hauptstadt Korsikas ist ein beliebtes Ziel von Kreuzfahrten im westlichen Mittelmeer. Die Schiffsanlegestelle liegt nur wenige Gehminuten vom Stadtzentrum entfernt. Die Stadt zeigt sich elegant, weltoffen und mit mediterranem Flair. Großzügig angelegte Boulevards, die von mondänen Restaurants und Cafés gesäumt werden, wechseln ab mit engen Gassen, in denen urige Lokale versteckt liegen. Die Anfänge Ajaccios reichen bis zu den Römern zurück. Das moderne Ajaccio wurde erst um 1500 von Genuesern gegründet. Der Name der Stadt ist eng mit Napoleon Bonaparte verbunden, der 1769 hier geboren wurde. Zahlreiche Straßennamen und Denkmäler erinnern an den Korsen, sein Geburtshaus wurde in ein Museum verwandelt, im Rathaus werden sein Geburtsschein und die Totenmaske aufbewahrt. In der **Cathédrale Notre-Dame-de-la-Miséricorde**, einem zwischen 1587 und 1593 errichteten Renaissancebau, wurde Napoleon getauft.

Mit dem **Museum Fesch** verfügt Ajaccio über eine der bedeutendsten Sammlungen von Werken italienischer Meister vom 14. bis zum 18. Jh.

Von Ajaccio starten Busse ins macchiabewachsene Landesinnere zu dem **Schildkrötenpark** »A cupulatta« mit 130 Schildkrötenarten oder zu den wilden Schluchten der **Vallée du Prunelli**. Ganz im Norden des Golfs von Ajaccio lockt auf einer ins Meer ragenden Landzunge die **Pointe de la Parata** mit Ausblicken auf das Meer und die Îles Sanguinaires, ein Rückzugsgebiet für Seevögel.

Calvi

Calvi Die kleine Stadt an der Nordwestküste Korsikas zählt zu den beliebtesten Ferienorten Korsikas. Die traumhaften **Badestrände**, die sich vor der Kulisse sanft ansteigender Gebirgszüge die Küste des Golfe de Calvi entlangziehen, und das tiefblaue Meer locken alljährlich viele Urlauber an. An der eleganten Uferpromenade des Jachthafens herrscht im Sommer bis tief in die Nacht bunter Trubel. Hauptattraktion Calvis ist natürlich die **Zitadelle**, die – ausgestattet mit mächtigen Bastionen – auf einem ins Meer ragenden Felsen im 15. Jh. von den Genuesern errichtet wurde. Direkt unterhalb der Zitadelle gehen die Kreuzfahrtpassagiere vor Anker. Sehenswerte Gebäude auf der Zitadelle sind die **Cathédrale St.-Jean-Baptiste** und der aus dem 13. Jh. stammende und im 16. Jh. erweiterte Gouverneurspalast, der heute eine Offiziersmesse der französischen Fremdenlegion beherbergt. Zwischen Calvi und dem nördlich gelegenen Hafenstädtchen L'Île Rousse fährt die Tramway de la Balagne, ein Teil der korsischen Schmalspurbahn, die Küste entlang und macht dabei an vielen schönen **Badestränden** Station.

Fischer- und Freizeitboote in den Häfen von Bastia (oben links) und Calvi (oben rechts).

Genua

Savona

Die rund 50 km westlich von Genua gelegene Stadt Savona ist Heimathafen der größten europäischen Cruiseline Costa Crociere und Ziel- bzw. Endpunkt vieler Mittelmeerkreuzfahrten (rechts). Der 2003 eingeweihte luxuriös ausgestattete, hypermoderne Cruiseterminal Palacrociere Savona bietet seinen Gästen allen Komfort. Er befindet sich nur wenige Hundert Meter vom Stadtzentrum entfernt. Obwohl Savona eine auf den ersten Blick wenig reizvolle Industriestadt ist und überdies während des Zweiten Weltkriegs stark zerstört wurde, lohnt sich eine Stadtbesichtigung. Das

Land: Italien
Einwohner: 610 000
Sprache: Italienisch
Währung: Euro
Hauptreisezeit: April bis Oktober
Zeitzone: UTC + 1

Der Cruiseterminal Stazione Marittima in Genua zählt zu den wichtigsten am Mittelmeer. Hier starten und enden viele Kreuzfahrten. Nach Jahren der Vernachlässigung wurde das historische Zentrum der ligurischen Kapitale im Zuge ihrer Kür zur europäischen Kulturhauptstadt 2004 aufwendig restauriert. Eine Stippvisite lohnt sich.

Genua war für Jahrhunderte bis zur Besetzung Oberitaliens durch Napoleon eine unabhängige Adelsrepublik und im Mittelalter gar Rivalin Venedigs im Kampf um die Vorherrschaft im Mittelmeerhandel. Nach der Gründung des Banco di San Giorgio durch einige Genueser Patrizierfamilien im Jahr 1407 stieg die Geburtsstadt von Christoph Kolumbus zu einem der bedeutendsten Finanziers europäischer Könige und zur wohlhabendsten Metropole des Kontinents auf. Bis heute künden die **Palazzi dei Rolli** der Strade Nuove, wie die Prachtstraßen Via Garibaldi, Via Balbi und Via Cairoli genannt werden, von dem immensen Reichtum, den Genueser Kaufleute im 16. und 17. Jh. anhäuften. Seit 2006 steht das Ensemble prunkvoller Renaissance- und Barockpaläste auf der UNESCO-Welterbeliste. Im **Palazzo Bianco** ist ebenso wie im **Palazzo Rosso** eine kostbare Sammlung italienischer und flämischer Meister untergebracht.

Genuas pittoreske **Altstadt** erstreckt sich zwischen dem alten Hafen und den Strade Nuove. Dank einer umfassenden Sanierung wirkt sie heute sehr gepflegt. Genuas alter Hafen, der **Porto Antico,** wurde bereits 1992 im Zuge der Kolumbus-Feiern rundum erneuert. Heute ist das Quartier ein beliebtes Ausgehviertel und eine touristische Hauptattraktion. Die restaurierten Lagerhäuser am **Molo Vecchio** und die hypermodernen Bauten des italienischen Stararchitekten Renzo Piano bilden einen reizvollen Gegensatz. Auch die Galeone »Neptune«, ein viel fotografiertes altes Segelschiff, und das riesige Aquarium locken viele Touristen an. Der Cruiseterminal befindet sich in Sichtweite des Porto Antico. Genuas Sehenswürdigkeiten können von hier mit dem Taxi erreicht werden.

Porto Antico mit »La Bolla della Biosfera« von Renzo Piano.

Das Wahrzeichen von Genua ist seit der 500-Jahr-Feier der Entdeckung Amerikas der »Bigo«, eine schiffskranähnliche Konstruktion mit Panoramaaufzug.

kleine historische Zentrum wartet mit Zeugnissen einer wechselvollen Geschichte auf. Während des Mittelalters bis zur Eroberung und Zerstörung durch die Seerepublik Genua 1528 war Savona ein unabhängiger Stadtstaat und eine bedeutende Handelsmacht im Mittelmeerraum. Im mittelalterlichen Ortskern erinnern einige Renaissancepaläste und Baudenkmäler wie die im 12. Jh. als Teil der Stadtbefestigung errichtete Torre del Brandale, das Wahrzeichen der Stadt, an diese Zeit. Die südlich der Altstadt über dem Meer aufragende Fortezza del Priamàr hingegen gilt als Zeichen des Niedergangs Savonas während der Genueser Herrschaft.

Portofino, Porto Venere, La Spezia

Cinque Terre

Seit seiner Anbindung an das italienische Straßennetz in den 1970er-Jahren hat sich dieser über 12 km zwischen dem Capo di Montenero und Punta Mesco hinziehende Küstenstrich zu einem der beliebtesten Reiseziele Italiens entwickelt. Die einzigartige Kulturlandschaft der Cinque Terre zieht nicht mehr nur Wanderer, sondern auch Tagesausflügler an. In den Sommermonaten finden sich in den fünf berühmten Ortschaften des Gebiets Urlauber aus aller Welt ein: Monterosso, Vernazza, Corniglia, Manarola (rechts) und Riomaggiore gelten als Bilderbuchdörfer schlechthin. Die Be-

Land: Italien
Einwohner:
Portofino: 500
Porto Venere: 4000
La Spezia: 95 000
Sprache: Italienisch
Währung: Euro
Hauptreisezeit: April bis Oktober
Zeitzone: UTC + 1

Die Kreuzfahrthäfen an der Riviera di Levante, wie die ligurische Küste östlich von Genua auch gern genannt wird, präsentieren sich als historisch gewachsene, malerische kleine Orte; mit nur einer Ausnahme, nämlich La Spezia.
Obwohl Portofino und Porto Venere längst zu den mondänsten italienischen Seebädern zählen, konnten sie ihren dörflichen Charme konservieren. Nach wie vor schaukeln farbenfrohe Fischerboote in den pittoresken, kleinen Häfen und verbinden sich mit den in hübschen Pasteltönen gestrichenen, mittelalterlichen Häusern entlang der Kais zu einem verführerischen Idyll. Dies und die überaus reizvolle, stark zerklüftete Küste, die von steil zum Meer abfallenden Gebirgszügen geprägt wird, haben aus der Riviera di Levante ein angesagtes Kreuzfahrtgebiet gemacht.

Portofino Der rund 40 km östlich von Genua an einer geschützten Bucht gelegene und der nur 500 Einwohner zählende Ort präsentiert sich als italienisches Bilderbuchdorf. Der malerische kleine Hafen ist von urigen, in warmen Pastelltönen leuchtenden Häusern umgeben und wird von dicht bewaldeten Felshängen überragt. Eine Ansicht darf in keinem Italienreise-Katalog fehlen. Seit Hollywood-Stars wie Errol Flynn oder Humphrey Bogart die Idylle für sich entdeckten, hat sich Portofino zu einem mondänen Ferienort entwickelt. Das einstige Fischernest ist ganz auf wohlhabende Urlauber eingestellt. In den Sommermonaten wimmelt es von Luxusjachten, an den Kais haben exklusive Restaurants ihre Tische aufgestellt, und in den Auslagen der Geschäfte findet sich alles, was gut und teuer ist. Die Kreuzfahrtschiffe gehen in der Hafenbucht vor Anker und bringen die Passagiere mit Tenderbooten an Land. Auch abseits der Hafenpromenade gibt es in und um Portofino einiges zu entdecken.

Vom Hafen aus führt ein Wanderweg zu der **Kirche San Giorgio** und dem **Castello Brown**, die die Bucht im Süden überragen. Von hier öffnet sich ein fantastischer Ausblick über den Hafen und das Meer. Portofino liegt an der Südspitze der gleichnamigen Halbinsel, die als **Parco Naturale Regionale di Portofino** ausgewiesen ist. Von Portofino aus führt ein Wanderweg durch das Gebiet zum sehenswerten **Kloster San Fruttuoso** an der Ostküste. Die Strecke kann in zwei bis drei Stunden bewältigt werden und lohnt nicht nur wegen der Ausblicke auf die steil abfallende Küste. Das Kloster selbst ist dank seiner einmaligen Lage an einer von steilen, bewaldeten Berghängen umgebenen Bucht eine Attraktion. Der vor dem Kloster gelegene **Strand** ist im Sommer gut besucht. Auch Camogli im Osten der Halbinsel und Santa Margherita Ligure nördlich von Portofino sind sehenswerte, exklusive Badeorte.

Porto Venere Die malerische kleine Hafenstadt liegt an der äußersten Spitze der

Halbinsel, die die Bucht von La Spezia im Westen begrenzt. Nicht zuletzt aufgrund ihrer eindrucksvollen Lage an einem der reizvollsten Küstenabschnitte der italienischen Riviera steht sie seit 1997 zusammen mit den Dörfern des Cinque Terre und den Palmarischen Inseln auf der UNESCO-Welterbeliste. Die Anfänge Porto Veneres gehen auf einen von den Römern um 50 v. Chr. angelegten und nach der Venus benannten Hafen zurück, der bis in die byzantinische Zeit als Flottenstützpunkt diente. Zwischen dem 12. und dem 17. Jh. wurde Porto Venere von der Seerepublik Genua kontrolliert. Im 20. Jh. machte es als der Ort, an dem der US-amerikanische Vergnügungsdampfer »President Warfield« zum Flüchtlingsschiff »Exodus« umgebaut wurde, von sich reden. Heute ist es ein mondäner Ferienort.
Die Kreuzfahrtschiffe gehen nordöstlich des malerischen kleinen Hafens vor Anker und bringen die Passagiere mit Tenderbooten an Land. Schon von Weitem fällt die dichte Reihe schlanker Turmhäuser entlang des Hafenkais auf. Die farbenfrohen Bauten wurden während der Genueser Herrschaft errichtet und sind heute das unbestrittene Wahrzeichen der Stadt. Auch der dahinter liegende mittelalterliche Ortskern ist eine Touristenattraktion. Den Sommer über geht es in den engen Gassen des Viertels immer lebhaft zu. Überall locken attraktive kleine Geschäfte, Bars und Restaurants.
Ein Bummel entlang der Hauptgasse Via Capellini führt aus der Stadt zu der auf einem Felsvorsprung im Meer gelegenen Kirche **San Pietro**, deren heute sichtbarer Bau aus dem 13. Jh. stammt. Porto Venere wird von dem gewaltigen **Castello Doria**, einer im frühen 12. Jh. begonnenen und bis in das 16. Jh. ständig erweiterten Festungsanlage, überragt. Ein Aufstieg ist schon allein wegen der grandiosen Aussicht, die der Blick von der Burg eröffnet, lohnenswert. Auch die Hauptkirche von Porto Venere, die unterhalb der Burg gelegene **Chiesa San Lorenzo,** ist sehenswert. Das Gotteshaus wurde im Laufe der Jahrhunderte immer wieder umgebaut und weist romani-

siedlung und Kultivierung der Cinque Terre begann bereits vor 1000 Jahren. Seither wurden an den steilen Berghängen rund um die Dörfer kunstvolle Terrassenfelder angelegt, und bis heute wird hier Landwirtschaft betrieben. Von den Kreuzfahrthäfen sind die Dörfer gut per Bootsausflug erreichbar. Für eine idyllische Wanderung auf dem alten Pfad zwischen den Dörfern sollte man mindestens einen Tag einplanen.

sche und gotische Formen sowie Stilelemente der Renaissancearchitektur auf.
Porto Venere bietet sich als Ausgangspunkt für Bootsausflüge zu den Dörfern der **Cinque Terre** oder zu den **Palmarischen Inseln** an. Bis heute wird auf Palmaria der Nero Portoro, ein für Innendekorationen verwendeter, kostbarer schwarzer Kalkstein, abgebaut. Ganz im Süden der Insel befindet sich ein stillgelegter Steinbruch, der besichtigt werden kann.

Porto Venere – eines der städtebaulichen Kleinode an der ligurischen Küste.

La Spezia Keinem Geringeren als dem berühmten Camillo Benso von Cavour hat die an dem nach ihr benannten Golf gelegene Stadt ihre Entwicklung zu einer wichtigen Basis der italienischen Marine zu verdanken. Der Politiker trieb den Ausbau des Hafens voran und veranlasste noch vor seinem Tod 1861 die Errichtung des Arsenale Militare Marittimo.
Bis heute ist der Flottenstützpunkt eine wichtige Einnahmequelle der Stadt geblieben. Erst in jüngster Zeit wurde der Ausbau einer touristischen Infrastruktur forciert. Da die Stadt während des Zweiten Weltkriegs stark zerstört wurde, kann sie nicht mit vielen historischen Sehenswürdigkeiten aufwarten. Allerdings verfügt sie über eine facettenreiche Museumslandschaft und gilt allein deshalb als kulturelles Zentrum der Region.

Sehenswert sind vor allem das **Archäologische Museum** – es ist in dem die Stadt überragenden Castello di San Giorgio untergebracht – sowie das im Marinearsenal residierende **Schifffahrtsmuseum**. Das im Stadtzentrum gelegene **Centro d'Arte Moderna e Contemporanea** verfügt über eine bemerkenswerte Sammlung von Werken moderner Kunst mit Gemälden von Giorgio de Chirico und Wassily Kandinsky. La Spezia bietet sich als Ausgangspunkt für Ausflüge in die Dörfer der Cinque Terre oder aber in die legendären Küstenstädte im Osten des »Golfo dei Poeti«, wie die Bucht von La Spezia auch genannt wird, an. In den Küstenorten wie San Terenzo, Lerici und Tellaro ließen sich im 19. Jh. berühmte Dichter wie die Shelleys, Lord Byron oder Keats nieder. Heute sind sie als mondäne Badeorte und Treffpunkt der Schickeria über die Grenzen Italiens hinaus bekannt. In La Spezia werden die Kreuzfahrtpassagiere mit kleinen Booten an Land gebracht. Gleich an der Anlegestelle können sie Ausflüge in die Cinque Terre oder verschiedene Stadtrundfahrten buchen.

Großes Bild: Kaum 500 Einwohner leben in dem malerischen Hafenstädtchen Portofino, einem Tummelplatz der Hautevolee im Sommer.

Livorno, Pisa, Lucca, Florenz

Die Macht der Medici

Das Ende der Auseinandersetzungen zwischen den kaisertreuen Ghibellinen (oder weißen Guelfen) und den papsttreuen (schwarzen) Guelfen führte im Jahr 1250 zur Begründung des unabhängigen Stadtstaates Florenz. Der Einfluss des Adels wurde gemindert, die politischen Rechte der Bürger verankerte man in einer Verfassung. Als Regierung fungierte die »Signoria« (eine monokratische Regierungsform), der ein gewählter »Gonfaloniere« vorstand. Die wirtschaftlich aufblühende Republik wurde zur dominierenden Macht in der Toskana; einzelne Geschlechter

Land: Italien
Einwohner:
Livorno: 160 000
Florenz: 370 000
Lucca: 85 000
Pisa: 87 000
Sprache: Italienisch
Währung: Euro
Hauptreisezeit: April bis Oktober
Zeitzone: UTC + 1

Livorno ist der Ausgangspunkt für Exkursionen in die Renaissancestädte Florenz, Pisa oder Lucca. Passagiere, die sich nicht einer der von ihrer Cruiseline angebotenen Exkursionen anschließen möchten, können den Zug nehmen. Der Bahnhof ist nur 3 km vom Cruiseterminal entfernt. Der Containerhafen, in dem die großen Kreuzfahrtschiffe anlegen, ist durch einen Shuttle-Service mit dem Stadtzentrum von Livorno verbunden.

Ein architektonisches Kunstwerk ist Pisas Piazza dei Miracoli.

Pisa Die rund 20 km nordöstlich von Livorno gelegene Stadt hat durch ein einziges Bauwerk Weltberühmtheit erlangt: Den »Schiefen Turm von Pisa« kennt jedes Kind. Er ist zu einem Wahrzeichen der Stadt, wenn nicht ganz Italiens geworden. Historische Quellen belegen, dass er noch während der Bauarbeiten am dritten Stockwerk aufgrund des Schwemmlanduntergrunds in die bekannte Schieflage geriet. Versuche, die Neigung durch allerlei bauliche Maßnahmen auszugleichen, hatten offensichtlich keinen Erfolg. Messungen haben ergeben, dass sich der Turm seit seiner Fertigstellung in der Mitte des 14. Jh.s um viele Zentimeter gesenkt hat. Als die Neigungsgeschwindigkeit Anfang der 1990er-Jahre zunahm, musste er für Besucher geschlossen werden. Nach umfänglichen Maßnahmen zur Stabilisierung, durch die der Turm um 44 cm angehoben werden konnte, ist er seit 2001 wieder für die Öffentlichkeit zugänglich. Der Schiefe Turm von Pisa wurde als Campanile des **Doms Santa Maria Assunta** errichtet und bildet zusammen mit diesem, dem zugehörigen Baptisterium und einem monumentalen Camposanto ein selbst für Italien einmaliges Ensemble romanischer Sakralbauten, das seit 1987 UNESCO-Weltkulturerbe ist. Allein seine Lage ist außergewöhnlich: Dom, Baptisterium und Campanile stehen nicht auf einem gepflasterten Platz, sondern auf einer weitläufigen Rasenfläche, der Piazza del Duomo, die im Norden vom Camposanto begrenzt wird. Alle Bauwerke wurden in einem Zeitraum von mehr als 200 Jahren zwischen 1063 und 1300 errichtet und sind dennoch einheitlich gestaltet.

Pisa hat aber auch abseits der Piazza del Duomo einiges zu bieten. Obwohl es im Zweiten Weltkrieg bombardiert wurde, finden sich in der Altstadt noch zahlreiche Paläste und Kirchen aus der Zeit zwischen der Mitte des 11. und Mitte des 13. Jh.s als Pisa eine unabhängige Republik und dominierende Seemacht im westlichen Mittelmeer war. Die von der Piazza del Duomo in die Altstadt führende Via Santa Maria etwa wird von mittelalterlichen Häusern, in denen sich heute stilvolle Tavernen und elegante Geschäfte niedergelassen haben, gesäumt. Die östlich der Via Santa Maria gelegene **Piazza dei Cavalieri** war zwar schon im Mittelalter Hauptplatz der Stadt, wurde aber unter der Herrschaft der Florentiner neu gestaltet und erinnert damit an die Kapitulation Pisas vor der Florentiner Übermacht im Jahr 1509. Die prächtigen Palazzi, mit denen der Platz im 16. Jh. ausgestattet wurde, gehen auf Pläne von Giorgio Vasari, dem berühmten Hofarchitekten der Medici, zurück. Auf der anderen Seite der Via Santa Maria liegt der unter dem Medici-Fürsten Cosimo I. angelegte **Orto Botanico** – der älteste botanische Garten der Welt. Die von Arkadengängen gesäumte kleine Flaniermeile Pisas, der Borgo Stretto, beginnt am nördlichen Arno-Ufer hinter dem Ponte di Mezzo und lockt mit eleganten Geschäften und stilvollen Straßencafés. Östlich dieser Haupteinkaufsstraße erstreckt sich ein uriges Viertel aus engen Gassen, in dem kleine Geschäfte und Tavernen kulinarische Spezialitäten der Region anbieten.

Lucca Viele Kreuzfahrtpassagiere nutzen ihren Aufenthalt in Livorno zu einem Abstecher in diesen nur 20 km von Pisa entfernten, entzückenden kleinen Ort. Lucca wird immer wieder als reizvollste und idyllischste aller toskanischen Städte gepriesen. Dank einer glücklichen Geschichte, die ihr zwischen 1369 und der Besetzung durch Österreich im Jahre 1799 die Unabhängigkeit bescherte, ist die historische Bausubstanz der Stadt erhalten geblieben. Mittelalterliche Kirchen und Patrizierhäuser, die von dem Reichtum der Luccheser Kaufleute zeugen, prägen den Ortskern, der von einer mächtigen, vollständig erhaltenen Stadtmauer aus dem 16. Jh. umgeben ist. Hauptattraktion von Lucca ist der mittelalterliche **Duomo San Martino**, der vor allen Dingen durch seine bemerkenswerte Fassade beeindruckt. Sie besteht aus einem Arkadengang mit einer dreigeschossigen Log-

wie die Albizzi, die Rucellai und die Strozzi bestimmten deren politische Geschicke. Das Ende der Republik begann mit der Ernennung des vom Papst protegierten Cosimo de' Medici zum »Gran Maestro« im Jahr 1434.

Er begründete die bis ins Jahr 1765 dauernde Herrschaft des Geschlechts über Florenz. Blütezeit der Epoche war die Regentschaft Lorenzos des Prächtigen von 1469 bis 1492 (links). Ab 1569 führten die Medici-Herrscher den Titel »Großherzog der Toskana«. Aus ihrer Familie gingen bedeutende Kardinäle und Päpste hervor. Um ihrer Macht Ausdruck zu verleihen, ließen die Medici Paläste errichten und förderten die Künste.

Luccas Duomo di San Martino ist auch innen eine Augenweide.

gia darüber und wurde der eigentlichen Außenwand zu dekorativen Zwecken vorgesetzt. Die Säulen und Bögen der Loggia sind mit Blütenmustern und Tierskulpturen überreich geschmückt. Auch die Fassaden der Kirche **San Michele in Foro**, des anderen bedeutenden mittelalterlichen Sakralbaus von Lucca, sind mit verschwenderisch dekorierten mehrgeschossigen Loggien geschmückt.
Die Piazza dell'Anfiteatro im Zentrum der Altstadt ist ein beliebtes Fotomotiv und stellt baugeschichtlich ein Unikum dar. Die mittelalterlichen Häuser, die das Oval des Platzes säumen, wurden auf den Überresten eines römischen Amphitheaters errichtet.

Florenz Die rund 80 km östlich von Livorno gelegene Hauptstadt der Toskana präsentiert sich als Gesamtkunstwerk. Nirgendwo sonst finden sich so viele architektonisch herausragende Baudenkmäler und kostbare Kunstschätze auf so engem Raum. Kein Wunder, dass das historische Florenz deshalb seit 1982 auf der UNESCO-Weltkulturerbeliste steht.
Die Stadt gilt als Zentrum jener europäischen kulturellen Bewegung, die nach dem Untergang der mittelalterlichen Welt in einer Rückbesinnung auf die Antike den Menschen als schöpferisches Wesen wiederentdeckte und die unter dem Namen »Renaissance« bekannt geworden ist. Von Florenz gingen dabei bedeutende Impulse für wissenschaftliche und künstlerische Neuerungen aus. Gelehrte wie Galileo Galilei und Architekten wie Giorgio Vasari oder Filippo Brunelleschi wirkten hier, Künstler wie Michelangelo, Botticelli oder Leonardo da Vinci schufen in Florenz unsterbliche Werke. Obwohl sich die ungeheure Fülle an architektonischen und künstlerischen Kostbarkeiten kaum in einer Woche, geschweige denn an einem Tag studieren lässt, lohnt auch ein Kurzbesuch.
Einige der wichtigsten historischen Sehenswürdigkeiten liegen an der Strecke zwischen **Domplatz** und **Palazzo Pitti** und können deshalb bei einem Spaziergang in Augenschein genommen werden. An der **Piazza del Duomo** fällt sofort die reich geschmückte Hauptfassade der **Kathedrale** auf. Sie wurde allerdings erst gegen Ende des 19. Jh.s angebracht und steht in scharfem Konstrast zu der schlichten Eleganz des hallenartigen Innenraums. **Santa Maria del Fiore** ist eines der größten christlichen Gotteshäuser. Die Kirche wurde 1436 nach fast 200 Jahren Bauzeit mit der Ausführung der gewaltigen Kuppel, eines Werks Brunelleschis, fertiggestellt. Die Piazza del Duomo ist durch die Via Calzaiouli mit der Piazza della Signoria verbunden. Hier lockt der **Palazzo Vecchio**, die mit kostbaren Gemälden und Skulpturen ausstaffierte einstige Residenz der Medici, die Besucherscharen an. Vor dem Palast stehen Kopien von Michelangelos »David« und Donatellos »Judith und Holofernes«. Im Süden der Piazza della Signoria zweigt der Piazzale degli Uffizi ab. Mit den **Uffizien** befindet sich hier eines der weltweit bedeutendsten Kunstmuseen, das eine riesige Sammlung von Meisterwerken europäischer Maler hütet.
Unweit der Uffizien führt der berühmte **Ponte Vecchio** über den Arno. Bis heute sind in den kleinen Geschäften auf der Brücke Goldschmiede und Juweliere ansässig. Der Korridor über der Ladenzeile, der von dem berühmten Vasari stammt, kann leider nur mit besonderer Genehmigung besichtigt werden.

Auf der anderen Seite des Arno lockt der **Palazzo Pitti**, in dem zwischen 1549 und 1859 die toskanischen Großherzöge residierten, mit kostbaren Sammlungen von Gemälden alter und neuer Meister sowie einem Porzellan- und einem Silbermuseum. Zum Palazzo Pitti gehört der **Boboli-Garten**, ein wunderschöner Renaissancegarten.

Großes Bild: Dom Santa Maria del Fiore und Ponte Vecchio prägen die Panoramaansicht von Florenz.

Der Dom Santa Maria del Fiore und das auf der Westseite vorgelagerte Baptisterium harmonieren mit polychromen Marmorfassaden; der Campanile ist frei stehend und niedriger als die Domkuppel (unten).

Giorgio Vasaris Kuppelfresko im Dom stellt auf eindrucksvolle Art und Weise das Jüngste Gericht dar. Zwei Jahre vor seinem Tod im Jahr 1572 begonnen, wurde es von Federico Zuccari fortgeführt (links).

Sardinien

Parco Nazionale dell'Arcipelago di la Maddalena

Von Palau setzen Ausflugsboote die Gäste über zum etwa 12 000 ha großen Nationalpark (rechts) mit den Inseln La Maddalena, Caprera, Spargi und Santo Stefano sowie weiteren kleinen Inseln. Auf Caprera steht die Casa di Garibaldi, in der der italienische Nationalheld Giuseppe Garibaldi seine letzten Lebensjahre verbrachte. Ein Damm verbindet Caprera mit La Maddalena. Dort gibt es eine rund 20 km lange Panoramastraße rund um die Insel.
Die Insel Santo Stefano, direkt südlich von La Maddalena gele-

Land: Italien
Fläche: 24 090 km^2
Einwohner: 1 675 000
Sprache: Italienisch
Währung: Euro
Hauptreisezeit: April bis Oktober
Zeitzone: UTC + 1

Italiens zweitgrößte Insel ragt als stark zerklüftetes und vielgestaltiges Gebirgsmassiv aus dem azurblauen Meer. Die Kräfte der Erosion haben im Laufe von Jahrmillionen eine charakteristische Landschaft aus Gestein geformt. Die einst dichten Wälder sind im Zuge systematischer Rodungen, zu denen es im 19. Jh. kam, größtenteils verschwunden. Heute bedeckt mediterrane Macchia weite Gebiete.
Sardinien ist für seine oft kilometerlangen, hellen, feinsandigen Strände berühmt. Bizarre Felsformationen sorgen für eigentümliche Reize. Die Geschichte der Insel wird in den Kreuzfahrthäfen auf besondere Weise sichtbar, denn sie werden von mächtigen Festungen, die die Eroberer aus Genua, Pisa und Aragón errichteten, überragt.

Olbia Nicht zuletzt aufgrund ihrer Nähe zur Costa Smeralda hat sich die Hafenstadt im Nordosten Sardiniens zu einem beliebten Ziel auf Mittelmeerkreuzfahrten entwickelt. Seit Karim Aga Khan den Küstenstrich mit dem klingenden Namen in den 1960er-Jahren für sich entdeckte, ist er zu einem Treffpunkt des internationalen Jetsets geworden.
Die **Costa Smeralda** bezaubert durch eine unvergleichliche Naturlandschaft. An der im Übrigen felsigen und klippenreichen Küste liegen verträumte Buchten mit hellen, feinsandigen Traumstränden versteckt. Weite Teile des Gebiets sind von Macchia bedeckt. Das Meer funkelt in der Sonne smaragdgrün. Die Ferienvillen und Luxusresorts, die hier entstanden, sind der Landschaft angepasst, Farben und Formen der Häuser von der Natur beeinflusst. Die Erbauer von **Porto Cervo**, dem erst 1962 gegründeten Hauptort der Costa Smeralda, ließen sich von der traditionellen sardischen Architektur inspirieren.
Das malerische Städtchen ähnelt einem historisch gewachsenen Dorf und ist doch ein schicker, mondäner Ferienort, der seinen Gästen allen nur erdenklichen Luxus bieten kann.
Die Reize Olbias erschließen sich nicht unmittelbar; der bedeutendste Hafen Sardiniens präsentiert sich als moderner Industriestandort und wird von Touristen vor allen Dingen als Verkehrsdrehscheibe genutzt. Dabei hat die Stadt ihren Gästen doch einiges zu bieten. In den kleinen Gassen der für Autos weitgehend gesperrten Altstadt locken stilvolle Lokale, an der Flanier- und Shoppingmeile **Corso Umberto I**, die vom Hafen direkt ins Zentrum führt, haben internationale Modelabels Dependancen eröffnet. Das **Archäologische Museum** bewahrt Schätze aus der Frühzeit Olbias und der römischen Antike auf. Ungefähr 5 km nördlich von Olbia lockt mit der auf dem Hügel Punta Casteddu thronen-

Blick von Osten über Alghero.

en, ist bekannt für ihre vielfälgen Seevogel-Populationen. as Ziel des Nationalparks ist s, den Bestand an Vögeln, etva den der Korallenmöwe, der lussseeschwalbe, der Krähencharbe oder des Gelbschnabel-

Sturmtauchers, zu sichern. Die Eilande im Westen sind dagegen alle unbewohnt. Alle Inseln besitzen eine zerklüftete Küstenlinie, glasklares Wasser und zu schroffen Formationen erodierte Felsen.

en Festung bzw. Nuraghe abu Abbas eines der berühmen Wahrzeichen Sardiniens. licht nur an der Costa Smerala, sondern auch an dem Küsenabschnitt südlich von Olbia nden sich einige traumhafte adestrände. Das der Küste im ußersten Nordosten Sardiiens vorgelagerte **Maddalea-Archipel** ist ein Paradies für egler, Surfer und Taucher. Obvohl die Inseln bereits im 8. Jh. besiedelt wurden, finden ich hier noch viele unberührte lätzchen, einsame Buchten nd Strände. Das rund 12 000 inwohner zählende Städtchen **a Maddalena** auf der gleichamigen Hauptinsel hingegen räsentiert sich als urbaner, leendiger Ort mit einer ausgeeichneten touristischen Infratruktur. Große Teile des Maddalena-Archipels sind als Nationalpark ausgewiesen.

Alghero

Seitdem die talienische Königsfamilie gegen Ende des 19. Jh.s die an der Nordwestküste Sardiniens gelegene Stadt zu ihrer Sommerresidenz erkor, hat sie sich zu einem der großen touristischen Zenren der Insel entwickelt. Wunderschöne **Badestrände**, zahlreiche historische Sehenswürdigkeiten in der auch landchaftlich überaus reizvollen Umgebung und nicht zuletzt die charmante Altstadt locken alljährlich sehr viele Urlauber an. Alghero wird oft als schönste Stadt Sardiniens gerühmt. hren Beinamen »Barceloneta« verdankt sie katalanischen Einwanderern, die nach der Inbesitznahme der Stadt durch die aragonische Krone im Jahr 1372 und der Vertreibung der sardischen Bevölkerung hier siedelten und ein reiches architektonisches Erbe hinterließen. Das historische Zentrum wird von Bauten im Stil der katalanischen Gotik geprägt und oft mit dem Barri Gòtic von Barcelona verglichen. Die Ursprünge der **Befestigung**, von der es bis heute zur Meerseite hin umschlossen wird, gehen auf Genueser zurück, die Alghero im 12. Jh. gründeten. Aber erst die spanischen Eroberer bauten sie zu einem mächtigen Bollwerk aus; auf einen Rundgang sollte man bei einer Besichtigung keinesfalls verzichten. Außerdem befinden sich im **Centro Storico** verschiedene Restaurants, die für ihre ausgezeichnete Küche bekannt sind. In der weiteren Umgebung Algheros lockt direkt am Capo Caccia die **Grotta di Nettuno**, eine Tropfsteinhöhle, zu der eine Treppe aus 652 Stufen führt; diese wurde direkt in die steil zum Meer abfallenden Felswände gehauen.

Rund 10 km nördlich von Alghero liegt **Anghelu Ruiu**, eine der größten Nekropolen im Mittelmeerraum. Ihre 38 Felskammergräber wurden von Trägern der steinzeitlichen Ozieri-Kultur angelegt und können besichtigt werden. Zwischen Alghero und dem Capo Caccia finden sich einige schöne, feinsandige Badestrände wie die **Spiaggia Bombarde** und die **Spiaggia Il Lazzaretto**. Nördlich davon lohnt die Nuraghe Palmavera einen Besuch.

Cagliari

Die an der Südküste Sardiniens gelegene Metropole ist nicht nur Hauptstadt, sondern auch das wirtschaftliche Zentrum der Insel und ein wichtiger Industriestandort. Während des Zweiten Weltkriegs wurde Cagliari stark zerstört. Große Teile des Stadtgebiets werden daher von

Der Burgberg dominiert das historische Zentrum von Cagliari.

Neubauten geprägt. Allein im historischen Zentrum, das hinter dem Hafen beginnt und sich bis zum Burgberg hinaufzieht, finden sich noch zahlreiche architektonische Zeugnisse aus der wechselvollen Stadtgeschichte. Obwohl Alt-Cagliari überschaubar ist, erfordert ein Stadtbummel eine gewisse Kondition. Immerhin geht es vom Hafen- bis zum Burgviertel immer bergan.

Die **Marina**, das historische Hafenviertel, präsentiert sich als Gewirr leicht schmuddeliger, enger und dunkler Gassen, das im Süden zum Hafen hin von dem mehrspurigen Prachtboulevard Via Roma und im Westen von der eleganten Einkaufsmeile Largo Carlo Felice begrenzt wird. Die Straßen des Quartiers wurden bereits im Mittelalter angelegt, viele kleine Geschäfte, Handwerksbetriebe und volkstümliche Lokale, die für ihre ausgezeichnete Küche bekannt sind, residieren hier.

Die den Hafen entlangführende palmenbestandene Via Roma hingegen wird an ihrer Nordseite von klassizistischen Arkadenhäusern gesäumt. Hier stehen trendige Straßencafés und Edelboutiquen dicht an dicht. Auch an dem baumbestandenen und geschäftigen Largo Carlo Felice zeigt Cagliari seine mondäne, urbane Seite. Große Banken und Kaufhäuser haben hier ihren Sitz. Hinter der Via Manno, die das Marina-Viertel im Norden begrenzt, führt ein steiler Weg zur mächtigen **Zitadelle** hinauf. Große Teile der Festung wurden bereits im frühen 14. Jh. unter der Regie von Pisanern, die Cagliari kurze Zeit besetzt hielten, angelegt. Unter den spanischen Aragoniern, die zwischen 1326 und 1713 über Sardinien herrschten, wurde sie umgebaut und mit zusätzlichen Bauten ausgestattet.

Die Fassade des Doms **Santa Maria** ist zwar auch ein gutes Beispiel für den pisanisch-romanischen Stil, im Innern überwiegen jedoch barocke Elemente.

Der **Bastione San Remy** wurde im frühen 18. Jh. unter der Regie des Hauses Savoyen über einer spanischen Anlage errichtet. Bis ins 19. Jh. durften ausschließlich hohe Beamte sowie Angehörige von Klerus und Adel ihre Residenzen auf der Zitadelle errichten. Mit dem Wegfall der Privilegien verwandelte sie sich in ein Elendsquartier. Heute zieht es wieder zahlungskräftige Bürger hierher. Die alteingessenen Bewohner werden verdrängt.

Das außerhalb der Festungsmauern errichtete **Museo Archeologico Nazionale** informiert anschaulich und umfassend über die sardische Geschichte und wartet mit einer einzigartigen Sammlung nuraghischer Bronzeskulpturen auf.

Großes Bild oben links: Die wehrhaften alten Stadtmauern von Alghero boten Schutz vor Eindringlingen und sind noch heute gut erhalten.

Civita-vecchia, Rom

Das antike Rom

Von der Glanzzeit des Römischen Reichs künden die Reste antiker Bauwerke rund um Kapitols- und Palatinhügel. Auf dem von Senatorenpalast, Konservatorenpalast und Palazzo Nuovo umgebenen Kapitolsplatz erinnert heute nur noch eine Kopie des Reiterstandbilds von Marc Aurel (das Original aus dem 2. Jh. wird in den Kapitolinischen Museen aufbewahrt) an das antike Erbe. De Kapitolsplatz selbst wurde u 1540 nach Plänen von Miche angelo umgestaltet und späte barockisiert. Ganz in der Näh befindet sich das unter Kaise Augustus errichtete Marcellus

Land: Italien
Einwohner: 52 000
Sprache: Italienisch
Währung: Euro
Hauptreisezeit: April bis Oktober
Zeitzone: UTC + 1

Im Rahmen einer Mittelmeerkreuzfahrt gehört ein Besuch der Ewigen Stadt sicherlich zu den Höhepunkten. Wie kaum anderswo lassen sich im Zentrum des einstigen Römischen Reichs und der Christenheit anhand der Fülle von Baudenkmälern und Museen höchst anschaulich über 2000 Jahre abendländischer Geschichte studieren.
Rom liegt rund 20 km von der Küste Latiums entfernt, Kreuzfahrtschiffe gehen deshalb am modernen Terminal von Civitavecchia rund 70 km nordwestlich von Rom vor Anker. Vom Eingang des Hafenareals sind es zu Fuß ca. 10 Minuten zum Bahnhof. Speziell für Kreuzfahrtreisende steht dort der Roma Express bereit, der die Fahrgäste ins Herz der Ewigen Stadt zur Station San Pietro in unmittelbarer Nähe des Petersdoms befördert.

⚓ **Civitavecchia** Kaiser Trajan (reg. 98–117) legte einst den Grundstein für den größten Seehafen des Latiums. Unter Papst Julius II. (1503–1513) wurde dieser nach Plänen des berühmten Baumeisters Bramante für die Kriegsmarine des Kirchenstaates ausgebaut. Neben der den Hafen beherrschenden Festung Forte Michelangelo (16. Jh.) lohnen die Überreste der antiken Tauriner Thermen sowie die noch heute von vielen Römern genutzten Ficoncella-Thermen eine Erkundung.

Rom Antike Baukunst und Monumente, Kirchen aus allen Epochen, prachtvolle Palazzi, weltberühmte Museen, großzügig angelegte Gärten und Brunnen, dazu die Vatikanstadt als Zentrum der Christenheit – für all das steht Rom, die auf sieben Hügeln erbaute Ewige Stadt. In der Antike war Rom das Zentrum eines Weltreiches, von dem aus zahlreiche Kaiser die Geschicke des Imperium Romanum bestimmten.
Von hier aus, dem Ort des mutmaßlichen Grabes des Apostels Petrus, etablierten sich der Kirchenstaat bzw. sein heutiger Nachfolger, die Vatikanstadt, mit dem römischen Bischof in der Nachfolge Petri als Oberhaupt der Kirche.
Die jeweils berühmtesten Baumeister und Künstler ihrer Zeit kamen hierher, um im Auftrag von Päpsten und Kardinälen, Kaisern und Fürsten neue Architektur zu schaffen.

Vatikan Den Mittelpunkt des Vatikans bildet der imposante Bau der **Peterskirche**. Sie steht auf den Resten einer um 325 geweihten Basilika, welche wiederum über dem mutmaßlichen Grab des Apostels Petrus errichtet wurde. Die namhaftesten Künstler der Renaissance und des Barock – Bramante, Raffael, Michelangelo und Bernini – widmeten sich dem berühmtesten und größten Sakralbau der abendländischen Kirchenkunst. Für den Bronzebaldachin über dem Grab Petri entwarf Bernini die gedrehten Säulen. Von Michelangelo stammen die Kuppel mit einem Durchmesser von 42 m und die subtil gestaltete **Pietà**.
Vor dem Petersdom erstreckt sich der Petersplatz, eine ebenfalls von Bernini gestaltete elliptische Anlage mit Kolonnadengang und zwei Brunnen.

Unmittelbar neben dem Petersdom befindet sich die **Sixtinische Kapelle**. Hier tritt das Konklave zusammen. Ihren Ruhm verdankt die Kapelle jedoch vor allem der grandiosen Ausmalung durch Botticelli, Perugino, Signorelli und Michelangelo, der die Malereien an der Decke sowie der Altarwand schuf.
Zugänglich ist der Prachtraum über die **Vatikanischen Museen**, ein ganzes Ensemble von Palazzi und Pinakotheken, wo sich Kunstschätze wie kaum anderswo auf der Welt ballen.
Von den reichen und ausgesprochen wertvollen päpstlichen Kunstsammlungen seien hier nur die Stanzen des Raffael erwähnt, Pontifikalgemächer im Apostolischen Palast, mit Fresken des Meisters wie »Die Schule von Athen« oder »De Brand des Borgo«.

Engelsburg Nur wenig Hundert Meter vom Vatika entfernt thront die Engelsbur über dem Tiber. Unter Kaiser Ha drian (reg. 117–138) ursprüng lich als Mausoleum konzipiert erhielt die Engelsburg erst 59 ihren heutigen Namen. Heut können 58 Säle der Burg be sichtigt werden. Neben kunst voll ausgeschmückten päpstli chen Gemächern führt de Rundgang durch eine Waffen sammlung und ein ehemalige Gefängnis. Einen eindrucksvol len Blick über die Stadt hat ma von der Aussichtsplattform.

Centro Storico Überquer man die von barocken Engelsfi guren Berninis gesäumte En gelsbrücke, bietet sich ein Spa ziergang durch die Altstad Roms an, die hier an der öst lichen Seite der knieförmiger Biegung des Tibers beginnt und deren Grenzen durch Piazza Venezia, **Spanische Treppe** und **Piazza del Popolo** markier werden. Im Gassen- und Straßengewirr passiert man herr liche Renaissancegebäude, vo allem aber vermitteln die Plät ze, Kirchen und Paläste hier ei facettenreiches Bild vom »Rö mischen Barock«. So etwa ar der **Piazza Navona**, einem be-

theater. Bis zu 15 000 Zuschauer fanden im größten Theater Roms Platz. Östlich davon dehnt sich der politische, wirtschaftliche und religiöse Mittelpunkt des alten Roms aus, das Forum Romanum (rechts). Hier

herrschte damals geschäftiges Treiben. Brot und Spiele gab es einst in Form von Gladiatorenkämpfen im Kolosseum, das bis zu 80 000 Zuschauer fasste; es war das größte Amphitheater des Römischen Reiches.

liebten Treffpunkt der Hauptstädter. Umgeben von den dekorativen Fassaden barocker Prachtbauten und Kirchen wie Sant' Agnese in Agone bietet er eine malerische Kulisse für jegliche Art von Kleinkunst. Sein Zentrum bilden drei Springbrunnen, darunter die von Bernini geschaffene **Fontana dei Quattro Fiumi** (Vierströmebrunnen) mit ihren Flusspersonifikationen. In den Cafés rund um den Platz lässt sich pralles römisches Leben genießen.

Nur wenige Blocks entfernt erwartet den Spaziergänger das besterhaltene Bauwerk der Antike: das **Pantheon**. Der Zentralbau mit Vorhalle und selbsttragender Kuppel wurde zwischen 120 und 125 unter Hadrian errichtet und beherbergte wohl mehrere Statuen von Göttern. Im Jahr 609 erhob Papst Bonifatius das Pantheon zur Kirche. Seine harmonischen Proportionen und die überzeugende Lichtführung durch eine 9 m breite Öffnung in der Kuppel machen einen Besuch zum Erlebnis. Neben italienischen Königen wurde hier auch Raffael beigesetzt.

Einen kleinen Schlenker nach Süden, vorbei an der gotischen Kirche **Santa Maria sopra Minerva** mit der Elefantenskulptur von Bernini davor, lohnt das Urbild der Jesuitenkirchen, die 1584 vollendete, später hochbarock umgestaltete **Chiesa del Gesù**. Mit ihrer Verbindung von tonnengewölbtem Langhaus und kuppelgewölbter Vierung beeinflusste sie den barocken Kirchenbau in ganz Europa nachhaltig.

Nicht nur derjenige, der wieder nach Rom zurückkehren möchte, sollte die **Fontana di Trevi** aufsuchen. An der Rückseite eines Palastes schuf Nicolò Salvi in den Jahren von 1732 bis 1751 ein ungeheures Spektakel aus Stein. Vor triumphaler Architektur pflügt der kraftvolle Meeresgott mitsamt seinen Rossen durch die tosende Gischt. Im Brunnenwasser liegen jede Menge Geldmünzen. Romliebhaber werfen sie rücklings über die Schulter in eben der Hoffnung, bald wieder nach Rom zurückzukommen.

Weiter führt der Weg auf verwinkelten Pfaden vorbei am **Palazzo del Quirinale** (dem Amtssitz des Staatspräsidenten), den von den Baumeister-Gegenspielern Bernini und Borromini erbauten Barockkirchen **San Carlo alle Quattro Fontane** und **Sant' Andrea al Quirinale**, dem barocken Palazzo Barberini (Residenz der Galleria Nazionale d'Arte Antica) und der Fontana del Tritone (einem weiteren von Bernini geschaffenen Brunnen), bis man schließlich die beliebte **Spanische Treppe** erreicht. Gegenüber der Fontana della Barcaccia, zu Füßen der Treppe, beginnt die Via dei Condotti. Früher nahmen hier Berühmtheiten wie Stendhal, Goethe, Byron, Liszt und Keats Quartier, heute lässt sich dort in Boutiquen italienischer Nobeldesigner shoppen, bevor man sich im Antico Caffè Greco, das es seit 1760 gibt, von den Strapazen erholt.

Villa Borghese Nur unweit nördlich der Spanischen Treppe erstreckt sich über den Hügel Pincio die Villa Borghese, eine rund 5 km^2 große Parkanlage, die drei hochkarätige Museen beherbergt: das Museum der Villa Borghese mit der Sammlung des Kardinals Borghese (darunter Werke von Bernini, Raffael, Caravaggio u.a.), die Galleria Nazionale d'Arte Moderna e Contemporanea (Werke des 19. und 20. Jh.s) sowie das Museo Nazionale Etrusco in der Villa Giulia.

Oben links: Das Pantheon an der Piazza della Rotonda. Bildleiste von oben: Engelsburg, Spanische Treppe, Vierströmebrunnen, Fontana di Trevi.

Gian Lorenzo Berninis grandioser, von 1656 bis 1667 elliptisch gestalteter Platz vor der Peterskirche hat eine Länge von 240 Metern und ist von einem 17 Meter breiten Kolonnadengang gesäumt (unten).

Bilder von links: Berninis Bronzebaldachin in der Peterskirche; Blick in die Gänge und Räume der Vatikanischen Bibliothek; die berühmten Fresken Michelangelos in der Sixtinischen Kapelle.

Neapel

Der Vesuv

1944 ist er zum (bisher) letzten Mal ausgebrochen, der 15 km von Neapel entfernt liegende Vesuv (rechts), mit rund 12 000 Jahren der jüngste und einzig

Land: Italien
Einwohner: 960 000
Sprache: Italienisch
Währung: Euro
Hauptreisezeit: April bis Oktober
Zeitzone: UTC + 1

Wer sich Neapel vom Meer her nähert, wird das sich ihm darbietende Bild der Hafenstadt so schnell nicht vergessen. Hat man die Küstenlinie von Pozzuoli passiert, so zeichnen sich im Morgendunst die Silhouetten der Stadtpaläste Neapels ab, allen voran das Castel dell'Ovo, die Festungsanlage des ehemaligen Normannenschlosses.
Im Hintergrund erhebt sich der Vesuv – seit jeher eindrucksvoll und bedrohlich zugleich in seiner immerwährenden dunklen Präsenz. Doch was wäre Neapel, die Stadt, in der sich Antike und Moderne, Armut und Reichtum, Ruinen und Palazzi, Heiligenkulte und Alltagskultur beständig durchdringen, ohne ihren Vulkan? Tief hat sich die besondere Geografie der Stadt in das Bewusstsein seiner Bewohner eingeprägt. Eine reiche Auswahl an übernatürlichen Mächten, allen voran der Stadtpatron San Gennaro, zahlreiche Madonnen sowie die namenlosen Toten der Stadt stehen den Neapolitanern bei Gefahren schützend zur Seite – so will es die Tradition. Die Stätten ihrer Verehrung, der Dom sowie die Kirchen der Stadt, wurden teils auf den Fundamenten antiker Tempel errichtet, sodass man noch heute durch die Krypten hinabsteigen kann bis auf das Niveau der im 7. Jh. v. Chr. von griechischen Siedlern gegründeten »Neuen Stadt« – »Neapolis«. Nach den Griechen folgten Römer, Westgoten, Byzantiner, Langobarden und Normannen, Franzosen und Spanier und hinterließen hier die Spuren ihrer Herrschaft, bis Neapel im Jahr 1860 Teil des vereinigten italienischen Staats wurde.
Die Vielfalt der unterschiedlichen kulturellen Einflüsse ist im Stadtbild nach wie vor präsent: Orientalisch buntes Treiben herrscht auf den Märkten und in den Gassen der Altstadt, spanische Majoliken schmücken Kuppeln und Mauern von Adelspalästen, und neoklassizistische Bauten, wie der ehemalige Königspalast auf dem Capodimonte, erinnern an die Herrschaft der Bourbonen im 18. Jh. Der Hafen für Kreuzfahrtschiffe liegt zentral und nur wenige Gehminuten von der Piazza del Municipio entfernt.

Altstadt Umgrenzt von der Via Carbonara, die als Via A. Poerio auf die Piazza Garibaldi mit der Stazione Termini mündet, der lebendigen Einkaufsstraße Corso Umberto I, der Via Toledo im Westen, die noch dem antiken schachbrettartigen Straßenverlauf folgt, und der nach Norden hin abschließenden Via Foria, befindet sich das Herz des ursprünglichen Neapels. Hier kontrastiert die Eleganz der alten Stadthäuser und Paläste mit dem morbiden Charme des Verfalls der vergangenen Pracht in den schmalen Gassen, auf denen munteres Leben herrscht. Kleine Handwerksbetriebe, Vergolderwerkstätten und Krippenbauer haben sich in den Straßenzügen rund um die **Via San Gregorio Armeno** herum angesiedelt.

noch aktive Vulkan auf dem europäischen Festland. Doch niemand weiß, wie lange er noch »schläft«. Fest steht aber, dass in seinem Inneren der Druck steigt. Ein 3 km tiefer Pfropfen verstopft den Schlot, während in 5 bis 7 km Tiefe das Magma weiter brodelt. Falls es zu einem neuerlichen Ausbruch kommt, sind mehr als 600 000 Menschen, die rund um den Vesuv leben, gefährdet. Seit dem letzten Ausbruch hat der Vulkan zwei Gipfel: Der eigentliche Vesuv ist 1281 m, der Nebengipfel des Monte Somma ist 1132 m hoch. Der Hauptkrater hat eine Tiefe von bis zu 300 m und einen Durchmesser von 600 m. Schön ist der Blick vom Kraterrand über den Golf von Neapel. Um den Vesuv aus nächster Nähe von allen Seiten in Augenschein zu nehmen, fährt man mit der Circumvesuviana, einer Bahnlinie, in ca. zwei Stunden um den Vulkan herum.

Die Kirche San Francesco di Paola liegt an der zentralen und monumentalen Piazza del Plebiscito.

Hier kann man die typischen Krippen von Neapel bewundern und erwerben, die durch ihre realistischen und detailreichen Darstellungen pittoresker neapolitanischer Lebenswelten Weltruhm erlangten.

Gegenüber auf der Via Duomo erhebt sich der **Dom** von Neapel, der von Karl I. von Anjou im gotisch-angiovinischen Stil errichtet wurde. In Form einer Seitenkapelle wurde die ehemals älteste Kirche der Stadt, die **Santa Restituta**, in den mächtigen Innenraum integriert. Geweiht ist der Dom dem Stadtheiligen San Gennaro, dessen Gebeine in der Krypta verwahrt werden. Unter den zahlreichen Gotteshäusern dieses Stadtbezirks sind die Kirchen **San Giorgio Maggiore** (erbaut in der Mitte des 17. Jh.s.), **Santa Maria Maggiore** (erbaut bereits um 530) sowie die kleine Barockkirche **Santa Maria del Purgatorio ad Arco** mit ihren die Fassaden zierenden Totenschädeln besonders sehenswert.

Unweit davon in der Via Francesco de Sanctis befindet sich die **Cappella Sansevero**, deren künstlerisch-bizarre Innenausstattung den exzentrischen Experimenten und Fantasien Raimondo di Sangros, Fürst von Sansevero (1710–1771), zu verdanken ist. Ein steinerner Zeuge der Geschichte Neapels ist die gotische Kirche **San Lorenzo Maggiore,** in der man bis auf die Überreste der griechischen Agora hinabsteigen kann. Am meisten sieht man natürlich beim Bummel durch die Stadt. Schattige Plätze mit Straßencafés laden zwischendurch zur Erholung ein.

Capodimonte Im Norden der Stadt, ca. 4 km vom Hafen entfernt, erhebt sich der grüne Hügel Capodimonte mit dem **Palast**, den Karl III. von Bourbon ab 1738 hier errichten ließ. Die herrschaftlichen Hauptgebäude gruppieren sich um drei arkadenbestandene Innenhöfe, außen bilden Säulen aus grünem Trachyt einen spannungsvollen Kontrast zum ziegelroten Mauerwerk. Der Palast ist Sitz des Museums und der Galerie Capodimonte. Neben der Farnesischen Sammlung König Karls III. beherbergt er seit 1957 die Werke der Nationalgalerie und stellt so eine der größten Pinakotheken der Welt dar. Werke von Masaccio, Tizian und Caravaggio sowie eine Ausstellung wertvollen Porzellans gehören zu den Höhepunkten des Museums.
Ein Park im Stil einer englischen Gartenanlage umgibt den Palast und bietet Ausflüglern die Möglichkeit einer wohlverdienten Ruhepause nach Neapels stets geschäftigem Treiben.
Allein der weite Blick über die Stadt lohnt den Weg hierher. Gut erreichbar ist der Hügel mit dem Bus, Haltestelle Piazza Vittoria oder Piazza del Municipio, oder per Taxi.

Napoli Sotterranea (das unterirdische Neapel). Neapel ruht auf einer Unterwelt aus Grotten, Grüften und Gängen, die beim Abbau des zum Bau der Häuser verwenden Tuffsteins im Laufe der Jahrtausende entstanden sind.
An vielen Stellen der Stadt eröffnet sich ein Zutritt zu diesem Höhlensystem, so etwa auf der Piazza San Gaetano 68, von wo aus man an geführten Touren in die Unterwelt teilnehmen kann. Neben Wasserbecken und Hallen kann man hier auch die Reste eines Amphitheaters besichtigen. Bis zur Mitte des 19. Jh.s., insbesondere aber in den Zeiten der großen Pest- und Choleraepidemien nutzte man die Höhlen auch zur Bestattung der Toten. Bei einigen dieser Friedhöfe handelt es sich um vorchristliche Stätten der Totenbestattung, die bis in die Antike zurückdatierbar sind, wie beispielsweise beim Cimitero delle Fontanelle oder bei den Katakomben von San Gennaro, beide im Stadtviertel Sanità gelegen.
An beiden Schädelstätten floriert bis heute der Kult der »anime del purgatorio«, der sogenannten »armen Seelen im Fegefeuer«, die in einem rituellen Akt als Familienmitglieder »adoptiert« werden, indem man ihre Schädel in kleine Altäre bettet und Kontakt zu ihnen hält. Als Lohn für diese Mühe kann fortan mit dem Beistand des Toten im mühevollen Alltag des neapolitanischen Diesseits gerechnet werden.

Bild oben links: Blick über das abendlich erleuchtete Neapel mit den Quartieri Spagnoli; das Stadtviertel ist Teil des historischen Zentrums.

Von Neapel in einer halben Stunde mit der Circumvesuviana ab der Stazione Termini bequem zu erreichen ist die im Jahr 79 von den Lavaströmen des Vesuvs verschüttete Stadt Pompeji (rechts). Die erst Mitte des 19. Jh.s systematisch freigelegten und gut erhaltenen Areale dieser einst blühenden römischen Ortschaft vermitteln dem Besucher heute einen realistischen Eindruck vom Leben in der Antike. An die alten Gassen Pompejis schließen sich herrschaftliche Villen an. Die schattigen Patios sind oftmals reich mit Fresken geschmückt (ganz rechts: Wandbild in der Villa dei Misteri). Von kleinen Verkaufsbuden am Straßenrand über Bäckereien, Thermen bis hin zu Tempeln kann man hier fast al le Einrichtungen finden, die der Alltag der römischen Kultur ir der damaligen Zeit bestimmten Seit 1998 steht Pompeji auf de Welterbeliste der UNESCO.

Unter der Vulkanasche blieben die antiken Kunstwerke erstaunlich gut erhalten, etwa das Fresko mit dem Porträt des Terentius Neo mit seiner Frau (Bild unten).

Amalfiküste

Capri

Die legendäre Felseninsel wird nicht nur von Luxuslinern direkt angelaufen, sondern ist auch ein beliebtes Ausflugsziel von Kreuzfahrtpassagieren, die in den Häfen am Golf von Neapel und der Costiera Amalfitana an Land gehen. Eine Überfahrt mit der Fähre dauert nicht mehr als zwei Stunden. Der Hafen ist durch eine Zahnradbahn mit der Piazza Umberto I im Herzen des Inselstädtchens verbunden. De[r] kleine Platz ist das unbestrittene Zentrum Capris. Die Luxusflaniermeile Via Vitt. Emanuele führt in einer Viertelstunde zu der Klosteranlage Certosa di San Giacomo und den Giardini di Au-

Land: Italien
Einwohner:
Sorrent: 16 000
Amalfi: 5000
Salerno: 140 000
Sprache: Italienisch
Währung: Euro
Hauptreisezeit: April bis Oktober
Zeitzone: UTC + 1

Die Costiera Amalfitana zwischen Punta Campanella und Salerno zählt sicherlich zu den malerischsten Steilküsten der Welt. Obwohl die Region früher schwer zugänglich war, wurde hier seit dem Mittelalter eine einzigartige mediterrane Kulturlandschaft geschaffen, die seit 1997 auf der UNESCO-Welterbeliste steht. Jedes der kleinen Städtchen entlang der Küste ist für sich ein architektonisches Juwel. Bis ins 19. Jh. waren sie nur über das Meer erreichbar. Seit 1840 sind die Ortschaften zwischen Positano und Vietri sul Mare durch eine Küstenstraße verbunden. Die 50 km lange Amalfitana windet sich oft 100 m über dem Meer die Steilklippen entlang und bietet spektakuläre Ausblicke auf den Golf von Salerno und seine Küste.

Sorrent Die im Süden des Golfs von Neapel auf der nach ihr benannten Halbinsel gelegene Stadt war bereits in der Antike eine beliebte Sommerfrische. Im 18. und 19. Jh. wurde sie von reichen Nord- und Mitteleuropäern wiederentdeckt und avancierte zu einem eleganten Kurort. Heute ziehen das angenehm milde Klima, die traumhafte Lage und nicht zuletzt die Nähe zu Capri, Pompeji und Neapel Touristen aus der ganzen Welt an. Sorrent thront auf einem steil abfallenden Kalksteinplateau über dem Meer und wird von Ausläufern der Monti Lattari eingerahmt. Von alters her werden in der Region Zitrusfrüchte angebaut. Blühende Gärten sowie üppig wuchernde Zitronen- und Orangenhaine sind daher Sorrents Markenzeichen. Kreuzfahrtschiffe, die Sorrent anlaufen, ankern vor der Stadt. Die Passagiere werden mit Tenderbooten an Land gebracht. Von der Anlegestelle am neuen Jachthafen, der Marina Piccola, kann Alt-Sorrent zu Fuß über 200 Treppenstufen in 20 Minuten oder aber mit einem Bus erreicht werden. Als Ausgangspunkt für eine Stadtbesichtigung bietet sich der am Rand des Tuffsteinplateaus angelegte Park **Villa Comunale** an. Von hier aus kann man die fantastische Aussicht über den Golf von Neapel bis hin zum Vesuv genießen. Die **Piazza Torquato Tasso**, das nach dem Renaissancedichter benannte Zentrum Sorrents, ist von hier aus nur etwas mehr als einen Steinwurf weit entfernt. Der Platz, den heute ein Denkmal Tassos schmückt, wird von dem Corso Italia, einer eleganten Flaniermeile, durchkreuzt. In westlicher Richtung führt die Straße zu dem sehenswerten romanischen **Dom** sowie zur **Museobottega della Tarsialignea**, das eine weltweit wohl einmalige Sammlung von Intarsienarbeiten besitzt. Weitere Attraktionen Sorrents sind das **Kloster San Francesco** in der Nähe des Parks Villa Comunale sowie das **Museo Correale di Terranova** – das wichtigste Museum der Stadt. Es residiert inmitten eines herrlichen Gartens in einem alten Adelspalast im Osten Sorrents am Rand des Tuffsteinplateaus und verfügt über eine beachtenswerte Sammlung von Gemälden flämischer und neapolitanischer Meister.

Einige der besten Restaurants und Trattorien Sorrents finden sich direkt am Hafen. Sie sind für ihre Fischspezialitäten bekannt und bieten auch den berühmten Sorrentiner Limoncello, einen Zitronenlikör, an. Viele Kreuzfahrtpassagiere nutzen den Landgang in Sorrent zu einem Ausflug auf das der Halbinsel vorgelagerte **Capri**. Die Fähren starten in der Marina Piccola.

Mit der zwischen Neapel und Sorrent verkehrenden Circumvesuviana sind Pompeji und Herculaneum zu erreichen.

gusto, einem paradiesischen Park, der eine unvergessliche Aussicht über den Süden Capris bietet. Für einen Spaziergang zum Arco Naturale und den an der Südostspitze Capris aus dem Meer ragenden Felsnadeln Faraglioni (links) muss man ungefähr 1,5 Stunden veranschlagen. Der Weg führt durch eine zauberhafte Gartenlandschaft. Von der Marina Grande starten Ausflugsboote zu Inselrundfahrten und zur Blauen Grotte.

Amalfi, einst eine Seerepublik, gab der Küste ihren Namen.

Amalfi Die Stadt, der die Küste ihren Namen verdankt, liegt in einem engen, zum Meer hin offenen Tal und windet sich über steile Berghänge hinauf. Amalfi war zwischen dem 9. und dem 14. Jh. eine freie Seerepublik und eine bedeutende Handelsmacht im Mittelmeerraum.
Nach der verheerenden Sturmflut des Jahres 1343, die große Teile der Stadt zerstörte, versank sie für Jahrhunderte in die politische Bedeutungslosigkeit. Erst mit dem Aufblühen des modernen Tourismus im 19. Jh. wurde Amalfi wiederentdeckt und entwickelte sich zu einem wirtschaftlichen Zentrum der Region. Die Kreuzfahrtschiffe ankern vor der Küste und lassen die Passagiere mit kleinen Booten an Land bringen.

Hauptattraktion der Stadt ist zweifellos der **Dom**, der sich ganz in Hafennähe über einer imposanten Freitreppe erhebt. Das Gotteshaus wurde 987 neben einer frühchristlichen Basilika errichtet und über die Jahrhunderte häufig umgebaut. Es beeindruckt durch eine mit geometrischen Mustern reich geschmückten Fassade und durch eine verschwenderische barocke Innenausstattung. Der Campanile im normannisch-arabischen Stil stammt aus dem 12. Jh. Die **Piazza Duomo** wird von netten Cafés gesäumt.
In der malerischen Altstadt Amalfis finden sich gute Einkaufsmöglichkeiten und viele Trattorien. Nördlich des Domplatzes wurde in einer Papierfabrik ein **Museum** eingerichtet, das über die Geschichte der Papierherstellung informiert.

Salerno Die Hauptstadt der gleichnamigen italienischen Provinz hat sich seit der Sanierung der lange Zeit vernachlässigten Altstadt in den 1990er-Jahren zu einer sehenswerten Touristenattraktion entwickelt. In dem Gassengewirr des historischen Viertels geht es stets lebhaft und geschäftig zu. Überall locken stilvolle Geschäfte und Restaurants. Interessant ist neben dem normannischen **Dom** aus dem 11. Jh. das in der Kirche San Gregorio untergebrachte **Museo Didattico della Scuola Medica Salernitana**. Es informiert über die im Mittelalter in ganz Europa berühmte Ärzteschule und ist geradezu ein Muss für jeden Gast der Stadt.

Wer sich für die Kunst und Kultur der Etrusker interessiert, sollte einen Besuch des **Museo Archeologico Nazionale** in Pontecagnano oder der **Area archeologica di Fratte** im Osten der Stadt nicht versäumen. Salerno wird von dem mittelalterlichen **Castello di Arechi** überragt. Normannen, das Haus Anjou und die Aragonesen hinterließen hier Spuren. Nach einer umfangreichen Sanierung steht die Festung heute für Besichtigungen offen.

Großes Bild oben: Vom 300 m hoch gelegenen Ravello aus bietet sich ein schöner Blick auf die Amalfiküste und das Tyrrhenische Meer.

Sizilien Messina, Catania, Syrakus, Trapani

Ätna

Mongibello nennen die Sizilianer auch oft ihren launenhaften Feuerberg. Doch so heikel das Leben im Schatten des größten Vulkans Europas sein mag (rechts: Blick über Taorminas griechisches Theater zum Ätna): Ein Ausflug auf den 3323 m hohen Gipfel ist, wenn man auf den vorgegebenen Pfaden bleibt, ungefährlich. Von Nicolosi oder Zafferana führt die

Fläche:
Sizilien: 25 426 km²
Einwohner:
Messina: 240 000
Catania: 295 000
Syrakus: 125 000
Trapani: 70 000
Sprache: Italienisch
Währung: Euro
Hauptreisezeit: April bis Oktober
Zeitzone: UTC + 1

Sizilien zieht nicht nur durch seine wilde landschaftliche Schönheit, sondern auch durch sein reiches kulturelles Erbe immer wieder die Menschen in seinen Bann. Zwar wurde die Insel durch eine Verschiebung der politischen Kräfteverhältnisse seit dem Beginn der Neuzeit an den Rand Europas gedrängt, während der Antike und des Mittelalters lag sie aber im Brennpunkt der Geschichte des Kontinents.

Messina Nicht zuletzt dank ihrer exponierten Lage an der gleichnamigen Meerenge zwischen der Nordostspitze Siziliens und dem italienischen Festland ist die heute knapp 250 000 Einwohner zählende Stadt ein beliebtes Ziel auf Mittelmeer-Kreuzfahrten. Gleich bei der Einfahrt in die Hafenbucht werden die Schiffe von dem imposanten Forte San Salvatore aus dem 17. Jh. begrüßt. Das Zentrum ist nur wenige Gehminuten von der Anlegestelle für Cruiseliner entfernt. Hier präsentiert sich Messina urban und modern.

Da die Stadt in der Vergangenheit immer wieder durch schwere Erdbeben und 1943 durch einen Bombenangriff zerstört wurde, finden sich nur wenige historische Baudenkmäler wie die im 12. Jh. errichtete Kirche **Santissima Annunziata dei Catalani** an der Piazza Duomo. Die Kathedrale **Maria Santissima Assunta** auf der anderen Seite des Platzes wurde bei dem Bombardement von 1943 stark beschädigt und musste wieder aufgebaut werden. Einige Gehminuten südöstlich der Piazza Duomo lohnt die Kirche **Santa Maria degli Alemanni** einen Besuch. Das Gotteshaus wurde im 13. Jh. vom Deutschritterorden errichtet und ist der einzige rein gotische Sakralbau Siziliens. Im **Museo Regionale** am Viale della Libertà sind Reste vieler bei dem großen Erdbeben von 1908 zerstörten Kirchen und Paläste ausgestellt. Messina bietet sich als Ausgangspunkt für Ausflüge zum **Ätna** oder aber in das rund 45 km weiter südlich gelegene **Taormina** an. Seit seiner Entdeckung durch Italienreisende wie Goethe hat sich das reizvoll zwischen Vulkan und Meer gelegene Küstenstädtchen zu einem Besuchermagneten entwickelt. Im 19. Jh. zog es Europas High Society hierher, heute wird Taormina von Touristen aus allen gesellschaftlichen Schichten und Regionen bevölkert. Hauptattraktion ist das in einen Hang gebaute **antike Theater**, das einen herrlichen Blick auf den schneebedeckten Ätna und über die Küste gewährt. Seine Anfänge gehen auf griechische Kolonisten zurück. Die heute sichtbaren Ruinen stammen aus römischer Zeit.

Catania Die Stadt verdankt ihren Beinamen »schwarze Tochter des Ätna« den vielen barocken Prunkbauten aus dunklem Lavagestein, die ihr historisches Zentrum prägen. Nach dem verheerenden Erdbeben von 1693, das Catania fast vollständig zerstörte und mehr als 10 000 Opfer forderte, entschlossen sich die überlebenden Bewohner, ihre Stadt ganz im Stil der damaligen Zeit neu aufzubauen. Unter der Leitung des Stararchitekten Giovanni Battista Vaccarini (1702–1768) entstand ein faszinierendes Ensemble aus eleganten Bürgerhäusern, ausladenden Kirchen und prunkvollen Palästen. Straßen und Plätze wurden erweitert und so zu Fluchtwegen ausgebaut. Das barocke Zentrum Catanias gilt als Musterbeispiel einer planvoll angelegten Stadt und steht zusammen mit den anderen spätbarocken Städten des **Val di Noto** auf der UNESCO-Weltkulturerbe-Liste. Vom Hafen ist es schnell mit der U-Bahn erreichbar.
Viele Kreuzfahrtpassagiere nutzen den Aufenthalt in Catania zu einem Ausflug auf den **Ätna**, dem höchsten Vulkan Europas. Mit dem Bus oder einem Pkw gelangt man von Catania aus zu der Talstation der neuen Ätna-Seilbahn, die die Besucher zu den erloschenen Silvestri-Nebenkratern bringt.

Syrakus Die viertgrößte Stadt Siziliens blickt auf eine fast 3000-jährige, in einer Fülle von Baudenkmälern sichtbar werdende Geschichte zurück

Großes Bild oben: Catanias Kathedrale ist der heiligen Agatha, der Schutzpatronin der Stadt, geweiht.

Strada dell'Etna in vielen Kurven bis zum Rifugio Sapienza auf 1910 m. Weiter geht es per Seilbahn auf 2600 m und zuletzt mit Führer im Allradfahrzeug bis zum Kraterrand. Das landschaftlich reizvolle Gebiet

wurde 1981 zum Nationalpark erklärt. Eine Alternative bietet si-auch die Schmalspurbahn Ferrovia Circumetnea, die in 3,5 Stunden um den Ätna herum fährt, von Catania bis in das 114 km entfernte Giarre-Riposto.

Beliebter Treffpunkt ist die Piazza IX Aprile in Taormina.

Auf der kleinen Insel Ortigia befindet sich der Dom von Syrakus.

Die Windmühlen und Salinen, hier bei Marsala, sind das Wahrzeichen der Region.

und steht deshalb auf der UNESCO-Welterbeliste. Sie wurde 734 v. Chr. von Kolonisten aus Korinth gegründet und entwickelte sich schnell zu einem politischen und kulturellen Zentrum des antiken Griechenlands. Dichter wie Aischylos und Pindar verfassten hier wichtige Werke. Platon hielt sich mehrmals am Hof des Königs Dionysos II. auf und versuchte den Herrscher von seiner politischen Philosophie zu überzeugen. Berühmt ist auch der Mathematiker Archimedes, der um 287 v. Chr. in Syrakus geboren und hier 212 v. Chr. im Zuge der römischen Eroberung der Stadt getötet wurde. Nach dem Untergang des Imperium Romanum wechselten Byzantiner, Araber und mittelalterliche europäische Dynastien einander in der Herrschaft über Syrakus ab. Sie alle hinterließen – wie die Griechen und Römer – in der Architektur ihre Spuren.

Nach dem großen Erdbeben von 1693, das viele Gebäude zerstörte, wurde Syrakus mit prachtvollen Kirchen und Palästen ausgestattet. Die meisten Zeugnisse antiker, mittelalterlicher und barocker Baukunst befinden sich auf **Ortigia**, einer kleinen nur durch einen schmalen Kanal vom Festland getrennten Insel. Sie kann von den Anlegestellen der Kreuzfahrtschiffe über eine Brücke erreicht werden. Auf dem Festland wartet der **Parco Archeologico della Neapoli** mit bemerkenswerten Bauten aus griechischer und römischer Zeit auf.

Trapani Die Stadt verdankt ihren griechischen Namen Drepanon (Sichel) der sichelförmigen Landzunge, auf der sie ursprünglich errichtet wurde. Ihre Anfänge gehen auf eine Siedlung der Ionier zurück. Während des Ersten Punischen Krieges errichteten die Karthager hier einen strategisch wichtigen Stützpunkt.

Unter den Römern verlor Trapani dann an Bedeutung. Erst im Mittelalter blühte die Stadt wieder auf und entwickelte sich zu einem bedeutenden Handelsplatz. Das Salz aus den nahe gelegenen Salinen wurde nach Frankreich, England und Spanien exportiert. Auch heute ist die Salzgewinnung ein nicht unbedeutender Wirtschaftsfaktor. Die Salinen mit ihren **Windmühlen** sind zu einem Wahrzeichen der ganzen Region geworden. Während des 17. und 18. Jh.s wurden viele Bauten aus früheren Epochen im Stil der Zeit modernisiert.

In der sehenswerten **Altstadt**, die sich über die ganze Landzunge erstreckt, dominieren deshalb barocke Bauten. Auch die sogenannte Neustadt, die sich seit dem 19. Jh. auf dem Festland entwickelte, lockt mit einer touristischen Attraktion: Das **Museo Regionale Pepoli** ist in einem Karmeliterkloster aus dem 14. Jh. untergebracht, das ebenfalls im 18. Jh. umfassend renoviert wurde. Die meisten Kreuzfahrtschiffe gehen an der **Garibaldi-Pier** im Hafen von Trapani vor Anker. Das Stadtzentrum lässt sich von hier aus in wenigen Gehminuten erreichen.

Viele Passagiere nutzen den Aufenthalt in Trapani zu einem Tagesausflug in die antike Ruinenstadt **Segesta** oder in das nur 15 km entfernte **Erice**. Das zauberhaft auf dem gleichnamigen Berg angelegte Städtchen wurde im Mittelalter von Normannen besiedelt.

Die **Festung**, die sie auf den Resten eines Venustempels errichteten – das Castello di Venere – bietet einen atemberaubenden Ausblick auf die steile Küste und die Trapani vorgelagerten Inseln.

Palermo

Monreale

Kein Aufenthalt in Palermo ist denkbar ohne die Fahrt hinauf in das rund 8 km entfernte Bischofsstädtchen Monreale. Von der Anhöhe des Monte Caputo hat man die sizilianische Hauptstadt mit der wie mit dem Zirkel gezogenen Bucht Conca d'Oro schön vor sich liegen. Herausragende Sehenswürdigkeit ist die berühmte Kathedrale. 1172 hatte Wilhelm II. hier in luftiger Höhe eine Benediktinerabtei gestiftet, um die sich alsbald eine Stadt bildete. In ihrem Zentrum ließ er einen Dom bauen – eine dreischiffige Basilika, die den Triumph des Christentums über den Islam symbolisieren sollte.

Land: Italien
Einwohner: 655 000
Sprache: Italienisch
Währung: Euro
Hauptreisezeit: April bis Oktober
Zeitzone: UTC + 1

Eingebettet zwischen den Hügeln des Monte Pellegrino und dem Kap Zaffarana liegt Palermo in der Ebene der Conca D'Oro, der Goldenen Muschel. Dies ist eine Anspielung auf die Orangenhaine, die sich in früherer Zeit um Palermo ausbreiteten. Im 8. Jh. v. Chr. wurde die Stadt von den Phöniziern gegründet, geriet 254 v. Chr. unter römische Herrschaft und erlebte ab 831 eine Blütezeit als Sitz der arabischen Emire, die die Stadt mit Palästen und Moscheen bedachten. Im 12. Jh. entwickelte sich unter normannischer Herrschaft jenes für Palermo so charakteristische Zusammenspiel aus arabischen und normannischen Kulturelementen, das seinen Niederschlag in den Palästen, Kirchen und Plätzen der Stadt gefunden hat. In der Folge geriet Palermo, ähnlich wie Neapel, unter die wechselvolle Fremdherrschaft von Franzosen und Spaniern, die zu einer zunehmenden Verarmung der Stadt und des umliegenden Landes führte. Mafiöse Strukturen waren die Folge, die auch unter dem neuen Machthaber Italien nicht beseitigt werden konnten. Nach den Zerstörungen des Zweiten Weltkriegs schien die einstmals prächtige Altstadt mit ihren byzantinischen Kirchen, Moscheen, Barockpalästen und arabischen Lustschlössern dem Verfall preisgegeben zu sein. Die Gelder zu ihrem Wiederaufbau versickerten in dunklen Kanälen. Erst in den 1990er-Jahren streifte Palermo das Stigma mafiöser Dekadenz von sich. Unter dem Antimafia-Bürgermeister Leoluca Orlando (Amtszeit 1985–2000) blühte das öffentliche, wirtschaftliche und kulturelle Leben der Stadt wieder auf. Seither wird in der Altstadt mit Erfolg renoviert.

Via Vittorio Emanuele Eine erste Orientierung in der Stadt bieten zwei Verkehrsachsen, von denen die Via Marqueda in einer parallel zum Meer verlaufenden schrägen Nord-Süd-Achse verläuft. Gekreuzt wird sie von der Via Vittorio Emanuele, die in west-östlicher Richtung führt. Beide Straßen teilen die Altstadt in vier gleich große Stadtviertel, mit dem achteckigen, als Quattro Canti bekannten Platz im Zentrum, der durch ornamental gestaltete Häuserfassaden und Brunnen mit allegorischen Figuren bestickt.
Nähert man sich vom Quattro Canti dem Meer, so trifft man linker Hand auf den **Vucciria-Markt**, einer Art sizilianischem Souk, an dem mit theatralischen Posen und lautem Geschrei zappelnde Fische und Gemüse, Gebäck und frische Kräuter feilgeboten werden – ein Erlebnis für jeden, der Palermos multikulturelle Seele kennenlernen möchte. Unmittelbar am Quattro Canti eröffnet sich die **Piazza Pretoria** mit der Kirche **San Giuseppe** aus dem 16. Jh. und dem **Palazzo Senatorio**, der das Rathaus beherbergt. Von dort aus gelangt man zu der im Jahr 1143 errichteten **La Martorana** und der im arabisch-normannischen Stil errichteten Kirche **San Cataldo**, deren reiche Innenausstat-

Diese mit einer Länge von 102 m und 40 m Breite größte Kirche Siziliens ruht auf 18 antiken Säulen. Sie enthält die Sarkophage der Könige Wilhelm I. und II. und herrliche Bronzeportale. Die große Sensation

sind ihre einzigartigen Mosaike (links), die auf einer Fläche von 6300 m^2 mit beispielloser Pracht biblische Geschichten erzählen. Sehenswert ist auch der reich verzierte Kreuzgang mit seinen 216 Säulenpaaren.

Der Vucciria-Markt ist einer der ältesten in ganz Europa.

tung die Glaubenswelt der Ostkirche wiedergibt. Folgt man der Via Vittorio Emanuele in westlicher Richtung, so erreicht man den in seiner Größe eindrucksvollen **Dom** von Palermo, der mit einer klassizistischen Kuppel und zahlreichen Treppentürmen weithin sichtbar ist. Unweit davon, an dem Ort der ersten phönizischen Festung, befindet sich der **Normannenpalast** mit der **Cappella Palatina**, der im 9. Jh. als Palast den Emiren diente und in der Folge von Roger II. zum Regierungspalast ausgebaut wurde. Besonders sehenswert sind das Zimmer des Roger, der Parlamentssaal sowie die Cappella Palatina, in deren Innenräumen die Symbiose der drei großen Religionen Palermos zutage tritt. Das byzantinisch geprägte Christentum, der christliche Westen und der Islam haben sich hier zu einem Kunstwerk höchsten Ranges vereinigt. Die hinter dem Palast versteckte Kirche **San Giovanni degli Eremiti** bezeugt mit ihren fünf leuchtend roten Kuppeln die arabisch-normannische Kultur Palermos.

La Zisa und die Katakomben der Kapuziner Gleich zwei Sehenswürdigkeiten erwarten den Besucher am westlichen Rand der Stadt, unweit der Piazza Vittorio Emanuele Orlando: **La Zisa**, einer der schönsten Paläste, die aus der Epoche der Fatimiden von Palermo erhalten sind, und die schaurig-makabre Kapuzinergruft. »Die ist das irdische Paradies, das sich den Augen öffnet«, so lautet die Botschaft der in arabischen Schriftzeichen verfassten Inschrift über dem Eingang der Zisa, die im Jahr 1165 von Wilhelm I. als Sommerresidenz errichtet wurde. Der kubische Bau vermittelt einen in sich geschlossenen Eindruck. Drei symmetrisch angelegte Eingänge unterbrechen die Geschlossenheit der Fassade. Innen eröffnen sich dem Blick des Betrachters die Wohngemächer der Herrscher, in deren Zentrum sich der geräumige Empfangssaal mit dem islamischen Paradiesbrunnen befindet. Etwas gruselig ist ein Besuch der Catacombe dei Cappuccini in der Via Cipressi 1. Hier erwarten den in die dunklen Gänge der Katakomben Eintretenden lange Reihen mumifizierter Skelette, die, angetan mit Alltagskleidern, Uniformen und verstaubten Anzügen, einen wahnwitzigen Anblick bieten – nichts für zarte Gemüter!

Oben von links: Piazza Pretoria; Fresken in der Cappella Palatina im Normannenpalast; Blick ins Innere des Doms von Monreale (oben rechts).

Von außen eher unscheinbar, überwältigt der Innenraum der Cappella Palatina im Palazzo Reale, dem Normannenpalast, mit Marmorsäulen und leuchtenden Mosaiken auf goldenem Grund (unten).

Die Fassade der Kathedrale Maria Santissima Assunta (ganz links) ist mit wunderschönen arabesken Intarsien geschmückt. Im Inneren präsentiert sie sich als klassizistische Pfeilerbasilika (links).

Malta

Vallettas Häfen

Was wäre ein Aufenthalt in Valletta ohne eine Hafenrundfahrt? Die Stadt wurde an der Spitze einer Halbinsel, die von weitverzweigten Meeresbuchten umgeben ist, errichtet und verfügt daher über zwei Naturhäfen (rechts). Der 3 km tief ins Land schneidende Grand Harbour im Südosten der Halbinsel zählt zu den schönsten der Welt. Nicht erst die Ordensritter, sondern bereits die Phönizier, Römer und Araber richteten auf den drei kleinen Landzungen, die an ihrer Ostseite in die Bucht ragen, Ankerplätze ein. Die Siedlungen, die hier erbaut wurden, sind längst zusammen-

Land: Malta
Fläche: 316 km²
Einwohner: 420 000
Sprache: Maltesisch, Englisch
Währung: Euro
Hauptreisezeit: April bis Oktober
Zeitzone: UTC + 1

Der Inselstaat zwischen Sizilien und der tunesischen Mittelmeerküste besteht aus den bewohnten Inseln Malta, Gozo und Comino sowie drei unbewohnten kleinen Eilanden.
Die Cruiseliner steuern die Hauptstadt Valletta auf der Hauptinsel Malta an. Bei der Einfahrt in den in einer tief eingeschnittenen Bucht gelegenen Hafen ziehen die Schiffe an der historischen Skyline Vallettas vorbei – ein unvergessliches Erlebnis. Der neue Cruiseterminal befindet sich an der »Waterfront« – einer Reihe barocker Lagerhäuser, die für kulturelle Veranstaltungen umgebaut wurden und mit Restaurants und Geschäften locken.

Auf Malta werden die Besucher mit einer vieltausendjährigen Geschichte konfrontiert. Die Inseln warten mit Zeugnissen der **Megalithkultur**, die sich zwischen 3600 und 2500 v. Chr. hier entwickelte, auf. Der **Tempelkomplex von Hal-Tarxien** und die unterirdische Grabanlage von **Hal-Saflieni**, nur 6 km südöstlich von Valletta gelegen, gelten als Höhepunkte steinzeitlicher Baukunst und stehen auf der UNESCO-Welterbeliste. Auch die Kapitale selbst ist als gut erhaltene idealtypische Befestigungsstadt seit 1980 UNESCO-Welterbe. Sie wurde unter der Federführung der Architekten Francesco Laparelli und Gerolamo Cassar nach der Belagerung Maltas durch die Osmanen ab 1566 im Auftrag des Johanniterordens erbaut und präsentiert eine Fülle an historischen Bauten wie den 1571 errichteten Großmeisterpalast, in dem heute das maltesische Parlament und der Staatspräsident residieren. In der St. John's Co-Cathedral, einem Schmuckstück barocker Baukunst, wurden die Ordensritter bestattet. Das in einem Palast aus dem 18. Jh. untergebrachte 🏛 **National Museum of Fine Arts** beeindruckt mit einer Sammlung von Gemälden italienischer und maltesischer Meister. Das 🏛 **Archäologische Nationalmuseum** residiert in einer ehemaligen Herberge der Ordensritter und informiert über die Geschichte Maltas von der Megalithkultur bis zum Mittelalter.

Die Anlage von Mnajdra besteht aus drei Tempeln.

Rechts: Von Bord eines Kreuzfahrtschiffs aus bietet sich hier die Kulisse von Maltas Hauptstadt Valletta mit ihren Befestigungsmauern dar.

gewachsen und unter dem Namen »Three Cities« bekannt. Wie ihre »Schwesterstadt« Valletta auf der gegenüberliegenden Seite des Grand Harbour warten sie mit historischen Forts aus der Zeit der Ritterherrschaft auf. Der die Halbinsel von Valletta im Nordwesten umschließende Marsamxett Harbour, wird durch Manoel Island das heute durch eine Brücke mit dem Festland verbunden ist, geteilt. Hier lohnt das von einem Großmeister des Malteserordens im 18. Jh. errichtete Fort Manoel Island eine Besichtigung. In Sliema an der Nordseite des Marsamxett Harbour starten und enden die Hafen- und Inselrundfahrten.

Östliches Mittelmeer, Schwarzes Meer

Das östliche Mittelmeer ist seit jeher ein klassisches Kreuzfahrtgebiet. Bereits die 1891 von dem Reeder Albert Ballin organisierte erste Kreuzfahrt der Geschichte führte von Cuxhaven über Gibraltar und das westliche Mittelmeer bis nach Athen, Istanbul und in die Levante. Heute haben die Kreuzfahrtveranstalter auch die antiken Stätten auf dem Peloponnes, die Inselwelt der Ägäis und die Urlaubsparadiese an der türkischen Mittelmeerküste im Programm. Die Region und das angrenzende Schwarze Meer warten mit einem reichen kulturellen Erbe auf: Griechen, Byzantiner, Kreuzritter und Osmanen haben sie geprägt. Ihre touristische Infrastruktur ist hoch entwickelt und die Gastfreundschaft ihrer Bewohner sprichwörtlich.

Der Mandraki-Hafen von Rhodos-Stadt ist idealer Ausgangspunkt für eine Stadtbesichtigung oder eine Inseltour.

Brindisi, Bari, Ancona, Ravenna

Ravennas frühchristliche Baudenkmäler

Die ältesten Mosaiken der Stadt befinden sich im Mausoleum der Kaiserin Galla Placidia. In der 547 geweihten Kirche San Vitale ist insbesondere die Chornische mit reichen Mosaiken ausgekleidet. Der Gotenkönig Theoderich ließ Anfang des 6. Jh.s das Baptisterium der Arianer mit schönen Kuppelmosaiken errich-

Land: Italien
Einwohner:
Brindisi: 90 000
Bari: 320 000
Ancona: 100 000
Ravenna: 160 000
Sprache: Italienisch
Währung: Euro
Hauptreisezeit: April bis Oktober
Zeitzone: UTC + 1

Allen Unkenrufen zum Trotz zählt Italiens Adriaküste zu den beliebtesten Urlaubsregionen im Mittelmeerraum. Nicht nur das inzwischen sauberer gewordene Meer, sondern auch die breiten, hellgelben Sandstrände und das angenehm warme Klima locken alljährlich Millionen Urlauber an. Die Städte entlang der Küste und im Hinterland blicken auf eine wechselvolle Geschichte zurück und warten mit kunsthistorischen Zeugnissen aus allen Zeitaltern und Epochen auf. In den Kreuzfahrthäfen von Bari, Brindisi und Ancona finden sich antike Ruinen, normannische Festungen und mittelalterliche Kirchenbauten auf engstem Raum. Ravenna ist für seine frühchristlichen Kirchen berühmt.

Brindisi Der Name der Stadt leitet sich von dem Wort »brunda« ab, was in der Sprache der um 1000 v. Chr. in der Region siedelnden Messapier so viel wie »Hirschkopf« bedeutet; er spielt auf die einem Geweih nicht unähnliche Form der Hafenbucht an. Sie ist nur durch den schmalen Canale Pigonati mit dem offenen Meer verbunden und in auseinanderstrebende Meeresarme, den Seno di Ponente und den Seno di Levante, geteilt. Von Brindisi starten die Fähren nach Griechenland, und die Kreuzfahrtschiffe machen hier gelegentlich auf ihrem Weg nach Venedig Station. Die Stadt blickt auf eine bewegte Geschichte zurück, die sich dem Besucher schon vom Hafen aus erschließt. Sie wurde vermutlich im 7. Jh. v. Chr. von griechischen Kolonisten gegründet und ca. 250 v. Chr. von den Römern erobert. Die neuen Herren bauten die Via Appia bis hierher aus und nutzten die Meeresanbindung, um Handel mit dem Orient zu treiben. Von den beiden Säulen, die im 3. Jh. am Endpunkt der Römerstraße aufgestellt wurden, ragt heute noch eine auf einer Terrasse unweit der Kreuzfahrtpier 19 m in den Himmel empor.
Von hier bietet sich ein weiter Blick über den Hafen bis hin zu der Insel Sant'Andrea, auf der Alfons V von Aragon 1445 ein Kastell errichten ließ. Brindisis Stadtzentrum, das gleich hinter dem Hafen beginnt, wartet mit einigen sehenswerten mittelalterlichen Sakralbauten wie der Kirche **San Benedotto** aus dem 11. Jh. oder **San Giovanni al Sepolcro** aus dem 12. Jh. auf. Prähistorische und antike Grabungsfunde hütet das **Archäologische Museum**. Das über dem Ufer des Seno di Poente unter Friedrich II. im 13. Jh. errichtete **Castello Svevo** ist ein beliebtes Fotomotiv. Es wird von der italienischen Marine genutzt und kann daher nicht besichtigt werden. Die außerhalb des Stadtzentrums gelegene Kirche **Santa Maria del Casale** ist ein Solitär unter Süditaliens Sakralbauten. Sie zeichnet sich durch eine Verbindung von romanischen und gotischen Bauformen aus.

Bari Die Hauptstadt Apuliens wird als Kreuzfahrtziel gern in die Routen aufgenommen. Seit der Eröffnung des modernen Cruiseterminals laufen

ten. Sant'Apollinare Nuovo wurde als Palastkirche unter Theoderich erbaut und war anfangs dem heilige Martin geweiht. Das Grabmal des Gotenkönigs, um 520 errichtet, wird von einer Marmorkuppel gekrönt. Das Baptisterium neben dem Dom schmücken Mosaiken und Flachreliefs. Das Oratorio di Sant'Andrea im Bischofspalast ließ Erzbischof Petrus II. Anfang des 6. Jh.s erbauen und mit Mosaiken ausgestalten. Außerhalb der Stadt liegt die sehenswerte Kirche Sant'Apollinare in Classe (links), die ab 534 über dem Grab des ersten Bischofs von Ravenna errichtet wurde. Die Mosaiken zeigen die Verklärung Christi.

auch große Schiffe Bari an. Zwischen dem Terminal und der Innenstadt verkehren Busse. Downtown Bari ist nicht nur räumlich durch den breiten Corso Vittorio Emanuele, sondern auch architektonisch und sozial zweigeteilt.
Das hinter dem Hafen beginnende Gewirr malerischer, enger Gassen, das die Altstadt bildet, ist das Quartier der einfachen Leute geblieben. Hier spielt sich bis heute ein Großteil des Alltagslebens »auf der Straße« ab. Aus den vielen mittelalterlichen Sakralbauten der Altstadt ist die Basilika **San Nicola** sehenswert. Die Krypta dieser zwischen 1087 und 1189 errichteten romanischen Kirche soll die Gebeine des heiligen Nikolaus beherbergen. Auch die prachtvoll ausgestattete Kathedrale **San Sabino** aus dem 12. Jh. ist eine Augenweide. Hier fällt besonders der Rundbau des Baptisteriums auf. Die Anfänge des **Castello Normanno-Svevo** im Südwesten der Altstadt gehen auf den Normannen Robert Guiscard zurück. Aber erst Friedrich II. ließ sie im 13. Jh. zu einer monumentalen Festung ausbauen. Eine Besichtigung der Anlage sollte auf dem Programm stehen. Die jenseits des Corso Vittorio Emanuele beginnende Neustadt wurde erst zu Beginn des 19. Jh.s angelegt. Das Quartiere Murattino wird von einem Netz gerader, rechtwinklig aufeinander zulaufender Straßen durchzogen und stellt damit einen extremen Gegensatz zu dem labyrinthischen Gewirr der Altstadtgassen dar. Das Stadtbild wird von klassizistischen Palästen und gründerzeitlichen Bauten geprägt. Die Neustadt ist Baris Einkaufsparadies.

Ancona Die an einer der wenigen Adria-Buchten gelegene Hauptstadt der Marken verfügt über einen bedeutenden Handelshafen und wird häufig bei Kreuzfahrten angesteuert. Das Stadtzentrum liegt nicht weit von der Anlegestelle für Cruiseliner, der Pier XXIX Settembre, entfernt; zwischen dem modernen Cruiseterminal und dem Stadtzentrum verkehren Shuttle-Busse.
Ancona präsentiert sich als laute, ständig vom Verkehrsinfarkt bedrohte und doch lebendige Metropole. Obwohl sie im Zweiten Weltkrieg stark zerstört und bis in die jüngste Zeit von Erdbeben heimgesucht wurde, tauchen zwischen all den modernen Zweckbauten, die das Stadtbild heute prägen, immer wieder Zeugnisse einer reichen Geschichte auf.
Die Stadt wurde 387 v. Chr. von Griechen gegründet und vermutlich im 2. Jh. v. Chr. von den Römern erobert. Kaiser Trajan († 117) ließ den Hafen zu einem der wichtigsten Handels- und Flottenstützpunkte im Römischen Reich ausbauen. Unterhalb des Monte Guasco, eines den Eingang der Hafenbucht überragenden Ausläufers des Monte-Cenero-Massivs, wurde ihm zu Ehren ein Triumphbogen erbaut. Sein in der Nähe errichtetes kleineres Pendant erinnert an Papst Clemens XII. († 1740), der den Hafen ausbauen ließ und zum Freihafen erhob.
Die romanische Kathedrale **San Ciriaco** auf dem Monte Guasco zählt zu den besterhaltenen mittelalterlichen Sakralbauten in Italien. Im Stadtzentrum finden sich weitere architektonische Zeugnisse aus dem Goldenen Zeitalter Anconas. Die Stadt war über 500 Jahre eine autonome Seerepublik und wurde erst 1532 unter Papst Clemens VII. dem Kirchenstaat einverleibt. Ancona bietet sich als Ausgangspunkt für einen Ausflug nach **Urbino**, die weltberühmte und zum UNESCO-Weltkulturerbe gehörende Renaissancestadt, oder in den nicht minder berühmten Marienwallfahrtsort **Loreto** an.

Byzantinisches in Ravenna: die Kirche San Vitale.

Ravenna Einst lag die Hauptstadt der italienischen Region Emilia-Romagna direkt am Meer. Ihr Hafen wurde unter Kaiser Augustus zu einem der größten und bedeutendsten Flottenstützpunkte des römischen Imperiums ausgebaut. Aber erst als die Hauptstadt des Weströmischen Reiches, dann als Residenz des Gotenkönigs Theoderich des Großen und schließlich als Zentrum der byzantischen Enklave in Italien gelangte Ravenna auch zu großer kultureller Blüte. Die Baudenkmäler, die in dieser Zeit, zwischen dem 4. und dem 7. Jh., in der Stadt entstanden, gelten als bedeutendste architektonische Zeugnisse des frühen Christentums und stehen deshalb auf der UNESCO-Welterbeliste.
Kirchen wie die **Basilica San Vitale**, das **Battistero degli Ariani**, die **Basilica Sant' Apollinare Nuovo** oder die außerhalb des Zentrums gelegene **Basilica Sant' Apollinare in Classe** sind mit kostbaren Mosaiken geschmückt. Die Kunstwerke sind schon allein deshalb einzigartig, weil im Zuge des sogenannten Bilderstreits zwischen 750 und 850 alle bildlichen Ausdrucksformen der Heiligenverehrung aus den Kirchen Byzanz' entfernt wurden. 751 wurde Ravenna von Langobarden erobert, 755 infolge der Pippinischen Schenkung dem neu gegründeten Kirchenstaat einverleibt. Die Stadt verlor ihre politische und kulturelle Bedeutung. Der Hafen begann zu verlanden. Heute liegt er 9 km von Ravenna entfernt.

Auf der Piazza del Plebiscito in Ancona steht ein Denkmal von Papst Clemens XII. (oben links).

Venedig

Karneval

Neben Rio de Janeiro und den Städten entlang des Rheins ist kein Ort weltweit so berühmt für seinen Karneval wie Venedig. Jährlich locken fantastisch verkleidete Menschen auf den Plätzen, stilvolle Kostümfeste in erlesenen Kreisen sowie öffentliche Puppenspiel-, Musik- und Theaterdarbietungen Tausende Besucher in die Stadt. Die Tradition des bunten Treibens, mit dem die Tage vor Beginn der Fastenzeit gefeiert werden, reicht bis in das hohe Mittelalter zurück. Im Jahr 1797 kam es dann zum Ende der Republik Venedig und auch des Karnevals, der erst im Jahr 1979 wie-

Land: Italien
Einwohner: 270 000
Sprache: Italienisch
Währung: Euro
Hauptreisezeit: Februar bis Oktober
Zeitzone: UTC + 1

Die legendäre Lagunenstadt im Norden der Adria ist zentraler Ausgangs- und Zielhafen für Kreuzfahrten im östlichen Mittelmeer. Alljährlich werden ca. 2 Mio. Passagiere gezählt. Mit der in den letzten Jahren für große Schiffe ausgebauten Stazione Marittima und S. Basilio verfügt Venedig über gleich zwei Cruiseterminals. Die meisten Passagiere verbinden die Schiffsreise mit einem Aufenthalt in der Stadt. Venedig, das seit 1987 zusammen mit der Lagune auf der UNESCO-Welterbeliste steht, wurde auf Pfählen im Wasser erbaut und gilt als Gesamtkunstwerk. Unzählige prächtige Paläste und kunstvoll ausgeschmückte Kirchen zeugen von der immensen Bedeutung, die die Stadt als führende Seemacht im östlichen Mittelmeer einst hatte. Der morbide Charme der mehr als 150 Kanäle, Gassen und pittoresken Plätze inspiriert Künstler und Literaten seit jeher.

Piazza San Marco Seit mehr als 800 Jahren schlägt hier das Herz der einstigen Handelsgroßmacht. Die Piazza San Marco gehört zweifelsfrei zu den schönsten Plätzen der Welt und wird oft als städtebauliches Meisterwerk gepriesen. Jedes der prachtvollen Gebäude, die sie säumen, ist ein Solitär. Die berühmte **Basilica di San Marco** an der Ostseite des Platzes vereinigt byzantinische und gotische Bauelemente auf gelungene Weise. Die vielgiebelige, reich dekorierte Fassade dieses von fünf Kuppeln gekrönten Kirchenbaus bildet einen spielerischen Kontrast zu der architektonischen Strenge der Arkadenbauten an den drei anderen Seiten der Piazza. Einst residierten in den Prokuratien im Norden und Süden die sogenannten Prokuratoren, hohe Verwaltungsbeamte der Republik. Heute beherbergen sie elegante Geschäfte und Lokale wie das traditionsreiche **Caffè Florian** oder das **Caffè Quardi**. Beide sind im Westen durch die »Ala Napoleonica« verbunden. In diesem Trakt, dessen Bau tatsächlich von dem großen Korsen initiiert wurde, ist Venedigs Stadtmuseum, das berühmte **Museo Correr**, untergebracht. Im Südosten geht der Markusplatz in die zum Canale di San Marco offene Piazzetta über. Die Ostseite des Platzes wird von dem mächtigen **Dogenpalast** beherrscht. In dem ihm gegenüberliegenden Gebäude, einem Meisterwerk der Renaissancearchitektur, residieren das **Museo Archeologico** und die **Biblioteca Marciana**. Am meerseitigen Eingang zur Piazzetta ragen die **Colonna di San Marco** mit dem Markuslöwen und die **Colonna di Todaro** mit einer Statue des Stadtheiligen empor. Zur Zeit der Seerepublik fanden zwischen den beiden Säulen Hinrichtungen statt, heute gehen hier Touristen, die die Stadt per Gondel oder Vaporetto erkunden, an Land. Eine Besichtigung des Markusplatzes bliebe ohne einen Aufstieg auf den **Campanile** des Doms unvollständig. Seit dem 12. Jh. überragt dieser rund 100 m hohe Turm alle anderen Bauwerke der Stadt. Die Aussichtsplattform, die über Treppenstufen oder einen Fahrstuhl erreicht werden kann, gewährt einen grandiosen Blick.

Basilica di San Marco Eine Besichtigung des Markusdoms gilt als Höhepunkt jeder Venedigreise. Wie kein anderes Gebäude der Stadt symbolisiert dieses Gotteshaus die Macht und den Reichtum der Seerepublik. In seinem Kern stammt der byzantinische Kuppelbau, dessen Grundriss die Form eines griechischen Kreuzes hat, aus der zweiten Hälfte des 11. Jh.s Über die Jahrhunderte wurde er von den Dogen erweitert und mit einzigartigen Kunstschätzen ausstaffiert. Die Innenräume der Basilika sind bis in die Kuppelspitzen mit kostbaren Goldgrund-Mosaiken geschmückt. Sie wurden zum großen Teil bereits im 13. Jh. von Künstlern,

derbelebt wurde. Einzigartig ist die venezianische Maskerade, die ihren Ursprung in den Kostümierungen des Commedia-dell'Arte-Theaters hat. Typisch sind die »bautta«, ein Kapuzenumhang, und die »volto« oder

»larva« genannte weiße oder schwarze Halbmaske aus Pappmaschee, die die obere Gesichtshälfte bedeckt, und es gehört eine federnbesetzte Kopfbedeckung zur farbenfrohen Ausstattung (links).

die in der Tradition byzantinischer Meister standen, geschaffen und bilden Geschichten aus der Bibel ab. Auch die Hauptfassade beeindruckt durch ihren Reichtum an dekorativen Elementen wie Skulpturen, Säulen und Türmchen. Die Mosaiken über den Portalen links und rechts des Haupteingangs thematisieren den Raub von Reliquien des heiligen Markus und ihre Überführung von Alexandria nach Venedig 828/829. Das Pferdegespann über dem Hauptportal ist die Kopie einer antiken Skulptur, die – ebenso wie die Gruppe der Tetrarchen an der Porta della Carta des Dogenpalastes – 1204 von venezianischen Kreuzfahrern in Konstantinopel erbeutet wurde. Das Original ist seit einigen Jahren im Dommuseum 🏛 **Museo Marciano** ausgestellt.

Palazzo Ducale Dieser sich im Süden des Markusdoms anschließende und sich bis zur Mole am Canale di San Marco erstreckende Prachtbau war das Machtzentrum der Serenissima. Hier residierte von 802 bis zur Eroberung der Stadt durch Napoleon und seine Truppen der Doge, Venedigs Staatsoberhaupt, hier tagte der Große Rat, hier wurden Gesetze gemacht und Gerichtsurteile gefällt. Auch das Gefängnis befand sich im Dogenpalast. Das heute sichtbare, dreiflügelige Gebäude wurde zwischen dem 14. und dem 16. Jh. ganz im Stil von bescheideneren Vorgängerbauten errichtet und gilt als Meisterwerk gotischer Profanbaukunst. Der West- und der Südflügel bestechen durch ihre unverwechselbaren Fassaden: Über zwei zierlichen Arkadengeschossen erhebt sich ein mächtiges Obergeschoss, das mit weißen und rosafarbenen Marmorplatten verkleidet wurde. Innen erwartet die Besucher eine schier überwältigende Fülle an einzigartigen Kunstwerken. Die lichten, weitläufigen Räume des Palastes sind über und über mit Wand- und Deckengemälden von Meistern des Cinquecento wie Tintoretto und Veronese geschmückt. In der Sala del Maggior Consiglio im ersten Stock

San Marco ist die ehemalige Hauskapelle des Dogen.

Die Rialto-Brücke spannt sich über den Canal Grande.

hängt das größte Gemälde der Welt – das »Paradies« des venezianischen Meisters Jacopo Tintoretto. Der Ostflügel des Dogenpalastes ist durch die berühmte **Seufzerbrücke** mit den Prigioni Nuove auf der anderen Seite des Rio di Palazzo della Paglia verbunden. Das Gefängnis wurde im 16. Jh. zur Entlastung der überfüllten Kerker im Innern des Palastes errichtet und ist schon wegen der Brücke ein Muss für jeden Venedig-Besucher. Den Namen »Seufzerbrücke« (Ponte dei Sospiri) verdankt das Bauwerk der romantischen Vorstellung, dass die Verurteilten den Weg ins Gefängnis seufzend antraten.

Canal Grande Die fast 4 km lange und bis zu 100 m breite Hauptverkehrsader Venedigs windet sich s-förmig durch das historische Zentrum und wird oft als schönste Wasserstraße der Welt gerühmt. An beiden Ufern stehen Kirchen und Paläste aus der Blütezeit der Serenissima mit ihren dem Kanal zugewandten Schauseiten dicht an dicht. Mehr als 100 Palazzi befinden sich noch in Privatbesitz und sind bewohnt oder werden als Hotel genutzt, in andere sind international bedeutende Museen eingezogen. Ihre Pracht lässt sich am besten vom Wasser aus bei einer Fahrt mit der Gondel oder dem ungleich preisgünstigeren öffentlichen Nahverkehrsmittel Vaporetto erschließen.

Rialto-Brücke Venedigs vielleicht bekanntestes Wahrzeichen überspannt den Canal Grande an seiner schmalsten Stelle und verbindet die Stadtteile San Marco und San Polo. Die Rialto-Brücke wurde zwischen 1588 und 1591 an der Stelle von hölzernen Vorgängerbauten errichtet und mit einem überdachten Bogengang, der beiderseits von kleinen Geschäften gesäumt wird, ausgestattet. Einst wurden an der Rialto-Brücke Waren aus aller Welt angelandet und verkauft. Heute ist sie eine Touristenattraktion. Die Läden auf der Brücke sind von Souvenirhändlern besetzt.

Von den 120 Inseln in der Lagune von Venedig sind die beiden Inseln **Murano** und **Burano** die bekanntesten. Genau genommen zerfallen sie in mehrere kleine und nur durch schmale Kanäle getrennte Eilande.
Murano ist als Zentrum der Glasbläser weltweit ein Begriff. Erzeugnisse aus Murano-Glas sind seit dem Mittelalter in ganz Europa begehrt. Auf den Inseln gibt es zahlreiche Glasbläsereien, die auch Besuchern offen stehen. Das 🏛 **Museo dell'Arte Vetraria** im Palazzo Giustinian informiert über alle Aspekte der Glasbläserkunst.
Burano ist für die feinen Spitzen, die hier seit Jahrhunderten hergestellt werden, berühmt. Im 🏛 **Museo del Merletto** sind kostbare Handarbeiten aus Spitze ausgestellt.

Bild links oben: Die Kirche San Giorgio Maggiore auf dem gleichnamigen Inselchen bietet den Passagieren einen festlichen Empfang.

Nebel und das Licht der aufgehenden Sonne bewirken auf der Piazzetta – hier mit dem Dogenpalast, einem Dreimaster und San Giorgio Maggiore als Kulisse – eine fast unwirkliche Stimmung (unten).

Links: Der Markusplatz ist das Herz der Serenissima. Wer auf dem Wasserweg kommt, der betritt ihn über die zur Lagune hin offene Piazzetta mit dem Dogenpalast und der Biblioteca Marciana gegenüber.

Poreč, Rovinj, Zadar, Split

Poreč

Die Altstadt von Poreč an der Westküste der Halbinsel Istrien wurde von der UNESCO im Jahre 1997 zum Weltkulturerbe erhoben. Das Sakralensemble der Euphrasius-Basilika im historischen Stadtkern von Poreč gilt als herausragendes Beispiel für die Verschmelzung von frühchristlicher und byzantinischer Baukunst. Im 4. Jh. errichteten die Christen in Poreč eine Kapelle, in die sie auch die Gebeine des hl. Maurus, ihres ersten Bischofs, betteten; er galt als ein Märtyrer während der spätrömischen Christenverfolgung. Von diesem Bauwerk sind nur Reste geblieben. Im 5. Jh. wurde

Land: Kroatien
Einwohner:
Poreč: 18 000
Rovinj: 15 000
Zadar: 75 000
Split: 210 000
Sprache: Kroatisch
Währung: Kuna
Hauptreisezeit: Mai bis Oktober
Zeitzone: UTC + 1

Rund 15 Jahre nach dem Ende des Kroatienkrieges (1991 bis 1995) erfreut sich die östliche Adria wieder großer Beliebtheit bei sonnenhungrigen Touristen aus Nord- und Mitteleuropa. Die wildromantische Landschaft, das lichtblaue, klare Meer und die verträumten Badebuchten an dem Küstenstrich zwischen Istrien und Dubrovnik locken jedes Jahr mehr Menschen an. Nicht nur die Ferienresorts, auch die traditionsreichen Hafenstädte haben sich für Urlaubsgäste herausgeputzt und wirken attraktiver denn je. Sie sind ein festes Ziel auf Mittelmeerkreuzfahrten geworden und werden von internationalen Cruiselinern angelaufen.

Rovinj Die an der Westküste der Halbinsel Istrien gelegene Stadt hat sich nicht zuletzt dank ihrer zauberhaften Lage zu einem beliebten Ziel für Kreuzfahrten in der östlichen Adria entwickelt. Lange bevor die Schiffe in den Hafen einlaufen, passieren sie ein Gewirr kleiner, grün schimmernder Inseln mit weißen Felsenbordüren vor stark zerklüfteten Küstenstreifen.

An Land erwartet die Passagiere dann auch ein mediterranes Paradies. Von drei Seiten umgibt Wasser die Stadt, ihre Gebäude sind fast überall direkt ans Meer gebaut. Der malerische Altstadthügel Rovinjs erinnert mit seinen Palazzi und in warmen Farben gestrichenen Häusern an Italien. Enge Gassen, die von pittoresken Plätzen, Durchgängen und Portalen unterbrochen werden, laden zu Spaziergängen ein. Hoch über der Stadt thront die Kathedrale **St. Euphemia** mit ihrem weit aufragenden Campanile, einem Zeugnis der venezianischen Herrschaft von 1283 bis 1797. In der nahen Valdibora-Bucht präsentiert das Meeresbiologische Institut seinen Besuchern die vielfältige Fauna der nördlichen Adria.

Sveti Donat in Zadar ist als byzantinische Rundkirche angelegt.

Zadar Die nach Split zweitgrößte Stadt an der dalmatinischen Küste gilt als Dorado für Kunst- und Kulturhistoriker. Obwohl es über die Jahrhunderte immer wieder zerstört wurde, wartet Zadar mit einer Fülle bemerkenswerter Paläste, Kirchen und Klöster aus fast allen Epochen der Geschichte auf. Die Anfänge der Stadt gehen vermutlich auf eine Siedlung der Illyrer zurück. Im 2. Jh. v. Chr. wurde sie von den

eine erste große Basilika errichtet. Unter Bischof Euphrasius erhielt diese im 6. Jh. ihre heutige Form und Ausstattung. Mit seinen reichen und gut erhaltenen Mosaiken ist das im byzantinischen Stil errichtete Gotteshaus

eines der schönsten Bauwerke dieser Epoche (links). Aus derselben Zeit stammen auch die Taufkirche (Baptisterium) und das Atrium, einer der wenigen noch erhaltenen Vorhöfe aus frühchristlicher Zeit.

Römern erobert. Nach dem Untergang Westroms fiel Zadar zunächst an Byzanz, 1109 wurde es dem christlichen Ungarisch-Kroatischen Königreich einverleibt und 1409 an die Republik Venedig verkauft. Mit dem 1797 zwischen Napoleon und Franz II. geschlossenen Frieden von Campo Formio, der das Ende der Serenissima besiegelte, gelangte Zadar wie auch die anderen venezianischen Besitzungen an der Adria in habsburgische Obhut und Verwaltung.

Nach dem Ersten Weltkrieg fiel es an Italien, 1947 wurde die Stadt jugoslawisch. Während des Kroatienkrieges (1991–1995) stand sie permanent unter Beschuss durch serbische Truppen und war von der Außenwelt praktisch abgeschnitten. Die Schäden, die die Belagerer anrichteten, sind mittlerweile aber behoben. Heute erstrahlt Zadar in altem Glanz, das Leben ist in die Stadt zurückgekehrt. Ihr reiches kulturelles Erbe, die traumhafte Umgebung und nicht zuletzt die Vitalität ihrer Bewohner locken wieder die Urlauber an.

Die Kreuzfahrtschiffe gehen an der Westseite der schmalen Landzunge, auf der die Altstadt liegt, vor Anker.

Das historische Zadar ist weniger als 1 km² groß und lässt sich gut an einem halben Tag erkunden. Die Sehenswürdigkeiten wie das **Römische Forum**, die mittelalterlichen Kirchen und venezianischen Paläste finden sich auf engstem Raum. Das **Archäologische Museum** informiert über die Geschichte der Stadt sowie der Region. In dem direkt angrenzenden **Benediktinerinnenkloster** sind kostbare Kirchenkunstschätze ausgestellt. Zadar ist für seine lebendigen Märkte berühmt. Ein Besuch des Bauern- oder Fischmarkts gehört zu jeder Stadtbesichtigung dazu. Für die passende musikalische Begleitung sorgt die weltweit einzige **Meeresorgel** oberhalb der Kreuzfahrtpier. Sie ist zu einem Wahrzeichen Zadars geworden. Dank eines in die Uferpromenade eingelassenen Systems von Röhren, durch das Meerwasser fließt, tönt es Tag und Nacht aus dem Untergrund. Die Installation des Architekten Nikola Bašić ist preisgekrönt.

Impressionen aus Split: Uferpromenade ...

... Campanile des Doms St. Domnius ...

... und venezianische Loggia am Platz Narodni Trg.

Split Die heute rund 210 000 Einwohner zählende Metropole an der süddalmatinischen Küste gilt als Kleinod unter Europas Städten. Kein anderer Ort auf dem Kontinent kann von sich behaupten, aus einem Palast heraus entstanden zu sein. In der Tat gehen die Anfänge des heutigen Split auf den Altersruhesitz zurück, den der römische Kaiser Diokletian hier, an seinem Geburtsort, um 300 errichten ließ. Der stark befestigte, aus einer ganzen Reihe von Villen und Tempeln bestehende Palastkomplex diente den Einwohnern des nahe gelegenen Salona, das im 7. Jh. von slawischen Eroberern zerstört worden war, als Zufluchtsort und wurde von ihnen in eine kleine Stadt verwandelt. Obwohl die Anlage im Laufe der Jahrhunderte immer wieder umgebaut und mit Kirchen und Palazzi ausgeschmückt wurde, blieb ihre ursprüngliche, einem römischen Militärlager nachgebildete Struktur erhalten. Nach wie vor bildet ein Peristyl, ein von Säulenhallen umgebener offener Hof, den Mittelpunkt des Areals, und nach wie vor wird es von zwei sich überkreuzenden Straßenzügen zerteilt. Dort, wo einst das Gefolge Diokletians flanierte, amüsieren sich heute Touristen. In die alten Gemäuer sind Souvenirläden, Galerien, Cafés und Bars eingezogen. Sie machen aus dem **Diokletianspalast**, der seit 1979 auf der UNESCO-Welterbeliste steht, ein äußerst lebendiges Viertel. Westlich des Palastes beginnt der im Mittelalter neu angelegte Teil der Stadt. Hier erinnern das alte Rathaus und die Türme eines Kastells an die Zeit, als Split von den Venezianern zu einem Bollwerk gegen die Osmanen ausgebaut wurde. Direkt vor der Altstadt führt die elegante **Uferpromenade Riva** an der der Hafenbucht entlang. Die Kreuzfahrtschiffe gehen in Splits großem, nur wenige Gehminuten südlich des historischen Zentrums gelegenen Hafen vor Anker.

Die Schutzheilige Euphemia thront auf dem Campanile von Rovinj (Bild links oben).

Dubrovnik

Die Republik Ragusa

Die Stadt (rechts) war fast 500 Jahre eine unabhängige Adelsrepublik und Rivalin Venedigs im Kampf um die Vormachtstellung im Orienthandel. Obwohl der kleine Staat mit dem italienischen Namen Ragusa bis 1526 dem ungarisch-kroatischen König Tribute zahlen musste, genossen seine Bürger seit der Niederlage der Serenissima weitgehende Autonomie. Die Geschicke der Stadt wurden von einem von adeligen Patriziern gewählten Gremium gelenkt. Ragusa verfügte über eine eigene Gerichtsbarkeit und konnte Handel treiben. Der politischen Weitsicht der Stadtobe-

Land: Kroatien
Einwohner: 44 000
Sprache: Kroatisch
Währung: Kuna
Hauptreisezeit: Mai bis Oktober
Zeitzone: UTC + 1

Wie ein »Fels in der Brandung« ragt die auf einer schmalen, felsigen Landzunge gelegene »Perle der Adria«, wie Dubrovnik auch genannt wird, aus dem tiefblauen Meer. Die Altstadt ist von einem mächtigen Befestigungsring umgeben, den ihre Bewohner einst zum Schutz gegen ihre Feinde errichten ließen. Über die Jahrhunderte weckte der Wohlstand Dubrovniks, das im 15. Jh. und 16. Jh. ein Zentrum des Handels zwischen Orient und Okzident war, nicht nur bei Piraten, sondern auch bei der Rivalin Venedig Begehrlichkeiten.
Heute lockt die Pracht der Klöster, Kirchen und Paläste in der Altstadt, die seit 1979 auf der UNESCO-Welterbeliste steht, internationale Touristen an. Die großen Cruiseliner laufen den modernen Hafen von Gruž, einem Stadtteil im Nordwesten der Altstadt, an. Kleinere Schiffe können auch vor dem malerischen alten Hafen ankern.

Stadtmauer Der mächtige Befestigungsring, der das historische Dubrovnik bis heute vollständig umschließt, hat sicherlich dazu beigetragen, dass die Stadt über lange Zeit ihre Unabhängigkeit bewahren konnte. Seine Mauern sind bis zu 25 m hoch und stellenweise 6 m breit. An vier markanten Eckpunkten wurden massive Forts errichtet, durch die die Zugänge zur Stadt und ihre Umgebung kontrolliert werden konnten: Der alte Hafen im Osten Dubrovniks wird nach der Landseite von dem außerhalb der Anlage erbauten Fort Revelin, nach der Seeseite von dem Fort Sveti Ivan bewacht.

Auf der anderen Seite der Stadt ragt im Norden der runde Turm des **Forts Minčeta** in den Himmel empor, im Süden erhebt sich **Fort Bokar** direkt über dem Meer. Zusätzlich zu diesen Forts verfügt die Anlage über zwölf Wehrtürme, mehrere Bastionen und Schießscharten für 120 Kanonen. Berichte über die Belagerung der Stadt durch Sarazenen im 9. Jh. lassen darauf schließen, dass Dubrovnik bereits früh von einem Verteidigungswall umgeben war. Die heute noch sichtbare Gestalt aber erhielt der Befestigungsring erst gegen Ende des 15. Jh.s.
Die Bürger der Stadt beauftragten unter dem Eindruck der Einnahme Konstantinopels durch die Osmanen und aus Furcht vor einer Eroberung durch Venedig erfahrene Baumeister mit dem Ausbau. Bis heute sind Dubrovniks Stadtmauern begehbar und können über Treppenaufgänge am **Pile-Tor**, dem einzigen Zugang zur Stadt im Westen, und am **Ploče-Tor** im Nordosten erklommen werden. Ein Bummel über den fast 2 km langen Schutzwall gehört zu jeder Stadtbesichtigung dazu.

Abendstimmung am Stradun, der Hauptstraße von Dubrovnik.

Stradun Die Flaniermeile Alt-Dubrovniks durchschneidet die Stadt von Westen nach Osten und verbindet das Pile-Tor mit der **Placa Luža** direkt hinter dem alten Hafen. Sie ist bereits im 11. Jh. durch die Zuschüttung des schmalen Kanals, der die Insel Lave vom Festland trennte, entstanden und hat sich seitdem zur Hauptverkehrsstraße der Stadt entwickelt.
Die eleganten Barockhäuser, die sie säumen, wurden nach dem Erdbeben von 1667, das große Teile Dubrovniks zerstörte, als Residenzen für angesehene Kaufleute errichtet. Heute beherbergen sie schmucke Geschäfte oder Straßencafés. Am westlichen Ende des Straduns lohnt besonders das **Franziskanerkloster** aus dem 14. Jh. eine Besichtigung. Das angeschlossene **Museum** beherbergt eine Bibliothek mit mehr als 20 000 mittelalterlichen Handschriften sowie eine der ältesten Apotheken Europas. Im Kreuzgang des **Klarissinnenklosters** auf der anderen Seite des Stradun kann man in einem Café eine kleine Pause einlegen. Das Kloster wurde bereits gegen Ende des 13. Jh.s gegründet und unterhielt im 15. Jh. eines der ersten Waisenhäuser Europas. Das heutige Gebäude wurde allerdings erst nach dem Erdbeben von 1667 errichtet.

Östliche Altstadt In diesem an der Hafenseite gelegenen Teil Dubrovniks stehen repräsentative Bauten aus der Blütezeit der Stadt dicht an dicht. Der **Palača Sponza** an der Nordseite der Placa Luža etwa wurde in

ren ist es zu danken, dass die Stadt auch nach der vernichtenden Niederlage der Ungarn gegen die Osmanen im Jahr 1526 unabhängig blieb. Während des 16. Jh.s entwickelte sich Ragusa zu einem blühenden Handelszentrum. Mit der Entwicklung des transatlantischen Seehandels, durch den das Mittelmeer in Randlage geriet, begann der Niedergang. Nach dem großen Erdbeben von 1667 war es mit der Herrlichkeit vorbei.

Barocke Kathedrale Sveti Gospa.

Straßencafés vor dem Franziskanerkloster.

der Zeit zwischen 1516 und 1522 errichtet und besticht durch die gelungene Kombination aus spätgotischer und Renaissancearchitektur. Das Gebäude diente als Zollamt, Münze und Lagerhaus. Zeitweise war hier ein Gefängnis untergebracht. Auch in dem Prachtbau des Dominikanerklosters, das hinter dem Palača Sponza liegt und fast die gesamte Nordostecke der Stadt einnimmt, wurden spätgotische mit Bauformen der Renaissance kombiniert. Es stammt aus dem 14. Jh. und beherbergt heute ein Museum. Ein Stück weiter südlich der Placa Luža befindet sich der **Rektorenpalast**, das politische Zentrum der Dubrovniker Republik. In dem zwischen 1435 und 1451 von Onofrio della Cava errichteten Arkadenbau tagten nicht nur die Räte der Stadt, hier residierte auch der Rektor, das immer nur für einen Monat gewählte Stadtoberhaupt. Im oberen Stockwerk des Gebäudes ist heute das Stadtmuseum untergebracht, im hübschen Innenhof finden den Sommer über Konzerte statt.

Mit ihrer weithin sichtbaren Kuppel überragt die gegenüber dem Rektorenpalast gelegene **Kathedrale Sveti Gospa** alle anderen Häuser der Stadt. Sie wurde nach dem Erdbeben von 1667 an der Stelle eines Vorgängerbaus errichtet und zählt zu den größten Barockbauten Dalmatiens. Nicht weniger sehenswert ist die Jesuitenkirche **Sveti Ignacija** in der Nähe des Marktplatzes ganz im Süden Alt-Dubrovniks. Auch dieses Gotteshaus wurde nach dem Erdbeben im zeitgenössischen Barockstil neu gebaut und beeindruckt in seinem Innern durch Fresken, die das Leben Ignatius von Loyolas darstellen. Zu dem malerischen alten Hafen, in dem heute Jachten vor Anker liegen, gelangt man durch das kleine Seetor an der Placa Luža.

Insel Lokrum Das südöstlich des alten Hafens gelegene Eiland lockt mit Badebuchten, Spazierwegen und viel Grün. Es ist als Naturschutzgebiet ausgewiesen und wird von den Dubrovnikern gerne als Sommerfrische genutzt. Richard Löwenherz soll hier auf dem Rückweg von seinem dritten Kreuzzug 1192 gestrandet sein. Zwischen 1023 und 1798 lebten Benediktinermönche auf der Insel. Ihr Kloster wurde 1858 von dem österreichischen Erzherzog Maximilian in ein Schloss umgewandelt und mit einem herrlichen Park umgeben. Auch ein Fort gibt es hier. Es wurde zu Beginn des 19. Jh.s, als Dubrovnik zu den Illyrischen Provinzen des napoleonischen Frankreich gehörte, errichtet. Man kann Lokrum vom alten Hafen Dubrovniks aus schnell mit einem Wassertaxi oder einem Fährschiff erreichen.

Oben links: Wie aus dem Fels gewachsen erscheint hier die Stadtmauer von Dubrovnik. Oben rechts: Im Rektorenpalast mit seinen Arkadengängen residiert heute das Stadtmuseum.

Die Altstadt von Dubrovnik bietet eine prächtige Kulisse für die einfahrenden Kreuzfahrtschiffe (unten).

Blick über die roten Ziegeldächer des Häusermeers von Dubrovnik. In der Bildmitte beherrscht die Festung Sv. Ivan die Szenerie.

Korfu, Kefalonia, Zakynthos

Achilleion

Bei Gastouri, nur 7 km südlich von Korfu-Stadt, zieht das Achilleion alljährlich mehrere Tausend Touristen an. Es ist ein nach dem homerischen Helden benannter Palast der Kaiserin Elisabeth von Österreich. Das in einer herrlichen Parklandschaft gelegene Anwesen präsentiert sich als eine einzige Hommage an das antike Griechenland. Sisi schmückte den Palast innen und

Land: Griechenland
Fläche:
Korfu: 585 km²
Kefalonia: 689 km²
Zakynthos: 408 km²
Einwohner:
Korfu: 115 000
Kefalonia: 40 000
Zakynthos: 40 000
Sprache: Griechisch
Währung: Euro
Hauptreisezeit: April bis Oktober
Zeitzone: UTC + 2

Die Inseln sind der Westküste Griechenlands vorgelagert und erstrecken sich von der albanischen Grenze bis zum nördlichen Peloponnes. Jedes Eiland wartet mit vielfältigen Naturräumen auf: Schroffe Karstgebirge wechseln mit sanft geschwungenem Hügelland, trockene, pflanzenarme Zonen mit regenreichen und mit einer üppigen Vegetation ab. Die Küsten sind stark zerklüftet, die herrlichen Badestrände rund um die Inseln werden oft von steil aufragenden Klippen eingerahmt.
Von alters her sind die Ionischen Inseln Zentren des Olivenanbaus im Mittelmeer, und so sind weite Teile des fruchtbaren Hügellands mit Olivenhainen überzogen. Gemeinsam mit den schlanken Zypressen, die allerorten aufragen, verleihen sie der Landschaft ihr mediterranes Gepräge. In den größeren Ortschaften erinnert noch vieles an Italien. Hier haben die Venezianer, die von 1386 bis 1797 über die Ionischen Inseln herrschten, in Kunst und Architektur ihre Spuren hinterlassen.

Korfu Seit den Tagen der Kaiserin Elisabeth von Österreich, die hier 1889 eine Villa erwarb und zu einem Palast umbauen ließ, hat sich die nördlichste der Ionischen Inseln zu einem der beliebtesten Ferienziele im Mittelmeerraum entwickelt. Das angenehme Klima und die mediterrane Atmosphäre locken alljährlich mehr als 1 Mio. Touristen an. Die Cruiseliner legen im neuen Hafen von Korfu-Stadt, der an der Ostküste gelegenen Inselkapitale, an. Ihre malerische, von zwei mächtigen Festungen aus venezianischer Zeit eingerahmte Altstadt kann vom Cruiseterminal aus mit einem Taxi oder einem Leihwagen erreicht werden.

Das historische **Korfu** wartet mit einem reichen architektonischen Erbe auf und steht seit 2007 auf der Liste des UNESCO-Welterbes. Nicht nur die Venezianer, die über die Insel herrschten, sondern auch die Franzosen und Briten haben das Stadtbild geprägt. Die **Spianada**, der weitläufige Platz vor der alten Festung, wurde zwar bereits von den Venezianern angelegt, aber erst von den Franzosen mit den eleganten Liston-Arkaden geschmückt. Die Cafés und Tavernen entlang dieser Flaniermeile sind zum Treffpunkt von Einheimischen und Touristen geworden. Der prächtige neoklassizistische **Palace of St. Michael and St. George** im Norden der Spianada erinnert an die Zeit, als Korfu zusammen mit den anderen Ionischen Inseln ein Protektorat des British Empire war (1814–1864). Er wurde zwischen 1819 und 1824 als Residenz des Lord-Hochkommissars errichtet und kann besichtigt werden. Auch die mächtige alte venezianische Festung im Osten der Spianada lohnt einen Besuch; sie bietet einen schönen Blick über das Meer.
Die Altstadtviertel westlich der Spianada präsentieren sich als faszinierendes Geflecht aus urigen Gassen und eleganten, von Arkaden gesäumten Straßen. Auch hier locken Tavernen mit griechischen Spezialitäten, allerlei Geschäfte mit Souvenirs und lokalem Kunsthandwerk. Der alte Hafen im Norden der Altstadt wird von der ursprünglich aus venezianischer Zeit stammenden **Neuen Festung** überragt. Auch sie lohnt vor allen Dingen wegen der fantastischen Aussicht über den Hafen und die Stadt eine Besichtigung.
Nur wenige Kilometer südlich von Korfu-Stadt liegt inmitten eines weitläufigen Parks das kleine **Schloss Mon Repos**, das als Geburtsort des Herzogs von Edinburgh königstreue Briten anlockt. Es befand sich zwischen 1864 und dem Sturz der Monarchie in Griechenland im Besitz der Königsfamilie. Heute ist hier ein archäologisches Museum untergebracht.

Korfu verfügt über ein gut ausgebautes Straßennetz. Die vielfältige Natur, angefangen von den bukolischen Landschaften im Süden über die wildromanti-

außen mit Statuen von Gestalten aus der griechischen Mythologie aus (rechts); auch sie selbst ist als Plastik verewigt. Berühmt ist die Skulptur des »Sterbenden Achill«, die sie zu Ehren ihres griechischen Lieblingshelden Achill an zentraler Stelle im Park aufstellen ließ, die jedoch von Wilhelm II., der das Anwesen im Jahr 1907 kaufte, um einige Meter verrückt und durch eine Bronzestatue des »Siegreichen Achill« ersetzt wurde.

sche Westküste bis hin zum gebirgigen Norden, lernt man am besten auf einer Inselrundfahrt kennen. In Korfu-Stadt bieten Veranstalter Touren und Leihwagen an.

Kefalonia Kreuzfahrtschiffe, die die flächenmäßig größte Ionische Insel ansteuern, legen im Hafen der Inselhauptstadt Argostoli an der Westküste an. Obwohl der quirlige kleine Ort im Jahr 1953 bei einem Erdbeben zerstört wurde und wieder aufgebaut werden musste, hat er viel von seinem ursprünglichen Charme behalten. Das Stadtbild wird von freundlichen, hellen Häusern geprägt. Die touristische Infrastruktur ist hoch entwickelt. Es gibt unzählige Tavernen und Restaurants, Freizeit- und Einkaufsmöglichkeiten.
Die gesamte Insel lernt man am besten bei einer Inselrundfahrt kennen. Das Gebiet um das in der Nähe von Argostoli gelegene Énos-Massiv, die mit einer Höhe von 1638 m höchste Erhebung auf den Ionischen Inseln, ist als Nationalpark ausgewiesen und kann mit dem Auto erreicht werden. Es ist Heimat der seltenen Kefalonia-Tanne und lädt zu Spaziergängen ein.
An den Hängen im Westen des Massivs wird der dank seines Zitronen-Bouquets von Kennern in aller Welt geschätzte Robola-Wein angebaut. Die Kefalonian Robola Cooperative bietet Weinproben und Führungen durch die Kelterei an. Auf der anderen Seite des Bergmassivs locken die beiden farbenprächtig schillernden Tropfsteinhöhlen Melissani und Drogarati sowie idyllische Hafenstädtchen.

Zakynthos Kreuzfahrtschiffe, die die südlichste der Ionischen Inseln ansteuern, gehen in der gleichnamigen Hauptstadt an der Südostküste vor Anker. Die Passagiere werden mit Tenderbooten zu der

Die Neue Festung überragt die Altstadt von Korfu.

Anlegestelle an der Hafenpromenade gebracht. Stattliche Arkadenhäuser und gemütliche Tavernen bestimmen das Ortsbild. Der Großteil der bei dem Erdbeben von 1953 zerstörten Gebäude wurde originalgetreu wieder aufgebaut.

Im **Byzantinischen Museum** sind Meisterwerke der späten byzantinischen Malerei ausgestellt. Zu den Blauen Höhlen im Norden von Zakynthos gelangt man per Boot. Das glasklare Wasser und der Zauber der Grotten ziehen viele Besucher in ihren Bann. Naturliebhaber können am Sandstrand der Bucht von Laganas im östlichen Teil der Insel mehr über die Unechten Karettschildkröten erfahren, die dort nachts ihre Eier im Sand vergraben. Leider sind die bis zu 180 kg schweren Meeresschildkröten vom Aussterben bedroht.

Großes Bild: Der spektakuläre »Schiffswrackstrand« an der Nordwestküste von Zakynthos wurde von den Venezianern »Blume der Levante« genannt.

Katakolon, Itea, Korinth

Kanal von Korinth

Viele kleine Kreuzfahrtschiffe mit Kurs auf Athen haben eine Passage dieses berühmten Schifffahrtsweges in ihrem Programm. Sie ist ein Abenteuer

und sicherlich nichts für klaustrophobisch veranlagte Menschen. Aus der Froschperspektive scheinen die zu beiden Seiten 75 m aufragenden Wände der nur 24 m breiten Wasserstraße bedrohlich nahe (links).

Land: Griechenland
Einwohner:
Katakolon: 600
Itea: 7000
Korinth: 60 000
Sprache: Griechisch
Währung: Euro
Hauptreisezeit:
April bis Oktober
Zeitzone: UTC + 2

Die meisten Cruiseliner, die die Inselwelt der Ägäis von Westen aus ansteuern, haben einen Abstecher zu den weltberühmten antiken Stätten von Olympia und Delphi im Programm.
Im 19. Jh. wurden die Zentren der griechischen Kultur wiederentdeckt und systematisch erforscht. Bis heute faszinieren der Austragungsort der antiken Olympischen Spiele und der Sitz des wohl berühmtesten Orakels der Geschichte allein durch die Mythen, die sich darum ranken. Auch die alte Hafenstadt Korinth ist ein geschichtsträchtiger und sagenumwobener Ort. Der berühmte Sisyphos soll Begründer der Stadt gewesen sein. Südlich von Korinth liegt Mykene, eine der Keimzellen europäischer Kultur.

Katakolon (Olympia) Der beschauliche kleine Fischerort an der Westküste des Peloponnes wird von Kreuzfahrtschiffen als Ausgangspunkt für Ausflüge in das 35 km entfernte Olympia angelaufen. Als Austragungsort der Olympischen Spiele der Antike zählt die idyllisch inmitten einer bewaldeten Hügellandschaft am Ufer des Alfios gelegene Ruinenstätte zu den ganz großen kulturellen touristischen Attraktionen dieser Welt. In der Antike befand sich hier ein bedeutendes, dem Zeus geweihtes Heiligtum. Seine Anfänge gehen auf das 10. Jh. v. Chr. zurück. Archäologische Funde belegen außerdem, dass hier spätestens ab 776 v. Chr. alle vier Jahre Olympische Spiele stattfanden. Sie entwickelten sich schnell zum wichtigsten Wettbewerb des Altertums. Griechen aus ganz Hellas maßen sich hier zu Ehren des Zeus beim Laufen und später auch in anderen Disziplinen. Das Stadion bot mehr als 40 000 Zuschauern Platz. Es liegt nordöstlich der Altis, des eigentlichen heiligen Bezirks.
Seit Anfang des 19. Jh.s finden hier Ausgrabungen statt, die eine Fülle antiker Bauten und Kunstschätze zutage förderten. Unter all den Tempeln, Gäste- und Schatzhäusern, die Archäologen bis jetzt freilegten, ist das dem Zeus gewidmete Heiligtum das bedeutendste. Es wurde zwischen 472 und 457 v. Chr. errichtet und gilt als Meisterwerk der klassischen griechischen Tempelbaukunst. Von Pausanias ist überliefert, dass die Cella des Tempels eine von dem berühmten Phidias geschaffene, 12 m hohe Zeus-Statue aus Gold und Elfenbein barg – eines der sieben Weltwunder des Altertums. Ein anderer bedeutender Tempel auf der Altis war der Hera geweiht. Archäologische Funde belegen, dass seine Säulen ursprünglich aus Holz waren und im Lauf von Jahrhunderten durch steinerne ersetzt wurden. Auf dem Areal des Tempels wurde 1877 die berühmte Hermes-Statue des Praxiteles gefunden, die zusammen mit zahlreichen anderen antiken Kunstwerken im 2004 wiedereröffneten **Archaiologiko Moussio** in der Nähe des Ausgrabungsgeländes bestaunt werden kann. Falls man nicht an einer geführten Exkursion teilnehmen möchte, kann man Olympia von Katakolon aus mit dem Bus oder dem Zug erreichen.

Itea Der hübsche Ort an der Nordküste des Golfs von Korinth wird von Kreuzfahrtschiffen als Ausgangspunkt für Exkursionen nach **Delphi** angelaufen. Die berühmte Ruinenstätte befindet sich nur 15 km von Itea entfernt in 700 m Höhe in traumhaft schöner Lage auf einer Terrasse am Südhang des Parnass-Gebirges. Sie zählt zu den bedeutendsten Hinterlassenschaften der Antike und steht seit 1987 auf der UNESCO-Welterbeliste. Den Mittelpunkt der Anlage bildet das Apollon-Heiligtum, das als Sitz des berühmten Orakels für alle Griechen der Nabel (Omphalós) der Welt und eine panhellenische Institution war. Ratsuchende aus dem ganzen Land pilgerten zur Pythia, einer Priesterin, die als Medium Apollons galt, und ließen sich von ihr die Zukunft vorhersagen.
Historiker vermuten, dass sie in einem der Öffentlichkeit nicht zugänglichen Raum über einer Erdspalte saß und durch aufsteigende Dämpfe in Trance versetzt wurde. Der Überlieferung zufolge verkündete sie die ihr im Rausch eingebenen Wahrheiten in unverständlichen Worten, die von einem Priester übersetzt werden mussten. Dank der uneingeschränkten Autorität, die es genoss, übte das Orakel von Delphi auch Einfluss auf politische Entwicklungen aus. Nicht nur Privatpersonen, sondern auch Fürsten und Staatsmänner wie König Kroisos oder Themistokles baten um Rat bei wichtigen Entscheidungen. Die Gebühren und Geschenke der Pilger verhalfen dem Heiligtum zu außerordentlichem Reichtum. Archäologen haben auf dem Areal des Tempelbezirks die Überreste von mehr als 20 von den griechischen Stadtstaaten errichtete Schatzhäusern sowie unzählige Weihegaben gefunden. Der Apollon-Tempel selbst muss ein

Der Kanal von Korinth durchschneidet den gleichnamigen Isthmus an seiner schmalsten Stelle und verbindet den Korinthischen Golf im Westen mit dem Saronischen im Osten. Er ist nur 6,3 km lang und wurde 1893 nach zwölf Jahren Bauzeit fertiggestellt. Die Idee, das Ägäische und das Adriatische Meer durch den Bau eines Kanals am Isthmus miteinander zu verbinden, wurde bereits in der Antike diskutiert. Denn die Umschiffung des Peloponnes galt als gefährlich, und die häufig praktizierte Alternative, die Schiffe auf dem Landweg über den Isthmus zu schleppen, war mühselig. Römische Imperatoren machten sich deshalb die Idee eines Kanals zu eigen und ließen konkrete Pläne ausarbeiten. Doch sie scheiterten am mangelnden Know-how der römischen Ingenieure. Erst mit moderner Technik konnte der Traum Wirklichkeit werden.

beeindruckendes Bauwerk gewesen sein. Seine Anfänge gehen auf das 6. Jh. zurück. Die heute sichtbare Ruine stammt von einem Bau aus der zweiten Hälfte des 4. Jh.s. Südöstlich dieses Heiligtums befinden sich die Ruinen eines der Athene Pronaia geweihten Tempelbezirks. Hier fallen drei in den 1930er-Jahren wieder aufgerichtete Säulen eines Rundbaus auf. In dem Archäologischen Museum, das dem Ausgrabungsgelände angeschlossenen ist, werden einzigartige Kunstschätze wie die überlebensgroße Bronzestatue eines Wagenlenkers aufbewahrt.

Korinth Die Kreuzfahrtschiffe gehen in dem modernen Hafen vor Anker. Infolge mehrerer Erdbeben, die die Stadt auch im 20. Jh. heimsuchten, finden sich im neuen Korinth kaum historische Gebäude. Nach einem schweren Erdbeben im Jahr 1858, das die alte Stadt fast vollständig zerstörte, wurde Korinth 8 km weiter westlich in der Nähe der Einfahrt zum Kanal wieder aufgebaut.

Dank seiner Lage im Süden des berühmten Isthmus, der einzigen Landverbindung zwischen dem griechischen Festland und dem Peloponnes, war der heute 60 000 Einwohner zählende Ort fast während des ganzen Altertums eine strategisch bedeutende Metropole. Unter dem Tyrannen Periander (reg. 624–593 v. Chr.) gelangte Korinth zu einer ersten wirtschaftlichen und kulturellen Blüte während des 6. Jh.s dann stieg es zu dem neben Athen und Sparta wohl einflussreichsten griechischen Stadtstaat auf.

Die lang andauernden Konflikte Korinths mit Athen trugen nicht unwesentlich zum Ausbruch des berühmten Peloponnesischen Kriegs (431–404 v. Chr.), in dem die Stadt aufseiten Spartas kämpfte, bei. 337 v. Chr. wurde in Korinth der nach der Stadt benannte Bund gegründet, ein Zusammenschluss fast aller griechischen Städte unter der Federführung Philipps II. von Makedonien. Ein Jahr später erneuerte Philipps Sohn Alexander der Große das Bündnis und sicherte sich so die Gefolgschaft der Griechen bei seinem Persienfeldzug. 146 v. Chr. wurde Korinth von den Römern vollständig zerstört und erst ab 44 v. Chr. unter Julius Cäsar umso prächtiger wieder aufgebaut. Als Verwaltungszentrum der römischen Provinz Achaia wuchs es schnell auf 80 000 Einwohner an. In Archaia Korinthos, dem antiken Korinth, finden sich bemerkenswerte bauliche Zeugnisse aus der Römerzeit. An das klassische griechische Altertum erinnern die sieben noch erhaltenen dorischen Säulen des **Apollon-Tempels** aus dem 6. Jh. Am Eingang zu dem Ausgrabungsgelände informiert das **Archaiologiko Moussio** mit Fundstücken über die Geschichte der antiken Stadt. Nur 3 km von Archaia Korinthos entfernt thront auf einem 575 m hohen Felsmassiv **Akrokorinth**. Die berühmte Festung blickt auf eine wechselvolle Geschichte zurück. Byzantiner, Venezianer und Osmanen haben hier gebaut. Sogar die Überreste einer fränkischen Burg finden sich hoch auf dem Gipfel. Korinth bietet sich auch als Ausgangspunkt für Ausflüge in das rund 60 km entfernte **Mykene** an. Die sagenumwobene Burg, die seit 1999 zusammen mit der Festung von Tiryns UNESCO-Welterbestätte ist, war Zentrum einer ganz frühen europäischen Hochkultur.

Heinrich Schliemann glaubte, in Mykene das Grab Agamemnons entdeckt zu haben. Heute ist aber bekannt, dass die mit Gold und Edelsteinen ausgestatteten Gräber, die er 1876 in Mykene freilegte, aus einer sehr viel früheren Zeit als der homerischen stammen und bereits um 1250 v. Chr. angelegt wurden.

Im Archäologischen Museum in Olympia.

Großes Bild: Drei der dorischen Säulen des Rundtempels im Heiligtum der Athena Pronaia in Delphi wurden rekonstruiert.

Athen, Piräus

Die Akropolis

Der in zentraler Lage auf einem 156 m hohen Felsplateau angelegte Tempelbezirk des antiken Athens symbolisiert das klassische griechische Altertum. Im Zuge der im 19. Jh. einsetzenden regen Ausgrabungstätigkeit wurden sämtliche Bauten, die über die Jahrhunderte von Römern, Byzantinern und Osmanen auf dem Burgberg errichtet worden waren, entfernt und so die heute sichtbaren Ruinen freigelegt (rechts, Karyatiden). Es sind die Überreste der Heiligtümer, die auf den Fundamenten von Vorgängerbauten in der zweiten Hälfte des 5. Jh.s v. Chr. zur Blütezeit

Land: Griechenland
Einwohner:
Athen: 2,5 Mio.
Piräus: 165 000
Sprache: Griechisch
Währung: Euro
Hauptreisezeit: April bis Oktober
Zeitzone: UTC + 2

Der Hafen von Piräus ist der wichtigste Kreuzfahrthafen im östlichen Mittelmeer. Alljährlich machen in dem modernen New Passenger Terminal mehrere Hundert Cruiseliner Station oder brechen zu Touren in die Ägäis auf. Die meisten Passagiere nutzen ihren Aufenthalt zu einer Sightseeingtour durch das nur 8 km entfernte Athen. Jährlich besuchen mehrere Millionen Menschen Griechenlands Hauptstadt.

Als der Ort, an dem vor rund 2500 Jahren viele Entwicklungen, die Europa bis heute prägen, begannen, hat Athen eine ähnliche Strahlkraft wie Rom. Steinernes Symbol dieser großen Geschichte ist natürlich die Akropolis. Wie kein anderes Baudenkmal symbolisiert dieses hoch über der Stadt auf einem Felsplateau thronende Ensemble von Tempelruinen das antike Griechenland, das als Geburtsstätte der Demokratie und als Wiege europäischer Wissenschaft und Philosophie gilt.

Athen hat aber mehr und anderes zu bieten als die Akropolis und einen glanzvollen Namen: Mehrere Museen von Weltruf hüten Kunstschätze aus allen Epochen der griechischen Geschichte. Die traditionsreichen Altstadtviertel unterhalb der Akropolis bieten griechische Folklore in allen Variationen: Hier finden sich zahlreiche Straßenmärkte und ein vielfältiges Angebot an urigen Restaurants und Tavernen.

Antike Stadt Rund um die Akropolis finden sich einige antike Ruinenstätten, die aus architekturgeschichtlicher Sicht vielleicht nicht von zentraler Bedeutung sind, von denen aber dennoch entscheidende Impulse für die kulturelle Entwicklung Europas ausgingen. In dem **Dionysos-Theater** am Südhang der Akropolis etwa fanden spätestens seit dem Ende des 6. Jh.s Festspiele und Wettkämpfe zu Ehren des Gottes statt, für die Dichter wie Aischylos (525–456 v. Chr.), Sophokles (496–406 v. Chr.) und Euripides (480–406 v. Chr.) ihre bis heute überall auf der Welt aufgeführten Tragödien schrieben. Die sichtbaren Überreste des Theaters stammen von einem Bau, den Lykurg um 330 v. Chr. errichten ließ.

Auch die nordwestlich der Akropolis gelegene griechische **Agora** lohnt wegen ihrer historischen Bedeutung einen Besuch. Im 5. und 6. Jh. schlug hier das wirtschaftliche und politische Herz der attischen Demokratie. Die Agora war Markt- und Versammlungsplatz zugleich. Von den Säulenhallen und öffentlichen Gebäuden, die den Platz einst schmückten, sind meist nur spärliche Überreste vorhanden. Nur der zur gleichen Zeit wie der Parthenon auf einer Anhöhe im Nordwesten der Agora errichtete **Hephaistos-Tempel** ist bemerkenswert gut erhalten. Die Stoá des Attalos an der Ostseite des Geländes wurde von amerikanischen Archäologen anhand antiker Beschreibungen originalgetreu aufgebaut und beheimatet heute das 🏛 **Museum der antiken Agora**.

🏛 **Archäologisches Nationalmuseum** Dieses berühmte Museum beherbergt die weltweit größte Sammlung von Kunstschätzen aus der griechischen Antike und ist ein Muss für jeden, der sich für Archäologie interessiert. Ursprünglich wurde es ausschließlich für Grabungsfunde aus der Stadt Athen und ihrem Umland errichtet, mittlerweile hütet es antike Kunstschätze aus ganz Griechenland und bietet einen umfassenden Überblick über die griechische Kunstgeschichte von der Archaik bis zur Spätantike. Zu den Höhepunkten zählen der Goldschatz, der von Heinrich Schliemann in Mykene ausgegraben wurde, sowie eine aus dem Meer geborgene Poseidon-Statue aus Bronze. Die Kollektionen sind nach folgenden Schwerpunkten unterteilt: Prähistorische Epoche, Skulpturen, Vasen, Bronzearbeiten sowie ägyptische Kunst. Das Museum wurde nach Plänen des Architekten Ludwig Lange in der zweiten Hälfte des 19. Jh.s errichtet. Nach einer im Jahr 2009 abgeschlossenen Erweiterung bietet es rund 11 000 Exponaten Platz.

Syntagma An diesem Platz im Zentrum der Stadt schlägt das politische Herz des modernen Griechenlands. In dem an der Ostseite gelegenen 🏠 **Schloss**, das der erste König des unabhängigen griechischen Staates, der Bayernprinz Otto I., nach Plänen Friedrich von Gärtners in den 1830er-Jahren errichten ließ, residiert seit 1934 das griechische Parlament. Außerdem wird das streng klassizistische Gebäude, das nur an ausgesuchten Tagen der Öffentlichkeit zugänglich ist, vom Präsidenten der Republik als Amtssitz genutzt.

Die Präsidentengarde, die den Palast und das davor gelegene Grab des Unbekannten Soldaten bewacht, ist dank Röcken und Samtjacken, die die Solda-

der attischen Demokratie entstanden. Sie waren Teil des Bauprogramms, das Perikles zur Erneuerung der Stadt, die in den Perserkriegen stark zerstört worden war, ins Leben rief. Mit dem Neubau der Heiligtümer

auf der Akropolis wurden namhafte Architekten beauftragt. Das Meisterwerk der Architekten Iktinos und Kallikrates bildet den Mittelpunkt der Anlage. Seit jeher wird die Klarheit der Gestaltung gerühmt.

ten tragen, ein beliebtes Fotomotivs, und die jede Stunde stattfindende Wachablösung eine Touristenattraktion. Die hinter dem Parlament beginnenden **Nationalgärten**, die auf Veranlassung der Königin Amalia um 1840 angelegt wurden, präsentieren sich als Oase der Ruhe inmitten der hektischen Großstadt und laden zu Spaziergängen ein.

Plaka Das östlich der Akropolis gelegene Viertel ist der älteste Stadtteil Athens und wird von Touristen wie Einheimischen als Ausgehviertel geschätzt. In den urigen Tavernen und Straßenlokalen des Quartiers treffen sich Menschen aus aller Welt. Zahlreiche Antiquitäten- und Trödelläden verlocken zum Stöbern, allerorten spielen Straßenmusikanten auf. Trotz der überall herrschenden Geschäftigkeit präsentiert sich die Plaka als beinahe ländliches Idyll. Das

Poseidon-Statue im Archäologischen Nationalmuseum in Athen.

Gewirr enger, von malerischen Häuschen gesäumter Gassen, das das Ortsbild prägt, erinnert vielerorts an ein Kykladendorf. Der sich direkt unterhalb der Akropolis an den Berg schmiegende Teil des Viertels wurde in der Tat von kykladischen Handwerkern, die am Bau des königlichen Schlosses beteiligt waren, errichtet. Das Gebiet der Altstadt wurde bereits im Altertum besiedelt und wartet mit architektonischen Zeugnissen aus allen Epochen der athenischen Geschichte auf.

Überall stößt man auf die Überreste antiker Bauten, auch einige sehenswerte byzantinische Kirchen wie die **Panagia Gorgoepikoös** der die **Agios Nikolaos Ragavas** lohnen einen Besuch. Ein Großteil der Bebauung in der Plaka stammt allerdings aus dem 18. Jh. und wurde in den 1980er-Jahren aufwendig restauriert. Im Norden der Altstadt liegt hinter dem römischen Forum die **Platia Monastiraki**. Das Viertel rund um diesen weitläufigen Platz ist durch seinen Flohmarkt bekannt geworden. Basare, Straßenhändler und nicht zuletzt eine Moschee aus osmanischer Zeit an der Ostseite des Platzes verleihen ihm eine orientalische Atmosphäre.

Großes Bild: Das Zentrum der Akropolis von Athen bildet der Parthenon (hier die Westseite), den der Bildhauer Phidias im Auftrag des Athener Staatsmannes und Generals Perikles entwarf. Dieser Haupttempel der Anlage steht auf einem Plateau, das aus dem Schutt eines Athene-Tempels aufgeschichtet wurde.

Das Wahrzeichen Athens: die beleuchtete Akropolis mit dem gewaltigen Parthenon im Zentrum der Anlage (unten).

Links: Die Propyläen sind die monumentale Toranlage der die Akropolis einst umgebenden Mauern. Sie entstanden in den Jahren 437 bis 432 v. Chr.

Rhodos, Kos, Chios

Mittelalterliche Altstadt von Rhodos

Mit Alexander dem Großen wurde die schon früh besiedelte Insel makedonisch, danach wieder unabhängig, dann byzantinisch. Seit 1310 stand Rhodos unter der Herrschaft des Johanniterordens, 1523 gelangte sie unter osmanische Kontrolle. Die türkische Herrschaft währte bis 1912, als Italien die Insel eroberte und bis 1943 besetzte Erst seit 1948 gehört die Inse zu Griechenland. Ihr heutige Gesicht verdankt Rhodos-Stad der Bautätigkeit der einstige Kreuzfahrer. Die Ritterstraß (rechts) ist ein noch gut erhal

Land: Griechenland
Fläche:
Rhodos: 1408 km²
Kos: 287 km²
Chios: 842 km²
Einwohner:
Rhodos: 115 000
Kos: 33 000
Chios: 52 000
Sprache: Griechisch
Währung: Euro
Hauptreisezeit: April bis Oktober
Zeitzone: UTC + 2

Die der türkischen Küste vorgelagerten griechischen Inseln präsentieren sich als einzigartiger Mix verschiedenster Kulturen. Orient und Okzident, eine uralte bäuerliche Kultur und der moderne Tourismus sind hier zu einem vielfarbigen Amalgam verbunden. Auf Kos und Rhodos in der östlichen Ägäis finden sich mittelalterliche Kreuzritterburgen, osmanische Moscheen, byzantinische Kirchen und antike Ruinenstätten auf engstem Raum. Die Einheimischen sind in lokalen Traditionen verwurzelt, tief religiös und weltoffen zugleich. Während im Hinterland der Hafenstädte – besonders auf Chios – eine über Jahrhunderte gewachsene Dorfkultur gepflegt wird, können die Badeorte an den Küsten mit allen Annehmlichkeiten aufwarten.

Rhodos Nicht umsonst nennt die griechische Mythologie die Hauptinsel des zu den Südlichen Sporaden gehörenden Dodekanes-Archipels ein Geschenk des Sonnengottes Helios an seine Gattin Rhode. Von alters her werden in den fruchtbaren Tälern der gebirgigen und bis auf 1215 m ansteigenden Insel Wein und Oliven, Aprikosen und Pfirsiche angebaut. Seit der Antike wurde immer wieder um diesen kleinen Garten Eden gekämpft. Nach dem Zerfall des Alexanderreiches wechselten Römer, Byzantiner, Johanniter, Osmanen, Italiener und Deutsche sich in der Herrschaft über Rhodos ab. 1943 wurde die Insel von deutschen Truppen besetzt und die jüdische Bevölkerung nach Auschwitz deportiert. Seit 1948 gehört Rhodos zu Griechenland. Dank seiner landschaftlichen Reize, des mediterranen Klimas, traumhafter **Badestrände** und eines reichen kulturellen Erbes hat es sich zu einem Urlaubsparadies par excellence entwickelt.

Die Kreuzfahrtschiffe legen im neuen Hafen von Rhodos-Stadt, der an der Nordostspitze gelegenen Inselkapitale, an. Von hier aus sind es nur wenige Gehminuten bis in die berühmte Altstadt, deren Bebauung sich als faszinierender Mix aus mittelalterlicher europäischer und osmanischer Architektur präsentiert und die deshalb seit 1988 auf der UNESCO-Welterbeliste steht. Die Anfänge von Rhodos-Stadt reichen zwar bis in die Antike zurück, aber erst die Kreuzritter des Johanniterordens, die von 1310 bis 1523 über die Insel herrschten, haben ihr ein unverwechselbares Gesicht verliehen. Sie bauten den unter byzantinischer Herrschaft bedeutungslos gewordenen Ort zu einer Festung aus, errichteten Kirchen, Paläste und Herbergen für ihre Ordensbrüder. Augenfälligstes architektonisches Zeugnis dieser Epoche ist der die Altstadt überragende **Großmeisterpalast**, der im 14. Jh. vermutlich auf den Resten einer byzantinischen Akropolis errichtet wurde. Unter den Osmanen wurde er als Gefängnis genutzt und war dem Verfall preisgegeben. Erst die Italiener, die Rhodos zwischen 1937 und 1943 besetzt hielten, bauten ihn wieder auf und statteten ihn mit kostbaren Kunstschätzen aus. Nicht minder sehenswert ist das **Archaiologiko Moussio**, das in dem im 15. Jh. erbauten neuen Hospital residiert. Es wartet mit einer bemerkenswerten Sammlung von Skulpturen aus allen Epochen der Antike auf. Der die Altstadt vollständig umgebende, 5 km lange und bis zu 12 m breite Mauerring, eines der gewaltigsten Festungssysteme Europas, kann nur dienstags und samstags begangen werden, als Alternative bietet sich ein Rundgang um die Anlage an.

Die Osmanen, die Rhodos 1523 unter Süleyman dem Prächtigen eroberten, ließen die mittelalterlichen Straßenzüge zwar intakt, bauten aber prachtvolle Moscheen wie die Süleyman-Moschee. In den engen Gassen des türkischen Viertels erwartet den Besucher ein Stück Orient. Dank der kleinen Läden und Tavernen gleicht das Quartier vielerorts einem Basar. Bis zu ihrer Deportation nach Auschwitz haben sephardische Juden, die im 15. Jh. aus Spanien kamen, Rhodos mitgeprägt. Die **Kahal-Shalom-Synagoge** in ihrem einstigen Wohnbezirk erinnert daran. Sie wurde um 1570 errichtet und beherbergt heute ein Museum. Der alte **Mandraki-Hafen** nördlich der Altstadt wird von einer 400 m langen Mole begrenzt, auf der sich die drei berühmten Windmühlen sowie das Fort Agios Nikolaos befinden. Einst soll die Hafeneinfahrt von dem berühmten Koloss von Rhodos bewacht worden sein, heute wird sie an beiden Seiten von einem Hirsch und einer Hirschkuh, die auf hohen Säulen thronen, beschützt. Die schönsten Strände von Rhodos-Stadt befinden sich nördlich des Mandraki-Hafens. Hier wurden große Ferienanlagen errichtet.

Kos Die drittgrößte Insel des Dodekanes-Archipels lockt

tenes Beispiel einer Straße des 15. Jh.s. Um sie herum liegen die sogenannten »Herbergen«, die Versammlungshäuser der Ritter-Landsmannschaften. Die Straße beginnt bei der byzantinischen Kathedrale und führt

zur Residenz des Großmeisters des Johanniterordens, die von den Italienern nach alten Stichen neu aufgebaut wurde. Im 1440 bis 1489 entstandenen Ritterhospital findet man heute ein archäologisches Museum.

mit unvergleichlichen **Badestränden** und einem vielfältigen Freizeitangebot. Sonnenanbeter, Surfer und Biker finden hier ideale Bedingungen vor. Die Hotels und Ferienanlagen entlang der Küste bieten allen erdenklichen Komfort, auch Nachtschwärmer kommen hier auf ihre Kosten. Kos blickt auf eine wechselvolle Geschichte zurück und kann ein reiches kulturelles Erbe vorweisen. Griechen und Römer, Byzantiner, Johanniter und Osmanen haben auf der Insel ihre Spuren hinterlassen. In Kos-Stadt, dem an der Nordküste gelegenen Hauptort der Insel, finden sich antike Ruinenstätten, christliche Kirchen und muslimische Gotteshäuser auf engstem Raum. Moscheen und Kirchen sind ebenso wie die Ruinen der antiken Tempel frei zugänglich. Das touristische Herz von Kos-Stadt schlägt am alten Mandraki-Hafen, der von dem von Johannitern errichteten Kastell Neratzia bewacht wird. In der Nähe des Hafens erinnert eine uralte Platane an den berühmten Arzt Hippokrates, der um 460 v. Chr. auf Kos geboren wurde und diesen Baum selbst gepflanzt haben soll. Im späten 4. Jh. v. Chr. wurde ihm zu Ehren ein dem Gott der Heilkunst geweihtes Heiligtum errichtet, das sich in römischer Zeit zu einem Heilbad entwickelte. Heute ist dieses Asklepieion, das erst zu Beginn des 20. Jh.s wiederentdeckt wurde, eine Touristenattraktion. Die meisten Kreuzfahrtschiffe legen im Hafen von Kos-Stadt an. Von hier aus können die Sehenswürdigkeiten der Insel mit einem Bus oder Taxi erreicht werden.

Einige Säulen im Asklipieion auf Kos sind rekonstruiert.

⚓ **Chios** Die zu der Region der Nördlichen Ägäis gehörende Insel liegt etwas abseits der großen Touristenströme und gilt als Geheimtipp für Individualurlauber. Während auf Rhodos und auf Kos die Moderne längst Einzug gehalten hat, prägt auf Chios immer noch eine über die Jahrhunderte gewachsene bäuerliche Kultur das Inselleben. Von alters her ist die Gewinnung von Mastix, einem Harz, das aus dem Mastix-Baum gewonnen und zur Herstellung von Kosmetika, Farben und Ölen genutzt wird, eine wichtige Einnahmequelle der Chioten. Unter den Osmanen, die die Insel 1566 erobert hatten, machte der Handel mit diesem Stoff die Inselbewohner wohlhabend und unabhängig. Da er im Reich des Sultans heiß begehrt war, genossen die Mastix-Bauern von Chios gewisse Privilegien. Dies änderte sich, als sie sich zu Beginn des 19. Jh.s dem griechischen Freiheitskampf gegen die Osmanen anschlossen. Bis heute werden hier in jedem Sommer 300 Tonnen Mastix geerntet. Die Kreuzfahrtschiffe gehen im Hafen von Chios-Stadt an der Ostküste vor Anker.

Großes Bild: Bereits um 400 v. Chr. wurde hier auf Rhodos ein Hafen angelegt.

Mykonos

Delos

Die nur 3,6 km² große, karge Nachbarinsel von Mykonos beherbergt eine der wichtigsten Ruinenstätten Griechenlands und steht deshalb auf der UNESCO-Weltkulturerbeliste. In den Apollon-Heiligtümern und den mit prachtvollen Mosaiken reich ausgestatteten Wohnhäusern, die seit 1872 auf dem Gelände freigelegt wurden, spiegelt sich die Kulturgeschichte des antiken Griechenlands von der Archaik über die Klassik bis in die römische und hellenistische Zeit. Berühmt ist die aus dem 7. Jh. stammende Löwenterrasse (rechts) mit ihren Tierskulpturen. Die noch vorhande-

Weltbekannt sind die Windmühlen von Mykonos.

Mykonos zählt zu den großen Ferienzentren im Mittelmeerraum. Die herrlichen Strände, die kosmopolitische Atmosphäre und nicht zuletzt das bunte Nachtleben locken Menschen aus aller Welt an. Und doch hat die Insel viel von ihrem Charme bewahrt. Mykonos-Stadt gilt als malerischster Kykladen-Ort und wird deshalb von fast allen Cruiselinern auf einer Ägäistour angelaufen.

Land: Griechenland
Fläche: 105 km²
Einwohner: 10 000
Sprache: Griechisch
Währung: Euro
Hauptreisezeit: April bis Oktober
Zeitzone: UTC + 2

Die meisten Kreuzfahrtschiffe legen im Hafen von Tourios 4 km nördlich von Mykonos-Stadt an. Ein Shuttle-Service verbindet ihn mit der Inselkapitale, die sich als Kykladen-Städtchen wie aus dem Bilderbuch präsentiert. Nirgendwo sonst lässt sich die für die Region typische Architektur besser studieren als hier. Von Weitem scheint Mykonos-Stadt nichts als ein am Hang erbautes Ensemble weiß gekalkter und mehr oder weniger regelmäßig angeordneter Bungalows zu sein. Aus der Nähe betrachtet entpuppt es sich als Gewirr ineinander verschachtelter putziger kleiner Häuschen, das von einem labyrinthischen Netz aus engen kopfsteingepflasterten Gassen, Treppen und Durchgängen durchzogen wird. Überall sorgen leuchtend blau, türkis oder rot gestrichene Fensterläden und Türen sowie über und über mit Blumen geschmückte Balkone für farbige Akzente in dem sonst fast blendend weißen Häusermeer.

Besonders in den Sommermonaten verwandelt sich diese Idylle geradezu in eine Partyzone. Mykonos Chora, wie der Hauptort der Insel im Griechischen genannt wird, ist dann ein Treffpunkt für Touristen aus aller Welt. An der Hafenpromenade herrscht ein fast babylonisches Sprachengewirr. Die vielen Tavernen, Bars und Restaurants der Stadt haben bis spät in die Nacht geöffnet, in den Discos wird bis in die frühen Morgenstunden getanzt. Leute, die für Menschenmassen in Partystimmung nicht so viel übrighaben, können auf das nahe gelegene Delos fahren und zwischen antiken Ruinen flanieren. Zwischen Mykonos und der unbewohnten Insel verkehren Fähren. Fast ein Muss für jeden Mykonos-Besucher ist ein Bummel zu den vier seit Langem stillgelegten Windmühlen auf dem Ano Mili im Süden der Stadt. Sie sind das Wahrzeichen der Insel.

Oben: Panoramablick über die Kykladen-Insel. Darunter: Mykonos-Stadt mit Hafen.

nen Originale wurden durch Kopien ersetzt und sind heute in einem, dem Ausgrabungsgelände angeschlossenen Museum ausgestellt. Als Geburtsstätte der Artemis und des Apollon war Delos ein heiliger Ort, der hinsichtlich seiner kultischen Bedeutung Delphi und Olympia in nichts nach stand. Zwischen 477 und 454 v. Chr. wurde hier die Bundeskasse des Attisch-Delischen Seebundes, den 200 griechische Städte und Inseln im Kampf gegen die Perser geschlossen hatten, aufbewahrt. Delos entwickelte sich zu einer politischen Macht in Griechenland. Als Perikles die Kasse nach Athen überführen ließ, verlor die Insel an Bedeutung.

Naxos, Paros, Milos

Kykladen-Architektur

Nichts hat das Bild von den Kykladen so geprägt wie die typische Bauform. Ansichten der weiß gekalkten, ineinander verschachtelten und übereinandergestaffelten Flachdachbauten von Mykonos oder Naxos dürfen in keinem Griechenland-Reisekatalog fehlen. Ihre einfachen und klaren Formen haben Architekten wie Le Corbusier inspiriert und bestechen immer wieder aufs Neue. Die traditionelle Kykladen-Architektur hat sich über Jahrhunderte entwickelt und ist aus der Notwendigkeit einer Anpassung an topografische und klimatische Verhältnisse entstanden. Die

Die Inselwelt im Zentrum der Ägäis ist ein ideales Kreuzfahrtgebiet. Auf den Kykladen findet sich eine Vielfalt von Landschaften und Kulturräumen. Die eine Insel präsentiert sich gebirgig und kahl, die andere als sanft geschwungene Hügellandschaft. In den oft fruchtbaren Tälern werden Oliven, Wein und Zitrusfrüchte angebaut, und Sonnenhungrige werden an den Stränden Die Kykladen verfügen über ein reiches architektonisches Erbe, das sich nicht nur in antiken griechischen Tempelstätten, byzantinischen Kirchen und Klöstern sowie venezianischen Festungen, sondern vor allem in traditionellen, lokalen Bauformen zeigt. Die »weißen« Dörfer und Städtchen sind das Markenzeichen der gesamten Inselgruppe.

Land: Griechenland
Fläche:
Naxos: 389 km²
Paros: 196 km²
Milos: 160 km²
Einwohner:
Naxos: 20 000
Paros: 14 000
Milos: 5000
Sprache: Griechisch
Währung: Euro
Hauptreisezeit: April bis Oktober
Zeitzone: UTC + 2

Naxos Die größte Kykladen-Insel wartet mit einem reichen kulturellen Erbe und zauberhaften Landschaften auf. Allein die an der Westküste gelegene Inselkapitale ist eine Reise wert. Mit dem **Kastro-Viertel** verfügt Naxos-Stadt über eine der wenigen erhaltenen mittelalterlichen Siedlungen Griechenlands. Sie ist im 13. Jh. um eine Festung herum entstanden und erinnert an die Zeit, als Naxos Zentrum des von dem venezianischen Kreuzritter Marco Sanudo gegründeten Herzogtums Archipelagos war. Von der Burg, die an der Stelle der antiken Akropolis errichtet wurde, sind nur Teile des Mauerwerks und ein Turm erhalten. Am höchsten Punkt des Kastro steht ein kleines katholisches Gotteshaus, das ebenfalls aus dem 13. Jh. stammt. Das eigentliche Wahrzeichen von Naxos befindet sich allerdings nicht in der Altstadt, sondern ragt auf einem Inselchen, das nur durch einen schmalen Damm mit dem Hafen verbunden ist, empor: Die **Portara**, das 6 m hohe und 4 m breite Tor eines Tempels aus dem 6. Jh. v. Chr., ist ein viel fotografiertes Postkartenmotiv. Obwohl Naxos eine der beliebtesten Ferieninseln der Kykladen ist, lassen sich noch genügend ruhige Plätzchen finden. Rund um die Insel locken viele einsame **Badebuchten**. Selbst die sich über 20 km hinziehenden, hellen und feinsandigen Strände südlich der Hauptstadt sind niemals übervölkert. Die landschaftliche Schönheit Naxos' kann man idealerweise auf einer Tour mit dem Leihwagen genießen. Das Inselinnere wird von hoch aufragenden Gebirgszügen durchzogen. In den fruchtbaren Tälern werden Oliven, Kartoffeln, Obst und Zitrusfrüchte kultiviert. Überall grünt und blüht es. Immer wieder laden schmucke Dörfer, antike Stätten und byzantinische Kirchen zu einem Zwischenstopp ein.

Der schmale Damm verbindet Naxos mit der Portara.

Paros Nicht zuletzt aufgrund ihrer Lage im Zentrum der Kykladen hat sich die Insel zu einem der meistbesuchten Urlaubsziele in der Region entwickelt. Paros ist durch regelmäßigen Fährverkehr mit den anderen Inseln des Archipels verbunden und bietet sich daher als Ausgangspunkt für Tagesausflüge nach Naxos, Mykonos, Santorin, Tinos oder Ios an. Aber auch die vielen schönen **Badestrände** rund um die Insel sowie gute Wandermöglichkeiten locken jedes Jahr die Feriengäste an. Trotz der hoch entwickelten touristischen Infrastruktur zählt Paros zu den verträumtesten Kykladen-Inseln. Nach wie vor werden in dem fruchtbaren Hügelland des Inselinneren Oliven und Wein angebaut. Zypressenhaine und Pinienwäldchen, schmucke weiße Dörfer und malerische kleine Fischerorte vervollständigen das idyllische Bild. Viele Kreuzfahrtschiffe steuern den Hafen von Parikia, der an der Westküs-

kubische Form der oft nur aus einem Raum bestehenden Häuser erleichtert Anbauten und Erweiterungen (rechts, Ios). Auf den Flachdächern kann Regenwasser gesammelt werden. Dank der dicken Mauern aus

Bruchstein und des weißen Verputzes ist es im Sommer innen angenehm kühl und im Winter warm. Meist sind die Häuser durch Treppen, Durch- und Aufgänge miteinander verbunden, die Siedlungen von einem Gewirr enger Gässchen durchzogen. Einst sollten diese Labyrinthe die Bewohner der Kykladen-Städte vor Angriffen von Piraten schützen. Heute werden sie in den Sommermonaten von zahllosen Touristen bevölkert.

te gelegenen Inselhauptstadt, an. Hier lädt vor allen Dingen das venezianische **Kástro-Viertel** zu einem Bummel ein. Die unweit des Hafens gelegene Kirche **Panagia Ekatontapilianí**, deren Anfänge auf das 4. Jh. zurückgehen, ist eine der ältesten Kirchen Griechenlands und zählt zu den bedeutendsten Sakralbauten der Kykladen.
Parikias Uferpromenade entlang der Hafenbucht wird von vielen Restaurants, Bars und Cafés gesäumt. Hier herrscht bei Tag und bei Nacht Hochbetrieb. Nicht nur die Inselhauptstadt, sondern auch der an einer malerischen Bucht im Norden von Paros gelegene Fischerort Naoussa wird von Kreuzfahrtschiffen angelaufen. Auch hier laden die verwinkelten Gassen des historischen Zentrums zum Spazieren ein. In der Umgebung von Naoussa finden sich einige Traumstrände, die mit Badebooten erreichbar sind. Die alte Inselhauptstadt **Lefkes** 10 km östlich von Parikia wurde schon oft als schönster Kykladenort gerühmt. Das idyllisch an einem Hang gelegene, rund 700 Einwohner zählende Dorf wartet mit mittelalterlichen Gässchen, einer prachtvollen Kirche sowie einem sehenswerten **Heimatmuseum** auf.
Auf halbem Wege zwischen Parikia und Lfkes befinden sich die berühmten Marmorstollen von Marathi – ein unbedingtes Muss für jeden Paros-Besucher. Der hier abgebaute und als »Lichnites« bekannte Marmor war in der Antike heiß begehrt und galt als kostbarster der Welt. Statuen wie die Venus von Milo oder die Nike von Samothrake sind aus ihm gehauen.

Milos Die Insel im äußersten Südwesten der Kykladen liegt ein wenig abseits der großen Touristenströme und hat ihren Gästen doch einiges zu bieten. Jahrmillionen dauernde vulkanische Aktivität hat eine facettenreiche Landschaft geformt und Milos ein unverwechselbares Gesicht verliehen. Das mit dem **Profitis Ilias**, einem erloschenen Vulkan, im Westen bis auf 748 m ansteigende Hügelland besteht vorwiegend aus Lava, die klippenreichen und im Norden steilwandigen Küsten sind mit bizarren Gebilden aus hellem Bimsstein und rötlichem Basalt übersät. Zwar fand der letzte große Vulkanausbruch auf Milos in vorgeschichtlicher Zeit vermutlich vor rund 60 000 Jahren statt, vielerorts erinnern aber schwefelhaltige Thermalquellen und rauchende Fumarolen an auch heute noch sehr unruhigen Untergrund. Der Vulkanismus hat nicht nur die Landschaft geprägt, ihm verdankt Milos auch seinen Reichtum an Bodenschätzen. Archäologische Ausgrabungen in Filakopi an der Nordostküste belegen, dass auf der Insel bereits um 2000 v. Chr. Werkzeuge aus dem Vulkanglas Obsidian hergestellt und Schwefel, Alaun sowie Bimsstein abgebaut wurden. Bis heute ist der Export wertvoller Mineralien und seltener Erze ein bedeutender Wirtschaftszweig.

Die Kreuzfahrtschiffe steuern **Adamas** an der tief ins Land schneidenden, breiten Bucht von Milos an der Nordküste an. Das kleine Hafenstädtchen hat sich zum touristischen Zentrum der Insel mit einem wachsenden Angebot an Hotels, Restaurants und Tavernen entwickelt. Kreuzfahrtpassagieren bietet es sich als Ausgangspunkt für Inselrundfahrten und Bootsausflüge zu den oft nur über das Meer zugänglichen unberührten Badebuchten an.

Oberhalb von Adamas liegt auf einem Felsplateau über der Bucht von Milos die Inselhauptstadt **Plaka**, ein Kykladen-Dorf, in dem die Zeit stehen geblieben zu sein scheint. Von der Kapelle Mesa Panagia auf dem Festungshügel über der Stadt hat man eine schöne Aussicht über Milos und seine Nachbarinseln.
Ein Stück weiter südlich von Plaka befinden sich die Ruinen des antiken Melos. In der Nähe des gut erhaltenen römischen Theaters aus dem 3. Jh. wurde 1820 die berühmte, im Louvre aufbewahrte Statue der Venus von Milo gefunden. Auch die frühchristlichen Katakomben unterhalb der antiken Stadt lohnen einen Besuch.

Oben links: Hoch über Naxos thront die Portara. Oben rechts: Als »weiße Stadt« präsentiert sich Naoussa auf Paros.

Santorin

Tanz auf dem Vulkan

Die Ankunft eines Kreuzfahrtschiffs vor Santorin gleicht einem »Tanz auf dem Vulkan«. Bevor die Schiffe im Hafen von Fira vor Anker gehen, gleiten sie durch einen Einsturzkrater, den ein aktiver Feuerberg bei einem Ausbruch vor 3600 Jahren zurückließ (rechts). Untersuchungen belegen, dass durch diese minoische Eruption eine bis auf 1000 m ansteigende Insel zerstört wurde und im Meer versank. Im Zuge der Entleerung der Magmakammern während des Ausbruchs bildeten sich riesige unterirdische Hohlräume, die das Eiland zum Einsturz brachten. Der Krater wurde ge-

Förmlich an den Hang geklebt: die Häuser von Oia.

Die im Süden der Kykladen gelegene Inselgruppe ist ein geradezu magisches Kreuzfahrtziel im östlichen Mittelmeer. Die Ansichten der hoch über dem azurblauen Meer auf scharfkantigen Felsen thronenden und in der Sonne leuchtenden, schneeweißen Häuser von Santorin faszinieren alle Besucher und wecken Sehnsüchte. Ohne Zweifel haben diese Perspektiven die Vorstellungen über die Ägäis als einer Region der Helligkeit und des Lichts für immer geprägt.

Santorin

Land: Griechenland
Fläche: 92 km²
Einwohner: 15 000
Sprache: Griechisch
Währung: Euro
Hauptreisezeit: April bis Oktober
Zeitzone: UTC + 2

Die meisten Kreuzfahrtschiffe ankern vor Fira, dem Hauptort des ganzen Archipels. Die Passagiere werden mit Tenderbooten an Land gebracht und gelangen dann mit einer Seilbahn, über einen Serpentinenweg zu Fuß oder auf dem Rücken eines Maultieres in die 300 m über dem Meer in den Steilhang des Kraters gebaute Stadt. Dank der Weitsicht der Verantwortlichen wurden die Häuser auf Fira, wie die Hauptinsel auch genannt wird, nach dem schweren Erdbeben von 1956 im Stil traditioneller lokaler Bauformen wieder aufgebaut. In hellen Pastelltönen gestrichene, kleine Häuser, die ineinander verschachtelt scheinen und durch Treppen, Terrassen oder Höfe mit einander verbunden sind, verleihen der Stadt ihr unverwechselbares Gesicht.

Im Zentrum der Stadt herrscht fast ganzjährig reges Treiben. Hier reiht sich Bar an Bar und Restaurant an Restaurant. Die Geschäfte bieten lokales Kunsthandwerk, Schmuck, Kleidung und kulinarische Köstlichkeiten an. Wer dem Rummel entgehen möchte, kann den Kraterrandweg entlang wandern. Er führt aus der Stadt nach Norden bis in den kleinen Ort **Oia** und gewährt spektakuläre Ausblicke auf das in der Sonne glitzernde Meer und die in allen Erdfarben leuchtenden Kraterwände. Eine Tour dauert etwa vier Stunden. Ganz im Süden der Insel wurde eine bronzezeitliche Siedlung entdeckt, die vermutlich bei dem Vulkanausbruch von 1600 v. Chr. mit einer dicken Ascheschicht überzogen und dadurch konserviert wurde. Die stattlichen, mit kunstvollen Fresken geschmückten Gebäude, die auf dem Gelände von Akrotiri gefunden wurden, belegen, dass hier vor der Katastrophe Träger einer frühen Hochkultur lebten. Überreste von Leichen wurden nicht gefunden. Daher ist anzunehmen, dass die Menschen durch die der Eruption vorausgehenden Erdbeben gewarnt wurden und die Insel rechtzeitig verlassen konnten.

Atemberaubende Ausblicke auf Archipel und Steilküste.

flutet, nur Teile seines Randes ragen seitdem aus dem Meer und bilden den Archipel von Santorin. Bis heute ist die Erde um die Inseln nicht zur Ruhe gekommen. 1956 zerstörte ein großes Erdbeben fast alle Siedlungen. Die rauchenden Schlote von Nea Kameni, einer winzigen, in der Caldera gelegenen Insel, bezeugen ebenso wie die Thermalquellen der 2000 Jahre alten Nachbarinsel Palea Kameni die vulkanische Aktivität.

Kreta

Der Palast von Knossos

Die Palaststadt, südlich von Iraklion gelegen, gilt als herausragendes architektonisches Zeugnis der minoischen Kultur. Die Anlage, die von Arthur Evans teils wieder aufgebaut wurde, zeigt sich als Gewirr hintereinandergeschachtelter Räume, Treppen und Korridore, die scheinbar planlos um einen 53 x 28 m großen Hof angeordnet sind (rechts). Die Größe der Räume variiert ständig, Korridore zweigen abrupt ab und eröffnen immer neue Perspektiven. Wissenschaftler vermuten, dass die Erbauer der Anlage bewusst auf jede Symmetrie in der Anordnung der Räume verzichtet

Land: Griechenland
Fläche: 8331 km²
Einwohner: 620 000
Sprache: Griechisch
Währung: Euro
Hauptreisezeit: April bis Oktober
Zeitzone: UTC + 2

Nicht allein die wilde Schönheit ihrer in weiten Teilen nur schwer zugänglichen Gebirgsnatur, auch die Mythen, die sich um diese Insel ranken, bewegen die Fantasie ihrer Besucher.
Die phönizische Königstochter Europa, die von dem liebeskranken Zeus nach Kreta entführt wird, das sagenhafte Labyrinth des Königs Minos, in dem ein menschenfressendes Ungeheuer gefangen gehalten wird, bis es von Theseus und Ariadne bezwungen wird – all die Erzählungen und Legenden über Kreta, die durch Zeitgenossen Homers überliefert sind, haben sich tief in das Gedächtnis der Menschen eingegraben und über die Jahrhunderte Maler, Dichter und Philosophen inspiriert. Bis zum Ende des 19. Jh.s wurden sie allerdings in den Bereich der Fabel verwiesen. Seitdem der britische Archäologe Arthur Evans aber den Palast von Knossos ausgrub und seine labyrinthische Struktur freilegte, ist bekannt, dass sie zumindest ein Körnchen Wahrheit enthalten und dabei eine ganz andere, sehr viel ältere Kultur als die griechische in den Blick nehmen.
Diese nach dem sagenhaften Minos benannte Zivilisation entwickelte sich zwischen 2000 und 1350 v. Chr. und ist mittlerweile als früheste Hochkultur Europas anerkannt. Nach den Entdeckungen von Evans wurden auf Kreta noch zahlreiche weitere minoische Siedlungen ausgegraben. Die Kunstschätze, die dabei geborgen wurden, sind heute in den archäologischen Museen der Insel ausgestellt.

Venezianischer Morosini-Brunnen in Iraklion.

Iraklion Kretas Kapitale, die zugleich die drittgrößte Stadt Griechenlands ist, präsentiert sich zunächst als lebendige, laute und mediterrane Metropole. Obwohl Iraklion nach den Zerstörungen des Zweiten Weltkriegs wieder aufgebaut werden musste und deshalb stellenweise etwas gesichtslos wirkt, lohnt sich eine Stadtbesichtigung. Zwischen den modernen Zweckbauten tauchen immer wieder architektonische Zeugnisse aus der bewegten Geschichte Kretas auf. Vor allem die Venezianer, die zwischen 1204 und 1645 über die Insel herrschten, haben im Stadtbild ihre Spuren hinterlassen.
Sehenswert sind insbesonders der **venezianische Hafen** mit seinem im 16 Jh. erbauten **Kastell** sowie die mächtige Stadtbefestigung. Von den Palästen, die venezianische Aristokraten im 15. und 16. Jh. in Iraklion errichten ließen, ist leider nur die **Loggia** erhalten. Auch dieser prächtige Arkadenbau wurde im Zweiten Weltkrieg stark zerstört und musste rekonstruiert werden. Der **Elef-**

und ein komplexes bauliches Ensemble geschaffen haben, das den Griechen rätselhaft blieb. Kein Wunder deshalb, dass der Palast von Knossos Vorbild für das sagenhafte Labyrinth des Königs Minos wur-

de, dem auch Theseus nur mithilfe des Ariadnefadens entkommen konnte. Der Palast wurde um 1625 v. Chr. errichtet. Bauhistoriker schätzen, dass die mehrstöckige Anlage über 800 bis 1300 Räume verfügte.

In den Abendstunden ist der illuminierte Hafen von Chania am schönsten.

therios-Venizelos-Platz, den ein venezianischer Brunnen aus dem 17. Jh. schmückt, ist ein beliebter Treffpunkt von Jung und Alt, von Einheimischen wie Touristen. Das unweit des Platzes gelegene weltberühmte **Archäologische Museum von Iraklion** hütet in den Ruinenstädten der Minoer gefundene Schätze und informiert mit einer gut strukturierten Ausstellung über alle Phasen der minoischen Kunstgeschichte. Die Sehenswürdigkeiten Iraklions sind vom Cruiseterminal über die Hafenpromenade zu Fuß gut erreichbar.

Chania

Die im Nordwesten Kretas gelegene Hafenstadt hat sich zu einem touristischen Zentrum gemausert. Chania verfügt über all das, was auch eine kurze Stippvisite zu einem reinen Vergnügen macht: Pittoreske Altstadtviertel, altehrwürdige Kirchen, Paläste und Stadthäuser, bunte Märkte sowie einladende Tavernen und Cafés. Das pulsierende Herz Chanias schlägt zweifellos an dem alten venezianischen Hafen, der sich zu einem mondänen Ausgehviertel entwickelt hat und doch einen morbiden Charme ausstrahlt. In die halb verfallenen venezianischen Stadthäuser, die das Hafenrund säumen, sind schicke Lokale eingezogen. Die Uferpromenade ist bis in die Nacht mit Leben erfüllt. An der Ostseite des Hafens fallen die Kuppeln der **Janitscharen-Moschee** auf. Sie erinnert daran, dass Kreta zwischen 1645 und 1913 von den Osmanen kontrolliert wurde.

Einen Bummel über die lange Mole, die den Hafen zur Meerseite hin einfasst, sollte kein Chania-Besucher versäumen. Der Weg führt am Fischerei- und Jachthafen vorbei. Der alte Leuchtturm an der Spitze der Mole wurde aufwendig restauriert. Auf dem Kastelli-Hügel oberhalb der Janitscharen-Moschee erstreckt sich das älteste Viertel der Stadt. Es wurde 1941 bei Bombenangriffen der Deutschen schwer beschädigt und präsentiert sich deshalb heute als mehr oder weniger gelungener Mix aus historischen Gebäuden und Neubauten.

An der Odos Kanevaro wurden die Überreste einer minoischen Siedlung freigelegt. Die ansteigenden Gassen an der Westseite des Hafens führen in das historische **Topanas-Viertel**. Hier finden sich nicht nur prächtige Stadthäuser aus venezianischer Zeit, sondern auch fantastische Einkaufsmöglichkeiten. Überall locken Modeboutiquen, Goldschmiedeläden sowie Webereien und Gerbereien mit ihren Angeboten. In dem sich südlich anschließenden Evraiki-Viertel erinnert die **Synagoge Etz Chaim** an das Schicksal der jüdischen Bevölkerung, die bis in die 1940er-Jahre hier lebte. Ein Rundgang durch Chania bliebe ohne einen Besuch der **Markthalle** unvollständig. Die Stände in dem nach dem Vorbild des Marseiller Marktes errichteten Gusseisenbau von 1911 sind mit frischem Fleisch und Fisch, Obst, Gemüse und lokalen kulinarischen Spezialitäten üppig ausgestattet.

Liebhabern sakraler Baukunst sei ein Abstecher auf die **Akrotiri-Halbinsel**, die östlich von Chania ins Meer ragt, empfohlen. Hier laden einige venezianisch-kretische Klöster zu einer Besichtigung ein.

Die Kreuzfahrtschiffe legen im etwa 6 km von Chania entfernten Hafen von **Soudha** am östlichen Ende von Akrotiri an.

Agios Nikolaos

Der wohl beliebteste Ferienort Kretas liegt im Nordosten der Insel an einer weiten Bucht, die den sprechenden Namen »Mirabello« trägt, was so viel wie »schöne Aussicht« bedeutet. Obwohl die knapp 10 000 Einwohner zählende Gemeinde nicht mit einem historischen Ortskern aufwarten kann, präsentiert sie sich als charmantes, bezauberndes kleines Städtchen. Große Hotelbauten sucht man hier vergebens. Die Ferienanlagen, die seit den 1970er-Jahren entlang der Küste errichtet wurden, sind der reizvollen Umgebung angepasst. Der kleine Hafen von Agios Nikolaos, in dem die Kreuzfahrtschiffe anlegen, ist nur wenige Minuten vom Stadtzentrum, das um den Voulismeni-See errichtet wurde, entfernt. Dieses Binnengewässer wird durch unterirdische Quellen gespeist und ist durch einen schmalen Kanal mit dem Hafen verbunden.

An seiner Westseite ragen Steilklippen empor. An seinem Nord- und an seinem Ostufer haben Tavernen und Restaurants ihre Tische aufgestellt. Dank der Touristen herrscht hier bis in die Nacht ein reges Treiben.

Agios Nikolaos ist nach einer kleinen Kirche benannt, die heute zum Hotel »Minos Palace« gehört. Wer sich einen Schlüssel für die Kirche im Hotel abholt, verschafft sich Zutritt zu einem bedeutenden Baudenkmal, das mit byzantinischen Fresken aufwarten kann.

Bild links oben: Im kleinen Hafen von Agios Nikolaos ankern ganz stadtnah auch die großen Kreuzfahrtschiffe.

Istanbul

Großer Basar

Istanbuls berühmteste, im historischen Zentrum östlich der Hagia Sophia gelegene »Shoppingmeile« zählt zu den größten überdachten Märkten der Welt. Auf einer Fläche von 20 ha bieten rund 20 000 Händler in 4500 Läden usbekische Hochzeitskleider, kurdische Kelims, Felle aus Anatolien, maßgeschneiderte Bauchtanzkostüme, bunte Glaslaternen und vieles mehr an (rechts). In dem dichten Gedränge, das von früh bis spät in den Gassen des Basars herrscht, können unkundige Besucher leicht die Übersicht verlieren. Dennoch geht es hier keineswegs chaotisch zu. Jedes Gewerbe verfügt

Land: Türkei
Einwohner: 13 Mio.
Sprache: Türkisch
Währung: Türkische Lira
Hauptreisezeit: April bis Oktober
Zeitzone: UTC + 2

Nach einem langen Dornröschenschlaf zeigt sich Istanbul, das alte Konstantinopel, heute als dynamische, boomende internationale Metropole. Die Stadt liegt nicht nur geografisch auf zwei Kontinenten, sondern auch am Schnittpunkt verschiedenener Kulturen. Orient und Okzident, Christentum und Islam haben ihr Gesicht und ihre 2600-jährige Geschichte geprägt. Lange Zeit war die Stadt ein geistiges und politisches Zentrum der europäischen Welt.
Ihre Anfänge gehen auf griechische Kolonisten zurück, die um 660 v. Chr. auf einer Anhöhe an der Mündung des Goldenen Horns in den Bosporus die Stadt Byzantion gründeten. 324 n. Chr. verlegte Konstantin der Große seine Residenz an die später nach ihm benannte Stadt und machte sie zur Kapitale des römischen Imperiums. Nach der Teilung des Römerreichs im Jahr 395 wurde Konstantinopel für mehr als 1000 Jahre Hauptstadt des Oströmischen bzw. Byzantinischen Reiches und unbestrittener Mittelpunkt des orthodoxen Christentums.
Nach ihrer Eroberung durch die Osmanen im Jahr 1453 wurde die Stadt das Zentrum der islamischen Welt, das die Sultane mit prächtigen Moscheen und Palästen ausstatteten. Obwohl die Hauptstadt der Türkei nach der Gründung der Republik unter Kemal Atatürk nach Ankara verlegt wurde, ist Konstantinopel, das seit 1930 Istanbul heißt, der wirtschaftliche und kulturelle Mittelpunkt des Landes geblieben.
Der moderne Cruiseterminal befindet sich auf der europäischen Seite im Norden der Galata-Brücke. Die Brücke überspannt das Goldene Horn, einen 7 km tief ins Land schneidenden Seitenarm des Bosporus, und führt in das historische Zentrum mit Topkapı-Palast, Hagia Sophia und Blauer Moschee.

Hagia Sophia Das berühmte Wahrzeichen Istanbuls thront, eingerahmt von der nicht minder berühmten Blauen Moschee und dem Topkapı-Palast, auf der in den Bosporus hineinragenden Landzunge. Sie war von der Antike bis zum Ende des Osmanischen Reiches das religiöse wie politische Zentrum der Stadt. Die Hagia Sophia wurde zwischen 532 und 537 im Auftrag von Kaiser Justinian unter der Federführung der Architekten Anthemios von Tralles und Isidoros von Milet errichtet. Bis heute wird sie als Meisterwerk frühchristlicher Kirchenbaukunst gerühmt. Die mächtige Kuppel wurde bereits von Zeitgenossen Anthemios' und Isidoros' als achtes Weltwunder gefeiert: Mit stolzen Ausmaßen von nahezu 56 m Höhe und 31 m Durchmesser liegt das Gewölbe auf nur vier Pfeilern auf und wirkt dadurch fast schwerelos. Als Hauptkirche des Byzantinischen Reiches war die Hagia Sophia für Jahrhunderte eines der bedeutendsten christlichen Gotteshäuser.
Nach der Eroberung Konstantinopels 1453 wandelten die Osmanen sie in eine Moschee um. Unter ihrem berühmten Architekten Sinan wurde die Kirche um Grabbauten und Brunnen erweitert sowie mit Minaretten versehen. Teile des Wandschmucks mit christlichen Bildmotiven wurden entfernt und die Kreuze durch den Halbmond ersetzt. Dennoch sind einige wunderbare Mosaiken aus byzantinischer Zeit erhalten: Über dem Kaisertor der inneren Vorhalle ist Christus als Weltenherrscher zu sehen. Die Apsis schmückt ein Mosaik der Madonna mit ihrem Kind, auf den oberen Galerien versetzt eine Darstellung des Jüngsten Gerichts mit Christus als Weltenrichter die Betrachter in Erstaunen. Die Hagia Sophia wurde 1934 in ein Museum (Ayasofya Camii Müzesi) umgewandelt.

Blaue Moschee (Sultan Ahmet Camii) Das Gotteshaus ist neben der Hagia Sophia das bedeutendste sakrale Bauwerk der Stadt und wird heute als Hauptmoschee Istanbuls genutzt. Jeden Morgen schallen von den Minaretten die durchdringenden Rufe des Muezzins und wecken die Gläubigen. Die Blaue Moschee, auch Sultan-Ahmed-Moschee genannt, wurde unter Sultan Ahmed I. (reg. 1603–1617) zu Beginn des 17. Jh.s errichtet und sollte nach dem ausdrücklichen Willen des jugendlichen Herrschers, der nur ein Jahr nach der Vollendung des Baus im Alter von 27 Jahren starb, größer und schöner sein als der benachbarte byzantinische Kirchenbau. Der mit dem Bau beauftragte Architekt Mehmed Aga, ein Schüler des großen Sinan, schuf in der Tat ein vollkommenes Meisterwerk islamischer Baukunst. Allein die Dachkonstruktion, die aus vielen, kleinen stufenförmig um die mächtige Zentralkuppel angeordneten Halbkuppeln besteht, gilt als Kunstwerk. Wände und Säulen des 53 m langen und 51 m breiten Gebetssaals sind mit über 20 000 Majolika-Fliesen geschmückt. Sie sind mit floralen

Auch vom Schiff aus ist der Galata-Turm gut zu sehen.

Architektur und Lage machen die Blaue Moschee einzigartig.

nämlich über ein eigenes Viertel. Mittelpunkt des Basars ist das Quartier der Juweliere und Goldschmiede. Wie in »Tausendundeiner Nacht « werden Gold, Silber und Edelsteine präsentiert. Obwohl die Händler des Basars in der Kunst der Feilschens geübt sind, folgen alle einem gemeinsamen Grundsatz: Wer hier verkauft, darf keine überteuerten Waren anbieten; und früher oder später wird man sich handelseinig (links).

Motiven fein bemalt und schillern im Licht, das durch die 260 Fenster der Halle dringt, in allen erdenklichen Farbtönen. Ihren Beinamen verdankt die Moschee, die offiziell nach ihrem Stifter benannt ist, den blauweißen Fliesen im Kuppelrund. Die Moschee verfügte bei Fertigstellung über sechs Minarette, genauso viele, wie die Moschee in der Geburtsstadt des Propheten Mohammed aufwies; dies rief bei frommen Muslimen Proteste hervor. Der Sultan sah sich deshalb gezwungen, für die Moschee in Mekka ein siebtes Minarett zu stiften. Die Blaue Moschee ist der Öffentlichkeit zugänglich gemacht worden. Für die 10 000 Touristen, die täglich hierher strömen, ist der Südeingang vorgesehen.

Topkapı-Palast Eine Besichtigung der linker Hand der Hagia Sophia direkt an der Mündung des Goldenen Horns in den Bosporus angelegten Residenz der osmanischen Herrscher nimmt mindestens einen halben Tag in Anspruch. Der riesige Gebäudekomplex umfasst eine Fläche von 70 ha und zählt zu den größten Palästen der Welt. Er wurde nach der Eroberung Konstantinopels von Mehmed II. errichtet und über die Jahrhunderte bis zur Verlegung der Sultans-Residenz im neuen Dolmabahtsche-Palast (Dolmabahçe Sarayı) durch Abdülmecit I. im Jahr 1856 immer wieder ausgebaut.

1923 wurden große Teile des Palastes in ein Museum umgewandelt. Es beherbergt umfangreiche Porzellan-, Handschriften- und Gewändersammlungen. Mehr als nur ein Palast ist der Topkapı eine Stadt in der Stadt, die von dicken Mauern umgeben ist. Er besteht aus vier hintereinanderliegenden offenen Höfen, um die sich die Palastbauten gruppieren. Der **erste Hof** wurde als Parade- und Hinrichtungsplatz genutzt. Hier befanden sich Kasernen, Stallungen, Wirtschaftsräume und die Unterkünfte der Bediensteten. Der eigentliche Palastbezirk beginnt erst mit dem **zweiten Hof** – einer wundervollen Parkanlage, die von den Amts- und Wohnräumen der hohen Staatsbeamten umgeben ist. In der ehemaligen Palastküche auf der rechten Seite dieses zweiten Hofs ist heute die Porzellansammlung untergebracht. Im **dritten Hof** befindet sich der prächtige Audienzsaal, in dem der Sultan ausländische Gesandte und die Würdenträger seines Reiches empfing. Die Schatzkammer in der nordöstlichen Ecke ist voll mit kostbarsten Juwelen, Waffen und Goldschmiedearbeiten.

In der Hırka-i Saadet Dairesi werden berühmte Reliquien Mohammeds, wie beispielsweise der Mantel und Barthaare des Propheten, aufbewahrt. Der **vierte Hof** beherbergt verschiedene Pavillons. Die Terrasse bietet einen wunderbaren Blick über das Goldene Horn und den Bosporus. Hauptattraktion des Topkapı-Palastes ist natürlich der an der linken Seite angebaute **Haremsbereich**, in dem der Sultan mit seinen Frauen, Konkubinen und zahlreichen Kindern lebte. Einst war dies verbotenes Terrain, heute kann er zumindest bei einer Führung besichtigt werden.

Rund um den Galata-Turm
Der 62 m hohe Galata-Turm überragt die Stadtteile im Norden des Goldenen Horns. Er war Teil einer Befestigungsmauer, die die Genueser Kaufleute im Jahr 1348 errichtet hatten. Die italienische Seerepublik unterhielt mit Erlaubnis des byzantinischen Kaisers bereits seit 1261 eine Handelsniederlassung am Bosporus. Nach der Eroberung Konstantinopels durch die Osmanen 1453 verloren die Genueser dann ihre Privilegien. Die Mauer wurde geschliffen, und nur der Turm blieb stehen.

Im Zuge der Modernisierung Istanbuls wurde er aufwendig restauriert und mit einem Aufzug ausgestattet, der zu einer Aussichtsplattform mit Restaurant führt.

Hinter dem Galata-Turm erstreckt sich über einen Hügel der Stadtteil Beyoglu – das sogenannte Europäerviertel. Bis zur Verlegung der türkischen Hauptstadt nach Ankara hatten hier ausländische Botschaften und internationale Unternehmen ihren Sitz. Das Stadtbild wird deshalb von prachtvollen europäischen Jugendstilbauten geprägt. Nach dem Wegzug der Europäer war Beyoglu lange dem Verfall preisgegeben, heute zählt es zu den angesagtesten Vierteln der Millionenmetropole. Seit den 1990er-Jahren haben hier unzählige Bars, Jazzklubs, Kneipen und Restaurants eröffnet, die Treffpunkt junger Istanbuler sind. Die Hauptgeschäftsstraße Istiklal Caddesi hat sich zu einer Shopping- und Flaniermeile entwickelt.

Bild oben: Die Neue Moschee (Yeni Camii) im Stadtviertel Eminönü ist eine der größten Moscheen der Stadt; dahinter überquert die immer belebte Galata-Brücke das Goldene Horn.

Hagia Sophia

Der imposanteste Bestandteil der fast 1500 Jahre alten, heute als Museum dienenden Hagia Sophia ist die 55 m hohe Kuppel. Zeitweise war sie auch als Moschee genutzt worden (unten).

Hagia Sophia und Blaue Moschee prägen die einzigartige Kulisse der Stadt auf zwei Kontinenten.

Izmir, Kuşadası, Marmaris, Antalya

Ephesos

Die heutige Ruinenstadt unweit des Städtchens Selçuk ist uralt, schon für die Lyder und Karer war die Stelle lange vor der Ankunft griechischer Händler und Siedler an der ionischen Küste ein heiliger Ort der Muttergöttin Kybele. Deren Artemis-Tempel stand in der Tradition des Mutterkultes und zählte zu den Weltwundern. Um das Jahr 129 wurde Ephesos Hauptstadt

Land: Türkei
Einwohner:
Izmir: 2,9 Mio.
Kušadasi: 58 000
Mamaris: 28 000
Antalya: 820 000
Sprache: Türkisch
Währung: Türkische Lira
Hauptreisezeit: April bis Oktober
Zeitzone: UTC + 2

Eine Kreuzfahrt entlang der türkischen Mittelmeerküste führt in moderne Urlaubsparadiese. In den letzten 30 Jahren sind in der Region große Ferienzentren entstanden, die den Badeorten an der Costa del Sol und der Adria Konkurrenz machen. Einstmals verschlafene Fischerdörfer wie Kuşadası und Marmaris haben sich in elegante Seebäder mit Uferpromenade und Jachthafen verwandelt. Das Angebot an Freizeitaktivitäten ist hier schier unerschöpflich, das Nachtleben bunt und facettenreich. Die Küstenorte bieten sich aber auch als Ausgangspunkt für Ausflüge in das landschaftlich reizvolle Hinterland an. Denn dort liegen berühmte antike Ruinenstädte wie Ephesos oder Pergamon, Didyma oder Termessos versteckt.

⚓ **Izmir** Nicht zuletzt dank einiger antiker Kulturdenkmäler in der weiteren Umgebung hat sich die drittgrößte Stadt der Türkei zu einem Kreuzfahrtziel im östlichen Mittelmeerraum entwickelt.

Nur 70 km südlich von Izmir liegt die Ruinenstätte der antiken Metropole **Ephesos**, die einst den monumentalen Artemis-Tempel beherbergte. Auch die Überreste des antiken **Pergamon** 80 km nördlich von Izmir sind ein beliebtes Ziel von Tagesausflügen. Die Stadt war ein Zentrum der hellenistischen Welt und Heimstatt des berühmten Pergamonaltars, der heute in dem nach ihm benannten Berliner Museum steht.

Aber auch Izmir selbst hat dem Besucher einiges zu bieten. Obwohl sich die Stadt vielerorts als laute und schnell wachsende Millionenmetropole präsentiert, trägt sie ihren Beinamen »die Schöne« zu Recht. Die palmenbestandene Uferpromenade Atatürk Caddesi, die vom Hafen Alcansak nach Süden zum Konak Meydanı, dem zentralen Platz der Stadt, verläuft, ist eine einzige Touristenattraktion. Nach Jahren des Verfalls ist der breite Boulevard in eine elegante Flaniermeile mit schicken Bars und Restaurants verwandelt worden.

Am Konak Meydanı schlägt das eigentliche Herz von Izmir. Hier befindet sich nicht nur das Rathaus, sondern auch das moderne Atatürk-Kulturzentrum sowie die 1748 errichtete **Konak Camii** – die schönste Moschee der Stadt.

Nordöstlich des Konak beginnt der **Basar** – ein Bummel sollte eingeplant werden. In dem Gewirr unzähliger kleiner Läden gibt es vieles zu entdecken. Besonders sehenswert sind der überdachte Markt und eine Karawanserei, die beide aus dem 18. Jh. stammen. Unter den vielen bedeutenden Museen von Izmir ist das 🏛 **Museum für Kunst und Geschichte**, dessen Sammlungen auf drei Gebäude im **Kültür Parkı** verteilt wurden, sicherlich das interessanteste. Es hütet Skulpturen, Keramiken und Gebäudereste, die in den antiken Ruinenstätten entlang der türkischen Mittelmeerküste gefunden wurden. Mit der Gründung des Museums wurde das alte 🏛 **Archäologische Museum** unweit des Konak Meydanı entlastet. Natürlich lohnt auch dieses traditionsreiche Haus einen Besuch. Der südöstlich des Alsancak-Viertels gelegene Kültür Parkı ist ein beliebter Freizeit- und Erholungspark. Er umfasst eine riesige Grünfläche und lockt mit Zoo, botanischem Garten und vielen Restaurants.

Die Kreuzfahrtschiffe legen in Izmirs großem Industriehafen in ⚓ **Alsancak** an. Nach umfänglichen Sanierungsarbeiten hat sich dieser Stadtteil in ein hippes Ausgehviertel verwandelt. Trendige Bars, Kneipen und Restaurants stehen hier dicht an dicht. Alsancak ist vom Passenger Terminal aus in wenigen Minuten erreichbar, ein Spaziergang entlang der Uferpromenade zum Konak Meydanı dauert ca. 20 min. Für Eilige stehen auch Taxis und Busse bereit.

⚓ **Kuşadası** Dank ausgedehnter Sandstrände und der Geschäftstüchtigkeit seiner Bewohner hat sich das einstige Fischerdorf zum größten Ferienzentrum der türkischen Ägäis entwickelt. In den letzten Jahrzehnten sind in und um Kušadası Hotelkomplexe und Ferienanlagen für Pauschaltouristen entstanden. Der alte Ortskern wurde in ein Vergnügungsviertel mit Bars, Kneipen und Restaurants verwandelt. Hier geht es bei Tag und bei Nacht turbulent zu.

An der Kreuzfahrtpier legt jeden Tag ein anderer Cruiseliner an. Die meisten Passagiere nutzen ihren Landgang zu einer Exkursion in das nahe gelegene **Ephesos**. Auch die antiken Ruinenstätten von Milet, Priene und Didyma können während eines Tagesausflugs besichtigt werden.

⚓ **Marmaris** Das kleine Städtchen im Süden der türkischen Ägäisküste ist ein belieb-

der römischen Provinz Asia; damals war sie eine der größten und bedeutendsten Städte. Hier lebten rund 200 000 Einwohner. Von ihren Tempeln, Prachtstraßen, Bädern und Wohnhäusern haben Archäologen mehr

rekonstruieren können als an irgendeinem anderen Ort in der Türkei (links). Nur den Hafen hat die jahrhundertelange Verlandung verschwinden lassen: Das Meer ist heute mehrere Kilometer entfernt.

ter Ferienort. Die malerische Lage an einer von dicht bewaldeten Bergen umgebenen Bucht, traumhafte **Badestrände** und nicht zuletzt das mit 300 Sonnentagen im Jahr überaus angenehme Klima ziehen die Urlauber an. Die Küstengewässer sind ein Paradies für Segelfreunde. Marmaris verfügt über mehrere Marinas, in den Jachten aus der ganzen Welt ankern. Der moderne Cruiseterminal liegt im Süden der Netsel-Marina und ist durch Shuttle-Busse mit dem auf einer kleinen Halbinsel gelegenen Ortszentrum verbunden. Hier präsentiert sich Marmaris als historisch gewachsenes Städtchen. Rund um das kleine **Kastell**, das Süleyman der Prächtige um 1522 errichten ließ, sind einige alte Häuschen erhalten. Das dahinter liegende Basarviertel wurde teilweise überdacht. Allabendlich verwandelt sich die als »Bar Street« bekannte Vergnügungsmeile in eine Partyzone.

In Marmaris bieten lokale Veranstalter Bootsausflüge und Tauchgänge an.

Das kleine Kastell überragt den Hafen von Marmaris.

Antalya

Die Millionenstadt an der türkischen Riviera ist das unbestrittene Zentrum einer boomenden Urlaubsregion. In den Sommermonaten landen Ferienflieger aus Europa auf dem Flughafen der Metropole. Allein 2010 wurden mehr 8 Mio. sonnenhungrige Touristen gezählt. Die meisten zieht es in die Badeorte entlang der Küste, nur wenige bleiben in der Stadt, die doch sehr viele interessante Sehenswürdigkeiten zu bieten hat.

Antalya wartet mit einer reizvollen **Altstadt** auf, die sich über einem malerischen kleinen Hafen aus der Römerzeit erhebt. Einst war Kaleiçi – so der türkische Name des Viertels – nach der Landseite hin vollständig von einer Stadtmauer umgeben. Teile des Walls, der vermutlich zuerst unter dem Stadtgründer Attalos II. angelegt und über die Jahrhunderte umgebaut wurde, stehen bis heute. Das an der Ostseite der Altstadt gelegene **Hadrianstor** etwa, ein dreitoriger, monumentaler Triumphbogen, wurde um das Jahr 130 zu Ehren des römischen Kaisers errichtet. Auch der Sockel des Uhrturms, der am nördlichen Eingang zur Altstadt in den Himmel ragt, war Teil der Stadtbefestigung. Lange Zeit war die Altstadt Antalyas dem Verfall preisgegeben. Heute ist das Viertel, das aus einem Labyrinth enger Gassen besteht, ganz auf Touristen eingestellt. In die sorgfältig restaurierten osmanischen Holzhäuser aus dem 18. und 19. Jh. sind Pensionen, Restaurants und Souvenirläden eingezogen. An vielen Ecken bieten Händler Teppiche und lokales Kunsthandwerk an. Die Moscheen Kaleiçis stehen jedermann offen. Außerhalb der Altstadt lockt Antalyas kleiner Basar mit orientalischem Flair. Auch das moderne Zentrum der Metropole, das gleich hinter der Altstadt beginnt, bietet fantastische Einkaufsmöglichkeiten. Das **Archäologische Museum** von Antalya ist vom Zentrum aus mit der Straßenbahn erreichbar. Es hütet kostbare Grabungsfunde aus den antiken Ruinenstätten des Umlands und ist unter Kennern berühmt.

Port Akdeniz, der Kreuzfahrthafen, liegt etwa 40 km westlich von Antalya und ist durch einen Shuttle-Service mit der Altstadt verbunden, und auch Taxis stehen bereit. An der Küste zwischen Port Akdeniz und Antalya finden sich einige schöne **Badestrände** und Beach-Parks, die Freizeitvergnügen und ausgezeichnete gastronomische Services bieten.

Im Hinterland von Antalya locken antike Ruinenstädte wie Termessos, Side oder Perge – ein Besuch lohnt sich.

Bild oben links: Vor Kušadası ankern täglich mehrere große Kreuzfahrtschiffe; mit Blick auf den Hafen von Antalya lässt es sich gemütlich speisen (oben rechts).

Israel, Ägypten

Die »Weiße Stadt« von Tel Aviv

Tel Aviv wurde im Jahr 1909 gegründet und entwickelte sich unter britischem Mandat zur Großstadt für Tausende jüdischer Emigranten, die eine neue, sichere Heimat suchten. Ausdruck dieses Neuanfangs ist die »Weiße Stadt«, die architektonisch ganz den Idealen des modernen Bauens folgte. Den Plan dafür erstellte der Brite Sir Patrick Geddes. Unter seiner Leitung entstanden bis 1948 viele Gebäudekomplexe im Stil der klassischen Moderne. Die Entwürfe lieferten vom Bauhaus beeinflusste europäische

Land: Israel
Einwohner:
Haifa: 270 000
Aschdod: 210 000
Sprache: Neuhebräisch, Arabisch
Währung: Neuer Israelischer Schekel
Hauptreisezeit: Frühjahr, Herbst
Zeitzone: UTC + 2

Land: Ägypten
Einwohner:
Port Said: 600 000
Alexandria: 4,5 Mio.
Sprache: Arabisch
Währung: Ägyptisches Pfund
Hauptreisezeit: Oktober bis Mai
Zeitzone: UTC + 2

Trotz der angespannten politischen Lage sind die ägyptischen und israelischen Mittelmeerhäfen beliebte Kreuzfahrtziele. Viele Passagiere nutzen die Gelegenheit zu Ausflügen in zwei legendäre Metropolen: In Alexandria und Port Said bieten viele Kreuzfahrtveranstalter Kurztrips nach Kairo und zu den Pyramiden von Giseh an.
Die israelischen Kreuzfahrthäfen werden als Ausgangspunkt für Ausflüge nach Jerusalem und zu anderen Schauplätzen der Bibel genutzt. Und natürlich haben auch die Hafenstädte selbst einiges zu bieten.

Haifa An der einzigen größeren Bucht der Mittelmeerküste Israels liegt die drittgrößte Stadt des Landes. Auf dem Wasserweg Kommenden bietet am Karmel-Kap der nordwestliche Ausläufer des rund 500 m hohen Karmel-Gebirges eine grandiose Kulisse. Am Kreuzfahrtterminal des größten Seehafens Israels befindet man sich dann schon mitten in der Stadt. Auskunft über die Geschichte der illegalen Einwanderung von Juden nach Palästina unter der britischen Mandatsregierung und somit auch die jüngere Geschichte Haifas gibt in der Allenby Road das **Clandestine Immigration and Naval Museum**. Ebenfalls noch in der Unterstadt trifft man im Stadtteil HaMoshava HaGermanit auf die Spuren von pietistischen Württemberger Templern (nicht zu verwechseln mit dem Templerorden), die Mitte des 19. Jh. ins Heilige Land ausgewandert waren. Ihre Begeisterung für den Nationalsozialismus machte der Episode der »Palästinadeutschen« ab 1941 ein Ende. Die inzwischen renovierten Häuser der schwäbischen »Häuslebauer« sind heute gleichwohl Touristenziel. In nächster Nähe setzte eine andere Religionsgemeinschaft einen Akzent: Hier erhebt sich in den treppenförmig ansteigenden **»Hängenden Gärten«** das Weltzentrum der Bahai mit dem kuppelgekrönten Mausoleum des Religionsgründers Bab – seit 2008 mit anderen Stätten der Bahai in Westgaliläa auch UNESCO-Weltkulturerbe.
Weiter oben am Berg Karmel ist die Höhle des Propheten Elias mit dem darüber befindlichen **Karmeliterkloster Stella Maris** Pilgerort für Juden, Christen, Muslime und Drusen gleichermaßen.
Eine Besonderheit Haifas ist die »Carmelit«, die einzige U-Bahn der Welt, die als Standseilbahn konstruiert ist. Sie verbindet die Unterstadt, das auf mittlerer Höhe befindliche Geschäftszentrum Hadar HaKarmel und den höchstgelegenen Stadtteil Har HaKarmel miteinander.
Wer einfach nur baden möchte, findet an schönen **Sandstränden** Gelegenheit dazu – etwa am unweit des Hafens gelegenen **Surfer's Beach** in Bat Galim. Am nördlichen Ende der Bucht von Haifa lohnt die einstige Kreuzfahrerstadt **Akkon** mit ihrer mächtigen Zitadelle einen Abstecher. Haifa ist zudem das Eingangstor zur biblischen Landschaft von Galiläa. Auf einer Exkursion lassen sich die Originalschauplätze der Taufe Jesu am Jordan, der Bergpredigt am Berg der Seligpreisungen nahe dem See Genezareth, die **Brotvermehrungskirche** in Tabgha und die **Verkündigungskirche** in Jesu Geburtsort Nazareth näher in Augenschein nehmen.

Mausoleum des Bab in den Hängenden Gärten von Haifa.

Aschdod Obwohl es erst 1956 gegründet wurde, beherbergt das moderne Aschdod heute den bedeutendsten kommerziellen Frachthafen Israels. Über 200 000 Menschen, davon rund ein Drittel jüdische Immigranten aus der ehemaligen Sowjetunion, haben hier eine neue Heimat gefunden. Das neue Aschdod wurde am Rand der historischen Stadt gleichen Namens angelegt, in der sich seit dem 17. Jh. v. Chr. Kanaaniter, Philister, Israeliten, Assyrer, Neubabylonier, Griechen, Hasmonäer, Römer, Byzantiner, Kreuzfahrer und Araber in der Herrschaft über die Stadt ablösten. Das in der Bibel erwähnte Aschdod war Teil der Pentapolis der Philister, die um 1050 v. Chr. die berühmte Bundeslade aus dem Tempel in Jerusalem entwendet und nach Ashdod gebracht haben sollen. Über die Geschichte der Stadt informiert das **Korin Mamam-Museum**. Die Ruine der Festung **Chastel Béroard** am südlichen Rand der Stadt erinnert an die Zeit der Kreuzzüge. Ansonsten gibt es einige schöne **Strände**, und wer sich für Ur-

Architekten, die nach Israel ausgewandert waren, wie Arie Sharon, Zeev Rechter, Richard Kauffmann, Dov Karmi und Genia Averbuch. So entstand ein »Bauhaus im großen Stil«, (rechts am Rothschild-Boule-

vard), auch wenn sich nicht alle Architekten am Bauhaus orientierten. Das Engel-Haus von Zeev Rechter (1933) etwa stand auf den für die Bauten Le Corbusiers charakteristischen Stelzen, den »Pilotis«.

banistik interessiert, kann hier die Strukturen einer auf dem Reißbrett geplanten modernen Stadt studieren – mit ihrem Nebeneinander von 17 Stadtquartieren, von denen jedes weitgehend autonom ist. Wegen der zahlreichen hier ansässigen Diamantschleifer ist Aschdod auch ein guter Platz, um Schmuck zu kaufen.

Die Stadt dient den Kreuzfahrtpassagieren aber vor allem als Ausgangspunkt für Exkursionen nach Jerusalem sowie ins nur 30 km entfernte Tel Aviv. Während in Jerusalem, der Stadt der drei abrahamitischen Religionen, die Religiosität förmlich mit Händen zu greifen ist, verströmt die Party-Hauptstadt Tel Aviv weltliche Ausgelassenheit und Lebenslust. Eine ausführliche Besichtigung wert ist dort die **»Weiße Stadt«**, ein von jüdischen Architekten erbauter Stadtteil aus über 4000 Häusern im Bauhaus- und Internationalen Stil.

⚓ Port Said

Noch im Jahr 1859 erstreckten sich hier an der Schnittstelle von Afrika und Asien lediglich Sandwüsten und Salinen. In diesem Jahr, als man mit den Bauarbeiten für den Suez-Kanal begann, wurde auch der Grundstein für Port Said am nördlichen Eingang zum Kanal gelegt. Zum Aufbau von Kanal und Stadt bildete sich bald ein multikulturelles Gemeinwesen heraus, mit einheimischen Fellachen, jüdischen Kaufleuten, italienischen Architekten, französischen Bankiers und einer großen griechischen Kolonie.

Mit der Machtergreifung von Gamal Abdel Nasser und der Verstaatlichung des Suez-Kanals in den 1950er-Jahren verließ die internationale Gemeinschaft die Stadt. Heute ist Port Said Zwischenstation für die den Suez-Kanal passierenden Schiffskonvois bedeutender Frachthafen (zusammen mit der Schwesterstadt Port Fuad auf der asiatischen Seite des Kanals) und mit seinen Stränden eine beliebte Sommerfrische für die hitzegeplagten Einwohner von Kairo. Für Kreuzfahrtpassagiere ist der Ort jedoch das Eintrittstor ins nur rund drei Stunden entfernte Kairo bzw. zu den Pyramiden von Giseh. Vom Kreuzfahrtterminal gelangt man leicht zu Fuß ins Zentrum von Port Said. Dort fällt die mit traditionellen Holzbalkonen versehene Kolonialarchitektur des 19. und 20. Jh.s auf. Leider wurden viele alte Gebäude Port Saids in diversen Kriegen zerstört, anlässlich des Sechstage-kriegs mit Israel wurde die Stadt sogar evakuiert. An die einheimischen Opfer der Kriege erinnert das in Form eines altägyptischen Obelisken gestalteten Denkmal. Die bedeutendsten historischen Bauwerke sind das arkadengesäumte und kuppelgekrönte Hauptverwaltungsgebäude der Suez Canal Authority (1895) sowie der alte Leuchtturm von 1869. Er ist einer der ersten aus Beton errichteten Bauten überhaupt, der aufgrund von Verlandung heute allerdings nicht mehr direkt am Meer steht.

Die modernen Bibliotheca Alexandrina in Alexandria.

Auch der Besuch von Kairos Fischmarkt ist ein Erlebnis.

⚓ Alexandria

An den westlichen Ausläufern des Nildeltas liegt die Stadt, die einmal das intellektuelle Zentrum der antiken Welt war: Alexandria. Im Jahr 331 v. Chr. von Alexander dem Großen gegründet, standen hier einst der Leuchtturm von Pharos (eines der sieben antiken Weltwunder), das Museion, einst Zentrum der Alexandrinischen Schule mit so bedeutenden Gelehrten wie Euklid und Ptolemäus, sowie die größte Bibliothek der Antike mit rund 1 Mio. Schriftrollen. Leider haben diese Bauwerke die Stürme der Zeit, in der sich Griechen, Römer, Byzantiner, Osmanen und Araber in der Herrschaft über die Stadt abwechselten, nicht überdauert, ebenso wenig ist das Grab des hier bestatteten Alexander des Großen lokalisierbar. Antike Spuren finden sich aber noch in Gestalt der Pompeius-Säule, der römischen Katakomben (Kom al-Shoqafa), eines römischen Amphitheaters oder im **Graeco-Roman Museum**. Ebenfalls einen Besuch lohnen das **Royal Jewelry Museum** (mit Schmuckstücken der Dynastie von Mohammed Ali) und das **Alexandria National Museum** mit Exponaten zur Lokalgeschichte.

Am besten fährt man vom etwas außerhalb im Osthafen gelegenen Kreuzfahrtterminal mit Taxi oder Pferdekutsche zur Corniche, dem lang gestreckten Uferboulevard. Dort bildet die **Zitadelle Qait Bey** einen Blickfang; hier wurden die Reste eines im 15. Jh. durch Erdbeben zerstörten Leuchtturms von Pharo verbaut. Ganz in der Nähe lässt sich das imposanteste Gotteshaus Alexandrias bewundern: die 1775 im andalusischen Stil errichtete **Moschee Al-Mursi Abul-Abbas**. In östlicher Richtung vom Hafen liegt die **Bibliotheca Alexandrina**, 2002 in Form einer aufgehenden Sonne errichtet.

Nicht versäumen sollte man einen Besuch in einem der ägyptischen Kaffeehäuser, wo man beim Rauchen der Wasserpfeife (Shisha) Lokalkolorit genießt. Ähnlich wie Port Said dient Alexandria, inzwischen 4,5-Mio.-Metropole und bedeutendster Export- und Importhafen Ägyptens, vielen Passagieren nur als Sprungbrett ins knapp 200 km entfernte Kairo mit seinen Pyramiden. Exkursionen werden auch zum Weltkriegsschauplatz El-Alamein angeboten.

Tunis

Karthago

Viele Passagiere nutzen den Aufenthalt in Tunis zum Ausflug in die Ruinenstätten von Karthago (rechts). Die legendäre Stadt, die im 2. Jh. v. Chr. mit Rom um die Vormachtstellung im Mittelmeerraum kämpfte und erst nach drei Kriegen bezwungen werden konnte, ist heute ein nobler Villenvorort der tunesischen Kapitale und kann vom Kreuzfahrthafen schnell erreicht werden. Da die Ruinen der antiken Stadt über ein weites Gebiet verstreut liegen, sollte man für eine Besichtigung dennoch einen Tag einplanen. Obwohl es 146 v. Chr. von den Truppen des Scipio Aemilianus völlig zerstört

Land: Tunesien
Einwohner: 750 000
Sprache: Arabisch
Währung: Tunesischer Dinar
Hauptreisezeit: Frühjahr, Herbst
Zeitzone: UTC + 1

Allein im Jahr 2012 laufen mehr als 500 internationale Cruiseliner den Hafen La Goulette an. Damit ist die tunesische Hauptstadt ein beliebtes Ziel auf einer Mittelmeerkreuzfahrt.
Für die Passagiere wurde ein moderner Terminal erbaut, der mit einem überdachten Souk aus zahlreichen kleinen Geschäften und Restaurants aufwarten kann. Für Fahrten in das nur 15 km entfernte Tunis oder zu den Sehenswürdigkeiten der Umgebung stehen 350 Taxis bereit

In den Souks kann man bummeln und die Zeit vergessen.

Tunis präsentiert sich als eine Mischung aus Tradition und Moderne, aus Morgenland und Abendland. Wohl nirgendwo sonst in Nordafrika prallen Orient und Okzident so markant aufeinander wie hier. Die berühmte Medina, deren Ursprünge auf die zwischen dem 9. und 10 Jh. über das Gebiet des heutigen Tunesiens herrschende Aghlabiden-Dynastie zurückgehen, präsentiert sich als Gewirr enger Gassen und steht damit in Kontrast zu dem schachbrettmusterartig angelegten Netz breiter Straßen und Boulevards in der Ville Nouvelle, die während der französischen Kolonialzeit (1881–1956) angelegt wurde.
In der Neustadt wird das Stadtbild von repräsentativen Jugendstilbauten und moderner Hochhausarchitektur, in der Medina von den kleinen Läden der Souks, von arabischen Palästen und Moscheen geprägt.
Hauptattraktion für Touristen ist dieser Teil der Stadt, dessen einzigartige Architektur über Jahrhunderte Baumeister in der ganzen islamischen Welt inspirierte und der deshalb seit 1979 auf der UNESCO-Welterbeliste steht. Hier ziehen vor allem die zur Zeit der Hafsiden im 13. Jh. entstandenen Souks Menschen aus aller Welt in ihren Bann. Wie auf allen traditionellen orientalischen Märkten wird jeder Souk bzw. jedes Viertel von einem bestimmten Gewerbe dominiert. Bis heute liegen die Souks der »ehrbaren« Berufe in der Nähe der Ez-Zitouna-Moschee im Zentrum der Medina und die weniger angesehenen an deren Rand.
Außerhalb der Medina lohnt das in einem osmanischen Palast aus dem 19. Jh. untergebrachte 🏛 **Bardo-Museum** einen Besuch. Es beherbergt die weltweit größte Sammlung von punischen, römischen und frühchristlichen Mosaiken.

Rechts: Von der prächtigen Terrasse eines der umliegenden Häuser genießt man einen schönen Blick auf das Minarett der Ez-Zitouna-Moschee.

wurde, haben Archäologen in der Nähe des Byrsa-Hügels Überreste des punischen Karthagos freigelegt. Erst unter Julius Cäsar und Augustus wurde die Stadt wieder aufgebaut und mit vielen prachtvollen Bauten ausgestattet. Als Hauptstadt der römischen Provinz Africa erlebte Karthago eine Renaissance und entwickelte sich zu einer glanzvollen Metropole. Noch die Ruinen der Antoninus-Pius-Thermen, des Odeons und einiger Villen zeugen von dem Reichtum, in dem die Karthager schwelgten. In den ersten nachchristlichen Jahrhunderten war die Stadt am Rande Nordafrikas auch ein Zentrum des Frühchristentums.

Constanţa, Odessa, Jalta, Sotschi, Trabzon

Krim

Die etwa 26 000 km² große ukrainische Halbinsel im Norden des Schwarzen Meers ist naturräumlich vielgestaltig. Ausläufer des Osteuropäischen Tieflands nehmen den nördlichen Teil der Krim ein, der nach Süden über Hügelland allmählich zum Krimgebirge ansteigt. Dieses bis 1545 m hohe Gebirge (rechts) schirmt den äußersten Süden von kalten Luftströmungen aus

Constanţa

Land: Rumänien
Einwohner: 300 000
Sprache: Rumänisch
Währung: Leu
Hauptreisezeit: Mai bis Oktober
Zeitzone: UTC + 2

Odessa, Jalta

Land: Ukraine
Einwohner:
Odessa: 1 Mio.
Jalta: 80 000
Sprache: Ukrainisch
Währung: Hrywnja
Hauptreisezeit: Mai bis September
Zeitzone: UTC + 2

Sotschi

Land: Russland
Einwohner: 340 000
Sprache: Russisch
Währung: Rubel
Hauptreisezeit: Mai bis September
Zeitzone: UTC + 4

Trabzon

Land: Türkei
Einwohner: 235 000
Sprache: Türkisch
Währung: Türkische Lira
Hauptreisezeit: Mai bis Oktober
Zeitzone: UTC + 2

Kreuzfahrten im Schwarzen Meer sind beliebt. Überwältigend sind die Vielfalt spektakulärer Landschaften mit üppiger Vegetation, sanft gewellten Weinbergen und sonnigen Tälern sowie die zauberhaften Küstenstädte – bis hin zu Teeplantagen und Mineralquellen an der kaukasischen Küste bei Sotschi, der »Badewanne der Russen«.

Constanţa Die 185 km nördlich von Istanbul gelegene Stadt beherbergt den bedeutendsten Containerhafen Rumäniens und ist zugleich der größte Schwarzmeerhafen der EU. Constanţa blickt auf eine mehr als 2000-jährige Geschichte zurück. Die Anfänge gehen auf eine Siedlung griechischer Kolonisten zurück. 29 v. Chr. eroberten die Römer die Region. Nach dem Untergang Roms wechselten Byzantiner, Genuesen und Osmanen einander in der Herrschaft über die Stadt und ihr Umland ab. Seit 1878 ist Constanţa rumänisch. Das **Archäologische Museum** wartet mit zahlreichen Ausgrabungsstücken aus dem Neolithikum sowie der griechischen und römischen Antike auf. In einem nach ihm benannten Ausstellungsraum sind die Reste eines gigantischen römischen Mosaiks ausgestellt. Das **historische Zentrum** der Stadt liegt auf einer Halbinsel und kann vom südlich gelegenen Hafen und der Kreuzfahrtpier auf einem halbstündigen Spaziergang oder mit einem Taxi erreicht werden. In Sichtweite der Piata Ovidiu, des zentralen Platzes der Altstadt, befinden sich die um 1910 errichtete **Mahmudiye-Moschee** sowie einige christliche Gotteshäuser. Constantas Kasino wurde um 1910 auf einem ins Meer ragenden Felsvorsprung im Südosten der Altstadt erbaut.

Das prächtige Kasino von Constanţa auf einem Felsvorsprung.

Odessa Die größte Hafenstadt der Ukraine beginnt sich nach den Jahren der Abschottung in der Ära der Sowjetherrschaft wieder gegenüber der Welt zu öffnen. Es herrscht eine heitere, ungezwungene Atmosphäre in der Stadt. Im 19. Jh. entwickelte sich Odessa, das erst gegen Ende des 18. Jh.s von Katharina der Großen gegründet worden war, zu einem Schmelztiegel von Völkern und Nationen; und bis heute leben in Odessa Menschen aus 130 verschiedenen Nationen.
Odessas Hafen verfügt über einen großen Cruiseterminal. Das rund 3 km entfernte Stadtzentrum kann von hier aus mit einem Taxi oder aber per pedes über die ausladende **Potemkinsche Treppe** erreicht werden. Seit 1841 verbindet dieses Bauwerk, das durch Sergei Eisensteins Film »Panzerkreuzer Potemkin« international bekannt wurde, den Hafen mit der Innenstadt. Über 192 Stufen geht es hinauf zum bul. Primorski, einer Prachtstraße aus dem 19. Jh. Am Ende der Treppe begrüßt die Bronzestatue des Herzogs de Richelieu, von 1803 bis 1814 Statthalter des Zaren in Odessa, die Besucher. Das Denkmal bietet sich als Ausgangspunkt für einen Bummel an. Die zwischen 1884 und 1887 errichtete **Oper** übertrifft an verschwenderischer Prachtentfaltung alle anderen Opernhäuser dieser Welt. Die zu Beginn des 19. Jh.s errichtete, unter Stalin dann zerstörte und 1999 wieder aufgebaute **Verklärungskathedrale** zieht ebenso wie der **Woronzow-**

nördlichen Richtungen ab und bewirkt an der Südküste der Krim ein mediterranes Klima. Fruchtbare Schwarzerdeböden im Norden der Halbinsel werden von ausgedehnten Getreidefeldern eingenommen, in der süd-

lichen Küstenregion ermöglicht das milde Klima Obst- und Weinbau. Hier gedeihen die Trauben, aus denen der bekannte Krimsekt gekeltert wird. Daneben ist die Krim eine beliebte Urlaubsregion.

Palast am westlichen Ende des bul. Primorski durch eine klassizistische Formensprache die Blicke auf sich.

An der in eine Fußgängerzone umgewandelten Deribsowskaja finden sich viele erstklassige Restaurants und Geschäfte. Die Passazh, eine gegen Ende des 19. Jh. errichtete Einkaufspassage, lohnt allein wegen des Jugendstildekors einen Besuch. Dank des milden Klimas war Odessa bereits im 19. Jh. ein beliebter Urlaubsort. Heute sind das Meer und die Strände um Odessa allerdings etwas verschmutzt.

Jalta

Dank eines ganzjährig milden Klimas und einer malerischen Lage zwischen Ge-

Ehemaliges griechisch-orthodoxes Sumela-Kloster bei Trabzon.

birge und Meer entwickelte sich das Küstenstädtchen im Süden der Krim-Halbinsel im 19. Jh. zu einem noblen Kurort. Die prächtigen Residenzen aus dieser Zeit sind heute eine Touristenattraktion. Der Livadia-Palast 3 km westlich von Jalta ist der berühmteste.

In der ehemaligen Sommerresidenz der Romanows, die von Zar Nikolaus II. ausgebaut wurde, fand im Februar 1945 die Konferenz von Jalta statt, auf der die Siegermächte des Zweiten Weltkriegs Vereinbarungen über die europäische Nachkriegsordnung und die Aufteilung Deutschlands in Besatzungszonen trafen.

An der Uferpromenade **nab Lenina** spielt sich ein Großteil des Lebens ab. Heute genauso wie vor 100 Jahren spazieren elegant gekleidete Feriengäste hier entlang und genießen den Blick aufs Meer. Die vielen Restaurants und Cafés an dieser Flaniermeile sind den Sommer über bis in die Nacht gut besucht. Das **Tschechow-Museum** in der Nähe der nab. Lenina erinnert an den berühmten russischen Dichter, der an Tuberkulose litt und in Jalta die letzten Jahre seines Lebens verbrachte.

Der Hafen mit der Anlegestelle für die Kreuzfahrtschiffe ist nicht weit von der Uferpromenade entfernt. Für Ausflüge in die malerische Umgebung Jaltas stehen Taxen bereit. 16 km westlich von Jalta lockt der **Woronzow-Palast** in dem idyllischen Kurort Alpuka alljährlich die Besucher an. Die in den 1820er-Jahren errichtete Residenz des russischen Gouverneurs präsentiert sich als Märchenschloss, das gotische, mogulzeitliche und islamische Baustile kombiniert. Das in der Nähe am Kap Aj-Todor gelegene »Schwalbennest« erinnert ein wenig an Neuschwanstein. Mit seinen Erkern, Türmchen und Zinnen ist das auf einem Felsvorsprung über dem Meer aufragende Schlösschen zu einem Wahrzeichen der Krim geworden. Der 10 km östlich von Jalta gelegene **Botanische Garten** von Nikita präsentiert sich als ein kleines Paradies. Er wurde zu Beginn des 19. Jh.s angelegt und bietet mehr als 20 000 Pflanzenarten, darunter 2000 Rosensorten, Schutz.

Die Krim ist weltweit als Weinanbaugebiet bekannt. Die Kellereien in dem Dorf Massandr östlich von Jalta weihen Touristen in die Kunst des Kelterns ein und bieten Weinproben an.

Sotschi

Der Austragungsort der Olympischen Winterspiele 2014 verfügt über einen modernen Cruiseterminal. Dank des subtropischen Klimas und seiner Lage ist Sotschi ein Urlaubsparadies par excellence. Es erstreckt sich über mehr als 30 km die Ostküste des Schwarzen Meeres entlang und ist von den imponierenden Gebirgszügen des Kaukasus, die nur 40 km weiter landeinwärts eine Höhe von 3000 m erreichen, umgeben. Sotschi wurde zu Beginn des 20. Jh.s von der russischen Aristokratie entdeckt und entwickelte sich unter den Sowjets zum beliebtesten Kurort des Imperiums. Heute ziehen das mediterrane Flair und die vielfältigen Wellnessangebote auch Gäste aus dem Westen an. Angefangen von Wanderungen im nahen Gebirge über Kajakfahren auf den bei Sotschi ins Meer mündenden Flüssen bis hin zu Schwimmen, Segeln und Wasserski: Sotschi bietet nicht nur im Winter viele Möglichkeiten für Aktivurlauber. In der Umgebung Sotschis locken der Sotschier Nationalpark und das Naturreservat Nordkaukasus.

Trabzon

Die Hafenstadt an der türkischen Schwarzmeerküste bietet sich als Ausgangspunkt für einen Ausflug in das 45 km weiter südlich gelegene **Sumela-Kloster** an – einen der wenigen Orte auf der Welt, der Christen wie Muslimen heilig ist. Das Kloster wurde in 250 m Höhe an einer steilen Felswand angelegt und zählt heute zu den Hauptattraktionen des **Nationalparks Altindere-Tal**. Seine Anfänge gehen auf das 4. Jh. zurück, als christliche Eremiten in den Höhlen des Tals Unterschlupf fanden und diese mit Altären und Kapellen ausstatteten. Den Herrschern des Kaiserreichs von Trapezunt, einem kurzlebigen Staatswesen, das 1204 von einem byzantinischen Adelsgeschlecht gegründet wurde, diente sie als Krönungsstätte.

Die ältesten erhaltenen Gebäude auf dem Areal stammen aus jener Zeit, die jüngsten aus dem 19. Jh. Bis zu ihrer Ausweisung aus der Türkei 1926 wurde das Kloster von griechisch-orthodoxen Mönchen bewirtschaftet, heute wird es vom türkischen Staat verwaltet. Besonders sehenswert ist die in den Fels gehauene und innen wie außen mit Fresken dekorierte Kirche.

Trabzon wird von seinem Handelshafen geprägt. Touristen reisen eher selten hierher. Hauptattraktionen sind die Klosterkirche **Hagia Sophia** und die die Stadt überragende **Zitadelle**, die beide aus der Zeit des Kaiserreichs von Trapezunt stammen. An die jüngere türkische Geschichte erinnert die Villa, in der Kemal Atatürk zeitweilig wohnte und heute ein nach ihm benanntes Museum untergebracht ist. Das Stadtzentrum Trabzons liegt nicht weit von der Kreuzfahrtpier entfernt und ist mit einem Shuttle-Service verbunden.

Oben links: 40 m hoch über dem Meer bei Jalta, an der Südküste der Halbinsel Krim, steht das malerische Schwalbennest-Schloss.

Die schönsten Kreuzfahrtrouten Europas

Europa bietet zahlreiche Kreuzfahrtgebiete – von den kalten Gefilden der Nordsee bis zum warmen Mittelmeer und dem Schwarzen Meer. Auch Abstecher in den Atlantik oder die Ostsee versprechen abwechslungsreiche Ziele. Die Touren auf den folgenden Seiten sind typische Routen, wie sie in ähnlicher Form von den meisten Kreuzfahrtreedereien angeboten werden. Besondere Landausflugshighlights werden gesondert vorgestellt.

NORDKAPP

Eine Reise zu den Naturgewalten des Nordens

Einschiffung: Bremerhaven
Typischer Routenverlauf:
Seydisfjördur, Island
Akureyri, Island
Ammassalik, Grönland
Prins-Christian-Sund (Passage), Grönland
Qeqertassuaq (Disko-Insel), Grönland
Kreuzen in der Disko-Bucht, Grönland
Ilulissat, Grönland
Sisimiut, Grönland
Kreuzen im Søndre Strømfjord, Grönland
Kangerlussuaq, Grönland
Nuuk (Godthab), Grönland
Nanortalik, Grönland
Kap Farvel, Grönland
Reykjavik, Island
Thorshavn, Färöer
Ausschiffung: Bremerhaven
Dauer: ca. 3 Wochen
Beste Reisezeit: Juli–September
Besonderheiten: angelaufene Häfen auf Grönland können je nach Eislage variieren, Ausschiffung teils in Tender- oder Schlauchbooten
Anbieter u. a.: Phoenix Reisen, Hapag-Lloyd, Hurtigruten

»Leinen los«, noch herrscht geschäftiges Treiben im Hafen von Bremerhaven und auf der Brücke des Schiffs. Aber nach kurzer Zeit – beim Erklingen der Abschiedsmelodie und dem Ertönen des Schiffshorns – genießen die Passagiere das sanfte Hinausgleiten aus dem Hafen, die Einfahrt in die Nordsee und wie sich das Schiff den Bewegungen des Meeres anpasst. Die Crew geht ihren Aufgaben nach und die Passagiere gewöhnen sich an das angenehme Bordleben und warten gespannt auf den ersten Anlaufhafen ihrer Reise: Island – das Land der Wikinger, des Eises, der Gletscher, der Wasserfälle, der Geysire, der Berge und der unberührten Natur.

Weiter geht die Tour, begleitet von Möwen, die sich über der geräuschvollen Heckwelle treiben lassen, zum nächsten Ziel: Grönland. Doch bevor die Insel erkundet werden kann, fährt das Schiff lautlos durch den Prins-Christian-Sund. Das Wasser ist so still, dass man kaum zwischen Meer und Horizont unterscheiden kann, majestätisch ragen die Felsen bis zum Uferrand und spiegeln sich im glasklaren Wasser wider. Atemberaubend schön grüßen die ersten Vorboten des ewigen Eises, Treibeis begegnet dem Schiffsrumpf. Grönland, die größte Insel der Erde, besteht aus einer fast gänzlich unbewohnten Masse Inlandeis, und dennoch heißt sie in der Sprache der Grönländer »Kalaallit Nunaat« – Land der Menschen. An den zerfurchten Küsten gibt es Städte und Siedlungen, die durch ihre bunt bemalten Häuschen und den liebevoll gestalteten Gärten die Besucher in ihren Bann ziehen. Ein Höhepunkt dieser Reise ist Ilulissat mit der Diskobucht, 400 Kilometer nördlich des Polarkreises. Im glasklaren Meer treiben riesige Eisberge und hier blickt man in den atemberaubenden Kangerlua-Eisfjord.

Nach dem Besuch von Nuuk, dem ehemaligen Godthab (»Gute Hoffnung«), gegründet im 17. Jahrhundert von Pastor Hans Egede, verlässt das Schiff Grönland und nimmt um das Kap Farvel Kurs auf die Färöer-Inseln mit der Hauptstadt Thorshavn – nicht ohne vorher Island noch einmal einen Besuch abgestattet zu haben. Neben der modernen Hauptstadt Reykjavik, die über das nördlichste Bad der Welt – die warmen Wasser der Blauen Lagune – verfügt, kann man den »Goldenen Ring«, bestehend aus dem Nationalpark Thingvellir, dem Gullfoss-Wasserfall und einem Geysirgebiet, bestaunen.

Oben: Tief zeigt sich die Spalte zwischen Eurasischer und Amerikanischer Platte auf Island.

Ilulissat und die Diskobucht

Das Eis des Gletschers Sermeq Kujalleq wandert vom grönländischen Inlandeis bis zum Meer und mündet dann in den Ilulissat-Eisfjord. Dort kalbt der Gletscher und entlässt dabei zahlreiche Eisberge in den Nordatlantik. Der Gletscher Sermeq Kujalleq entsteht aus der gewaltigen, bis zu 3000 Meter dicken Eiskappe Grönlands und fließt zum Nordatlantischen Ozean. Mit einer Fließgeschwindigkeit von 19 bis 22 Metern pro Tag ist der Sermeq Kujalleq einer der schnellsten und aktivsten Gletscher der Welt. Wenn das Eis das Meer erreicht, brechen riesige Eisblöcke mit großem Getöse ab und stürzen ins Wasser. Sie treiben dann langsam südwärts und werden im Nordatlantik zu den gefürchteten Eisbergen.

Die klassische Nordlandroute

Einschiffung: Kiel
Typischer Routenverlauf:
Kirkwall, Orkneyinseln
Reykjavik, Island
Isafjördur, Island
Akureyri, Island
Longyearbyen, Spitzbergen
Honningsvåg, Norwegen
Hammerfest, Norwegen
Tromsø, Norwegen
Lofoten, Norwegen
Bergen, Norwegen
Ausschiffung: Kiel
Dauer: ca. 2,5 Wochen
Beste Reisezeit: Mai–September
Besonderheiten: Selbst im Hochsommer kann es im Norden Europas sehr kalt sein. Für den Aufenthalt an Deck stehen oft Decken zur Verfügung. Dicke Pullover sind trotzdem angebracht.
Anbieter u. a: Hapag-Lloyd, Phoenix Reisen, Aida

Eine Seereise hinauf in den Norden verbindet Naturerlebnisse mit dem Reiz alter Kulturen und mystischen Eindrücken. Von Kiel geht es durch die Ostsee, um die Nordspitze Dänemarks herum und dann in die Nordsee hinein. Erste Station sind die Orkneyinseln, satt-grüne Eilande, die so viele historische Stätten zu bieten haben wie kein anderer Ort in Schottland. Nicht verpassen: die nördlichste Whisky-Destillerie der Welt! Es folgt der nächste Superlativ, nämlich die größte Vulkaninsel der Erde: Island. Neben der Hauptstadt Reykjavik locken die nördlichen Häfen von Isafjördur und Akureyri. Ersterer ist besonders für Vogelliebhaber ein Traumziel, denn von dort liegt nur ein Bootstrip entfernt die Insel Vigur. Sie ist Heimat von Papageientauchern, Küstenseeschwalben und anderen Arten. In Akureyri ist ein Besuch des Lava-Labyrinths ebenso ein Muss wie der des Wasserfalls Godafoss. Die größte Attraktion Spitzbergens ist zweifellos das Eis. Bizarre Welten aus Treibeis rauben den Passagieren schon aus der Ferne den Atem. Longyearbyen, der von Hochplateaus umgebene größte Ort der Inselgruppe, ist ein wunderbarer Ausgangspunkt für einen

Ausflug auf den Isfjord. Es gehört eine Menge Glück dazu, doch wer weiß, vielleicht lassen sich tatsächlich Eisbären sehen. Die Leinen werden eingeholt, die Tenderboote sind vertäut, das Schiff nimmt Kurs auf Honningsvåg. Das Nordkap, offiziell nördlichster Punkt des europäischen Festlands, hat eine magische Ausstrahlung. Es gibt viel zu sehen auf dem mit einem kleinen Museum und Räumen voller Lichtinstallationen ausgestatteten Plateau. Schon der Blick von dem Felsen über das Meer ist spektakulär. Von der Mitternachtssonne begleitet geht es allmählich gen Süden, nach Hammerfest und in das hübsche Tromsø mit der berühmten Eismeer-Kathedrale. Einen weiteren Höhepunkt der Reise bilden die malerischen Lofoten. In den kleinen Dörfern aus bunten Holzhäusern kann man auf den Spuren der Wikinger wandeln. Die Trockengestelle für Stockfisch bieten ein ebenso typisches wie eigenwilliges Fotomotiv. Den Abschluss der klassischen Nordlandroute bildet die Hansestadt Bergen. Bei klarem Himmel unbedingt mit der Fløibahn auf den Hausberg Fløyen fahren!

Großes Bild: Reykjavik bei Nacht. Kleines Bild: Stadtsilhouette von Tromsø.

Abenteuer Polarkreis

Der Polarkreis ist die unsichtbare Grenze zum Land der Mitternachtssonne. Auf 66° 33' nördlicher Breite bildet er die Linie, an der die Sonne am Tag der sommerlichen Sonnenwende nicht untergeht und in der Nacht der Wintersonnenwende nicht wirklich aufgeht: Am 21. Juni ist sie mitternachts gerade noch sichtbar, am 20./21. Dezember berührt sie am Polarkreis mittags – nur mittags – den Horizont. Der Polarkreis trennt die polare von der gemäßigten Zone, wobei Klima- und Vegetationsgrenzen natürlich nicht exakt an die geografische Linie gebunden sind. In Norwegen liegt der Polarkreis im nördlichen Helgeland auf dem Gebiet der Inselgemeinden Træna, Lurøy und Rødøy sowie der »Polarkreisstadt« Mo i Rana am Gletscher Svartisen.

Mit dem Eisbrecher durchs Nordpolarmeer

Einschiffung: Longyearbyen, Spitzbergen
Typischer Routenverlauf:
Amsterdamøya, Spitzbergen
Phippsøya, Nordaustlandet, Spitzbergen
Kvitøya, Spitzbergen
Alexandraland, Franz-Josef-Land
Ausschiffung: Longyearbyen, Spitzbergen
Dauer: ca. 2 Wochen
Beste Reisezeit: Juli und August
Besonderheiten: Die Erkundung der nur wenig befahrenen Nordküste von Spitzbergen, von Nordaustlandet und von Franz-Josef-Land richtet sich nach der Eislage und den vorherrschenden Wetterbedingungen.
Anbieter u. a: Polaris, Hurtigruten

Die Arktis gehört zu den wenigen letzten Abenteuerreisezielen dieser Erde. Während der traumhaften Kreuzfahrt wird in verschiedenen Häfen der norwegischen Inselgruppe Spitzbergen und weiteren der zu Russland zählenden Inselgruppe Franz-Josef-Land festgemacht. Schon in Longyearbyen, wo das Schiff sich auf die aufregende Fahrt macht, sind die ersten Gletscher zu sehen. Es geht noch höher in den Norden. Wo angelegt wird, bestimmen das Wetter ebenso wie die Eissituation. Möglich ist ein Halt auf der Insel Amsterdamøya, wo die Passagiere in die längst vergangene Zeit des Walfangs eintauchen können. Wenn der Eisbrecher die Insel Kvitøya ansteuert, darf man sich besonders glücklich schätzen. Das Eiland liegt fast vollständig unter einer Eisschicht und ist die Heimat von Walrossen und Eisbären, die sich hier beobachten lassen. Weiter schiebt sich der Bug des Schiffes durch Schollen aus glitzernd weißer Pracht mit Kurs Nordost. Nachdem man die Victoria-Insel passiert hat, kommt endlich Franz-Josef-Land in Sicht, bestehend aus Inseln, Fjorden und Meerengen, die den größten Teil des Jahres zugefroren sind. Vermutlich wird zuerst Alexandraland mit der russi-

Zu den Eisbären

Es ist eine seltsame Laune der Natur, dass das größte, an Land lebende Raubtier der Erde ausgerechnet in einer der unwirtlichsten Weltgegenden mit dem geringsten Nahrungsangebot zu Hause ist. Nur in den nördlichen Polarregionen kommt der Eisbär vor, der bis zu drei Meter groß und achthundert Kilogramm schwer werden kann. Ein öliges Fell und eine handbreite Fettschicht schützen ihn vor der Kälte, und ein phänomenaler Geruchssinn sichert sein Überleben. Noch in einem Kilometer Entfernung und durch eine ein Meter dicke Eisschicht können Eisbären Robben wittern, ihre absolute Leibspeise. Haben sie Nachwuchs, ist eine erfolgreiche Jagd doppelt lebensnotwendig. Mit etwas Glück sind Eisbären bei dieser Tour zu entdecken, Augen auf!

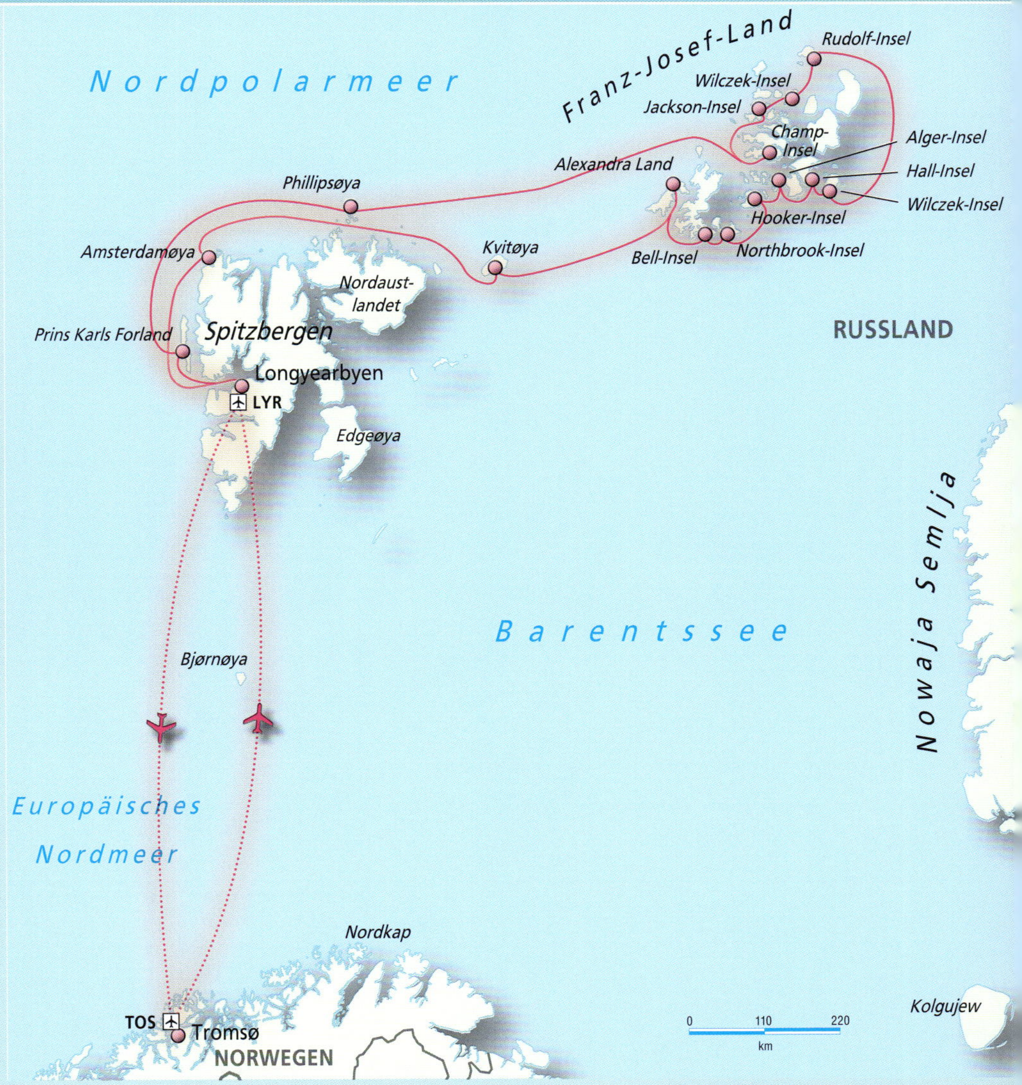

schen Grenzstation angesteuert. Spätestens von jetzt ab fühlt sich jeder an Bord wie ein Arktisforscher, denn alle werden immer wieder den Spuren berühmter Expeditionen und mutiger Entdecker begegnen. Eine dieser Spuren ist das Camp Eira auf der Bell-Insel. Das gut erhaltene Holzhaus wurde von Polarforscher Leigh Smith als Quartier zum Überwintern gebaut. Camp Ziegler auf der Alger-Insel wurde gleich von mehreren Expeditionen genutzt, deren Hinterlassenschaften zu besichtigen sind. Besonders lange wird gewiss die Wilczeck-Insel im Gedächtnis bleiben. Etwa die Hälfte liegt unter dicken Eiskappen. Vor ihrer Küste fand sich das Expeditionsschiff »Tegetthoff« 1873 wieder, nachdem es von einer Eisdrift eingeschlossen und festgehalten wurde. Auf einer schmalen schwer zugänglichen Klippe ist heute noch das Grab des Maschinisten zu sehen, der bei der Forschungsreise als Einziger das Leben verlor. Wenn möglich, wird mit der Rudolf-Insel der nördlichste Punkt ganz Europas angelaufen. Nach der dort eher spärlichen Flora und Fauna bieten die Apollonov-Stoliczka-Inseln davon umso mehr. Große Walrossherden sind hier zu Hause.

Oben links: Mitternacht an der Disko-Bucht. Links: kalbender Austfonna-Gletscher. Rechts: ein männliches Walross im norwegischen Nordaustlandet.

Keinen Feind muss der Eisbär fürchten, der in den Nordpolarregionen an der Spitze der Nahrungskette steht. Dennoch muss er oft monatelang mit magerer Kost auskommen.

»Die schönste Seereise der Welt«

Einschiffung: Bergen (oder Kirkenes oder jeder beliebige Stopp an der Strecke)
Typischer Routenverlauf:
1. Tag: Bergen
2. Tag: Florø, Måløy, Torvik, Ålesund, Geiranger (im Sommer), Molde
3. Tag: Kristiansund, Trondheim, Rørvik, Stokksund
4. Tag: Brønnøysund, Sandnessjøen, Nesna, Ørnes, Bodø, Stamsund, Svolvær
5. Tag: Stokmarknes, Sortland, Risøyhamn, Harstad, Finnsnes, Tromsø, Skjervøy
6. Tag: Øksfjord, Hammerfest, Havøysund, Honningsvåg, Kjøllefjord, Mehamn, Berlevåg;
7. Tag: Båtsfjord, Vardø, Vadsø, Kirkenes (ab hier retour)
1./7. Tag: Kirkenes (ab hier retour), Vadsø, Vardø, Båtsfjord, Berlevåg;
2./8. Tag: Mehamn, Kjøllefjord, Honningsvåg, Havøysund, Hammerfest, Øksfjord, Skjervøy;
3./9. Tag: Tromsø, Finnsnes, Harstad, Risøyhamn, Sortland, Stokmarknes, Svolvær, Stamsund;
4./10. Tag: Bodø, Ørnes, Nesna, Sandnessjøen, Brønnøysund, Rørvik;
5./11. Tag: Trondheim, Kristiansund, Molde;
6./12. Tag: Ålesund, Torvik, Måløy, Florø, Bergen
Ausschiffung: Bergen (oder Kirkenes oder jeder beliebige Stopp an der Strecke)
Dauer: 6–12 Tage
Beste Reisezeit: Hochbetrieb in den Sommermonaten, wer es ruhiger mag, sollte Frühling oder Herbst wählen, für den Zauber von Polarnacht und Nordlichtern den Winter
Besonderheiten: in manchen Häfen ist die Liegezeit zu kurz für Stadterkundungen, es werden aber zahlreiche Landausflüge angeboten
Anbieter: Hurtigruten

Fjorde, Mitternachtssonne, ewiges Eis: Die Tour der Hurtigruten von der Weltkulturerbestadt Bergen längs der zerklüfteten norwegischen Westküste, durch die Lofoteninselgruppe und am Nordkap vorbei nach Kirkenes an der Barentssee zählt zu den schönsten Schiffsreisen der Erde. Die Fahrt auf der Hurtigruten-Linie von Bergen bis über das Nordkap hinaus folgt dem Küstenverlauf, wobei die Schiffe auch die spektakulären Fjorde ansteuern. Sehenswerte Hafenstädte stehen auf dem Besichtigungsprogramm. Die eigentliche Attraktion dieser Schiffsreise ist jedoch die Natur: einsame, wilde Küstenlandschaften, mächtige Gletscher, steile Berghänge und tosende Wasserfälle. Jeden Abend um 20 Uhr sticht eines der Hurtigruten-Schiffe in Bergen in See und durchfährt den Hjeltefjord, durch den schon die Wikinger zu den Shetlandinseln aufbrachen. Sechseinhalb Tage dauert die im Sommer 2920 Kilometer lange Fahrt ins nordnorwegische Kirkenes an der Grenze zu Russland. Die Häfen, die während der Nordfahrt im Dunkeln liegen, werden während der Südfahrt bei Tage angesteuert, damit die Passagiere bei Hin- und Rückfahrt keine der spektakulären Küstenlandschaften verpassen. In kleinen Häfen legen die Schiffe für die Zeit des Be- und Entladens an, in größeren Städten reicht die Liegezeit zum Teil für mehrstündige Ausflüge an Land. Im Sommer fahren die Schiffe auf der nordgehenden Route in den Geirangerfjord und auf der südgehenden in den Trollfjord. Diese beiden spektakulären Fjorde werden im Winter ausgespart.

An Bord eines Hurtigruten-Schiffes geht es leger zu. Eine Reise ist weder mit dem Cluburlaub-Feeling der modernen Riesenschiffe noch mit dem eleganten Flair einer klassischen Kreuzfahrt zu vergleichen. Im Vordergrund steht das Naturerlebnis. Da wird im Winter schon mal auf ein Abendprogramm verzichtet, wenn sich stattdessen Polarlichter am Sternenhimmel zeigen. Viel Wert wird hingegen auf ausreichende Information der Gäste gelegt. Kenntnisreiche Vorträge vermitteln Wissen über Land und Leute und bereiten auf die Häfen und die angebotenen Landausflüge vor. Natürlich muss an Bord niemand verhungern: Frühstücks- und Mittagsbüffet und ein abendliches Menü mit Sitzplatzreservierung gehören zur Kabinenbuchung dazu.

Imposant: die »MS Kong Harald« im Trollfjord (großes Bild). Wunderschön: der Strand von Utakleiv (kleines Bild).

Am Nordkap

Das Nordkap auf der Insel Magerøya ist das Sehnsuchtsziel aller Mittsommernachtsreisenden. Auf dem Felsplateau ist die Mitternachtssonne von 14. Mai bis 30. Juli sichtbar. Viele Reisende kommen per Schiff; auch auf dem Landweg ist das Nordkap gut zu erreichen – über den 6875 Meter langen unterseeischen Nordkaptunnel und den 4443 Meter langen Honningsvågtunnel. Einen außergewöhnlichen Blick auf das Kap bietet das Felstor Kirkeporten bei Skarsvåg. Eigentlich ist die schmale Halbinsel Knivskjellodden Europas nördlichster Ausläufer. Weil sie aber flacher und weniger spektakulär ist als das Nordkap-Felsplateau, das 307 Meter hoch aus dem Meer ragt, hielt der britische Seefahrer Richard Chancellor um 1553 letzteres für den nördlichsten Punkt.

Die Kleinstadt Måløy liegt mitten in der Küstenschiffsfahrtlinie. Die Schiffe der Hurtigruten legen hier zweimal täglich an.

Zauberhafte Fjorde und charmante Städte

Einschiffung: Kopenhagen, Dänemark
Typischer Routenverlauf:
Flam, Norwegen
Sognefjord, Norwegen
Stavanger, Norwegen
Kristiansund, Norwegen
Oslo, Norwegen
Oslofjord, Norwegen
Göteborg, Schweden
Ausschiffung: Kopenhagen, Dänemark
Dauer: ca. 1 Woche
Beste Reisezeit: Mai–September
Anbieter u. a: Phoenix Reisen (Abfahrten auch von deutschen Häfen), Costa Kreuzfahrten

Schroffe Felsen, sanfte Küstenlinien, einsame Buchten, tiefe Fjorde, Wasserfälle und moderne Städte. Skandinavien bietet eine reizvolle Mischung aus scheinbar unendlich viel Natur und Städten voller lässiger Lebensart. Vom Wasser aus lässt sich dieser Urlaubstraum besonders gut erkunden. Zum Beispiel bei einer einwöchigen Kreuzfahrt von Kopenhagen über Oslo und Göteborg zurück nach Dänemark. Schon bevor es an Bord geht, ist die Entdeckerlust geweckt. Die dänische Hauptstadt verzaubert durch ihre Lage auf mehreren Inseln. Ein Besuch bei der Kleinen Meerjungfrau sollte nicht fehlen. »Hei Norge!«, heißt es in Flåm. Der winzige Ort, nicht viel mehr als ein von Felswänden umgebener Hafen, liegt am Ende des märchenhaften Aurlandsfjordes, eines Seitenarms, den das Schiff vom Sognefjord erreicht. Wenn die Zeit reicht, sollte man einen Ausflug mit der Flåmbahn unternehmen. Auf nur 20 Kilometern bewältigt sie einen Höhenunterschied von rund 800 Metern. Die Ausblicke auf den Ort und auf Wasserfälle sind einfach malerisch. Während der Rückfahrt kann man den Sognefjord, den längsten Fjord Norwegens, noch einmal in aller Ruhe genießen. Einzelne Bauernhöfe, kleine Dörfer, senkrechte Felswände und bläulich schimmernde Gletscher bilden eine einzigartige Komposition.

Nach so viel Natur bietet ein Stadtbummel durch Stavanger genau die richtige Abwechslung. Auch der nächste Hafen bringt die Urlauber in eine sehenswerte Stadt, nämlich nach Kristiansand. Die fünftgrößte Stadt Norwegens verfügt über eine Festung von 1667, über eine beschauliche Altstadt, Parks und einen Zoo. Direkt an der Uferpromenade steht der architektonisch interessante Bau des Kilden Performing Arts Centre. In Oslo nimmt das Schiff Abschied von Norwegen und pflügt durch den 100 Kilometer langen Oslofjord mit seinen unzähligen Inselchen, auf denen zum Teil nur ein einziges Haus steht, bis nach Göteborg, der letzten Station. Das Schöne an der schwedischen Stadt ist ihre Überschaubarkeit. Viele Sehenswürdigkeiten sind zu Fuß zu erreichen. Göteborg ist außerdem ein Mekka kulinarischer Künste und des Designs, mit seinen unzähligen Restaurants und kleinen Geschäften.

Großes Bild: die Lilla Bommen Marina von Göteborg. Kleines Bild: eine quirlige Einkaufsstraße in Kopenhagen.

Oslo

Die Universitätsstadt Oslo ist gleichzeitig die pulsierende Metropole und die größte Hafenstadt Norwegens, das Verkehrszentrum des Landes und die Drehscheibe zum Kontinent sowie hinaus in alle Welt. Olso wurde 1050 vom Wikingerkönig Harald Hardråde (»Harald der Harte«) in der paradiesischen Wasser-, Schären-, Berg- und Waldlandschaft am inneren Oslofjord gegründet. In der neben Tokio teuersten Stadt der Erde leben heute etwa 635 000 der insgesamt 5,2 Millionen Norweger. Der 317 Meter hohe Berg Holmenkollen trägt die berühmteste Skisprungschanze Skandinaviens. Der Schanzenturm bietet den besten Panoramablick auf die Stadt mit ihren Kulturtempeln, Parks und Shoppingmeilen am Fjord sowie auf ihre wald- und seenreiche Umgebung.

Der von bis zu 1800 Meter hohen Gipfeln flankierte Sognefjord verästelt sich in viele kleinere Seitenarme.

Die klassische Ostseekreuzfahrt

Einschiffung: Kiel
Typischer Routenverlauf:
Stockholm, Schweden
Helsinki, Finnland
St. Petersburg, Russland
Tallinn, Estland
Riga, Lettland
Visby (Gotland), Schweden
Danzig, Polen
Nord-Ostsee-Kanal, Deutschland
Ausschiffung: Hamburg
Dauer: ca. 2 Wochen
Beste Reisezeit: Mai–September
Anbieter u. a: Aida, MSC, Phoenix Reisen, Hapag-Lloyd, Princess Cruises, Seabourn Cruise Line

Längst ist es nicht mehr nur das Mittelmeer, das Kreuzfahrer begeistert. Und wer sich für die Ostsee entscheidet, denkt nicht zwangsläufig nur an Skandinavien. Auch das Baltikum ist eine Seereise wert. Ein letzter Blick zurück auf Kiel mit seinem ausgezeichneten Kreuzfahrthafen, ein langes tiefes Tuten, dann nimmt das Schiff Kurs Nordost und lässt sich von den Wellen der Ostsee tragen. Einige der charmantesten Städte Nordosteuropas warten darauf, die Passagiere zu begrüßen. Schon die Lage Stockholms zwischen dem Meer und dem Mälarsee verzaubert. Das größte Schloss der Welt ist hier zu finden und natürlich das berühmte Vasa-Museum, benannt nach dem hölzernen Kriegsschiff aus dem 17. Jahrhundert, das dort in voller Größe und im Original ausgestellt ist.
Von Schweden geht es herüber nach Finnland in die Stadt Helsinki. Der östlichste Hafen der Reise ist St. Petersburg. Während das Schiff seinen Liegeplatz ansteuert, verschlägt es den Gästen bereits die Sprache. Nicht nur Schloss Peterhof mit seinem weitläufigem Park und den zahlreichen goldenen Statuen ist prunkvoll, über 2000 Gebäude in der Stadt beeindrucken mit verschwenderischer Pracht.
Ganz anders Estlands Hauptstadt Tallinn. Bereits vom Deck aus sieht man die massiven Türme mit ihren roten Dächern. Es sind nur wenige Schritte bis in die Altstadt, in deren schmalen Gassen man

St. Petersburg

Nachdem Peter der Große dem Schwedenkönig Karl XII. den Küstenstreifen am Finnischen Meerbusen abgerungen hatte, besaß er den lang ersehnten Zugang zur Ostsee und somit zum Westen. Er ließ eine neue Hauptstadt errichten, die an Glanz alle europäischen Metropolen übertreffen sollte. An der Errichtung von St. Petersburg wirkten zahlreiche west- und mitteleuropäische Baumeister mit. Die Stadt beeindruckt durch die Harmonie ihrer Bauwerke im Stil des Barocks und des Klassizismus, ihre repräsentativen Plätze und Kanäle mit über 400 Brücken. Die bekanntesten Gebäude der Stadt sind, neben zahlreichen Palästen, Kirchen, Kathedralen, Klöstern, Museen, Theatern, Bahnhöfen und militärischen Bauten, der barocke Winterpalast und die Eremitage.

sich in das Mittelalter zurückversetzt fühlt. Goldverzierte Zwiebeltürmchen, daneben modern glänzende Glasfassaden – Tallinn ist eine Stadt der Gegensätze.

Ähnlich ist es in Lettlands Metropole Riga. Das Schwarzhäupterhaus auf dem Marktplatz, leider nur ein Nachbau, entführt in die Zeit der Hanse. Das Flair der Stadt ist jedoch alles andere als in die Vergangenheit gerichtet. Jung ist Riga und in Aufbruchstimmung. Auf dem Weg nach Westen, ein Zwischenstopp in Visby auf Gotland, wo wilde Orchideen und traumhafte Steilküsten das Bild bestimmen. Zum letzten Mal vor seiner Ankunft in Hamburg geht das Schiff in Danzig vor Anker. Der Königsweg führt zu den wichtigsten Sehenswürdigkeiten der alten Hansestadt mit.

Großes Bild oben: das Stockholmer Schloss mit Altstadt. Links: das mittelalterliche Tallinn. Rechts: Helsinkis Dom.

Erst im 16. Jahrhundert wurde die romanische Hallenkirche »Sankta Maria« als einziges Gotteshaus in Visby neu wiederaufgebaut.

Zu den schönsten Häfen der Britischen Inseln

Einschiffung: Hamburg
Typischer Routenverlauf:
Leith (Edinburgh), Schottland
Ullapool, Schottland
Tobermory, Schottland
Iona Island, Schottland
Belfast, Nordirland
Dublin, Irland
Holyhead, Wales
Cobh, Irland
Tresco (Scillyinseln), England
Falmouth, England
Nord-Ostsee-Kanal
Ausschiffung: Kiel
Dauer: ca. 2 Wochen
Beste Reisezeit: Juli/August
Anbieter u. a: Aida, Tui Cruises, Costa Kreuzfahrten, Phoenix Reisen, Hapag-Loyd, Princess Cruises

Die Kabine ist bezogen, der erste Abend an Bord kann kommen. Viele Passagiere stehen lange an Deck, um zur Kehrwiederspitze zu blicken, wie es vor ihnen schon unzählige Seefahrer getan haben. Neu ist der Blick auf die Silhouette der Elbphilharmonie. »Kein Land in Sicht«, heißt es während der ersten Nacht, in der das Schiff westwärts nach Schottland stampft. Ankunft im traditionsreichen Hafen von Leith, der schon seit dem 14. Jahrhundert in Betrieb ist. Der lebendige Ort mit seinen vielen Kneipen und Cafés ist die Heimat der »Royal Yacht Britannia«. Für Kreuzfahrtgäste ist er der Ausgangspunkt für die Besichtigung der Hauptstadt Edinburgh. Weitere schottische Häfen sind Ullapool, Tobermory und Iona Island.

Wenn das Schiff Kurs auf Nordirland nimmt, tauschen sich die Passagiere aufgeregt über das aus, was sie bereits alles gesehen haben: die sagenumwobenen Highlands, Loch Ness – mit oder doch eher ohne Ungeheuer –, hübsche bunte Fischerorte, Burgruinen schottischer Clans und natürlich die Steilküsten, Kulisse unzähliger Spielfilme. Kaum einer, der nicht Fish & Chips gekostet hätte, kaum jemand, der die raue Schönheit der Inneren Hebriden nicht in lebhafter Erinnerung behalten wird. In Nordirlands Hauptstadt Belfast setzt der eine oder andere seinen Fuß skeptisch auf festen Boden. Zu deutlich sehen viele

noch die Auseinandersetzungen zwischen Katholiken und Protestanten sowie das brutale Treiben der IRA vor Augen. Heute erzählen riesige Malereien, sogenannte *murals*, von dem Konflikt. Belfast ist auch durch die »Titanic« berühmt geworden, die hier gebaut wurde, und durch den Whiskey. In Dublin ist es das fast schwarze Guinness-Bier. Der Golfstrom sorgt für ein mildes Klima, das so manchen überrascht, denn es sorgt für eine exotische Pflanzenpracht. Die lässt sich etwa im botanischen Garten von Tresco auf einer der Scillyinseln bestaunen oder in den verträumten Bauerngärten von Falmouth. Die Parks von Falmouth locken vor allem während der Rhododendrenblüte im Mai und Juni scharenweise Gartenliebhaber an. Highlight zum Schluss: Die Passage durch den Nord-Ostsee-Kanal. Auf knapp 100 Kilometern verbindet er, wie der Name sagt, die Nord- mit der Ostsee. Es ist ein Erlebnis, wenn sich das Schiff durch die enge Wasserstraße schiebt, ganz nah vorbei an Städten und Wiesen.

Die Städte Edinburgh (großes Bild) und Dublin (kleines Bild) zählen zu den kulturellen Highlights der Tour.

Ullapool – Tor zum schottischen Hochland

Der kleine, hübsche Küstenort in den dünn besiedelten westlichen Highlands ist mit seinen rund 1000 Einwohnern die größte Siedlung im Umkreis vieler Meilen. Im Jahr 1788 wurde er am Loch Broom von der British Fisheries Association als Hafen für den Heringfang angelegt, bis heute ist er ein bedeutender Fischerei- und Fährhafen. Von hier aus werden Ausflüge in die Highlands organisiert. Wohl kaum ein Landstrich ist für Schottland so charakteristisch wie das dünn besiedelte Hochland: Die grandiose Landschaft aus Bergen, Tälern und Seen sowie entlang der Küste ist ein Paradies für Wanderer, die die Tier- und Pflanzenwelt hier nahezu ungestört entdecken können. Denn nur rund vier Prozent der Schotten leben in den Highlands.

Rund um Westeuropa durch die Biskaya ins Mittelmeer

Einschiffung: Warnemünde
Typischer Routenverlauf:
Göteborg, Schweden
Amsterdam, Niederlande
Le Havre (Paris), Frankreich
Ferrol, Spanien
Cádiz, Spanien
Marseille, Frankreich
Ausschiffung: Genua, Italien
Dauer: ca. 2 Wochen
Beste Reisezeit: Frühjahr und Herbst
Anbieter u. a: Costa Kreuzfahrten, Aida, Phoenix Reisen, Plantours

Der Golf von Biskaya ist ein beliebtes Segelrevier. Er schmiegt sich an den Südwesten Frankreichs und den Norden Spaniens. Doch bevor es in mediterrane Gefilde geht, macht das Schiff einen Abstecher nach Norden. In Göteborg ist die Festung Carlsten sehenswert. Es ist allerdings auch ein Vergnügen, einfach nur nordisches Flair zu schnuppern, durch die hübschen Straßen und entlang der Strände zu bummeln. Was die Kanäle für Göteborg sind, sind die Grachten für Amsterdam. Foto-Freunde werden sich auf den Weg zu den Windmühlen machen, um typische Ansichten festzuhalten. Geschichtsinteressierte besuchen das Anne-Frank-Haus. Das Hinterhaus, in dem heute das Museum untergebracht ist, war das Versteck der Anne Frank, in dem sie ihr berühmtes Tagebuch verfasste.

Je weiter es in den Süden geht, desto mehr liegt Leichtigkeit in der Luft. Das wird schon bei der Einfahrt in den Hafen von Le Havre beim Blick auf die Schrägseilbrücke deutlich. Unweit der Kaianlagen beginnt die Normandie. Sie steht für Calvados, Cidre und natürlich für köstlichen Käse. Vom spanischen Ferrol aus zieht es die meisten nach Santiago de Compostela. Dabei lohnt es sich auch, in dem ehemaligen Fischerdorf zu bleiben, das sich im 18. Jh. zu einer militärischen Festung entwickelt hat. Oder ein Ausflug ins südlich gelegene A Coruña, eingebettet zwischen dramatischen Steilküsten und sanften Dünen. Der Herkules-Turm gehört zum UNESCO-Welterbe. Mindestens ebenso bekannt sind die aus Holz und Glas errichteten Galeriehäuser im Hafen. Mit Cádiz in Andalusien, einer der ältesten Städte Westeuropas, liegt ein zweiter spanischer Hafen auf der Route. Wer mag, nutzt den Aufenthalt für einen Ausflug nach Sevilla. Wenn die Reise sich bereits dem Ende nähert, und der Luxusliner gen Westen durch das Mittelmeer gleitet, ist es Zeit, das Bordleben zu genießen. Mit neu gewonnener Energie geht es in Marseille von Bord. Die braucht man auch, um die steilen Gassen und Treppen der Altstadt zu bewältigen. Oder man steigt auf die Fähre und besucht das Château d'If, wo die Romanfigur aus Alexandre Dumas' »Der Graf von Monte Christo« gefangen war.

Großes Bild oben: Uferpromenade in Cádiz. Kleines Bild: Amsterdam.

Santiago de Compostela

Die vermeintliche Wiederentdeckung des Grabs des Apostels Jakobus hatte im 9. Jh. die Errichtung einer karolingischen Kirche über den Reliquien des Apostels zur Folge. Nach der Eroberung und vollständigen Zerstörung der Stadt durch die Araber 997 wurde Compostela im 11. Jh. wieder aufgebaut. Die Kathedrale über dem Apostelgrab aus dem 11./12. Jh. ist romanisch, wurde jedoch bis ins 18. Jh. immer wieder erweitert und umgebaut. So ist der Bau heute von einer 1750 vollendeten Barockfassade geprägt. Ein besonderer Schatz ist der hinter dem Portal der Fassade verborgene »Pórtico de la Gloria«, eine Vorhalle von Meister Mateo mit einem romanischen Skulpturensemble. Zwei bedeutende Plätze umgeben die Kathedrale.

Mittelmeer trifft Atlantik

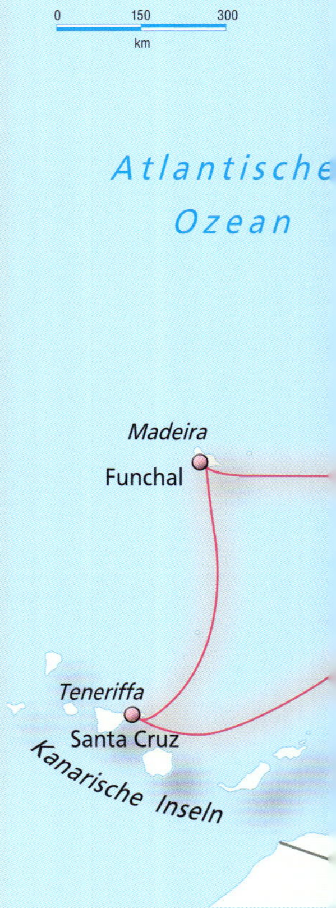

Einschiffung: Genua, Italien
Typischer Routenverlauf:
Barcelona, Spanien
Casablanca, Marokko
Santa Cruz de Tenerife, Teneriffa
Funchal, Madeira
Málaga, Spanien
Civitavecchia (Rom), Italien
Ausschiffung: Genua, Italien
Dauer: ca. 10–12 Tage
Beste Reisezeit: Frühjahr bis Herbst
Anbieter u. a: MSC, Costa Kreuzfahrten, Celebrity Cruises, Aida

Wenn man die Kreuzfahrt schon im März oder April macht, genießt man bereits den Frühsommer, obwohl zu Hause selbst der Frühling noch eher zaghaft Einzug hält. Diese Route beinhaltet Städte, von denen man kaum genug ansehen kann. Es empfiehlt sich darum, im zeitigen Frühjahr oder erst im Herbst zu reisen, wenn man zu Fuß Erkundungstouren unternehmen möchte. Wer er es eher auf Natur abgesehen hat, und die Atmosphäre in den Straßencafés und Fußgängerzonen auskosten möchte, sollte die Hauptreisezeit im Sommer wählen. Alle Häfen sind für beides bestens geeignet. In Barcelona lädt La Rambla, die größte Einkaufsstraße nahe des Hafens, zum Flanieren ein. Gleichzeitig gibt es Sehenswürdigkeiten, für die man einige Kilometer laufen oder den Bus nehmen muss. Ganz oben auf der Liste steht die Sagrada Familia, eine nicht fertiggestellte Kirche nach den Ideen des berühmten Künstlers Antoni Gaudí oder sein Park Güell. Von einer Gondel der Hafenseilbahn (im Winter geschlossen) hat man einen traumhaften Blick über die Stadt. Auch Casablanca ist eine Metropole, die viel zu bieten hat. Besonders faszinierend ist in der größten Stadt Marokkos die Mischung aus mediterraner Leichtigkeit und orientalisch-geheimnisvoller Stimmung. Erholung von den ersten Städtetrips wartet auf der größten der Kanaren, auf Teneriffa, bei einem Ausflug in die vulkanische Bergwelt oder einem ausgiebigen Strandbesuch. Das portugiesische Madeira ist als Blumeninsel bekannt. In der Hauptstadt Funchal, wo das Schiff ankert, pulsiert das Leben. Von dort ist es nicht weit in den Villen-Ort Monte, der hoch über der Küste thront. Der Aus-

Funchal

Die ehemalige »Holzinsel« hat sich längst als mondänes Reiseziel einen Namen gemacht. Angefangen hat dieser Trend mit der österreichischen Kaiserin Sisi, die hier ihre Depressionen kurierte. Funchal ist die Hauptstadt Madeiras, der 741 Quadratkilometer großen Hauptinsel eines vulkanischen Archipels im Atlantik. Madeira ist seit dem Jahr 1976 Autonome Region Portugals und bietet ganzjährig durchaus angenehme Frühjahrstemperaturen und eine reiche (sub-)tropische Vegetation. Die Stadt Funchal bezaubert zum einen mit seinem südländischem Flair und der malerischen Kolonialarchitektur. Zum anderen stehen die traditionellen strohgedeckten Bauernhäuser, die sich noch vielfach im rauen gebirgigen Norden finden, unter Denkmalschutz.

flug lohnt sich schon, um ein Foto des Schiffes unten im Hafen zu machen. Und natürlich, weil man mit einem der berühmten Korbschlitten zurück nach Funchal rutschen kann. Das andalusische Málaga vereint Geschichte und Kultur. Die einen besuchen das Castel aus dem 11. Jahrhundert, die anderen stürzen sich auf die Spuren des Malers Pablo Picasso, der hier geboren wurde. Civitavecchia wird als Hafen Roms bezeichnet, aber: Zwischen den beiden Städten liegen knapp 70 Kilometer. Trotzdem sollte man auf einen Abstecher in die Ewige Stadt nicht verzichten. Alternativ bietet sich eine Besichtigung der mächtigen Festung Forte Michelangelo an.

Rechts: Santa Cruz auf Teneriffa. Links: Kathedrale von Málaga.

Blühender Atlantik

Einschiffung: Las Palmas, Gran Canaria
Typischer Routenverlauf:
San Sebastián, La Gomera
Santa Cruz de Tenerife, Teneriffa
Santa Cruz de La Palma, La Palma
Ponta Delgada, Azoren
Horta, Azoren
Praia Di Vitoria, Azoren
Funchal, Madeira
Arrecife, Lanzarote
Puerto del Rosario, Fuerteventura
Ausschiffung: Las Palmas, Gran Canaria
Dauer: ca. 2 Wochen
Beste Reisezeit: Winterhalbjahr, mit Azoren im Sommer
Besonderheiten: Silvesterfeuerwerk auf Madeira
Anbieter u. a: Aida, Tui Cruises, Phoenix Reisen, Costa Kreuzfahrten

Nichts bietet sich für eine Kreuzfahrt mehr an als Insel-Hopping. Im Atlantik warten nicht nur die gut bekannten Kanaren oder die Blumeninsel Madeira, dort liegen auch die Azoren, ein Juwel, das man gesehen haben sollte. Allen Eilanden gemeinsam ist ihr landschaftlicher Reiz. Meist werden die Passagiere von üppiger Natur, von bunten Blüten und sattem Grün begrüßt. Dann wieder zeigt sich ein vulkanisches Wunderland, das nicht von dieser Welt zu sein scheint. Jede Station hat ihren ganz eigenen Charme, jeder Urlauber wird seinen Favoriten finden.
Die Schönheit einer Atlantikkreuzfahrt liegt sicher darin, die Verschiedenartigkeit der Inseln zu entdecken. Und während man die Azoren ansteuert und wieder verlässt, bleibt obendrein bei einigen Seetagen genug Zeit zur Entspannung und um das Bordleben auszukosten.
In der Touristenhochburg Las Palmas auf Gran Canaria springen die Schiffsmotoren an. Zunächst sind es nur kleine Hüpfer, die von einer kanarischen Insel zur nächsten führen. Da ist La Gomera, die zweitkleinste im Bunde, mit ihren dramatischen Schluchten. Das subtropische Klima lässt selbst in den Wintermonaten Frühlingsgefühle aufkommen.
Östlich liegt das deutlich größere Teneriffa. Der Gipfel des Vulkans Pico del Teide grüßt bei der Ankunft schon von Weitem. Kein Wunder, mit über 3700 Metern ist er Spaniens höchster Berg.

Azoren

Seit ihrer Entdeckung durch portugiesische Seefahrer 1432 waren die neun Inseln in der Weite des Atlantiks eine bedeutende Zwischenstation auf der Überfahrt in die Neue Welt. Erst in jüngster Zeit wurden Flores, Corvo, Faial, Pico, São Jorge, Graciosa, Terceira, São Miguel und Santa Maria auch als Reiseziel entdeckt. Den Reiz des vulkanischen Archipels macht gerade seine Abgeschiedenheit aus; sie ist auch der Grund für die reiche Flora mit rund 60 endemischen Arten. Einfach und ursprünglich ist das Leben oft noch in den Fischer- und Bauerndörfern. Auch in der Hauptstadt Ponta Delgada mit ihrem sehenswerten Zentrum pflegt man die insulare Gelassenheit. Das Stadtzentrum von Angra do Heroísmo auf Terceira ist UNESCO-Weltkulturerbe.

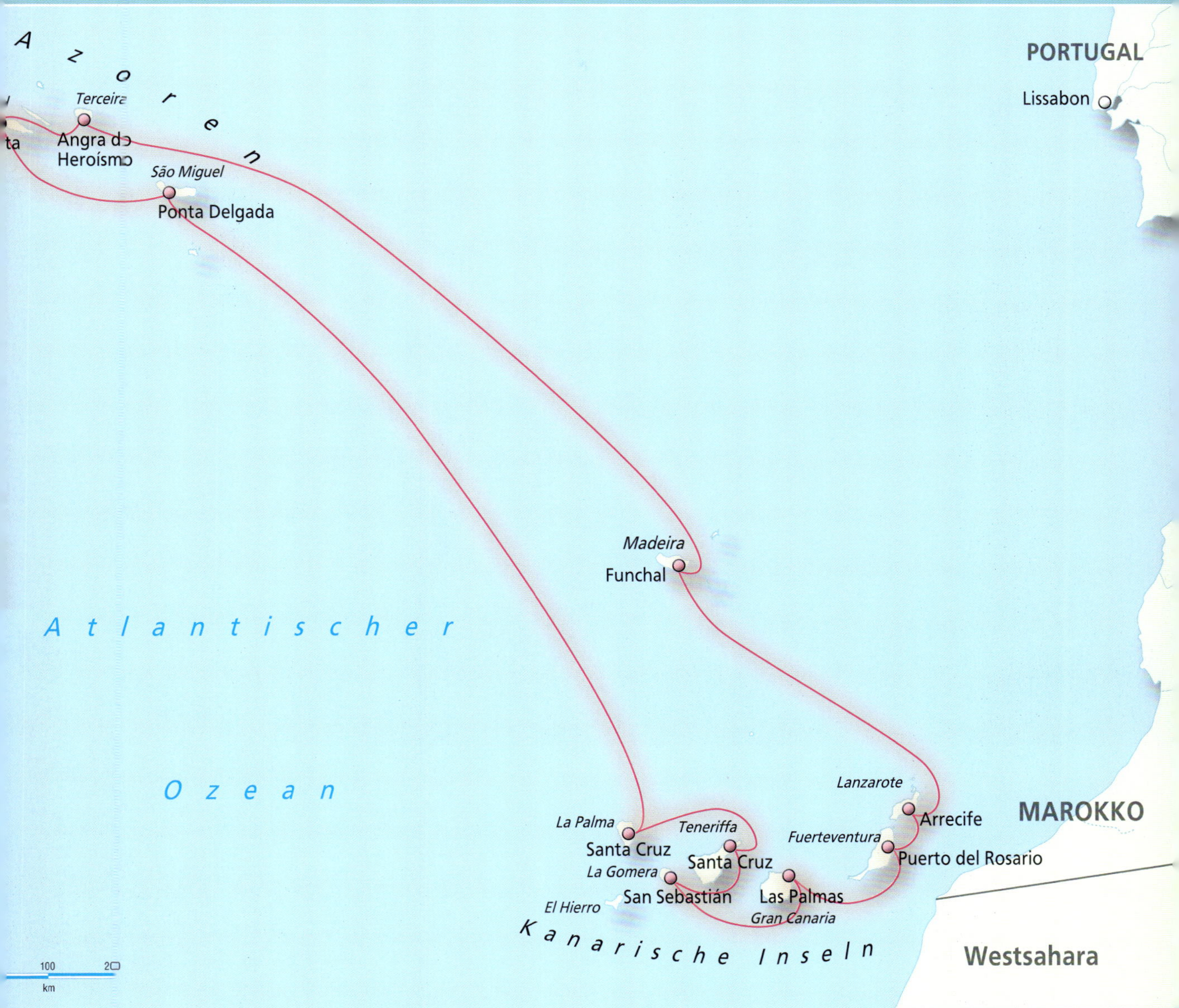

Das Schiff fährt auf Zickzack-Kurs, denn jetzt geht es schon wieder zurück nach Westen. La Palma ist klein, bei Wanderern allerdings recht beliebt. Für manchen ist die seit dem Jahr 2002 komplett als UNESCO-Weltbiosphärenreservat ausgezeichnete Insel die schönste der Kanaren. Neben Lorbeer- und Kiefernwäldern und blühenden Kakteen verzaubert auch die Inselhauptstadt mit ihren typischen Holzbalkonen die Tagesgäste.

Heiße Quellen, Kraterseen, Ausflüge zu Walen und Delfinen – nach einem Tag auf See sorgen die Azoren für jede Menge Abwechslung.

Portugiesisches Lebensgefühl herrscht auch auf Madeira. Warum man sie »Blumeninsel« nennt, lässt sich im Botanischen Garten von Funchal leicht nachvollziehen.

Lanzarote im Nordosten der Kanaren bildet einen gewaltigen Gegensatz zu Madeira. Nimmt das Kreuzfahrtschiff Kurs auf die Insel, kommt bald die rotbraune bis schwarze Erde in den Blick. Schon am nächsten Tag der nächste Gegensatz. Auf Fuerteventura, dem weiß leuchtenden Eiland mit seinen langen Stränden, klingt die Reise ganz entspannt aus.

Linke Seite oben: der Hafen in San Sebastián de la Gomera. Linke Seite unten: der Hafen von Horta auf der Azoreninsel Faial.

Südspaniens Glanzlichter

Einschiffung: Palma, Mallorca
Typischer Routenverlauf:
Cádiz, Spanien
Tanger, Marokko
Málaga, Spanien
Cartagena, Spanien
Valencia, Spanien
Ausschiffung: Palma, Mallorca
Dauer: ca. 1 Woche
Beste Reisezeit: Mai–Oktober
Anbieter u. a: Hapag-Lloyd, Phoenix Reisen, Aida

Um die Höhepunkte Südspaniens mit dem Schiff kennenzulernen, braucht man nicht viele Urlaubstage. Trotzdem tankt man Eindrücke auf, als wäre man 14 Tage unterwegs. Auch der Vorteil eines überschaubaren Seegebietes liegt auf der Hand: Der Blick von Bord bietet dem Auge immer wunderschöne Küsten, statt ausschließlich Wellen und Horizont. Palma de Mallorca ist Start- und Zielhafen. Ein guter Ort, um den Urlaub vielleicht doch zu verlängern, denn die Insel mit ursprünglichen Dörfern im Hinterland, mit Mandelplantagen und malerischer Bergwelt bietet viel mehr als Ballermann und Nachtleben. Ein ganzer Tag an Bord. Die Passagiere machen sich mit ihrem Schiff vertraut, treiben Sport, genießen gutes Essen und lassen sich blendend unterhalten. Kreischende Seevögel und eine milde Meeresbrise begleiten das Schiff nach Südwesten. Dann die erste Attraktion, die alle an Deck lockt: die Meerenge von Gibraltar. Ganz langsam schiebt sich das schwimmende Hotel durch die zum Teil nur 14 Kilometer breite stark befahrene Wasserstraße. In Cádiz, der Hauptstadt der gleichnamigen andalusischen Provinz, tauschen die Gäste zum ersten Mal schaukelnde Planken gegen festen Boden. Hier trifft Altstadt auf Moderne, zahlreiche Plätze laden ein, es sich in einem Straßencafé bequem zu machen. Cineasten machen einen Abstecher zum Stadtstrand. Dort wurde die berühmte Szene eines Bond-Filmes gedreht, in der Halle Berry in Zeitlupe und knapper Badebekleidung aus den Fluten steigt. Stippvisite in Nordafrika. Die exotische Atmosphäre saugt man in der Medina auf oder beim Bummel durch die Souks, wo Feilschen zum guten orientalischen Ton gehört. Der einstige Sultanspalast Dar-al-Makhzen ist eine Besichtigung wert, doch vielleicht reicht es schon, durch die Gassen zu schlendern und den Duft fremdartiger Gewürze zu riechen, Trockenfrüchte zu kosten und einen Pfefferminztee mit viel Zucker zu schlürfen. Auf Wiedersehen Afrika, ahoi Europa. Die spanischen Städte Málaga, Cartagena und Valencia stehen auf dem Programm. Kenner freuen sich besonders auf Cartagena, einen der größten Häfen des Landes. Dort liegt übrigens ein U-Boot aus dem 19. Jahrhundert. Und auch sonst hat die ehemalige Hauptstadt der Karthager viel Historisches zu bieten, wie etwa das seit einigen Jahren zu besichtigende römische Theater.

Oben: typische Häuserfassaden im schönen Murcia in der Cartagena-Region. Rechts: die Seidenbörse in Valencia.

Cádiz

Cádiz wurde von den Phöniziern als wichtiger Handelshafen westlich der Straße von Gibraltar gegründet und gilt als eine der ältesten Städte Europas. Es liegt auf einer vom Atlantik umgebenen Landzunge. Wer mit dem Schiff ankommt, lernt Cádiz von seiner schönsten Seite kennen. So lassen sich am besten seine Uferpromenade bewundern sowie der klassizistische Monumentalbau der 1722 begonnenen Neuen Kathedrale mit der mächtigen gelben Vierungskuppel. Daneben fällt die bescheidenere 1262 errichtete Alte Kathedrale fast etwas ab. Cádiz ist auch für seinen farbenfrohen Karneval bekannt, der die Stadt mit Gesang, Tanz und Umzügen zwei Wochen lang in Atem hält. Die Altstadt La Viña bezaubert mit engen Gassen und Haustüren aus Mahagoniholz.

Höhepunkte des Mittelmeers

Einschiffung: Barcelona, Spanien
Typischer Routenverlauf:
Palma, Mallorca
Marseille, Frankreich
La Spezia, Italien
Civitavecchia (Rom), Italien
Neapel, Italien
Ausschiffung: Barcelona, Spanien
Dauer: ca. 10 Tage
Beste Reisezeit: März–Oktober
Anbieter u. a: Hapag-Lloyd, Phoenix Reisen, Costa Kreuzfahrten, MSC

Spanisches Temperament, französisches Savoir-vivre oder doch italienische Lebensart? Am besten, man kombiniert alles zu einem unvergleichlichen Mix mediterraner Genüsse. In Barcelona geht es an Bord. Weit vor Abfahrt des Schiffes da zu sein, ist eine gute Wahl. Direkt am Hafen beginnt nämlich La Rambla, der berühmte großzügige Boulevard der Stadt. Zur Einstimmung auf die Seereise gönnt man sich in einer Milchbar einen *chocolate suizo*, jenen dickflüssigen heißen Kakao, der zu jeder Jahreszeit schmeckt. Oder man stößt mit dem nach dem Champagnerverfahren hergestellten regionaltypischen Sekt La Cava auf bevorstehende Abenteuer an. Es bleibt spanisch, und es bleibt köstlich. Abseits von den Touristenrestaurants findet man in Mallorcas Hauptstadt Lokale, in denen die klassischen kleinen Kartoffeln mit Aioli zu haben sind. Natürlich kommt auch Fisch frisch auf den Tisch. Nun gut, an Bord wird natürlich reichlich und meist sehr gut gespeist, doch sollte man bei einem Landgang auf französischem Boden wenigstens ein bisschen Appetit im Gepäck haben. Kaum an einem anderen Ort wird die Bouillabaisse besser gekocht als in Marseille. Frisch gestärkt geht es auf eigene Faust durch die Altstadt, die direkt an den Hafen grenzt – einfach ein Stück die La Canebière hoch spazieren. Im Tourismusbüro liegen Pläne mit eingezeichneten Routen bereit, die gut zu schaffen sind. Für den Halt im ligurischen La Spezia bucht man sich am besten einen Ausflug, denn sowohl die Küste der Cinque Terre als auch das Hinterland mit seinen Pinienwäldern und mittelalterlichen Dörfern sind wunderschön anzusehen und zu erleben. Die Stadt selbst ist weniger reizvoll, wenn sie auch in den letzten Jahren eine große Fußgängerzone bekommen hat. Ähnliches gilt für Civitavecchia. Zwar gibt es eine Menge zu entdecken, doch der größere Anziehungspunkt ist sicher Rom. An jeder Ecke stehen hier die Zeugen römischer Hochkultur. Am Trevi-Brunnen und auf der Spanischen Treppe spürt man das La Dolce Vita, das in dem gleichnamigen Film beschrieben wird. Letzte italienische Station ist das manchmal unterschätzte Neapel, Tor zu den Inseln Ischia und Capri. Von hier ist es auch nicht weit in das versunkene Pompeji. Und nicht zuletzt gilt Neapel als Geburtsort der klassischen Pizza Margarita.

Oben: im Hafen von Marseille.
Rechts: Castel dell'Ovo aus dem 14. Jahrhundert in Neapel.

Florenz

Von La Spezia werden Landausflüge nach Florenz angeboten, für Kunstinteressierte ein Muss! Über allem thront hier der Dom: Santa Maria del Fiore, 1296 von Arnolfo di Cambio begonnen, 1436 geweiht, dessen von Filippo Brunelleschi in 14-jähriger Bauzeit vollendete Kuppel so gewaltig ist, dass sie die Stadtsilhouette prägt. Der Dom selbst, 153 Meter lang, im Querschiff 90 Meter breit und 116 Meter hoch, ist nach den Kathedralen von Rom, Mailand und London die viertgrößte Kirche des Abendlands. Von 1865 bis 1871 war Florenz die Hauptstadt des Königreichs Italien. Aber schon seit der Renaissance zog die Stadt, die als Weltkulturerbe den Schutz der UNESCO genießt, Künstler, Schriftsteller und Architekten an. Sie ließen sich hier inspirieren und schufen Inspiration.

Herrlich breitet sich die Bucht von Neapel vor der Altstadt aus; im Hintergrund ragt der Vesuv auf.

Rund um Italiens Stiefel

Einschiffung: Venedig, Italien
Typischer Routenverlauf:
Koper, Slowenien
Zadar, Kroatien
Kotor, Montenegro
Saranda, Albanien
Katakolon, Griechenland
Catania, Sizilien
Lipari, Liparische Inseln
Salerno, Italien
Civitavecchia (Rom), Italien
Ausschiffung: Genua, Italien
Dauer: ca. 1,5 Wochen
Beste Reisezeit: Mai–Oktober
Anbieter u. a: Phoenix Reisen, Costa Kreuzfahrten

Am rechten oberen Rand des italienischen Stiefels startet das Schiff, schippert einmal komplett um ihn herum und erreicht am linken Schaft in Genua sein Ziel. Bei dieser Seereise gilt ganz besonders, was für viele Kreuzfahrten zutrifft: Der Weg ist das Ziel. Es werden Häfen angelaufen, deren Namen dem einen oder anderen nicht geläufig sind. Mit anderen Worten: Es gibt viel zu entdecken! Spektakulärer Start in Venedig. Leinen los und dann nur noch genießen, wie das Schiff am Canal Grande vorbei gleitet, wie der Markusplatz mit dem roten Campanile, der seinen türkisfarbenen Helm in den blauen Himmel reckt, langsam zur Silhouette verschwimmt. Ist die Lagunenstadt am Horizont verschwunden, dürfen sich die Passagiere auf fünf Länder freuen: Slowenien, Kroatien, Montenegro, Albanien und Griechenland. In Koper wandelt man auf venezianischen Spuren. Alternativ bietet sich ein Ausflug in Sloweniens größte Stadt Ljubljana an. Von Zadar aus führt eine Brücke auf die Insel Pag, die für ihre Salinen und Spitzenklöppelei bekannt ist. Eine Käseverkostung darf hier auf keinen Fall fehlen. Von Montenegro bleibt neben dem Landgang ganz sicher das Kreuzen im Kotor-Fjord in Erinnerung. Grüne Hügel scheinen in das glasklare Wasser zu tauchen, weiße Städtchen kuscheln sich an das Ufer, und mitten im Wasser liegen Felsen, auf denen ein einziges Haus steht. Nächste Station: Albanien. Saranda schmiegt sich in einen Gebirgszug. Sein Kloster aus dem 13. Jahrhundert ist zu besichtigen. Oder man fährt knapp 20 Kilometer weiter in die Ruinenstadt Butrint, das schon in der Antike die Menschen an seine Quellen lockte. Mit Olympia wartet in Griechenland bereits der nächste historische Ort der Antike. Es lohnt sich aber auch, im kleinen

Lipari

So lange ist wohl kaum ein Bad in Betrieb: Das Dampfbad auf Lipari ist rund 3500 Jahre alt. Der Kuppelbau stammt aus der Bronzezeit, und mittelalterlichen Legenden zufolge hat ein Eremit das Wasser mit der heilenden Wirkung entdeckt. Jedoch gibt es Hinweise, dass die 57 Grad warme Therme schon in der griechischen Antike bekannt war; denn die ersten Bewohner kamen bereits rund 5000 v. Chr. auf das Eiland, das mit 37,5 Quadratkilometern die größte Liparische (= Äolische) Insel ist und der Gruppe ihren Namen gab. Die Landschaft erwandern Naturfreunde am besten auf alten Maultierpfaden, die Straßen lassen sich mit dem Mountainbike oder per Vespa erkunden. Sehenswert ist die Hafenstadt Lipari: Seit Jahrtausenden legen hier Schiffe an.

Fischerdorf Katakolon zu bleiben. Einen Tag an Bord die Seele baumeln lassen, bevor es zurück zum Stiefel geht. Sizilien und die Liparischen Inseln werden ebenso angefahren wie Salerno und Civitavecchia. Auf dem Weg liegen so reizvolle Passagen wie die durch die Straße von Messina. Nur drei bis acht Meter sind es zwischen dem Festland und Sizilien. Oder auch die Stromboli-Passage entlang des einzigen ständig aktiven Vulkans Europas.

Oben: Elefantenbrunnen und Kathedrale von Catania. Rechts: Zadar in Kroatien.

Kotor war im Mittelalter eine bedeutende Handelsstadt, zugleich ein Zentrum der Ikonenmalerei und Steinmetzkunst.

Mythisches Griechenland

Einschiffung: Savona, Italien
Typischer Routenverlauf:
Neapel, Italien
Kalamata, Griechenland
Nafplio, Griechenland
Volos, Griechenland
Piräus (Athen), Griechenland
Trapani, Sizilien
Marseille, Frankreich
Ausschiffung: Savona, Italien
Dauer: ca. 2 Wochen
Beste Reisezeit: Mai–Oktober
Anbieter u. a: Costa Kreuzfahrten, MSC, NCL

Savona, nur einen Katzensprung von der Schweiz entfernt, ist ein Seefahrerhafen mit langer Tradition. Wenn die Leinen gelöst werden und sich der Schiffsrumpf langsam vom Kai entfernt, fällt der Blick noch lange auf den Pancaldo-Turm, die Festung und den Dom.

Mit dem Plätschern und Rauschen der Wellen im Ohr erreichen die Reisenden die erste Stadt. Neapel ist ein perfektes Bindeglied zwischen Italien, dem Hafen der Einschiffung, und Griechenland, den nächsten vier Häfen. Die Stadt hat nämlich einen griechischen Ursprung. Dass sie auch eine Mafia-Hochburg ist, sollte während des kurzen Aufenthalts nicht allzu sehr kümmern.

Nach einem ebenso erholsamen wie unterhaltsamen Tag auf See läuft der Kreuzfahrer in Kalamata ein. Wer gleich an Oliven denkt, liegt völlig richtig. Doch die Stadt im Peloponnes ist außerdem für ihre Seidenstoffe und – nicht zu vergessen – für die hübschen byzantinischen Kirchen bekannt.

Sollten Italiener an Bord sein, könnte es am nächsten Tag zu Verwirrungen kommen. Die griechische Stadt Nafplio wird von Italienern nämlich Napoli genannt, genau wie Neapel. Keine Sorge, der Kapitän hat nicht kehrtgemacht. Zu Füßen zweier mächtiger Festungen legt er sicher an. Der Weg hinauf zu den Gemäuern wird mit einem wunderbaren Blick auf die Dächer der Stadt und den Hafen belohnt. Auch möglich von Nafplio aus ist ein Ausflug nach Mykene.

Mondän präsentiert sich Volos mit seinen großzügigen Boulevards und Einkaufsmöglichkeiten. Von hier aus bietet sich ein Landausflug zu den Metéora-Klöstern an. Piräus wiederum ist der Hafen Athens, einer der

Metéora-Klöster

Fernab irdischer Niederungen wurden die 24 Klöster von Metéora auf steilen Felskegeln erbaut. Der Großteil dieser Klöster wurde bereits im 14. Jahrhundert gegründet. Fünf von ihnen werden noch heute bewohnt. Das Megalo-Meteoro-Kloster ist am höchsten gelegen. Es wurde um 1360 vom heiligen Athanasios, dem Bischof von Alexandrien, gegründet. Auf einem der anderen hohen Felsen erheben sich die Mauern des Klosters St. Nikolaos Anapavsas, das um das Jahr 1388 gegründet wurde. 1517 entstand das Varlaam-Kloster, benannt nach jenem Einsiedler, der im 14. Jahrhundert an gleicher Stelle eine Kirche errichtet hatte. Es ist über eine Brücke erreichbar und wurde in den Jahren 1961 bis 1963 zu einem Museum für die wertvollen Klosterschätze umgebaut.

ältesten Städte der Welt. Kaum einer wird sich dem Zauber der Akropolis entziehen können. Doch so sehr auch die Besichtigung der antiken Stätten empfohlen sei, so sehr sollte auch ein Bummel durch die Gassen von Piräus ans Herz gelegt werden. Bevor es wieder an Bord geht, bietet sich ein Glas Wein in einer der romantischen Tavernen an.

Während das Schiff Kurs auf Italien nimmt, genießen die Gäste das Bordleben. Und die Vorfreude auf das sizilianische Trapani. Im jüdischen Viertel werden Träume aus Tausendundeiner Nacht wach. Ein weiterer Tag auf See, dann folgt die Einfahrt in den Hafen von Marseille, dem kleine Inselchen vorgelagert sind, als hätte ein Riese sie mit leichter Hand ins Meer geworfen. In der nach Paris bedeutendsten Stadt Frankreichs gibt es an jeder Ecke ein Museum, das interessante Exponate zu bieten hat.

Links oben: Oberhalb des Corso Vittorio Emanuele von Trapani erhebt sich der Palazzo Senatorio. Rechts: Blick auf Nafplio vom Bourtzi-Kastell aus.

Ein atemberaubender Anblick erwartet den Besucher im Tal von Metéora, denn hier erhebt sich eine Vielzahl einzeln stehender Felskegel, auf denen im Lauf der Zeit 24 Klöster errichtet wurden.

Höhepunkte des adriatischen Meeres

Einschiffung: Valletta, Malta
Typischer Routenverlauf:
Korfu, Griechenland
Kotor, Montenegro
Trogir, Kroatien
Ravenna, Italien
Ausschiffung: Venedig, Italien
Dauer: ca. 1 Woche
Beste Reisezeit: Mai–September
Anbieter u. a: Costa Kreuzfahrten, MSC, Star Clippers, NCL, Tui Cruises

Eine Woche durch die Adria zu kreuzen bedeutet viel mehr, als nur erholsame Stunden auf dem Sonnendeck zu verbringen. Es bedeutet, eine vielfältige Natur und eine lebendige Geschichte zu entdecken. Fünf Länder in einer Woche und trotzdem noch genug Zeit, sich von der charmanten Crew verwöhnen zu lassen. Schon die Abfahrt aus Maltas Hauptstadt Valletta ist ein Ereignis. Der Ort ist UNESCO-Weltkulturerbe. Eine der bedeutendsten Sehenswürdigkeiten ist sicher das Großmeisterhospital des Johanniterordens aus dem 16. Jahrhundert. Nach einem Tag auf See, den Duft des salzigen Mittelmeeres in der Nase, das Glitzern des Wassers vor Augen, steuert man mit dem Kreuzer Korfu an. Unweit der Inselhauptstadt ließ die legendäre Kaiserin Sisi sich einen Sommerpalast bauen, den man heute besichtigen kann. Für diejenigen, die Lust auf einen umfassenderen Eindruck haben, bietet sich eine große Inselrundfahrt an, die während eines Aufenthalts meist gut zu schaffen ist.
Anker lichten und auf nach Montenegro. Kotor war einst eine so wichtige Handelsadresse an der Adria, dass Venedig sich von der Konkurrenz bedroht fühlte und die Stadt unter ihre Herrschaft brachte. Schon vom Hafen hat man einen großartigen Blick auf die zahllosen Gebäude, die diese Geschichte atmen und auf die fröhlich roten Dächer. Auch das kroatische Trogir erinnert bei der Einfahrt in den Hafen ein wenig an Venedig. An Deck klicken die Fotoapparate, wenn die Stadtmauer und davor die bunten Fischerboote in Sicht kommen. Entspannt flaniert man durch den mittelalterlichen Stadtkern. Wer am Buffet an Bord zu heftig zugelangt hat, möchte sich vielleicht ein wenig austoben. Dazu gibt es hier Gelegenheiten, etwa mit dem Kanu auf dem Cetina-Fluss.

Korfu

Die mit mehr als 100 000 Bewohnern bevölkerungsreichste Insel des Ionischen Archipels – von den Griechen »Kerkyra« genannt – ist lieblich grün, von sanftem Hügelland und schönen Küsten geprägt. Ihre über 100 Dörfer haben sich viel historischen Charme bewahrt, und die Inselhauptstadt, überragt von der Alten Festung und dem Turm der Spyridonkirche, gilt als eine der schönsten Städte Griechenlands. Das historische Korfu wartet mit einem reichen architektonischen Erbe auf und steht seit dem Jahr 2007 auf der Liste des UNESCO-Welterbes. Zwei kleine Schlösser schmücken die Insel: Im Schloss Mon Repos wurde im Jahr 1921 der britische Prinzgemahl Philip geboren, im Schloss Achillio verbrachte Kaiserin Sisi viele Urlaube.

Dynamischer geht es bei einer Speedboat-Tour vor der Küste von Split zu. Ein Abstecher in die größte Stadt Dalmatiens ist bei Kreuzfahrtgästen beliebt. Mit dem Diokletianpalast hat sie eine historisch-eindrucksvolle Adresse zu bieten. Außerdem vereint sie mediterran entspanntes Flair mit den Vorzügen einer modernen Großstadt vor spektakulärer Bergkulisse. Bevor der Zielhafen erreicht wird, steht noch Ravenna auf dem Programm. Gut zu wissen, der Stadtkern ist ein gutes Stück vom Hafen entfernt. Der letzte Höhepunkt der Reise ist sicher das Erreichen Venedigs mit Vorbeifahrt am Markusplatz.

Großes Bild: Hafen von Trogir. Links oben: Sant' Apollinare in Classe im Süden Ravennas wurde 549 geweiht – das Mosaik in der Apsis zeigt den heiligen Apollinaris.

Zu den schönsten Zielen der Ägäis

Einschiffung: Kusadasi (Ephesus), Türkei
Typischer Routenverlauf:
Santorini, Griechenland
Agios Nikolaos, Griechenland
Rhodos, Griechenland
Symi, Griechenland
Chios, Griechenland
Mykonos, Griechenland
Lavrio, Griechenland
Istanbul, Türkei
Ausschiffung: Kusadasi (Ephesus), Türkei
Dauer: ca. 1 Woche
Beste Reisezeit: Mai–Oktober
Anbieter u. a: Celebrity Cruises, Costa Kreuzfahrten, Aida, NCL

Schon die Namen der Inseln und Städte, die während dieser Kreuzfahrt angesteuert werden, klingen nach Sonne, nach gutem Wein und noch besserer Laune. Die Ägäis ist gewissermaßen die nicht minder schöne Schwester des Mittelmeers. In der Antike war die Region bedeutsam für Kultur und Handel. Mal herrschten die Venezier, mal die Perser oder die Osmanen. Die Küsten des Ägäischen Meers gehören zu Griechenland und der Türkei. Die Einschiffung erfolgt im westanatolischen Kusadasi, einer perfekten Verbindung der beiden Länder, denn gleich gegenüber liegt die griechische Insel Samos. Bevor es an Bord geht, bietet sich ein Abstecher zu den historischen Stätten von Ephesus an. Dann endlich werden die Leinen gelöst, es geht los mit Kurs auf Santorin, die südlichste der Kykladen. Die Insel entspricht dem Klischee griechischer Urlaubsidylle und übertrifft es noch: strahlend weiße Häuser mit leuchtend blauen Dächern, darüber der meist wolkenlose Himmel. Weiter geht es, begleitet von dem warmen Wind der Ägäis, in den Süden nach Agios Nikolaos. Das ehemalige Fischerdorf im Nordosten Kretas hat sich zur Stadt gemausert. Direkt am Hafen gibt es einen Strand, und hübsche Gassen laden zum Bummeln ein. Zwei Statuen, die Hirsche darstellen, heißen das Schiff im Hafen von Rhodos, wo einst der berühmte Koloss stand, willkommen. Von der Gangway geht es direkt in die von einer Stadtmauer umgebene Altstadt. Romantische Tavernen und niedliche Boutiquen in historischem Gemäuer

– ein einziger Landgang reicht kaum aus, um alles zu entdecken. Nach sehr kurzem Aufenthalt an Bord legt der Kreuzer auf der Insel Symi an. Schon die fjordähnliche Einfahrt in den Hafen der gleichnamigen Stadt ist ein Erlebnis. Im Norden wartet Chios, die fruchtbare Insel, auf der Homer gelehrt haben soll. Wohl jeder der Passagiere wird von hier ein Mastixprodukt mitnehmen, sei es Kosmetik, eine Süßigkeit oder Alkohol. Die Windmühlen im alten Hafen von Mykonos werden ebenso unvergesslich bleiben, wie die Blaue Moschee von Istanbul. Die Metropole, die sich über zwei Kontinente erstreckt, gehört sicher zu den aufregendsten Stationen. Die Hagia Sophia, einstige byzantinische Hauptkirche, dann Moschee und heute Wahrzeichen und Museum, sollte man sich auf keinen Fall entgehen lassen. Ebenso wenig einen Besuch auf dem Basar.

Großes Bild: Istanbul bei Nacht.
Kleines Bild: Rhodos-Stadt.

Santorin

Die Ansichten der hoch über dem azurblauen Meer auf scharfkantigen Felsen thronenden und in der Sonne leuchtenden, schneeweißen Häuser von Santorin faszinieren alle Besucher und wecken Sehnsüchte. Schon die Anfahrt ist ein Erlebnis: Man gleitet durch einen Einsturzkrater, den ein aktiver Feuerberg bei einem Ausbruch vor 3600 Jahren zurückließ. Vom Schiff gelangen die Besucher mit einer Seilbahn, über einen Serpentinenweg zu Fuß oder auf dem Rücken eines Maultiers in die 300 Meter über dem Meer in den Steilhang des Kraters gebaute Stadt. In hellen Pastelltönen gestrichene Häuser, die ineinander verschachtelt scheinen und durch Treppen, Terrassen oder Höfe miteinander verbunden sind, verleihen der Stadt ihr unverwechselbares Gesicht.

Den Mandraki-Hafen von Rhodos-Stadt bewachen neben dem Kastell Agios Nikolaos die beiden bronzenen Hirschfiguren.

Segeltörn durch griechische Inselwelten

Einschiffung: Piräus (Athen), Griechenland
Typischer Routenverlauf:
Nafplio, Peloponnes
Syros, Kykladen
Patmos, Dodekanes
Kusadasi, Türkei
Dikili, Türkei
Kreuzen durch die Dardanellen
Ausschiffung: Istanbul, Türkei
Dauer: ca. 1 Woche
Beste Reisezeit: Mai–September
Besonderheiten: Fahrt durch traumhaft schöne Buchten, die nur von Segelschiffen oder kleinen Kreuzfahrtschiffen angelaufen werden können
Anbieter u. a.: Sea Cloud Cruises, Windstar Cruises

Ein Segeltörn ist echte Seefahrertradition. Kein wummernder Schiffsdiesel, keine Abgasglocke, die sich vor die Sonne schiebt. Stattdessen stolz geblähte Segel, die die elegante Jacht durch das Wasser gleiten lassen. Die Ägäis ist ein optimales Revier, denn von Mai bis September bläst der Wind zuverlässig und stark, sodass kaum der Motor zum Einsatz kommt.

In Piräus geht es an Bord. Mit einem Begrüßungscocktail in der Hand hat man Gelegenheit, sich mit der Heimat für die nächste Woche vertraut zu machen. Wenn dann die Crew zum ersten Mal in die Masten klettert und die Segel hisst, kommt Seefahrerromantik auf. Sanft klatschen die Wellen an den Schiffslaib, wenn der Windjammer fast lautlos seine Route nach Süden aufnimmt.

Es geht um den Peloponnes, nach Nafplio (auch Nauplia). Markant ist vor allem die schon von Weitem gut sichtbare Festung. Dorthin führt eine Straße hinauf, Sportliche können die gut 850 Stufen nach oben laufen. Es ist übrigens nicht die einzige Festung, die einem sofort ins Auge springt. Eine weitere liegt bereits vor der Küste auf der Insel Bourtzi.

Segel setzen, volle Fahrt voraus! Längst haben sich die Reisenden an das weiche Schaukeln gewöhnt, wenn es zu den Kykladen geht. Syros hat seinen ganz speziellen Reiz, denn die kleine Insel wird vor allem von griechischen Urlaubern besucht. Im Hauptort Ermoupoli des felsigen Eilands lässt sich die Geschichte der Region nachvollziehen. Sehenswert sind imposante Villen, der weitläufige Rathausplatz und die Hafenpromenade. Auch die nächste Insel ist klein und hügelig. Obst, Wein und Oliven gedeihen auf Patmos prächtig. Doch die meisten haben in erster Linie Augen für das Johanneskloster. Hier soll der heilige Johannes seine Vision von der Apokalypse aufgeschrieben haben. Das Kloster gilt als wichtiger Pilgerort der Christen.

Mit aufgespannten Segeln geht es in die Türkei. In Kusadasi steht Geschichte auf dem Programm, denn zu dem historischen Ort Ephesus ist es nur ein Katzensprung. Ein Kontrastprogramm gibt es im gemütlichen Dikili. Hier lässt es sich herrlich durch zahllose Gassen schlendern. Oder man fährt nach Bergama zu den Ruinen von Pergamon. Kurz bevor sich die Reise dem Ende nähert, wartet noch ein echter Höhepunkt. Das Segelschiff kreuzt zwischen Europa und Asien in den Dardanellen. Die Meerenge verbindet die Ägäis mit dem Marmarameer.

Oben: Sonnen auf dem Netz am Bugspriet, diese herrlich erfrischende Form der Entspannung bieten nur Segeljachten.

Johanneskloster auf Patmos

Das hoch über der Altstadt, dem Hauptort Chora, gelegene Kloster aus dem frühen 11. Jahrhundert wurde in seiner jetzigen Form erst im 17. Jahrhundert errichtet. Im Altertum hatte sich an diesem Ort ein Tempel der Artemis befunden. Die heutige Anlage besteht aus dunklem Gestein und wirkt mit ihren Türmen mehr wie eine Burg als ein Kloster. Sehenswert sind der Innenhof mit seinen noch gut erhaltenen Fresken, die Bibliothek sowie die im Klostermuseum ausgestellten Exponate aus der Schatzkammer. Seit der Gründung war es ein Pilgerzentrum, und bis zur Mitte des 16. Jahrhunderts, als die Türken die Herrschaft über die Insel erlangten, bildete das Kloster den Mittelpunkt eines Mönchsstaats.

Ins Schwarze Meer

Einschiffung: Venedig, Italien
Typischer Routenverlauf:
Bari, Italien
Piräus (Athen), Griechenland
Constantia, Rumänien
Sotschi, Russland
Istanbul, Türkei
Mykonos, Griechenland
Santorini, Griechenland
Cefalonia, Griechenland
Dubrovnik, Kroatien
Ausschiffung: Venedig, Italien
Dauer: ca. 2 Wochen
Beste Reisezeit: Frühjahr und Herbst
Besonderheiten: seit dem Jahr 2014 ist die politische Lage auf der Krim durch die Annektierung Russlands umstritten, deswegen ist ein Anlaufen der Häfen hier von der weiteren Entwicklung abhängig
Anbieter: Phoenix Reisen, Crystal Cruises, Plantours, Cunard Line

Bella Italia, der Charme des Mittelmeers oder die typischen Windmühlen Griechenlands, dazu weiße Häuschen mit blauen Dächern, zugegeben, all das ist eine gute Basis für gelungene Ferien. Kreuzfahrer können diesen Urlaubsgenuss leicht mit einer Entdeckungsreise zu Orten kombinieren, die noch nicht vom Massentourismus erfasst wurden. Constantia in Rumänien zum Beispiel, oder auch das russische Sotschi. Wer durch Mittelmeer und Schwarzes Meer schippert, nimmt auf jeden Fall eine Fülle verschiedenster Eindrücke mit.

Venedig scheint jedem irgendwie vertraut, denn man hat die Lagunenstadt schon in zahllosen Filmen und auf Postkarten gesehen. Trotzdem: Die auf Pfählen ruhende Stadt vom Sonnendeck aus an sich vorüberziehen zu sehen, bleibt unvergesslich. Das Schiff pflügt entlang der Ostküste des italienisches Stiefels durch das Meer gen Süden. Für einen Ausflug nach Bari sollte man sich vor allem auf die Altstadt konzentrieren. Ein besonderes Kleinod ist die Kathedrale San Sabino, die eine Brandkatastrophe im 12. Jahrhundert überstanden hat. Ein Tag auf See kommt gerade recht, um sich für Athen auszuruhen. Wer mag, bleibt einfach im Hafen von Piräus, der für sich schon eine Attraktion mit langer Geschichte ist.

Die Durchfahrt vom Mittelmeer in das Marmarameer und dann gewissermaßen durch die Metropole Istanbul hindurch in das Schwarze Meer ist so beeindruckend schön, dass man sich jetzt schon auf den Rückweg freut. Aber erst einmal ist Zeit für die rumänische Seehafenstadt mit ihren römischen und griechischen Spuren und das vergleichsweise blutjunge Sotschi, hinter dem sich die Gipfel des Kaukasus erheben.

Auf der Passage vom östlichsten Punkt der Route zurück nach Istanbul ist reichlich Zeit, um an Bord ein wenig Sport zu treiben, sich vom Unterhaltungsprogramm begeistern zu lassen oder sich auf die weiteren Etappen vorzubereiten. Um viel zu sehen, macht man in der Königin am Bosporus am bes-

Mykonos

Nirgendwo sonst lässt sich die für die Region typische Architektur besser studieren als hier. Von Weitem scheint Mykonos-Stadt nichts als ein am Hang erbautes Ensemble weiß gekalkter Häuschen zu sein. Aus der Nähe betrachtet entpuppt es sich als Gewirr ineinander verschachtelter putziger kleiner Häuschen, das von einem labyrinthischen Netz aus engen kopfsteingepflasterten Gassen, Treppen und Durchgängen durchzogen wird. Überall sorgen leuchtend blau, türkis oder rot gestrichene Fensterläden und Türen sowie über und über mit Blumen geschmückte Balkone für farbige Akzente in dem sonst fast blendend weißen Häusermeer. Die vielen Tavernen, Bars und Restaurants der Stadt haben bis spät in die Nacht geöffnet – ideal für einen Sundowner.

ten eine Stadtrundfahrt. In Mykonos lockt das Viertel Klein-Venedig und die Postkartenmotive der Windmühlen, auf Santorin ist Entspannung im Meer angesagt, in Argostoli auf Cefalonia schaut man den merkwürdigen Leuchtturm an. Noch schnell ein Abstecher nach Kroatien, bevor das Schiff nach zwei Wochen in Venedig einläuft. In der traditionsreichen Kurstadt Dubrovnik lassen sich Klöster und Paläste bestens zu Fuß besuchen.

Links oben: Die Windmühlen erheben sich oberhalb von Mykonos-Stadt. Oben: Hagia Sophia und Blaue Moschee in Istanbul.

Auf der Athener Akropolis stehen mit dem Parthenon, den Propyläen und dem Erechtheion einige der bedeutendsten Werke der klassischen griechischen Baukunst.

Traumziele im östlichen Mittelmeer

Einschiffung: Antalya, Türkei
Typischer Routenverlauf:
Limassol, Zypern
Haifa, Israel
Santorini, Griechenland
Marmaris, Türkei
Ausschiffung: Antalya, Türkei
Dauer: ca. 1 Woche
Beste Reisezeit: Mai–Oktober
Anbieter: Costa Kreuzfahrten, MSC, Aida, NCL

In nur einer Woche die Türkei, Zypern, Israel und Griechenland besuchen? Das geht am besten mit einem Kreuzfahrtschiff. Ein lautes langes Tuten, das Tosen des von der Schiffsschraube aufgewühlten Wassers und natürlich die Abschiedsmelodie, mit der der Luxusliner Antalya, der faszinierenden Stadt der türkischen Riviera, »bis bald« sagt. Der Hafen Akdeniz und im Hintergrund das Minarett der Yivli-Minare-Moschee werden immer kleiner.
Es geht nach Südosten zur drittgrößten Insel im Mittelmeer, nach Zypern. Sowohl die Hauptstadt Nikosia als auch das gesamte Eiland sind bekanntermaßen geteilt. Es gibt die griechisch dominierte Republik Zypern im Süden und die Türkische Republik Nordzypern. Doch im Grunde ist alles zypriotisch. Das Schiff legt im Süden im Hafen von Limassol an. Die zweitgrößte Stadt der Insel begeistert mit ihrer Promenade, ihren eleganten Gebäuden und ihrer Geschichte. Wer tiefer eintauchen möchte, sollte sich zur Burg begeben, wo ein Mittelaltermuseum eingerichtet wurde. Und weiter geht es nach Südosten in die legendäre Hafenstadt Haifa. Ob gläubiger Christ, Jude, Moslem oder jemand, der sich keiner Glaubensrichtung zugehörig fühlt, Israel wird jeden in seinen Bann ziehen. Wenn die Stadt selbst auch erst im 18. Jahrhundert gegründet wurde, gab es an ihrem heutigen Platz doch schon in der Antike Siedlungen. Unweit des Hafens steht inmitten der prächtigen Hängenden Gärten das Wahrzeichen der Stadt, das Grabmal des Religionsstifters Bab. Falls die Zeit reicht, lohnt es sich, mit der Seilbahn hinauf auf eine Aussichtsplattform über der Stadt zu fahren. Von dort hat man einen herrlichen Blick auf das Schiff und die gesamte Bucht. Die meisten werden aber wohl zu einem Ausflug nach Bethlehem aufbrechen, um in einer Kirche den Platz zu bestaunen, der als Geburtsort Jesu gilt. Bis nach Jerusalem ist es deutlich weiter, trotzdem ist eine Tour möglich und natürlich empfehlenswert. Es ist ein-

Zypern

Hier soll sie einst den Wellen entstiegen sein, Aphrodite, die griechische Göttin der Schönheit und Liebe. Als Tochter des Uranos wird sie die »Schaumgeborene« genannt. Kronos, Sohn des Uranos, hatte seinem Vater die Geschlechtsteile abgeschnitten und ins Meer geworfen. Dort vermischte sich schäumend seine Zeugungskraft mit dem Ozean, aus dem dann Aphrodite entstand und in einer Bucht nahe Paphos im Südwesten Zyperns aus den Wellen herauskam. Eine Schönheit ist real: die Natur. Zypern ist die waldreichste Insel im Mittelmeer, das ganzjährig warme, mediterrane Klima sorgt für eine artenreiche Flora. Anemonen, Narzissen, Klatschmohn und viele andere Blütenpflanzen tauchen die Insel im Frühling in ein Farbenmeer.

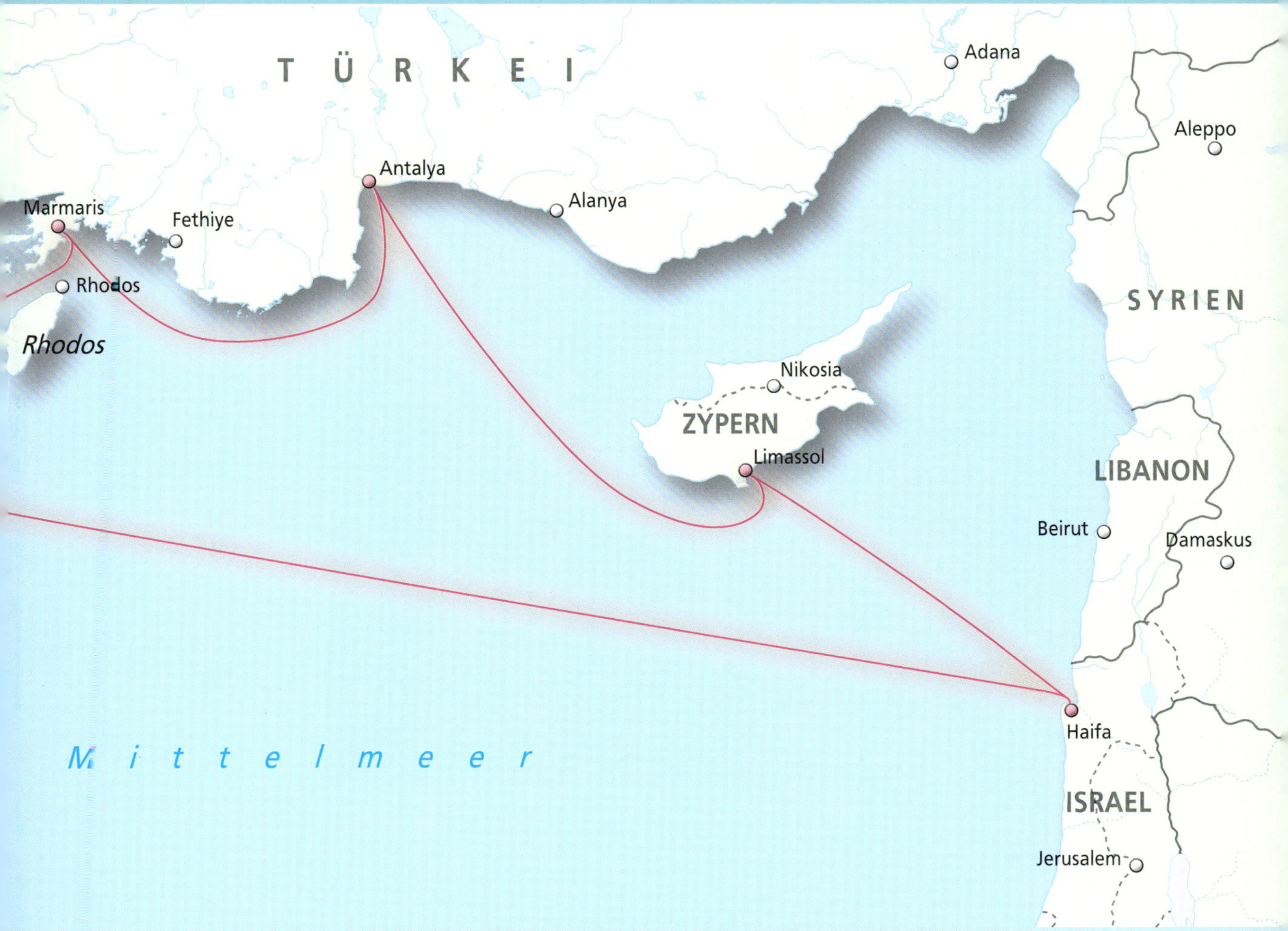

zigartig, die berühmte Via Dolorosa entlangzugehen. Das gilt auch für den Besuch der Klagemauer.
Willkommen zurück an Bord! Die Erkennungsmelodie der Abfahrt geht im Stimmengewirr unter. Es gibt so viele Eindrücke zu besprechen. Auf Santorin kommen Sonnenanbeter zu ihrem Recht. Mitten durch die griechische Inselwelt geht es schließlich nach Osten in das türkische Marmaris.

Links oben: Santorin. Rechts: Weltzentrum der Bahai auf dem Berg Karmel in Haifa. Zentrales Gebäude ist das prachtvolle Mausoleum des Bab.

Große Mittelmeertour

Einschiffung: Genua, Italien
Typischer Routenverlauf:
Neapel, Italien
Messina, Sizilien
Otranto, Italien
Venedig, Italien
Dubrovnik, Kroatien
Kerkyra, Korfu
Gythion, Griechenland
Piräus (Athen), Griechenland
Kreuzen in den Dardanellen
Istanbul, Türkei
Kusadasi (Ephesus), Türkei
Marmaris, Türkei
Rhodos, Griechenland
Santorini, Griechenland
Heraklion, Kreta
Valletta, Malta
Trapani, Sizilien
Olbia, Sardinien
Civitavecchia (Rom), Italien
Ausschiffung: Genua, Italien
Dauer: ca. 3 Wochen
Beste Reisezeit: Mai–Oktober, ideale Reisebindungen besonders im Herbst wegen des goldenen Lichts
Anbieter u. a.: Phoenix Reisen, Hapag-Lloyd, Plantours, Cunard Line

Mehr Mittelmeer geht nicht. Alle an Bord, Leinen los, Schiff ahoi! Drei Wochen lang Besichtigungen, Strandaufenthalte und Shoppingtouren. Zuerst Italien. An der Westseite des Stiefels geht es in den Süden. Wenn der Vesuv grüßt, läuft der Dampfer in Neapel ein. Zur Einstimmung bietet sich von dort eine Tour nach Capri an, Inbegriff italienischen Lebensgefühls. Sizilien ist mehr als eine Reise wert. Für die Stippvisite empfiehlt sich ein Ausflug ins zauberhafte Taormina. Zurück an Bord bleiben alle an Deck, um die Fahrt durch die Meerenge zwischen Sizilien und dem italienischen Festland nicht zu verpassen. Zwischenstopp am Stiefelabsatz, bevor es hinauf nach Venedig geht. Schon auf dem Weg zum Liegeplatz sieht man all die Palazzi und Plätze, die so unvergleichlich sind. Kaum hat man seinen Fuß auf festen Boden gesetzt, spürt man das Flair der stolzen Stadt, die einst einer der wichtigsten Handelsorte zwischen dem heutigen Europa und dem Orient war. Markusplatz, Dogenpalast, Campanile sind unverzichtbar. Mindestens ebenso dringend sollte man sich die Zeit nehmen, durch die kleinen Seitengassen zu streifen. Und wenn es auch noch so sehr nach Kitsch klingt: Eine Gondelfahrt ist wunderbar! Von Kroatien geht es hinüber nach Griechenland. Korfu-Stadt, wie die Einheimischen sagen: Kerkyra, wird angelaufen. Es folgt der Peloponnes mit der Hafenstadt Gythion vor spektakulärer Bergkulisse und dann Piräus, das Tor zu Athen. Großartige Ausblicke von Deck, wenn das Schiff in den Dardanellen kreuzt. Das macht Lust auf Is-

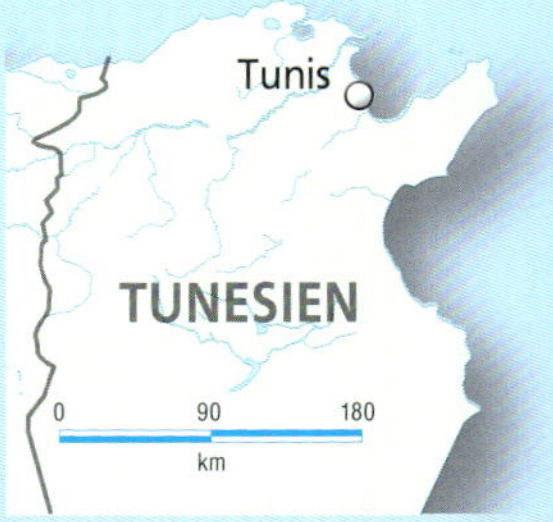

tanbul. Die Höhepunkte der Metropole lassen sich gut zu Fuß erreichen. Mit dem Stimmengewirr des Basars noch in den Ohren lässt sich einen Tag lang das Bordleben genießen. Dabei wird neue Kraft für die zweite Hälfte der Reise getankt. Die weite Bucht von Kusadasi lädt zu einem weiteren faulen Tag am Strand ein. Geschichtsinteressierte zieht es sicher nach Ephesus. Marmaris, Rhodos und Santorin bieten jede Menge Fotomotive. Kretas

Mystras

Von Gythion bietet sich ein Ausflug in die Gipfelburg Mystras an. Um die Festung herum entstand vom 13. bis 15. Jahrhundert ein bedeutendes Zentrum byzantinischen Geisteslebens. Ab 1770 verfiel die Stadt, 1834 wurde sie endgültig aufgegeben. Etwa bis zum Jahr 1460 wurde Mystras von den »Despoten« (Statthaltern) regiert. Vom Ende des 14. bis Anfang des 15. Jahrhunderts war es vielleicht die bedeutendste Stadt nach Konstantinopel. Im Norden von Mystras liegt das Brontochionkloster mit den beiden Kirchen Hagii Theodori und Aphentiko. Die Hauptkirche Hagii Theodori stammt aus dem 13. Jahrhundert. Die um das Jahr 1311 erbaute Aphentikokirche ist eine dreischiffige Basilika mit farbig leuchtenden Fresken aus dem 14. Jahrhundert.

Hauptstadt Heraklion bezaubert erst auf den zweiten Blick, nämlich wenn man die Altstadt erreicht hat. Ganz anders Valletta mit seinem orientalisch anmutenden Charme. Zurück in Italien zeigt sich Sizilien mit Trapani von einer anderen Seite. Auch Sardinien wird noch angelaufen, bevor mit Rom der letzte Höhepunkt erreicht ist.

Links oben: »Straße der Ritter« in Rhodos-Stadt. Rechts: Venedig mit dem Dogenpalast.

Dubrovnik, die »Perle der Adria«, war ab dem 13. Jahrhundert als »Ragusa« eine starke See- und Handelsmacht. Der Wiederaufbau nach dem verheerenden Erdbeben von 1667 erneuerte das prächtige Stadtbild.

- Hafen
- Altstadt
- Burg, Festung
- Palast, Schloss
- Kirche, Kloster
- Museum
- Freilichtmuseum
- Wikinger
- Mahnmal
- Buddismus
- Islam
- Hinduismus
- China
- Maya
- Leuchtturm
- Markt
- Freizeitpark
- Safari, Zoo
- Nationalpark
- Strand
- Tauchen
- Botanischer Garten
- Aquarium

Abkürzungen:

A = Alamy, C = Corbis, G = Getty Images

M = Mauritius Images

S. 2/3 Look/age fotostock, S. 4/5 M/Jörg Dauerer, S. 6/7 C/Holger Leue, S. 8/9 G/Andrew Peacock, S. 10/11 Look/Holger Leue, S. 12/13 G/Andrew Holt, S. 14/15 G/Rob Melnychuk, S. 16/17 C/Massimo Ripani, S. 18/19 C/Mel Stuart, S. 20/21 C/Michael Nolan, S. 22/23 C/Paul Souders, S. 24 C/Lee Frost, S. 24/25 C/Arctic-Images, S. 25 C/Atlantide Phototravel, S. 26/27 C/Arctic-Images, S. 27 C/STAFF, S. 27 M/Thorsten Milse, S. 28 C/Wolfgang Kaehler, S. 28/29 G/Alexandra Kobalenko, S. 29 G/Thorsten Milse, S. 29 C/Gavin Hellier, S. 30/31 Look/Holger Leue, S. 31 Huber/Gräfenhain, S. 31 Look/Holger Leue, S. 32 G/Per Breiehagen, S. 33 C/Allan White, S. 33 C/Bettmann, S. 34/35 C/Thomas Mangelsen, S. 35 L/Arcticphoto, S. 35 L/Karl-Heinz Raach, S. 35 C/Roald Amundsen, S. 36/37 L/Galli, S. 38 C/Fridmar Damm, S. 38 C/Dani Cardona, S. 38 C/Jon Hicks, S. 38 C/Bo Zaunders, S. 39 Huber/Rainer Mirau, S. 39 G/Manchan, S. 39 G/Dag Sundberg, S. 40 Huber/Stefan Damm, S. 40 M/Christian Handl, S. 40/41 C/Christian Kober, S. 41 C/Doug Pearson, S. 42/43 Huber/M. Pinn, S. 43 G/Christian Kober, S. 44 Look/age fotostock, S. 44/45 Look/Terra Visat, S. 45 Look/age fotostock, S. 45 C/Christophe Boisvieux, S. 45 A/imagebroker, S. 46/47 C/Peter Adams, S. 47 G/Gavin Hellier, S. 48 M/Reiner Harscher, S. 48 M/Gerhard Zwerger-Schoner, S. 49 C/Bo Zaunders, S. 49 M/Bard Loken, S. 50/51 C/Douglas Pearson, S. 51 G/Panoramic Images, S. 52/53 G/Chad Ehlers, S. 53 M/Christian Handl, S. 54 Look/Jan Greune, S. 55 C/Adam Woolfitt, S. 55 C/Jack Fields, S. 56 G/Hans Strand, S. 57 Look/Nordic Photos, S. 57 C/Michael Nolan, S. 57 M/Bard Loken, S. 58/59 A/Gavin Hellier, S. 59 G/Panoramic Images, S. 60 G/Gary Cook, S. 60/61 M/John Warburton-Lee, S. 61 Roland Gerth, S. 64 G/Scott R Barbour, S. 64/65 A/Jon Arnold Images Ltd, S. 65 G/Jochen D. Wjnands, S. 66 G/Johner, S. 66/67 A/Bora, S. 67 A/Chad Ehlers, S. 68 A/Chad Ehlers, S. 68/69 G/Renaud Visage, S. 69 M/Cubo Images, S. 70 C/Dave Bartruff, S. 70 L/Achim Gaasterland, S. 71 L/Martin Sasse, S. 71 G/John Freeman, S. 71 C/Alfredo Dagli Orti, S. 72 L/Gaasterland, S. 73 G/Panoramic Images, S. 73 G/Jeff Daly, S. 74/75 L/Galli, S. 75 C/Herbert Spichtinger, S. 76/77 G/Gavin Hellier, S. 77 L/Jeremy Nicholl, S. 77 L/Max Galli, S. 78 L/Martin Kirchner, S. 78 G/Guy Vanderelst, S. 78/79 Look/The Travel Library, S. 79 G/Peter Adams, S. 80 L/Bertrand Rieger, S. 80 Look/Thomas Stanklewicz, S. 80 M/Alamy, S. 81 Hemis.fr/Bertrand Rieger, S. 82/83 Look/Konrad Wothe, S. 83 Look/Arnt Haug, S. 83 M/Norbert Eisele-Hein, S. 84/85 C/Jon Hicks, S. 85 Look/Walter Schiesswohl, S. 85 H. & D. Zielske, S. 86/87 A/Frans Lemmens, S. 88 M/age, S. 88 M/Axel Schmies, S. 89 L/Joerg Modrow, S. 89 A/Julie Woodhouse, S. 89 H. & D. Zielske, S. 89 H. & D. Zielske, S. 89 L/Holland Hoogte, S. 89 M/Günter Rossenbach, S. 90 H. & D. Zielske, S. 90/91 H. & D. Zielske, S. 91 Look/Heinz Wohner, S. 92 C/Ocean, S. 92 Look/Ingolf Pompe, S. 92/93 C/Guido Cozzi, S. 93 C/Michele Falzone, S. 94 C/Ocean, S. 94 L/Bertrand Rieger, S. 94/95 M/age, S. 95 Look/Sabine Lubenow, S. 95 C/Tibor Bognar, S. 96 C/Paul Thompson, S. 97 A/David Chapman, S. 97 A/Dean Hoskins, S. 97 L/Fulvio Zanettini, S. 98 H. & D. Zielske, S. 98/99 G/EIGHTFISH, S. 99 G/Garry Yeowell, S. 99 H. & D. Zielske, S. 100/101 C/Ocean, S. 101 C/Jason Friend, S. 101 C/Macduff Everton, S. 102 G/Kevin Schafer, S. 102/103 M/age, S. 103 G/Simon Butterworth, S. 103 C/Macduff Everton, S. 103 C/Macduff Everton, S. 104 C/Riccardo Spila, S. 104 G/Axiom, S. 105 C/Bruno Barbier, S. 105 A/Arco Images GmbH, S. 105 G/Jeremy Woodhouse, S. 106/107 C/Jose Fuste Raga, S. 108/109 C/Doug Pearson, S. 109 L/Hemispheres, S. 109 G/Wolstenholme Images, S. 110/111 C/Sylvain Sonnet, S. 111 M/Alamy, S. 111 Look/, S. 112 L/Dirk Eisermann, S. 112/113 G/Allan Baxter, S. 113 Look/age fotostock, S. 113 Look/Juergen Richter, S. 114 Look/Holger Leue, S. 114 G/Altrendo Panoramic, S. 115 M/Jose Fuste Raga, S. 115 C/Hans Georg Roth, S. 115 C/Demetrio Carrasco, S. 115 C/Graham Lawrence, S. 115 C/John Harper, S. 116 L/Karl Heinz Raach, S. 116 L/Hemispheres, S. 117 C/Mauricio Abreu, S. 118/119 A/Michael Howard, S. 119 M/Gerken & Ernst, S. 120/121 G/Gavin Hellier, S. 121 Look/age fotostock, S. 121 C/Tuul & Bruno Morandi, S. 121 G/Simon Russell, S. 122/123 C/Guido Cozzi, S. 123 C/Guido Cozzi, S. 123 C/Guido Cozzi, S. 124/125 A/Images Etc Ltd, S. 125 Look/age fotostock, S. 126/127 C/Guido Cozzi, S. 127 G/Chris Hepburn, S. 128/129 L/Fulvio Zanettini, S. 130 G/WillSelarep, S. 131 G/Elan Fleisher, S. 131 Look/Ingolf Pompe, S. 131 C/Massimo Borchi, S. 131 C/Jose Fuste Raga, S. 131 M/Alamy, S. 132 G/Travelpix Ltd, S. 133 L/Bertrand Gardel, S. 133 G/Gustavo's photos, S. 133 G/Panoramic Images, S. 134/135 Huber/Reiner Mirau, S. 135 G/Panoramic Images, S. 136 L/Westrich, S. 136/137 C/Grand Tour Collection, S. 137 Huber/R. Schmid, S. 137 G/Neil Austen, S. 137 L/Frank Heuer, S. 138 C/Joe Cornish, S. 139 Look/Jan Greune, S. 139 C/Atlantide Phototravel, S. 139 Look/Aldo Acquadro, S. 140 C/Michel Setboun, S. 141 C/DK Limited, S. 141 A/guichaoua, S. 142/143 A/Art Kowalsky, S. 143 Look/Juergen Richter, S. 144/145 C/Sylvain Sonnet, S. 145 Huber/John Lawrence, S. 145 Huber/Douglas Pearson, S. 146/147 G/Buena Vista Images, S. 147 A/David Entrican, S. 148 G/Barry Winiker, S. 148/149 G/Ken Scicluna, S. 149 A/Robert Harding Picture Library Ltd, S. 150 G/David Madison, S. 150 C/Massimo Borchi, S. 151 C/Massimo Borchi, S. 151 C/Jon Hicks, S. 151 M/CuboImages, S. 152 C/Charles Bowman, S. 152/153 G/Allan Baxter, S. 153 G/Slow Images, S. 154/155 C/Reed Kaeastner, S. 155 L/Franck Guiziou, S. 155 L/Franck Guiziou, S. 156 C/Guido Cozzi, S. 156/157 G/Maremagnum, S. 157 C/Alfredo Dagli Orti, S. 157 L/Hans Madej, S. 158/159 L/Joerg Modrow, S. 159 C/Fred de Noyelle, S. 159 C/David Clapp, S. 160 C/Walter Bibikow, S. 160 C/Atlantide Phototravel, S. 161 L/Tobias Hauser, S. 161 M/Cubo Images, S. 162 C/Michele Falzone, S. 163 L/Max Galli, S. 163 G/Slow Images, S. 163 G/Travel Pix Ltd, S. 163 Look/Ingolf Pompe, S. 163 C/Jean-Pierre Lescourret, S. 164/165 G/Jorg Greuel, S. 165 L/Max Galli, S. 165 C/HO, S. 165 M/Alamy, S. 166 C/Guido Cozzi, S. 166 L/Berthold Steinhilber, S. 167 C/Grand Tour Collection, S. 168/169 C/Mimmo Jodice, S. 169 G/C. Bowman, S. 169 C/Macduff Everton, S. 170/171 C/Grand Tour Collection, S. 171 L/Frieder Blickle, S. 171 C/Massimo Borchi, S. 172 Look/age fotostock, S. 173 Look/Sabine Lubenow, S. 173 Look/Sabine Lubenow, S. 173 C/Atlantide Phototravel, S. 173 C/Grand Tour Collection, S. 174 G/Herbert Hartmann, S. 174 Look/Sabine Lubenow, S. 175 G/Andrea Pistolesi, S. 175 C/Atlantide Phototravel, S. 175 C/Macduff Everton, S. 176/177 L/Max Galli, S. 177 Look/Ingolf Pompe, S. 177 G/F. Tanasi, S. 178 G/Martin Gray, S. 178/179 C/Dave Bartruff, S. 179 C/Jean-Pierre Lescourret, S. 180/181 A/CW Images, S. 182 C/Grand Tour Collection, S. 183 L/Martin Kirchner, S. 183 C/Sandro Vannini, S. 184 C/Miles Ertman, S. 185 L/Le Figaro Magazine, S. 185 L/Toma Babovic, S. 185 C/Guenter Rossenbach, S. 186/187 Huber/S. Scattolin, S. 187 H. & D. Zielske, S. 188 A/Suzanne Long, S. 188 M/Rene Mattes, S. 189 G/Martin Child, S. 189 G/Martin Child, S. 189 C/Marco Cristofori, S. 189 L/Hans Madej, S. 190 C/Nicholas Pitt, S. 190 L/Hans Madej, S. 191 G/Travel Ink, S. 191 G/Robert Everts, S. 191 C/Guido Cozzi, S. 191 M/Alamy, S. 192/193 Look/Holger Leue, S. 193 C/Image Source, S. 194/195 C/Atlantide Phototravel, S. 195 C/Bernd Kohlhas, S. 195 L/Massimo Pizzocaro, S. 196 Look/age fotostock, S. 196/197 C/Michele Falzone, S. 197 C/Paul Panayiotou, S. 198/199 C/Paul A. Souders, S. 199 C/Angelo Cavalli, S. 199 L/Raffaele Celentano, S. 200/201 C/Ocean, S. 201 G/Jeremy Woodhouse, S. 202 C/Fridmar Damm, S. 203 A/Jan Wlodarczyk, S. 203 M/Manfred Habel, S. 204 Look/Ulli Seer, S. 204/205 C/Frank Lukasseck, S. 204/205 G/Maremagnum, S. 205 C/Bettmann, S. 206 Look/Thomas Peter Widmann, S. 206 C/Michael Reusse, S. 207 Look/Thomas Stanklewicz, S. 207 C/Gavin Hellier, S. 208 G/Michele Falzone, S. 208/209 G/Altrendo Panoramic, S. 208/209 G/Panoramic Images, S. 209 C/Marco Simoni, S. 210 C/Angelo Cavalli, S. 210 A/Tibor Bognar, S. 211 C/Tibor Bognar, S. 211 C/Bettmann, S. 211 M/SuperStock, S. 212 G/Murat Taner, S. 212 G/Jean-Pierre Lescourret, S. 213 C/Jeremy Horner, S. 213 C/Massimo Borchi, S. 213 C/Massimo Borchi, S. 214/215 C/Tibor Bognar, S. 215 C/Paul Hardy, S. 216 Huber/Gräfenhain, S. 217 Look/Ingolf Pompe, S. 217 C/Jon Arnold, S. 217 L/Gil Giuglio, S. 218 A/PhotoStock-Israel, S. 219 C/Taylor S. Kennedy, S. 219 A/Danita Delimont, S. 219 A/Tomi Junger, S. 220 Look/Travel Library, S. 220/221 L/Franck Guiziou, S. 221 G/Yann Doelan, S. 222 C/Keren Su, S. 222 G/Marco Cristofori, S. 223 G/Cengiz Akduman, S. 223 G/Nikolay Zavada, S. 224/225 M/Dr. Wilfried Bahnmüller, S. 226 Look/age fotostock, S. 226 C/Macduff Everton, S. 228 G/coolbiere photograph, S. 228 C/Peter Guttman, S. 228 G/Arctic-Images, S. 230 C/Paul Souders, S. 230 M/age, S. 230/231 G/Michael Schwab, S. 231 C/Paul Souders, S. 232/233 G/Hans Strand, S. 234 C/Viaframe, S. 234 C/Günter Grüner, S. 234 M/Reiner Harscher, S. 236/237 Look/Brigitte Merz, S. 238 G/Murat Taner, S. 238 G/Dag Sundberg, S. 238 G/Scott R Barbour, S. 240/241 C/Bo Zaunders, S. 242 C/Ken Scicluna, S. 242 Look/Nordic Photos, S. 242 C/Guido Cozzi, S. 243 C/Jon Hicks, S. 244/245 Look/age fotostock, S. 246 M/Alamy, S. 246 M/ANP Photo, S. 246 G/Dennis Flaherty, S. 248 Look/Juergen Richter, S. 248 G/, S. 248 G/Charles Bowman, S. 250 C/Frank Lukasseck, S. 250 M/Alamy, S. 251 C/Guido Cozzi, S. 252 C/Martin Siepmann, S. 252 G/Alan Copson, S. 252 C/Mauricio Abreu, S. 254 C/Alan Copson, S. 254 M/Alamy, S. 255 Look/age fotostock, S. 256 G/Werner Dieterich, S. 256 C/SOPA Collection, S. 257 C/Massimo Borchi, S. 258/259 G/Mariusz Kluzniak, S. 260/261 G/Guy Vanderelst, S. 260 Look/Sabine Lubenow, S. 261 C/Nick Ledger, S. 262/263 M/age, S. 264 C/Vittorio Sciosia, S. 264 C/Michele Falzone, S. 265 M/Alamy, S. 266/267 M/Paul Williams, S. 268 C/Ivan Vdovin, S. 268/269 C/Grand Tour Collection, S. 268 C/Sandro Vannini, S. 270 M/Pixtal, S. 270 M/Alamy, S. 270 G/Tanatat ponghibool, Thailand, S. 272/273 C/Luca Da Ros/, S. 274 Look/Holger Leue, S. 274 Look/age fotostock, S. 276 Look/age fotostock, S. 276 G/Gallo Images, S. 277 G/Deejpilot, S. 278/279 C/Sandra Raccanello, S. 280 Look/Holger Leue, S. 280 C/Grand Tour Collection, S. 281 C/Yadid Levy, S. 282 M/Alamy, S. 282 M/Alamy, S. 283 C/Angelo Cavalli, S. 284/285 C/Alan Copson.

Genehmigte Sonderausgabe für Weltbild GmbH & Co. KG,
Steinerne Furt, 86167 Augsburg

Umschlaggestaltung: Büro 18, Friedberg (Bay.)
Umschlagmotive: Nils Kramer/Imagebroker RM/F1online; mauritius images/imageBROKER/Daniel Schoenen; Radius/F1online; mauritius images/Alamy (Vorderseite); imageBROKER RM/F1online (Rückseite)

Printed in Slovakia

ISBN 978-3-8289-3781-9

Texte: Anne-Kathrin Funck, Anna Göltenboth, Dr. Natalie Göltenboth, Dr. Maria Guntermann, Jutta Herold, Gudrun Neumann, Eckard Schuster, Dr. Wieland Vigano